Soziologische Theorie

Abriß der Ansätze ihrer Hauptvertreter

Von
Univ.-Prof. Dr. Julius Morel
Mag. Eva Bauer
Dr. Tamás Meleghy
Univ.-Doz. Dr. Max Preglau
Dr. Heinz-Jürgen Niedenzu
Dr. Helmut Staubmann

R. Oldenbourg Verlag München Wien

CIP-Titelaufnahme der Deutschen Bibliothek

Soziologische Theorie : Abriß der Ansätze ihrer Hauptvertreter
/ von Julius Morel ... – München ; Wien : Oldenbourg, 1989
ISBN 3-486-21076-9

NE: Morel, Julius [Mitverf.]

Gesamtherstellung: R. Oldenbourg Graphische Betriebe GmbH, München

ISBN 3-486-21076-9

Inhaltsverzeichnis

Vorwort

Dieses Buch ist für „soziologische Anfänger" geschrieben, in erster Linie für Studenten, die am Beginn eines Soziologiestudiums stehen oder mit Soziologie nur – freiwillig oder unfreiwillig – im Nebenfach in Berührung kommen. Für diesen Leserkreis ergibt sich die Notwendigkeit einer ersten Orientierung in dem immer unübersichtlicher, abstrakter und komplizierter gewordenen Themenkomplex „soziologische Theorien", der innerhalb der Soziologie ja nicht nur für sich selbst steht, sondern auch strukturierend in die verschiedenen speziellen Soziologien einfließt und die Problemauswahl und die Begriffsbildung in der empirischen Sozialforschung steuert.

Ein zentrales Problem speziell für die Zielgruppe der Nebenfachsoziologen ist dabei häufig die Frage nach der Sinnhaftigkeit der Beschäftigung mit dem auf den ersten Blick abstrakten, praxisfernen Thema „Soziologische Theorien". Unseres Erachtens läßt sich diese Sinnfrage positiv beantworten: Sicherlich ist die Aneignung der verschiedenen Denkweisen und Terminologien der einzelnen Ansätze nicht mühelos zu bewerkstelligen, aber dennoch unter verschiedenen Aspekten lohnend. Im Sinne einer besseren Vorbereitung auf den späteren beruflichen Alltag erschließt sie dem Studierenden die Wirklichkeit nicht nur unter ihren ökonomischen, rechtlichen usw. Aspekten, sondern auch als „soziale Konstruktion". Zum anderen wird durch die Beschäftigung mit diesen Theorien auch eine Vertiefung des Verständnisses unserer Kultur im Sinne einer „Bildung durch Wissenschaft" erreicht; wenn der Student nicht nur seine berufliche Zukunft im Auge hat, sondern auch diese kulturelle Bildung und die Erweiterung seines geistigen Horizontes hochschätzt, wird seine Arbeit mit dem Einblick in geistreiche Denksysteme und in die von diesen Denksystemen aufgedeckten Zusammenhänge belohnt.

Wir versuchen in diesem Buch, dem Bedürfnis nach einer überblickshaften, möglichst voraussetzungslosen und leicht verständlichen Einführung in das Thema „Soziologische Theorien" entgegenzukommen, nach einer Einführung, die diese Theorien jedoch andererseits auch nicht unter Wert verkauft.

Die derzeit auf dem Markt befindlichen Lehrbücher werden diesem Bedürfnis nicht gerecht, da sie entweder zu sehr auf vollständige Klassikerrepräsentation bedacht und daher zu unübersichtlich, zu kompliziert und zu voraussetzungsvoll sind, oder aber umgekehrt nur einzelne Theorien monographisch abhandeln, oder die dargestellten Theorien simplifizieren und durch Vermengung von Nichtzusammengehörigem entstellen.

Diese Situation ist freilich nur eine Konsequenz der Entwicklungsweise soziologischer Theorien selbst: Theoretische Ansätze oder Paradigmata entwickeln sich über die Zeit hinweg nicht ohne innere Unstimmigkeiten und Brüche, bedingt dadurch, daß erstens verschiedene Vertreter einer Theorie verschiedene Varianten dieser Theorie vertreten und zweitens auch in der Entwicklung des Denkens eines bestimmten Vertreters Akzentverschiebungen festzustellen sind. Das scheint zu komplizierteren Darstellungen oder aber zur Simplifizierung und Übertünchung von Gegensätzen zu zwingen.

Wir versuchen im vorliegenden Buch diesem Dilemma zu entgehen, indem wir uns bei der Darstellung eines theoretischen Ansatzes auf jeweils nur einen originären und repräsentativen Vertreter beziehen und dessen Denken sozusagen „im Stadium seiner Reife" darstellen. Da es darum geht, am Beispiel eines spezifischen Vertreters die Charakteristika eines ganzen theoretischen Ansatzes sichtbar zu machen, folgen wir natürlich auch nicht jeder einzelnen Verzweigung des Denkens des ausgewählten Vertreters, sondern gehen selektiv vor.

Unserer Absicht entsprechend, einen ersten Zugang zum Thema soziologische Theorien zu verschaffen, beschränken wir uns auf eine möglichst neutrale Darstellung. Auf eine kritische Problematisierung der einzelnen Theorien wird aus didaktischen Gründen verzichtet.

Wir sind uns natürlich der Tatsache bewußt, daß in unserer Einführung nicht alle das Bild der gegenwärtigen Soziologie bestimmenden Ansätze zu Wort kommen. Wir haben jedoch versucht, insofern das volle Spektrum des theoretischen Pluralismus in der Soziologie widerzuspiegeln, als wir „individualistische" wie „holistische", „erklärende" wie „verstehende", „analytische" wie „dialektische", „affirmative" wie „kritische" Ansätze in unsere Auswahl aufgenommen haben. Wichtige soziologische Klassiker, die bei dieser (auch durch die zufälligen Neigungen der Autoren bestimmten) Auswahl nicht in einem eigenen Kapitel behandelt werden – namentlich Max Weber und Emile Durkheim – kommen in einem einführenden Kapitel über die Anfänge soziologischen Denkens zu Wort.

Ohne Zweifel löst die multiparadigmatische Vielfalt der Soziologie beim Anfänger Verwirrung aus und provoziert die Frage nach der Einheit der Soziologie. In den meisten Lehrbüchern bleibt diese Frage unbeantwortet. Hier wird diese Frage in einem Schlußkapitel aufgegriffen, in dem ein Verständnis von Soziologie skizziert wird, das es erlaubt, die verschiedenen theoretischen Ansätze als komplementäre, einander sinnvoll ergänzende Bausteine einer integralen Wissenschaft vom Sozialen zu begreifen. Dieses Schlußkapitel kann auch als Einleitung gelesen werden, wenn der Leser es aus Gründen der leichteren Orientierung vorzieht, sich zuerst einen Überblick über den Stellenwert der verschiedenen soziologischen Theorien innerhalb einer „integralen" Soziologie zu verschaffen.

Nun zum formalen Aufbau dieses Buches. Nach dem Kapitel über die Anfänge soziologischen Denkens (verfaßt von Eva Bauer) präsentieren wir unsere Auswahl soziologischer Theorien in folgender Reihenfolge: Verhaltenstheoretische Soziologie (Verfasser: Tamás Meleghy) – Symbolischer Interaktionismus (Verfasser: Max Preglau) – Phänomenologische Soziologie (Verfasser: Max Preglau) – Materialistische Gesellschaftstheorie (Verfasser: Heinz-Jürgen Niedenzu) – Strukturalismus (Verfasser: Tamás Meleghy) – Handlungstheoretische Systemtheorie (Verfasser: Helmut Staubmann) – Konflikttheoretischer Ansatz (Verfasser: Heinz-Jürgen Niedenzu) – Theorie selbstreferentieller Systeme (Verfasser: Helmut Staubmann) – Kritische Theorie (Verfasser: Max Preglau). Diese Reihenfolge reflektiert weder eine strenge Chronologie des Auftretens und schon gar nicht eine Rangordnung der Wichtigkeit. Es ging uns ausschließlich darum, sicherzustellen, daß ein Ansatz, der auf einen anderen Bezug nimmt, möglichst nach diesem anderen Ansatz plaziert wird. Die einzelnen theoretischen Ansätze werden nach folgenden Gesichtspunkten beschrieben: Schilderung der Problemlage (geschichtliche Situation, Stand des Wissens) und des allgemeinen Erkenntnisinteresses, Darstellung der im engeren Sinne soziologisch relevanten Hauptaussagen, Illustration des spezifischen Problemzugriffs des Ansatzes an einem konkreten Beispiel und ggf. Weiterentwicklung und Wirkungsgeschichte. Die Darstellung schließt mit Hinweisen auf ausgewählte Original- und Sekundärliteratur. Den Abschluß bildet das bereits erwähnte, dem Versuch einer Zusammenführung der unterschiedlichen Theorieansätze gewidmete, Schlußkapitel (Verfasser: Julius Morel).

Innsbruck, März 1989

Eva Bauer
Tamás Meleghy
Julius Morel
Heinz-Jürgen Niedenzu
Max Preglau
Helmut Staubmann

Kapitel 1: Zur Entstehung soziologischer Theorie: Anfänge soziologischen Denkens

(Eva Bauer)

Einleitung: zum Anliegen dieses Kapitels

Ziel dieses Kapitels ist die Vermittlung eines Überblicks über die Entstehung soziologischen Denkens und die Entwicklung erster soziologischer Theorieansätze.

Nicht geleistet werden kann in diesem Rahmen eine Darstellung der Geschichte der Soziologie; diese müßte sich – nach Robert K. Merton – einlassen auf „das Zusammenspiel zwischen der Theorie und solchen Faktoren ... wie der sozialen Herkunft und dem sozialen Status ihrer Vertreter, der sich verändernden sozialen Organisation der Soziologie, den Veränderungen, die ihre Verbreitung für die Ideen mit sich bringt, und ihre Beziehungen zur sozialen und kulturellen Umwelt" (Merton, in: Lepenies 1981, S. 57). Vielmehr sollen hier einzelne sozialphilosophische, sozialwissenschaftliche und im engeren Sinne soziologische Denkansätze einander gegenübergestellt werden. Damit wird in zweifacher Weise von der Systematik dieses Buches abgewichen: einmal werden wir uns hier nicht mit den „Hauptvertretern" einer bestimmten Theorie beschäftigen, sondern das Gemeinsame wesentlicher Denkrichtungen herausstellen; diese werden auch einer vergleichenden Betrachtung unterzogen, vor allem in Zusammenhang mit der Frage, was das spezifisch Soziologische in diesen Theorien ausmacht.

In einem Überblick werden dazu die Ansätze der neuzeitlichen europäischen Denktraditionen beleuchtet; näher ausgeführt werden die Theorien von Auguste Comte, Emile Durkheim und Max Weber als Klassiker der „ersten und zweiten Soziologen-Generation" (Raymond Aron) des 19. und beginnenden 20. Jhdts., deren Denken neben Karl Marx (dem ein eigenes Kapitel dieses Buches gewidmet ist) die „neueren" soziologischen Modelle entscheidend (mit-)beeinflußt hat und das auch heute noch Gegenstand von Theoriedebatten ist.

1. Was ist soziologisches Denken und wann beginnt es?

Am Anfang jeder dogmenhistorisch ausgerichteten Darstellung erhebt sich zunächst die Frage nach der „Geburtsstunde" der untersuchten Theoriegattung. Hier ist diese Frage eng verknüpft mit dem Problem, was Soziologie eigentlich ist. Nun gibt es hierauf keine eindeutige Antwort, diese ist abhängig vom jeweiligen theoretischen Modell (was nicht nur für die Soziologie, sondern für alle Gesellschaftswissenschaften gilt, und worüber „Lehrbuchdefinitionen" eher hinwegtäuschen). –

Fruchtbarer als die Suche nach einer allgemeingültigen Definition der Soziologie ist das Auffinden von „Brennpunkten soziologischer Theorien" (Kiss 1977, S. 17), also Kernfragen, um deren Lösung soziologische Erklärungsmuster bemüht sind. Als derartige Brennpunkte lassen sich nach Kiss anführen:

- das Verhältnis zwischen Individuum und Gesellschaft und damit verbunde Menschenbilder; damit in Verbindung:
- die soziale Integration: Wesen, Form und Intensität des Zusammenhangs zw schen Einzelteilen eines gesellschaftlichen Ganzen;
- die soziale Differenzierung: der gesellschaftlich bedingte Prozeß der Tre nung, Scheidung, Absonderung von ursprünglich Gleichem (z.B. in Teilgru pen, Berufsfunktionen, Klassen, Schichten) mit seinen negativen und posi ven Konsequenzen;
- der soziale Wandel: Veränderungen auf sozialer Ebene (materielle Struktu und das Wertesystem betreffend), ihre Ursachen und „Gesetze";
- die Handlungsorientierung und ihre soziale Bedingtheit (Relation zwischen „natürlichen" Bedürfnissen und kulturellen Werten, zwischen subjektiven Motiven und objektiv gegebenen Handlungsmustern).

Selbst gegen diese Formulierungen (hier gegenüber Kiss durch einen höheren Allgemeinheitsgrad modifiziert; vgl. Kiss 1977, S. 17f.) könnte auf Grundlage eines spezifischen theoretischen Ansatzes Einspruch erhoben werden; die moderne Systemtheorie etwa würde die „Gesetzlichkeit" von sozialem Wandel in Frage stellen; die Frage nach positiven oder negativen Konsequenzen sozialer Differenzierung würde nicht jede Richtung soziologischer Analyse als wissenschaftlich beantwortbar erachten. Und nicht jede Theorie greift alle diese „Kernfragen" auf bzw. läßt deren implizite Beantwortung zu.

Mit dieser Herausstellung der Hauptfelder soziologischer Erörterung ist aber die Frage nach dem Beginn soziologisch – wissenschaftlichen Denkens noch nicht beantwortet. Denn als Gegenstand von Reflexion lassen sich die angeführten Themen zum Teil bereits im vorneuzeitlichen Denken ausmachen (z.B. bei Platon, Aristoteles, Augustinus, Thomas von Aquin). Diesen philosophischen Theorien ist gemein, daß sie das soziale Sein aus „natürlichen" oder göttlichen Ordnungen ableiten, also z.B. Herrschaftsbeziehungen der „natürlichen Ungleichheit der Charaktere" zuschreiben, oder im „natürlichen Sozialgebilde des ganzen Hauses" eine unveränderbare Form der sozialen Beziehung sehen. Es wird „eine vorgegebene Struktur von Bedürfnissen und Zwecken vorausgesetzt" (Luhmann 1979², S. 9); Staat und Gesellschaft sind eines. Die Rückführung von Beziehungen zwischen Menschen auf unveränderbare, außermenschliche Ordnungssysteme kann sicher nicht als soziologische Interpretation angesehen werden. Spätestens mit den beginnenden sozioökonomischen Veränderungen in Europa ab dem 16. Jhdt., mit den Anfängen der Industrialisierung und der Auflösung der agrarisch-traditionalen Strukturen sowie mit den damit einhergehenden politischen Veränderungen und der Neuorientierung im allgemeinen Wertesystem, erwies sich der klassisch-naturrechtliche Ansatz als nicht mehr erklärungskräftig. Die Beziehungen zwischen den Menschen hatten sich gegen seine Annahmen entwickelt, diese Beziehungen mußten neu durchdacht, der natürliche oder göttliche Ursprung der Sozialordnung hinterfragt werden.

Die folgenden Ausführungen sind den neuzeitlichen sozialtheoretischen Ansätzen gewidmet. Die Darstellung in den Abschnitten 2 und 3 folgt dabei sowohl in der Begrifflichkeit als auch der Klassifikation den Interpretationen Kiss' (1977, S. 19-97).

2. Vernunftrechtlich orientierte Gesellschaftstheorien: Der Mensch schafft sich eine „künstliche" Sozialordnung

Die ersten neuen Ansätze in der Reflexion von Gesellschaft bestanden in der Dichotomisierung des menschlichen sozialen Seins in „Natürliches" und „Künstliches", in der Annahme eines Bereiches, der von einer natürlichen Strukturierung ausgenommen ist. Dieser Bereich ist der der **politischen Beziehungen** der Menschen, deren Gestaltung der vertraglichen Regulierung unterliegt. **Instanz der Regulierung ist die menschliche Vernunft**, die in Unabhängigkeit von göttlichen oder natürlichen Kräften ein System politischer Beziehungen in Verfolgung bestimmter Zwecke konstruiert. –

Während der Gedanke der vernünftigen Konstruktion der Ordnung, der Wille zur Ordnung, eine Gemeinsamkeit aller vernunftrechtlich orientierten Theoretiker ist, unterscheiden sie sich in den Zwecken und in Zusammenhang damit in den Annahmen über die „natürlichen" Gegebenheiten des menschlichen Seins sowie im Stellenwert des Bereiches der Moral. –

Thomas **Hobbes** (England 1588-1679) erblickt im Kampf zwischen den Individuen das „natürliche" Prinzip des sozialen Seins: „Der Mensch ist des Menschen Wolf". Zur Sicherung des gewollten Friedens, zur Eindämmung des Kampfes ist ein **„Gesellschaftsvertrag"** zwischen Volk und Herrscher herzustellen, und zwar in Form der Machtübertragung an diesen Herrscher, der damit die Gewalt monopolisiert zu Sicherung und Schutz seiner Untertanen.

Anders ist die Sichtweise Jean-Jacques **Rousseaus** (1712-1778), des französischen Aufklärers. Er interpretiert den Menschen als „schwach und ängstlich", er ist auf gegenseitige Hilfe angewiesen und neigt zum Mitgefühl. Soziale Auseinandersetzungen sind dem – falschen – politischen System zuzuschreiben (dem zentralistischen Obrigkeitsstaat). Von ihm gilt es sich durch die Demokratisierung zu emanzipieren, um den „natürlichen" Zustand des freien Menschen (frei im Sinne von Losgelöstheit von persönlichen Abhängigkeiten) wieder herzustellen. An die Stelle der zentralen Staatsmacht hat die Herrschaft des „Allgemeinwillens" (volonté générale) zu treten, die für die Gesetzgebung verantwortlich ist. Rousseaus Theorie birgt durch die Annahme des Vorhandenseins eines Kollektivwillens, der sich von den Willen der Einzelnen unterscheidet, wohl einiges mehr an soziologischen Implikationen als Hobbes. Auch wenn hier nicht der Platz ist, das nicht leicht verständliche Wesen der „volonté générale" näher zu untersuchen, kann festgehalten werden, daß hinter der Rousseauschen Vertragstheorie mehr steht als bloß (politischer) Wille und Vernunft. Ralf Dahrendorf, ein moderner Vertreter der soziologischen Konflikttheorie (siehe das entsprechende Kapitel in diesem Buch), sieht in Rousseaus Theorie den ersten soziologischen Ansatz, und zwar wegen dessen Annahme, daß Ungleichheit zwischen den Menschen sozial bedingt (und zwar durch Eigentum) und nicht auf natürliche Veranlagungen rückführbar ist.

Der große deutsche Philosoph Immanuel **Kant** (1724-1804) sei schließlich als letzter Vertreter einer vernunftrechtlich ausgerichteten Gesellschaftsphilosophie angeführt. Er begreift den Menschen als Einheit von Antinomien (Widersprüchen), z.B. jenen zwischen dem „Hang zur Vereinzelung" und der „Neigung zur Vergesellschaftung". Mittels der Vernunft – deren antagonistische Gegenspieler die Instinkte sind – sind die politischen und moralischen Gesetze zu finden, die den

Spielraum für die Verwirklichung der persönlichen Freiheit und den gesellschaftlich notwendigen Zwang abstecken. Eine Gesellschaft mit derartigen Zwangsgesetzen zur Garantie der persönlichen Freiheit (rechtlich-bürgerliche Gesellschaft) stellt nach Kant aber noch nicht die „höchste Form" eines sozialen Zusammenhaltes dar. Deren Verwirklichung sieht er vielmehr im „ethisch gemeinen Wesen", das sich durch eine freiwillige, „innere" Verpflichtung zur Einhaltung moralischer Gesetze auszeichnet. Die moralischen Gesetze sind von der Vernunft aufzudecken und haben einen ethischen Endzweck – den Weltfrieden und die Idee der Menschlichkeit (d.h. daß der Mensch andere Menschen niemals als Mittel, sondern immer als Zweck ansehen soll).

Wenn die hier kurz angedeuteten Gesellschaftsmodelle auch sehr unterschiedliche Konstruktionen beinhalten, bleibt ihnen doch etwas gemeinsam – die Trennung zwischen „natürlichem" und „künstlichem" sozialen Sein, die Ablösung von Vorstellungen über den natürlichen oder göttlichen Ursprung der sozialen Ordnung, die Annahme ihrer „Machbarkeit" durch den menschlichen Willen und die menschliche Vernunft. Soziale Beziehungen werden noch wesentlich als politische oder moralische Konstrukte gesehen, losgelöst von jeder Eigenbestimmtheit; Staat und Gesellschaft sind noch eines, Differenzen werden lediglich „geahnt".

3. Liberalistische Gesellschaftsmodelle in der klassischen Politischen Ökonomie: Soziale Ordnung hat ihre Eigengesetzlichkeit

Einen wesentlichen Schritt weiter gehen die Vorstellungen über soziales Sein in den liberalistisch orientierten Gesellschaftsmodellen des 18. Jhdts. Ihre deutlichste Ausprägung finden sie in den Konzepten der klassichen politischen Ökonomie (die „Physiokraten" in Frankreich, Adam Smith, David Ricardo, John Stuart Mill in England), denen im allgemeinen als erste der Status einer Gesellschaftswissenschaft in Abgrenzung zu sozialphilosophischen Denksystemen zugeschrieben wird.

Der wesentliche Unterschied zur Lehre des Vernunftrechtes besteht in der Annahme, daß die soziale Ordnung **nicht konstruierbar** ist, sondern einer eigenen **(Natur-)Gesetzlichkeit** folgt und damit durch menschliches Eingreifen (politisch, juristisch) nicht veränderbar ist.

Um das Auffinden der den sozialen Beziehungen inhärenten Gesetze kreisen die liberalistischen Denkansätze (wobei einer empiristischen Methode der Erkenntnisgewinnung im Gegensatz zum Rationalismus, dem vernunftbestimmten Denken, der Vorzug eingeräumt wird). Ins Zentrum der Reflexion gerückt werden die Fragen des ökonomischen Handelns, der Akkumulation und Verteilung von Reichtum, der Marktbeziehungen, der Klassenstrukturierung einer Gesellschaft und die davon abzuleitende Rolle des Staates.

Als den gesellschaftlichen Strukturen zugrundeliegende Faktoren werden die ökonomischen erkannt. So entwickeln die französischen **„Physiokraten"** – zu denen u.a. der Leibarzt Ludwig des XV. F. Quesnays gehörte, was hier zur Illustration dessen erwähnt werden soll, wer in den Anfangsphasen sozialwissenschaftlicher Theoriebildung als „Motor" dieses Prozesses gewirkt hat – das erste auf ökonomischen Funktionen aufbauende Klassenmodell der Gesellschaft: die aus Bauern und Pächtern bestehende **produktive Klasse**, die **sterile Klasse**, zu der die Industriearbeiter, die Kapitalisten, der Handel, das Gewerbe und der Dienstleistungssektor zählen, sowie die sich aus König, Grundeigentümern, Kirche und Leibeigenen zusammensetzende **disponible Klasse**, stehen in einer Art wirtschaftlichem Kreislaufzusammenhang. Sowohl dieses Modell als auch der Begriff der Klasse sind der Biologie entlehnt. Auch die Bezeichnung „Physiokraten" deutet die durch die diese Denker angenommene Analogie zwischen Natur und menschlicher Gesellschaft an, die auf der Grundannahme aufbaut, gesellschaftlicher Reichtum sei nicht das Produkt der Menschen selber, sondern entspringe der Natur (genauer: dem Boden, weshalb nur die Bauern als produktiv gelten). Das liberale Moment bleibt im Denken der Physiokraten auf den ökonomischen Bereich beschränkt: das Prinzip des **laisser faire** – bezogen auf das in der wirtschaftlichen Tätigkeit verwirklichte Luststreben der einzelnen – garantiert den bestmöglichen Zustand der gesamten Gesellschaft. Jeder Eingriff in das natürliche Zusammenspiel der ökonomischen Kräfte ist diesem Zustand abträglich. Der Staat – und zwar der absolutistische – hat lediglich die Aufgabe, das freie Spiel der Kräfte und deren natürlich-gesetzlichen Ablauf durch die Wahrnehmung von Hilfsfunktionen (z.B. das Unterrichtswesen) zu garantieren. Das physiokratische Gesellschaftsmodell birgt so eine etwas widersprüchlich erscheinende Verquikkung zwischen liberalen (ökonomischen) und autokratischen (politischen) Elementen, was zum Teil auf die diesem Modell zugrundeliegenden metaphysischen Annahmen (z.B. die Gottgewolltheit des monarchischen Herrschers) zurückzuführen ist. So stark es auch diesen Annahmen verhaftet ist, so wenig es deshalb Widerlegungsversuchen standhalten konnte, so deutlich zeigt es doch die „Trendwende" im sozialtheorethischen Denken in der Hinwendung zur Suche nach der Eigengesetzlichkeit sozialer Beziehungen an.

Von größerer Bedeutung in der Ideengeschichte sind die Konzepte Adam **Smiths** (1723-1790) und David **Ricardos** (1772-1823) in England. Smith gilt als einer der eigentlichen Begründer der klassischen Politischen Ökonomie und damit der Sozialwissenschaft. Axiome seiner Theorie sind die Annahmen über die Arbeitsteilung als eigentliche Quelle des Fortschritts und die Betrachtung der Arbeit als wertschöpfende Kraft (im Gegensatz zu den Physiokraten, die – wie ausgeführt – in der außermenschlichen Natur die Quelle des Reichtums gesehen haben). Auch Adam Smiths Grundannahmen münden in einer ökonomischen Klassentheorie der Gesellschaft: Grundbesitzer, Kapitalisten und Arbeiter unterscheiden sich nicht mehr wie im physiokratischen Klassenmodell in ihrem Bezug zum Boden bzw. zur Landwirtschaft, sondern durch die Unterschiedlichkeit ihrer Einkommensquellen (Grundrente, Profit, Lohn).

Die Grundlage der Beziehungen zwischen den Individuen sieht Smith im Glücksstreben der einzelnen, das auf die Maximierung des eigenen materiellen Wohls ausgerichtet ist und das begleitet wird von einer „natürlichen Neigung zum Tausch und Handel". Wenn auch Smiths Ansatz ein individualistischer ist, so schwingt in diesem „Hang zum Tausch" doch auch ein soziales Element mit. Ähnlich wie die Physiokraten denkt Smith gewissermaßen immer auf zwei Ebenen: individuell und ganzheitlich-gesellschaftlich. Sein Hauptwerk trägt den Titel „Enquiry in to the Nature and Causes of the Wealth of Nations" („Untersuchung über die Natur und Ursachen des Wohlstandes der Nationen"; 1776) – Ausgangspunkt ist die Frage nach den Ursachen der ökonomischen Verfassung einer Nation, Endpunkt der Erklärung ist das Zusammenspiel individueller, zunächst selbstgesteuerter Akte. Aber – und das ist das soziologische Moment der Smithschen Analyse: die subjektive Selbststeuerung enthält auch das Moment der Bezogenheit auf andere und ist überdies keine rein ökonomische. In seiner „Theorie der ethischen Gefühle" („Theory of Moral Sentiments"; 1759), die er vor dem „Wohlstand der Nationen" entworfen hat, entwickelt er für die sozialen Beziehungen der Menschen im allgemeinen ein Pendant zur „Neigung zum Tausch" im Bereich der Wirtschaft. Dieses besteht in einer Kombination von auf Mitmenschen gerichteten Empfindungen, Neigungen und Gefühlen, die zwar keinen individuellen materiellen Nutzen bringen, aber immerhin mit einem als ideell identifizierten Nutzengewinn – der „Freude" – verbunden sind.

Und noch ein weiteres wesentliches Element sozialer Beziehungen deckt Smith auf: die Verfolgung individueller Interessen ist zwar quasi der Motor einer Gesellschaft, das Zusammentreffen dieser individuellen Interessen und der in den einzelnen Akten des Interessenausgleichs hergestellte Zusammenhang zwischen den Individuen ist aber nicht alles, was Gesellschaft ausmacht: Der Markt ist nicht ein einfaches Aggregat einzelner Tauschakte mit völlig autonom bestimmbaren Löhnen, Preisen und Produktionsmengen, sondern entwickelt aus diesem Zusammenspiel von Einzelakten seine eigene Dynamik und Steuerung, ist damit „mehr als die Summe seiner Teile", die die individuellen Handlungen durch Anpassungsdruck beeinflussen. Diese „invisible hand" des Marktes bei Smith ist damit eine überindividuelle Instanz, aber weder willentlich oder vernunftmäßig gelenkt noch politisch institutionalisiert, sie entsteht autonom aus den wirtschaftlichen Beziehungen der Einzelindividuen. Den Selbstregulierungskräften des Marktes schreibt Smith eine harmonisierende, gleichgewichtserzeugende Wirkung zu, indem sie zum Interessensausgleich zwischen Produzenten und Konsumenten führen. Daraus leitet Smith die Rolle des Staates ab, der in erster Linie das freie Spiel der Marktkräfte zu garantieren hat.

Eine „extreme Version" des Liberalismus findet sich im Denkansatz des **Utilitarismus**, unter anderem repräsentiert durch John St. **Mill** (1806-1873) in England, der mit dem französischen Sozialwissenschaftler Auguste Comte, dem Namensgeber der Soziologie, in regem Gedankenaustausch stand. „Extrem" ist die utilitaristische Position insofern, als sie das individuelle Streben nach Erhöhung des wirtschaftlichen Eigennutzes der Menschen verabsolutiert, Gesellschaft als eine Art „Gefüge von atomistischen, d.h. individuellen, miteinander ‚kollidierenden' (konkurrierenden) und vom Gesellschaftsganzen relativ losgelösten Elementarteilen begreift" (Kiss 1977, S. 87). Beziehungen zwischen den einzelnen Individuen beruhen im wesentlichen auf wirtschaftlichen Verträgen, deren Eingehen im Dienste der persönlichen Interessen steht. Die Funktion des Staates besteht lediglich in der Sicherung des Rechts auf individuelles Handeln. Die utilitaristische Position sei hier v.a. deshalb erwähnt, weil gerade sie die Entwicklung einer „rein" soziologischen Theorie – wie wir bei Auguste Comte sehen werden – herausgefordert hat.

Auch die Konzepte liberalistischer Theorien verfolgen – ebenso wie die verschiedenen Ansätze, als deren Gemeinsamkeit sich die vernunftrechtliche Orientierung identifizieren läßt – sehr unterschiedliche Annahmen und gelangen zu ebenso unterschiedlichen Schlußfolgerungen und Gesellschaftsmodellen. Das neue Element, mit dem die Gesellschaftswissenschaft in allen liberalistischen Ansätzen bereichert wird, besteht in der Theorie der **Eigengesetzlichkeit** sozialer

Beziehungen (im wesentlichen mit wirtschaftlichen Beziehungen gleichgesetzt), die nicht durch den Willen und die Vernunft beeinflußbar ist, sondern eine quasi eigene, autonome Vernunft aus sich heraus entwickelt.

4. Die Neuaufbrüche in der Gesellschaftswissenschaft des späten 19. und frühen 20. Jahrhunderts: die Totalität der gesellschaftlichen Beziehungen im marxistischen Denken; das „positive" Studium der Gesellschaft: „Soziales nur mit Sozialem erklären"; Gesellschaftstheorie als Handlungstheorie

Das 19. Jhdt. stellt das sozialwissenschaftliche Denken vor neue Aufgaben. Die sozioökonomische Entwicklung läßt sich als „industrielle Revolution" beschreiben, so rasch und tiefgreifend verändert sie alle Bereiche der Gesellschaft. In der französischen Revolution hat sich ein neues politisch-gesellschaftliches Prinzip den Durchbruch verschafft: Freiheit, Gleichheit, Brüderlichkeit – das aber, sobald es nach dem Sieg der anti-absolutistischen Kräfte in der Praxis mit Leben erfüllt werden soll, auf mehreren Ebenen in Frage gestellt wird; eine der Herausforderungen der angestrebten bürgerlich-demokratischen Verhältnisse geht von der sich formierenden Arbeiterbewegung aus, die für sich die Prinzipien der bürgerlichen Revolution in keiner Weise verwirklicht sieht und gegen die – in besonders krasser Form im liberalen „Manchester-Kapitalismus" auftretende – wirtschaftliche und soziale Verelendung, begleitet von politischer Rechtlosigkeit, auftritt.

Die Umgestaltungen und Bewegungen auf allen Ebenen der Gesellschaft werden vom sozialwissenschaftlichen Denken thematisiert: Arbeitsteilung, Industrialisierung, der Entwicklungsprozeß der Gesellschaft, die Bedeutung sozialer Klassen, die Prinzipien eines gesamt-gesellschaftlichen „Zusammenhalts" in Kontrastierung zu Gemeinschaftsformen des sozialen Seins (z.B. der Familie), das Verhältnis zwischen Wirtschaft, Gesellschaft, Ethik, Moral und den politischen Institutionen usw. werden neu durchdacht. Die Naturwissenschaften, die mit der Entwicklung der Industrie einen starken Aufschwung genommen haben, stellen auf einer anderen Ebene eine weitere Herausforderung an die Sozialwissenschaften dar.

Eines der neuen theoretischen Konstrukte ist der marxistische Ansatz, der einen Versuch darstellt, die Komplexität der Gesellschaft als Wirkungszusammenhang sich gegenseitig durchdringender Faktoren zu begreifen, das Verhältnis zwischen Wirtschaft auf der einen Seite und Politik sowie dem Wertesystem auf der anderen Seite als Basis-Überbau-Relation versteht, also als Stufenbau innerhalb dessen institutionelle und ideelle Faktoren auf materiellen aufsitzen und durch diese bestimmt werden, und daraus die Gesetzmäßigkeit der gesellschaftlichen Entwicklung ableitet. Das Marxsche Denken baut dabei auf drei Elementen auf: der Hegelschen Dialektik, der klassischen englischen Politischen Ökonomie (v.a. Smith und Ricardo) und dem französischen utopischen Sozialismus. – Mehr sei an dieser Stelle nicht ausgeführt, da dem Denken Karl Marx ein eigenes Kapitel dieses Buches gewidmet ist.

Und noch etwas bringt die sozialwissenschaftliche Diskussion des 19. Jhdts. hervor: die Soziologie als eine in ihrem Selbstverständnis eigenständige Wissenschaft. Auguste Comte gibt ihr den Namen und liefert die Erklärung für die Notwendigkeit ihrer Entwicklung. Die Elemente, die der Marxismus weiterentwikkelt und zu einem eigenen theoretischen Gebäude verarbeitet hat, werden durch Comte und seine geistigen Erben, v.a. Emile Durkheim, abgelehnt: das Hegelsche Denken wegen seines spekulativen, metaphysischen Gehalts („Geisterbeschwörer"), die Politische Ökonomie wegen der einseitigen Erklärung des sozialen Seins aus individuellen wirtschaftlichen Faktoren, der Sozialismus wegen seiner „anarchistischen" Tendenzen. In gewisser Weise wird aber der Grundgedanke des ökonomischen Liberalismus positiv aufgegriffen und in die neue Gesellschaftswissenschaft implementiert: dieser Grundgedanke des ökonomischen Liberalismus – die Eigengesetzlichkeit des Sozialen – wird aus der wirtschaftlichen Sphäre in die davon zu unterscheidende soziale transferiert. Gleichzeitig wird er aber auch wesentlich modifiziert: Soziales soll nicht mehr als „Ergebnis" individueller Interessensverfolgung interpretiert, sondern nur auf Soziales zurückgeführt werden (Emile Durkheim). Das sind einige zentrale Ausgangspunkte, auf denen die Theorien Comtes und Durkheims aufbauen, denen als zwei der bedeutendsten „Gründervätern" der Soziologie die beiden folgenden Abschnitte gewidmet sind.

In die Jahrzehnte der zweiten Hälfte des 19. Jahrunderts fällt die Ausarbeitung verschiedener explizit soziologischer Ansätze. Vielfach sind sie geprägt von der Betrachtung der menschlichen Gesellschaft als ein einem biologischen Organismus analoges Konstrukt. Der „Organizismus" in der Soziologie ist aber variantenreich, das Etikett „Organizismus" als Klassifikationsbegriff nur in einem sehr beschränktem Ausmaß fruchtbar (vgl. dazu die Auseinandersetzung zwischen Durkheim und Spencer im Abschnitt über Emile Durkheim).

Im Anschluß an die Modelle der „Neoklassik" oder „Grenznutzenschule" in der Ökonomie – die als eine Art geistige Gegenrevolution zur klassischen Politischen Ökonomie bezeichnet werden kann – wird durch Vilfredo Pareto (selbst auch ein Wirtschaftswissenschaftler und Mitbegründer der Grenznutzenlehre) in Italien und Max Weber in Deutschland die Handlungstheorie als Grundmodell der soziologischen Betrachtung entwickelt. Sie ist zugleich eine Re-Individualisierung der Sichtweise von Gesellschaft sowie einer der Grundbausteine einer systemischen Betrachtung des Sozialen. Mehr sei auch hier nicht ausgeführt, da dem Weberschen Ansatz ebenfalls ein eigener Abschnitt dieses Kapitels gewidmet ist.

5. Auguste Comte (Frankreich 1798-1857): Positivierung der Sozialwissenschaft und Soziologie

Comte ist der Theoretiker, der der neuen Sozialwissenschaft, die es seiner Ansicht nach zu begründen galt, den Namen „Soziologie" verlieh. In der Geschichte der Entwicklung der Soziologie wird er oft als einer der Begründer des „älteren Positivismus" bezeichnet und charakterisiert, wobei der Begriff des Positivismus zuweilen in einer verflachten, einseitigen Bedeutung gebraucht wird, indem er nur auf die Erkenntnismittel und -methoden angewandt wird. Daß man damit dem Comteschen Denken und seiner Kategorisierung nicht gerecht wird, wird hier zu zeigen sein.

Zunächst sei die Frage nach dem wissenschaftlichen und politischen Milieu, in dem die Soziologie in dem Selbstverständnis ihres Begründers als eigenständige

Wissenschaft entstanden ist, aufgeworfen. Die erste Hälfte des 19. Jahrhunderts, in der Auguste Comte lebte und wirkte, war durch gewaltige Veränderungen auf allen Ebenen (Aufschwung der Wissenschaften, Industrialisierung, politischer Kampf zwischen Absolutismus und Demokratie, Beginn der Arbeiterbewegung) gekennzeichnet. Comte selbst war von seiner Ausbildung her Naturwissenschaftler und Philosoph, seine Auseinandersetzung mit der Gesellschaftswissenschaft verdankt sich zu einem Gutteil seinem Wirken als Sekretär Saint-Simons, dessen Gesellschaftslehre bedeutenden Einfluß nicht nur auf Comte nahm – in der Geschichtsschreibung der Gesellschaftswissenschaften wird zuweilen auch Saint-Simon die Begründung der Soziologie als Wissenschaft zugeschrieben. Comte selbst nennt als einen seiner bedeutendsten geistigen Inspiratoren und damit auch Wegbereiter der Soziologie Montesquieu („L'esprit des lois" – „Vom Geist der Gesetze"), der die Abhängigkeit der gesatzten Normen vom Zustand einer Gesellschaft nachgewiesen hat. –

In der Abhandlung Auguste Comtes über die „Positive Philosophie" („Cours de la Philosophie Positive", erstmals erschienen 1830-1842) wird die Notwendigkeit der Begründung einer neuen Sozialwissenschaft nachgewiesen. Ausgangspunkt ist für Comte dabei das in Anlehnung an Saint-Simon entwickelte „Dreistadiengesetz", das den Gang der menschlichen Erkenntnis, die Entwicklung des menschlichen Individuums, der menschlichen Gesellschaft sowie der Wissenschaft beschreibt: am Anfang steht das **„theologische Stadium"**, in dem die Erkenntnis des Absoluten gesucht und in übernatürlichen, göttlichen Kräften gefunden wird; abgelöst wird diese Stufe durch das **„metaphysische Stadium"**, in dem ebenfalls absolute Erkenntnis angestrebt, das Absolute aber abstrakten, dem Menschen innewohnenden Kräften zugeschrieben wird – weshalb dieses Stadium nach Ansicht Comtes nur eine Variante des theologischen darstellt. Im letzten Stadium der Entwicklung, dem **„positiven Zustand"** hingegen wird die Unmöglichkeit des Auffindens absoluter Begriffe erkannt: „Wir geben es auf, den Ursprung und die Bestimmung des Weltalls zu ermitteln und die inneren Ursachen der Erscheinungen zu erkennen. Statt dessen suchen wir deren Gesetze durch gemeinsamen Gebrauch der Vernunft und der Beobachtung zu entdecken, d.h. deren Beziehungen im Nacheinander und der Ähnlichkeit nach. Die Erklärung der Tatsachen besteht nur noch darin, daß man die einzelnen Erscheinungen in Beziehung setzt zu allgemeinen Tatsachen, deren Zahl der Fortschritt der Wissenschaft stetig zu vermindern strebt" (Comte 1974, S. 2). Für die positive Philosophie „sind alle Vorgänge unveränderlichen *Gesetzen* unterworfen; für sie ist es ein vergebliches Unternehmen, nach den ersten Ursachen oder den letzten Zwecken zu forschen". (Comte 1974, S. 5; Hervorhebung von Comte). Nun – ob z.B. die Unveränderbarkeit von Gesetzen eine nicht-metaphysische Annahme ist, wird noch zu untersuchen sein. Klar ist vorerst die Tendenz, die in diesen durch Comte programmatisch festgehaltenen Aufgaben der „positiven Philosophie" zum Ausdruck gebracht wird: jeder Gegenstand der wissenschaftlichen Betrachtung – auch die Gesellschaft – ist im Hinblick auf seine Gesetzmäßigkeit zu beobachten und analysieren, wobei diese „Gesetzmäßigkeit" nicht eine Abhängigkeit von einem abstrakten Prinzip (etwa des Gottgewollten, des „Geistes", der menschlichen Vernunft) ist, sondern in Beziehungen einzelner (empirischer) Gegebenheiten besteht.

Comte unterscheidet nun zwischen der (positiven) Philosophie als einer Art Methodologie (Theorie der Methoden) bzw. Metatheorie (Theorie der Theorie) und den in Einzeldisziplinen aufgespaltenen eigentlichen Wissenschaften, deren Verhältnis zueinander durch eine Rangordnung bestimmt ist (**enzyklopädisches Gesetz**). Seine diesbezüglichen Überlegungen sollen hier nur in ihrem Ergebnis präsentiert werden: in Abhängigkeit von ihrem Komplexitätsgrad lassen sich die einzelnen Wissenschaften (Mathematik, Astronomie, Physik, Chemie, Biologie) in eine hierarchische Struktur bringen. Während sich in den Naturwissenschaften die Prinzipien der positiven Philosophie durchgesetzt haben, ist dies auf dem Gebiet der Gesellschaftswissenschaften noch nicht der Fall. Und daraus folgt nun das Hauptanliegen Comtes: die Entwicklung einer positiven Wissenschaft von den sozialen Erscheinungen, der Wissenschaft, der er den Namen **Soziologie** verleiht (als Ersatz des bis dahin in positivistischen Ansätzen verwendeten Begriffs der „physique sociale" etwa bei Quetelet). –

An dieses Hauptanliegen Comtes ist die Frage nach der tatsächlichen Originalität seines Ansatzes zu knüpfen. Denn einen dem Comteschen Vorhaben durchaus ähnlich anmutenden anti-spekulativen, anti-metaphysischen Ansatz gesellschaftswissenschaftlichen Denkens haben wir bereits in der klassischen Politischen Ökonomie (Smith, Ricardo, J.St. Mill) kennengelernt. Dieser bestand in der Erkenntnis der Eigengesetzlichkeit sozialer bzw. ökonomischer Beziehungen zwischen den Menschen. Diese Ansätze waren Comte bekannt, mit dem sich ebenfalls zu einer „positivistischen Methode" bekennendem Mill stand er in lebhafter Diskussion. So ist neben dem „Aufräumen" mit spekulativen Ansätzen der französischen Philosophie und Politik (die Comte sowohl von Anhängern als auch Gegnern der französischen Revolution vertreten sieht) als eines der zentralen Hauptanliegen Comtes die Kritik der einseitigen Erklärung von „Gesellschaft" durch die Politische Ökonomie des 18. und 19. Jahrhunderts zu nennen. –

Was hat Comte nun diesen Theorien entgegenzustellen? – Vorerst vergleicht er die Gesellschaft mit einem Organismus, bei dem **das Ganze den Teilen vorausgeht**, was bei der gesellschaftswissenschaftlichen Untersuchung stets in Betracht zu ziehen sei. Dieser Vorrang des „Ganzen" ist es, der das Spezifikum der Comteschen Sichtweise des Gesellschafts-Organismus ausmacht (es wurde in der einleitenden Darstellung dieses Kapitels bereits darauf hingewiesen, daß die Gleichsetzung von Gesellschaft mit einem biologischen Organismus das Grundgerüst mehrerer soziologischer Theorien des 19. Jahrhunderts darstellt, daß aber hinter dieser Interpretation sehr unterschiedliche Erklärungsmuster stehen). Für Comte ist das gesellschaftskonstituierende Prinzip, das den sozialen Organismus zu „mehr als der Summe seiner Teile" macht, durch die Begriffe **Consensus, Harmonie und Solidarität** zu charakterisieren – sie leisten den „Zusammenhalt" des gesellschaftlichen Ganzen und beruhen auf der **„Neigung der menschlichen Natur zur Vergesellschaftung"** (Comte 1974, S. 118), die er auch als einen **moralischen Reiz** verursachende **„soziale Gefühle"**, **„sympathisierende Instinkte"** begreift (vgl. Comte 1974, S. 129). Für Comte ist also Vergesellschaftung bereits in jedem Individuum angelegt, geht deshalb den einzelnen Teilen voraus – damit setzt er sich in Gegensatz zu den englischen Utilitaristen, in deren Interpretation Gesellschaft das Ergebnis des individuellen Strebens nach persönlicher Nutzenvermehrung ist. Gleichzeitig ist Gesellschaft in der Comteschen Sichtweise etwas Moralisches, konstituiert durch auf Harmonie ausgerichtete menschliche Neigungen. Auch das unterscheidet ihn von den liberalen ökonomischen Theorien, nach denen es in erster Linie materielle Interessen sind, die menschliches Handeln leiten. –

Für Comte bestehen die Voraussetzungen der Vergesellschaftung der Menschen also in der Natur des Menschen angelegten geistig-moralischen Neigungen und Trieben, die jeder funktionalen Strukturierung (z.B. Arbeitsteilung, politische Verfassung) vorausgesetzt sind. Diese Erkenntnis stellt nun tatsächlich ein neues Paradigma in den Sozialwissenschaften dar (dessen Entwicklung mitunter fälschlicherweise dem Comte-Schüler Emile Durkheim zugeschrieben wird). Allerdings ist einzuräumen, daß bei Adam Smith mit der „Neigung zum Tausch" und den „moralischen Instinkten" der Menschen ähnliche Gedanken ausgearbeitet wurden, Vergesellschaftung aber einen nicht-moralischen Charakter trägt, da sie sich aus den ökonomischen Tauschakten „ergibt". –

Auf der dargestellten Grundlage erhebt sich nach Comte die **„natürliche Gesetzmäßigkeit"** (Comte 1974, S. 83) sozialer Vorgänge, deren Aufdeckung u.a. Aufgabe der Soziologie ist. Hierbei sind zwei Arten von Gesetzen zu unterscheiden: die der **sozialen Statik** und jene der **sozialen Dynamik**: „Die soziale Dynamik studiert die Gesetze der zeitlichen Folge, während die statische die Gesetze des gleichzeitigen Bestehens ermittelt" (Comte 1974, S. 91). Soziale Statik wird aufgefaßt als die „Theorie von der natürlichen Ordnung der Gemeinschaften", die soziale Dynamik als „Lehre vom Fortschritt". –

Was meint nun vorerst diese **natürliche Ordnung der Gemeinschaften?** Je nach „geistiger" und damit sozialer Verfassung entstehen bestimmte Formen sozialer Beziehungen, die zwar veränderbar sind – aber nicht beliebig. Es gibt eine „natürliche und unwillkürliche Ordnung, nach der alle die verschiedenen Gesellschaften ohne Unterlaß hinstreben" (Comte 1974, S. 88). Juristische Gesetze und politische Institutionen können die natürliche Ordnung nicht aufheben – sie sind zwar vom Menschen gemacht, werden über Machtbeziehungen in Geltung gesetzt, entspringen aber den allen gemeinsamen natürlichen Bestrebungen, auf denen daher alle Macht basiert. Das bedeutet aber nicht, da es einen Quasi-Automatismus zwischen natürlich-gesellschaftlichen Beziehungen und ihren formalen Regelungen gibt – das Zeugnis dafür sieht Comte in irrigen Staats- und Gesellschaftslehren, denen Versuche zugrundeliegen, die „natürliche Ordnung" aufzuheben. Einen derartigen Irrtum stellen seiner Ansicht nach die Bestrebungen nach Auflösung von Ehe und Familie dar, was hier zur Illustration des Comteschen Verständnisses von sozialer Statik ausgeführt werden soll: In der Familie erblickt er ein „Mittelglied zwischen dem einzelnen und seiner Gattung; der Mensch beginnt dadurch aus seiner Persönlichkeit herauszutreten und lernt in anderen zu leben" (Comte 1974, S. 122). Wiewohlgleich die Familie nicht prinzipiell unwandelbar ist, gibt es Momente, die „für alle Fälle gemeinsam sind" (Comte 1974, S. 123) und deshalb als sozial statisch angenommen werden müssen – wie etwa das Prinzip der Unterordnung der Frau und der Kinder unter das männliche Familienoberhaupt. –

Ebenso wie es unabänderliche Gesetze der Ordnung und Statik gibt, existieren **natürliche Prinzipien des gesellschaftlichen Fortschritts**. Ist das Streben nach Konsens und Harmonie die Grundlage der Ordnung, so ist es die „Entwicklung des Geistes", die das Fundament gesellschaftlicher Veränderungen bildet. (Der Begriff des „Geistes" ist bei Comte mehrdeutig, die unterschiedlichen Bedeutungsinhalte – Geist im Sinne von Intellekt, Geist als seelisch-moralischer Zustand – werden nicht immer exakt getrennt und machen eine korrekte Auslegung seiner Gedanken nicht einfach.) Das Gesetzmäßige an der Entwicklung des Geistes ist der Fortschritt des menschlichen Denkens von theologischen über metaphysische zu positiven (wissenschaftlichen) Interpretationen von Gesellschaft und Geschichte. Nun bedeutet bei Comte „Geist“ aber nicht nur die denkerisch-intellektuelle Auseinandersetzung der Menschen mit sich und der Natur, sondern ist auch gleich einer seelischen Verfassung. Mit der „geistigen“ Reife der Menschen korrespondieren bestimmte soziale Verhältnisse – soziale Gemeinschaft ist geistige Gemeinschaft. In der Befangenheit theologischer und metaphysischer Sichtweisen sind gesellschaftliche Beziehungen anti-solidarisch und dem Streben nach Gemeinschaft bedrohlich. Dennoch sind sie in der Auffassung Comtes natürlich-gesetzmäßig, also gleichsam historisch notwendig, da der geistige Zustand der Menschheit eben noch nicht in das positive oder wissenschaftliche Stadium getreten ist und die Gesetze der Statik oder Ordnung noch unentdeckt sind – weshalb „Gemeinschaft“ nur auf einer quasi primitiven Stufe verwirklicht werden kann. Als Beispiel hierfür nennt Comte die kriegerische Auseinandersetzung um die materielle Versorgung, die der planmäßigen industriellen Organisation vorangegangen ist. –

Wenngleich Comte ein Verfechter des gesellschaftlichen Fortschritts ist, steht er ihm doch gleichzeitig mit Skepsis gegenüber. So sieht er z.B. in der Arbeitsteilung auf der einen Seite eine Festigung und Ausweitung sozialer Beziehungen (eine auf Teilung der Funktionen begründete Gesellschaft ist schwerer auflösbar als eine auf familiären Banden beruhende), andererseits entdeckt er auch zerstörerische Tendenzen in der Arbeitsteilung, die in der damit einhergehenden Individualisierung, in der drohenden Auflösung der Familienverbindungen, in der Entstehung sozialer Klassen und vor allem im Verlust von Moral, die ja die eigentliche Grundlage von der Gesellschaft ist, liegen. Dies ist nun ein entscheidender Punkt in der Lehre Comtes, hier setzt seine sicherlich unglückliche Verquickung von Politik und Moral an, die aber eine logische Konsequenz seiner Axiome ist: Im positiven Stadium der Gesellschaft sieht er eine enge Verbindung zwischen wissenschaftlicher und politischer Führung. Ordnung entspringt zwar natürlichen Neigungen der Menschen, es bedarf aber einer politisch-institutionellen Kontrolle dieser Ordnung, da eine sich selbst überlassene Entwicklung ordnungsgefährdende Momente birgt. So wie die Naturwissenschaften im positiven Stadium der Gesellschaft der Sicherung der materiellen Versorgung dienen, haben auch die positive Philosophie und Soziologie zum Bestand der Gesellschaft beizutragen und zwar auf den Gebieten der Moral und Politik: sie haben die Entsprechung zwischen natürlicher Ordnung und politischen sowie gesellschaftlichen Institutionen zu überwachen und eine „Moral ohne Theologie“ als Garantin für die Aufrechterhaltung der menschlichen Gesellschaft zu entwickeln. „In den Schwankungen der gegenwärtigen Anarchie werden die notwendigsten moralischen Prinzipien in Zweifel gezogen. Wenn aber diese Prinzipien auf den Gesamtgesetzen der menschlichen Natur ruhen werden, werden sie den leichten Ausflüchten keinen Raum mehr verstellen, durch die aufrichtige Gläubige in ihren eigenen Augen wie in denen anderer der Strenge der moralischen Vorschriften ausweichen, seitdem die religiösen Lehren ihre Wirksamkeit unter dem Verfall der priesterlichen Gewalt eingebüßt haben ... Der positive Geist gründet eine bisher unmögliche geistige Harmonie und wird zu einer geistigen und moralischen Gemeinschaft führen, vollständiger, ausgedehnter und dauerhafter, als sie bei jeder religiösen Gemeinschaft geherrscht hat“ (Comte 1974, S. 507). Der hier angesprochene „positive“ Geist verweist auf die Mehrschichtigkeit des Comtschen Positivismus-Begriffes. „Positiv“ meint nicht nur das beobachtbare „Gegebene“, sondern auch pragmatisches Eingreifen in das Gegebene mit dem Ziel seiner Verbesserung.

Die Konsequenz der Comteschen Lehre – der moralische und politische Führungsanspruch der Soziologen – hat eine Beschäftigung mit seiner Theorie in der Folge nicht eben gefördert. Zweifellos ist diese Theorie von inneren Widersprüchlichkeiten geprägt, die vor allem in seinen antimetaphysischen Ansprüchen auf der einen Seite und seiner ihrerseits metaphysischen Annahme über die natürlich-geistige Bedingtheit sozialer Zustände auf der anderen Seite liegen. Damit rückt er unwillkürlich in die Nähe des von ihm so geschmähten „Geisterbeschwörers" Hegel und dessen Geschichtsdeterminismus.

Dennoch ist der Comtesche Ansatz nicht ohne Wirkung geblieben. Wenn er heute nur noch als Namensgeber der Soziologie genannt wird, wird meist übersehen, daß vor allem das Denken Emile Durkheims, dessen Bedeutung als wesentlich höher eingestuft wird, stark durch Comtes Grundannahmen geprägt ist (siehe dazu den folgenden Abschnitt).

6. Emile Durkheim (Frankreich 1858-1917): Soziales mit Sozialem erklären

6.1 Ausgangsproblem: Die Suche nach dem sozialen Band

Emile Durkheim kann historisch der „zweiten Generation" von Soziologen zugerechnet werden. Er gilt durch die Begründung einer eigenen soziologischen Schule nicht nur als „Klassiker" der Soziologie, sondern verhalf der Soziologie auch als einer der ersten zur akademischen Institutionalisierung (Lehrstuhl für Sozialwissenschaft und Pädagogik an der Universität in Bordeaux 1887).

Von Comte, dessen Einfluß auf ihn relativ stark ist, unterscheidet er sich u.a. durch seine Ausbildung, die eine rein philosophische ist. Die Interpretation seines Werkes in der Wissenschafts-Geschichtsschreibung einerseits und in seiner Weiterentwicklung andererseits ist keineswegs einheitlich. Man findet in Zusammenhang mit der Charakterisierung seiner Position die Begriffe des „Positivisten", des „Organizisten", „Kollektivisten", „Gruppen-" und „Ordnungstheoretikers". Auch die Bedeutung seines Werkes wird unterschiedlich gesehen – einmal in der (Mit-)Begründung der Soziologie als Wissenschaft vom eigentlich Sozialen, einmal in der Entwicklung der Regeln für die soziologische Methode. Alle diese Interpretationen und Kategorisierungen haben eine gewisse Grundlage im Denken Durkheims, jede für sich isoliert angebracht wird seinem Werk aber nicht gerecht. –

Durkheim betrachtet es als das **„Anfangsproblem der Soziologie ... zu wissen, welche Bindungen es sind, die Menschen untereinander haben, das heißt, wodurch die Bildung sozialer Aggregate bestimmt wird"** (Durkheim 1981, S. 54). In Verfolgung der Lösung dieses Problems will er sowohl die utilitaristisch-individualistischen als auch die sozialistischen Traditionen der Wirtschafts- und Gesellschaftstheorie seiner Zeit überwinden.

6.2 Der Dualismus der menschlichen Natur: Individuelles und Soziales

Durkheims Denken nimmt seinen Ausgangspunkt von der Frage nach den Beziehungen zwischen Individuum, Gesellschaft und Moral. Ähnlich wie Comte ist er um eine theoretische Fundierung des eigentlich Sozialen bemüht, analog zu Comte verwirft er die Konzepte der klassischen Politischen Ökonomie (David Ricardo, Adam Smith u.a.), für die sich „Gesellschaft" über individuelle Tausch- und Vertragsakte herstellt und im wesentlichen als Regulativ für die Beziehungen zwischen den Individuen fungiert. Ebensowenig ist es nach Durkheim zureichend, die Gesellschaft als Organismus funktionaler Beziehungen (Herbert Spencer) zu erklären. Gesellschaft ist vielmehr eine Realität „sui generis" (eigener Art) und nicht ein Produkt individueller psychologischer oder ökonomischer Einzelakte.

Worin liegt nun das **„eigentlich Soziale"**, das alle anderen Gesellschaftstheorien vernachlässigen? – Während Comte im Vorhandensein „sympathisierender Instinkte" die Grundlage der menschlichen Vergesellschaftung und des Strebens nach sozialer Harmonie gesehen hat, findet Durkheim eine andere, weniger psychologisierende Erklärung: er spricht vom „Dualismus der menschlichen Natur", der im Gegensatz zwischen egoistischen Bedürfnissen organischen Ursprungs („sinnliche Neigungen", Durkheim 1914, in: Jonas 1972, S. 180) auf der einen Seite, und dem moralischen Handeln – das immer auf eine überindividuelle Instanz gerichtet ist – auf der anderen Seite liegt. Hier gelangen wir zum zentralen Durkheimschen Begriff der Moral, die den Gegenpol zum Individuellen darstellt und sich in engem Konnex zum Begriff der Gesellschaft befindet. **„Moralische Handlungen"** sind solche, die sich nach **Regeln** richten, nach Regeln, die nicht das Produkt einzelner Personen oder Interessengruppen sind, sondern das Ergebnis **„kollektiver Bewußtseinszustände"** (Durkheim 1914, in: Jonas 1972, S. 187) und aufgrunddessen Einfluß und Autorität besitzen. Hierin liegt der Schlüssel des Durkheimschen Denkens: Werte und Normen – die in Summe die Moral ausmachen – entstehen aus einem dem Individuellen vorgelagerten Kollektivbewußtsein, das das eigentlich Soziale der „menschlichen Natur" ausmacht. Dieser Gedanke ist nicht leicht nachvollziehbar; für Durkheim scheint er auch eine doppelte Bedeutung zu haben: zum einen sind allen Menschen **gleiche** Bewußtseinsinhalte gemeint (in Form bestimmter Normen und Regelungen), zum anderen steht dahinter das bewußtseinsmäßige Aufeinander-Bezogen-Sein. Analog dazu verhält es sich mit dem menschlichen Denken, wie er sagt mit der „intellektuellen Ordnung" (Durkheim 1914, in: Jonas 1972, S. 180), auch hier existieren die Pole Individualität und Kollektivität: Sinneseindrücke und Wahrnehmungen vermitteln zwischen Individuum und Außenwelt, deren begriffliche Verarbeitung übersteigt aber das Individuelle, denn „Begriffe (sind) immer einer Mehrzahl von Menschen gemeinsam. Sie begründen sich in der Sprache; und das Vokabular ebenso wie die Grammatik einer Sprache sind nicht Werk eines einzelnen Menschen; sie sind das Ergebnis einer kollektiven Tätigkeit, sie drücken diese anonyme Kollektivität aus, die sie verwendet" (Durkheim 1914, in: Jonas 1972, S. 180).

Das Verhältnis zwischen den beiden Polen Individualität und Kollektivität sieht Durkheim nun nicht als zwei Seiten einer Einheit, sie bilden vielmehr „zwei verschiedene Gravitationszentren. Es gibt auf der einen Seite unsere Individualität und, genauer gesagt, unseren Körper als deren Grundlage; auf der anderen Seite steht alles das, was in uns etwas anderes ausdrückt als uns selbst" (Durkheim 1914, in: Jonas 1972, S. 181).

Auf Grundlage seiner religionssoziologischen Studien gelangt Durkheim zu dem Schluß, daß sich die beiden Pole der menschlichen Natur in einem hierarchischen Verhältnis befinden, indem sie vom Menschen als untergeordnete profane Dinge (wie alles Leibliche) und übergeordnete geistige – in der Religion heilige – (Vernunft und Moral) bewertet werden, auch wenn die Unterordnung des einzelnen und seiner individuellen Bestrebungen zuweilen als durchaus schmerzvoll empfunden wird. Durkheim sieht in der Religion bzw. Religiosität eine bestimmte – historisch wandelbare – Verkörperung eines universellen Wesensmerkmals des Menschen. Religiosität ist Ausdruck der Orientierung an moralischen Werten, die nicht göttlichen Kräften entspringen, sondern der sozialen Natur der Menschen, deren Einfluß auf das Handeln stärker ist als das Ausleben der Individualität. „Diese besondere Kraft ist aber nicht irgendeinem geheimnisvollen Einfluß zuzuschreiben; es handelt sich einfach um die Wirkung jener seelischen, wissenschaftlich analysierbaren unnd einzigartig schöpferischen und fruchtbaren Vorgänge, die man die Verschmelzung, die Vereinigung einer Mehrzahl von individuellen Bewußtseinszuständen in einem gemeinsamen Bewußtsein nennt" (Durkheim 1914, in: Jonas 1972, S. 187). Durkheim verlegt damit den Ursprung der moralisch-seelischen Orientierung der Menschen von den Göttern weg zu sich selbst, in seine zweite – soziale – Natur. Und er identifiziert moralisches Sein mit dem eigentlich Sozialen, das zur Erklärung alles Gesellschaftlichen heranzuziehen ist. Hervorzuheben bleibt noch, daß die menschliche Vernunft, die er zunächst auf eine Ebene mit der moralischen Orientierung gestellt hat, implizit eine untergeordnete Position zugewiesen bekommt, indem sie die Funktion eines „unentbehrlichen Hilfsmittel(s) jeder moralischen Handlung" (Durkheim 1914, in: Jonas 1972, S. 187) zugeschrieben erhält. In Unterscheidung von aufklärerischen Positionen ist also auch nicht die Vernunft – wiegleichwohl sie im Wesen sozial ist – Grundlage und gleichsam letzte Instanz von gesellschaftlichem Sein.

6.3 Arbeitsteilung und Solidarität: Integrationsmomente moderner Gesellschaften?

Die oben ausgeführten Gedanken Durkheims sind in einem Spätwerk niedergelegt, sie durchziehen aber seine theoretische Arbeit von Anbeginn. In seiner zweiten Dissertation „Über soziale Arbeitsteilung. Studie über die Organisation höherer Gesellschaften" (1893, erschienen erstmals 1902; Titel des französischen Originals: „De la division du travail social. Étude sur l'organisation des sociétés superieures") greift er den Zusammenhang zwischen Gesellschaft, Arbeitsteilung, Solidarität und Moral auf und knüpft daran die Frage, inwieweit die Arbeitsteilung ein „soziales Band" zwischen den Menschen darstellt, also für die Bildung sozialer Aggregate verantwortlich ist. Das Problem der Arbeitsteilung stellte in den theoretischen und politischen Debatten seiner Zeit eine der meistdiskutierten Fragen dar.

Durkheim macht es sich zu Aufgabe, das Phänomen der Arbeitsteilung streng objektiv zu untersuchen, also keine wertende Stellungnahme dazu abzugeben, sondern die theoretischen Voraussetzungen für politische Diskussionen zu erarbeiten. Nach Durkheim erfordern objektive Untersuchungen von Phänomenen drei Schritte: zuerst ist die Frage nach der **Funktion** eines (sozialen) Sachverhaltes zu beantworten, danach sind die **Ursachen seiner Entstehung** zu klären und schließlich sind seine **anormalen oder pathologischen Formen** zu studieren, um dadurch ein schärferes Bild des Gesunden entwerfen zu können. –

a) Die Funktion der Arbeitsteilung: Quelle der Solidarität

Zur Funktion der Arbeitsteilung: Zunächst ist der Begriff der **„Funktion"** zu klären. Durkheim versteht darunter die **Leistung der Befriedigung eines Bedürfnisses eines Organismus** (die Atmung hat z.B. die Funktion der Aufnahme von Sauerstoff, der notwendig ist für das Funktionieren der anderen Körperorgane). Die Bedürfnisse, die die Arbeitsteilung nun befriedigt, sind jene nach **„Ordnung, Harmonie und sozialer Solidarität"**, die nach Durkheim moralischen Charakter besitzen, woraus sich auch der moralische Charakter der Arbeitsteilung ableitet (vgl. Durkheim 1988, S. 110). –

Vor der weiteren Verfolgung dieser Hypothese, die zunächst noch nicht verständlich wird, sei der Begriff der Solidarität, den Durkheim selbst nicht weiter expliziert, hinterfragt. Solidarität scheint nach Durkheim das zu sein, was Gesellschaft eigentlich ausmacht: Gesellschaft **ist** Solidarität, sie ist das, wozu der der Individualität entgegengesetzte Pol der menschlichen Natur hinstrebt. Nun ist die Gesellschaftlichkeit des Menschen nach Durkheim also einerseits ein quasi-natürliches, gleichzeitig aber ein durch eine Wertung positiv belegtes Phänomen. Gesellschaftliche – und das heißt nach Durkheim: moralische – Bedürfnisse sind ebenso gegeben wie individuelle, etwa psychologische oder körperliche.

Wenn Durkheim nun den Charakter der Arbeitsteilung als moralischen postuliert, grenzt er sich von allen anderen Gesellschaftstheorien seiner Zeit ab, vor allem aber von den ökonomischen Interpretationen, die die Funktion der Arbeitsteilung aus der Steigerung des materiellen gesellschaftlichen und individuellen Wohlstandes (Vermehrung und qualitative Verbesserung der Produkte, Erhöhung der Produktivität) ableiten. Was diese materiellen Verbesserungen anbelangt, finden sie Anerkennung durch Durkheim, allerdings verneint er eine damit einhergehende Erhöhung des „Glücks" der Menschen (die diesbezügliche ausführliche Argumentation wird hier nicht weiter verfolgt).

Gehen wir also dem Zusammenhang zwischen Arbeitsteilung und Solidarität weiter nach. Durkheim sieht in der Geschichte der Menschheit unterschiedliche Formen von Gesellschaften, die sich sowohl durch ihre materielle Struktur als auch in unterschiedlichen Typen der Solidarität kontrastieren. Gesellschaften, in denen die Arbeitsteilung nicht oder nur wenig ausgeprägt ist, bezeichnet er als **segmentäre**: dieser **kollektive Typ** zeichnet sich dadurch aus, daß die einzelnen Mitglieder einer Gesellschaft sich relativ ähnlich sind, es besteht ein geringes Maß an sozialer Differenzierung, zwischen den einzelnen Segmenten (etwa Haus- oder Dorfgemeinschaften) bestehen nur sehr lose Formen von Interaktion. Solidarität ist bei ihnen gestiftet durch einen gemeinsamen Glauben an bestimmte Ideen und Ideale, ihre Bindung an die Gesellschaft ist eine direkte. Durkheim nennt diese Form der Solidarität die **mechanische** (= Solidarität unter Gleichen), in Analogie zum Begriff der Kohäsion der Naturwissenschaft, der die Form der Zusammensetzung von Elementen fester Körper beschreibt. Diesem Typus von Solidarität bzw. Gesellschaft eigen ist die Vorherrschaft einer bestimmten Art von Bewußtsein, dem **„gemeinsamen oder Kollektivbewußtsein"**, das ist „die Gemeinsamkeit der religiösen Überzeugungen und Gefühle im

Durchschnitt der Mitglieder einer bestimmten Gesellschaft", es „bildet ein umgrenztes System, das sein eigenes Leben hat" (Durkheim 1988, S. 128). Der Begriff des Kollektivbewußtseins ist ein weiterer Schlüssel für das Verständnis Durkheims. Nicht nur ist dieses Bewußtsein ein von individuellen Bewußtseinszuständen verschiedenes, es hat eine eigene Realität und Qualität, es **ist** das, was Gesellschaft dieses Typs ausmacht. Nun ist dieses Kollektivbewußtsein etwas nicht unmittelbar Beobachtbares, nur bestimmte Formen seiner „Materialisierung" – vor allem moralische und juristische Normen – machen es der soziologischen Analyse zugänglich. In segmentären Gesellschaften, in denen Solidarität hauptsächlich durch dieses Bewußtsein hergestellt wird, sind letztere nur in einer bestimmten Ausprägung vorhanden, nämlich als **restriktives Recht** oder Strafrecht. Verletzungen dieses Rechts werden mit Sühne geahndet und zwar nicht deshalb, weil die kriminelle Handlung „an sich" schlecht ist, sondern weil sie gegen das Kollektivbewußtsein verstößt, also dem gemeinsamen Empfinden über „Gut und Böse" zuwiderläuft. Das Kollektivbewußtsein stellt damit auch eine Art „transzendente Autorität" (Durkheim 1988, S. 134) dar, aus der institutionelle (etwa staatliche) Machtorgane ihre Autorität beziehen. Macht entspringt für Durkheim also nicht partikularen Interessen, sondern der Gesellschaft „als ganzer" und damit der Solidarität.

Kehren wir zurück zur Funktion der Arbeitsteilung, der Durkheim für **nicht-segmentäre Gesellschaften** die Funktion der Bildung von Solidarität und damit moralischen Charakter zuschreibt. Mit dieser Hypothese tritt er einer (auch heute noch „gängigen") Interpretation der Gesellschaft bzw. ihrem Wandel entgegen, nach der frühere Formen der Vergesellschaftung über gemeinsame Glaubensvorstellungen und Ideale hergestellt werden, während hingegen in späteren Typen (wirtschaftliche) Vertragsbeziehungen die Funktion der gesellschaftlichen Integration leisten. Durkheim weist dies zurück, indem er auf die „nicht-kontraktuellen Elemente im Kontrakt" (Parsons 1949, S. 311ff.) hinweist: über Verträge werden zwar Beziehungen zwischen einzelnen Teilen der Gesellschaft hergestellt, sie sind aber nicht dem restriktiven Recht zuzurechnen, da sie nicht auf Sühne, sondern auf Wiedergutmachung abstellen (**restitutives Recht**); sie entspringen also nicht direkt dem Kollektivbewußtsein (dem gemeinsamen moralischen Empfinden), hinter ihnen steht jedoch eine übergeordnete „Instanz", Vertragsverletzungen werden wiederum sanktioniert. „Jeder Vertrag setzt also voraus, daß hinter den vertragsschließenden Parteien die Gesellschaft steht, die einzugreifen bereit ist, um den von diesen Parteien eingegangenen Verpflichtungen Respekt zu verschaffen" (Durkheim 1988, S. 165). Der rein „private" Vertrag ist also eine Fiktion, da ihm etwas Überindividuelles vorausgesetzt ist: „Damit sich die Menschen gegenseitige Rechte anerkennen und garantieren, müssen sie sich zuerst lieben und aus irgendeinem Grund aneinander und an ein und derselben Gesellschaft hängen, an der sie teilhaben" (Durkheim 1988, S. 173).

Die Herausbildung des restitutiven Rechts (Vertrags-, Familien-, Handelsrecht) begleitet die Entstehung von arbeitsteiligen Gesellschaften, deren Unterschied zu den Kollektiven der mechanischen Solidarität in der Ausdifferenzierung von Funktionsteilungen ähnlich jenen eines lebenden Organismus besteht. Das Verhältnis zwischen den einzelnen Organen oder Teilen bezeichnet Durkheim nun ebenfalls als „Solidarität", und zwar als **„organische Solidarität"** – wiederum in Analogie zur Naturwissenschaft, in der damit die Beziehungen zwischen den einzelnen unterschiedlichen Teilen eines Ganzen charakterisiert wird. Die Funktionsdifferenzierung in der Gesellschaft auf wirtschaftlicher aber auch politischer Ebene führt nun einerseits zu einer Individualisierung, andererseits aber auch zu einer Verstärkung der Abhängigkeit zwischen den Mitgliedern der Gesellschaft (Schuster ist was anderes als Schneider, beide können aber nicht ohne den anderen).

Durkheim hinterfrägt nun die Intensität der beiden „sozialen Bande" (mechanische und organische Solidarität) einer auf Arbeitsteilung beruhenden Gesellschaft und stellt ein zunehmendes Übergewicht der organischen Solidarität fest. Die mechanische Solidarität und ihre Basis des Kollektivbewußtseins tritt mit dem Fortschreiten der Funktionsteilung in den Hintergrund, kommt aber nicht völlig zum Verschwinden. Er insistiert darauf, daß auch die organische, auf Arbeitsteilung beruhende, Solidarität von moralischem Charakter ist. „Weil sich das Individuum nicht selbst genügt, erhält es von der Gesellschaft alles, was es benötigt, und für eben diese Gesellschaft setzt es sich ein. So bildet sich ein starkes Gefühl der Abhängigkeit, in der es sich befindet: Es gewöhnt sich daran, seinen Wert richtig einzuschätzen, d.h. sich als Teil des Ganzen zu betrachten, als Organ eines Organismus" (Durkheim 1988, S. 285) und: „In Wirklichkeit hat gerade die Zusammenarbeit ihre eigenständige Moralität" (Durkheim 1988, S. 287).

b) Die Ursachen der Arbeitsteilung: zunehmende Dichte und Volumen

Mit der Untersuchung der Ursachen der Entstehung der Arbeitsteilung verfolgt Durkheim seinen Ansatz weiter. Abermals weist er utilitaristische und individualistische Interpretationen der „Ökonomisten" zurück. Die materiellen Vorteile der Arbeitsteilung sind zwar nicht bestreitbar, sie genügen aber nicht zur Erklärung des sozialen Phänomens der Arbeitsteilung – dazu müssen andere soziale Erscheinungen herangezogen werden. „Die Arbeitsteilung schreitet also um so mehr fort, je mehr Individuen es gibt, die in genügend nahem Kontakt zueinander stehen, um wechselseitig aufeinander wirken zu können. Wenn wir übereinkommen, diese Annäherung und den daraus resultierenden aktiven Verkehr dynamische oder moralische Dichte zu nennen, dann können wir sagen, daß der Fortschritt der Arbeitsteilung in direkter Beziehung zur moralischen oder dynamischen Dichte der Gesellschaft steht" (Durkheim 1988, S. 315). Anschließend an Comtes Theorie führt er als zweite Ursache die Zunahme des „sozialen Volumens", die Größe der Gesellschaft, an. Wichtig für die Durkheimsche Soziologie sind dabei zwei Annahmen: erstens die Erklärung des sozialen Phänomens der Arbeitsteilung aus sozialen Momenten und nicht individuellen (Doppelnatur des Menschen) und weiters die Unterscheidung zwischen „materieller" und „moralischer" (= „dynamischer") Dichte. Letztere ist es, die die Herausbildung von Arbeitsteilung nicht nur begünstigt (dies könnte man vielleicht über die materielle Dichte, also die physische Nähe und die Intensität der materiellen Beziehungen zwischen den Menschen sagen), sondern als eigentliche Ursache **„zwangsläufig hervorruft"** (Durkheim 1988, S. 321). In der Argumentation dessen stützt sich Durkheim auf ein von Charles Darwin für jeden Organismus festgestelltes „Gesetz": Gleichartigkeit von Einzelteilen ruft Konkurrenz und Kampf hervor, Verschiedenartigkeit wirkt ihnen entgegen – dies gilt auch für die Menschen. Konkurrenz stellt für sie eine Bedrohung dar, und zwar nicht eine Bedrohung der einzelnen, sondern eine Gefahr für das Gefühl der Solidarität, das zwischen den Mitgliedern einer Gesellschaft besteht und sie deshalb zur Gesellschaft macht. Arbeitsteilung setzt also die Existenz von Gesellschaft voraus, und zwar eine Vergesellschaftung im Durkheimschen Sinne: aus dem moralischen Hang zur Solidarität.

Hiermit grenzt sich Durkheim deutlich von einer anderen Version des „Organizismus" ab, wie sie die Theorie des Soziologen Charles Spencer, eines britischen Zeitgenossen Durkheims, darstellt. „So sagt Spencer: ‚Eine Gesellschaft im soziologischen Sinne entsteht erst da, wo außer der Nebeneinanderlagerung auch ein Zusammenwirken stattfindet.' Wir haben gesehen, daß dieses vorgebliche Axiom das Gegenteil der Wahrheit ist. Es ist doch im Gegenteil offenbar, wie Auguste Comte sagt, ‚daß das Zusammenwirken, weit entfernt die Gesellschaften haben schaffen zu können, vielmehr notwendig ihre vorherige spontane Begründung voraussetzt'. Was die Menschen einander näherbringt, sind mechanische Ursachen und impulsive Kräfte wie die Blutsverwandtschaft, die Bindung an eine Heimat, der Ahnenkult, die Gemeinschaft der Sitten usw. Erst wenn sich die Gruppe auf diesen Grundlagen gebildet hat, kann sich ihre Zusammenarbeit organisieren" (Durkheim 1988, S. 337f.). Den „moralischen Charakter" der Arbeitsteilung weist Durkheim hier eigentlich aus ihrer Entstehung nach, aus der Bedrohung der „alten Solidarität". Inwiefern ihr aber eine moralische Qualität eigener Art (eine Qualität „sui generis"), zukommt, scheint nicht vollständig nachgewiesen, bzw. sind Durkheims Aussagen in diesem Zusammenhang nicht völlig konsistent:

Für den kollektiven Typ von Gesellschaften handelt es sich „um eine mehr oder weniger organisierte Gesamtheit von Glaubensüberzeugungen und Gefühlen, die allen Mitgliedern der Gruppe gemeinsam sind", die arbeitsteilige Gesellschaft dagegen „ist ein System von verschiedenen und speziellen Funktionen, die bestimmte Beziehungen vereinigen" (Durkheim 1988, S. 181). „Die erste (Form der Solidarität, das ist die mechanische; E.B.) bindet das Individuum direkt an die Gesellschaft ohne einen Vermittler. Bei der zweiten (Form der Solidarität, der organischen; E.B.) hängt es von der Gesellschaft ab, weil das Individuum von den Teilen abhängt, die sie bilden" (Durkheim 1988, S. 181). Die eine Form der Gesellschaft charakterisiert Durkheim nun über Gemeinsamkeiten in Überzeugungen, die andere durch materielle Faktoren – und stimmt damit doch einer Theorie zu, die er eigentlich widerlegen will. Er argumentiert auch daß „dadurch, daß die Arbeitsteilung zur Hauptquelle der sozialen Solidarität wird, wird sie gleichzeitig zur Basis der moralischen Ordnung" (Durkheim 1988, S. 471) – nun, und die „Basis einer moralischen Ordnung" ist etwas anderes als diese Ordnung selbst.

Wenn auch der Nachweis der moralischen Qualität der Arbeitsteilung bei Durkheim nicht völlig befriedigend gelungen scheint, so ist seine Hauptaussage – die These vom sozialen-moralischen Ursprung des Gesellschaftlichen – dennoch auch auf arbeitsteilige Gesellschaften anwendbar, indem sie den Ursprung und die Voraussetzungen der Entstehung von Arbeitsteilung aus nichtökonomischen Momenten erklärt.

c) Anormale Formen der Arbeitsteilung: Ursache ist ein Defizit an Moral

In seiner Untersuchung der **pathologischen oder anormalen** Formen der Arbeitsteilung versucht Durkheim die Ursachen für gesellschaftliche Krisenerscheinungen aufzudecken (Beispiele dafür sind: wirtschaftliche Krisen, Klassenkämpfe, soziale Ungerechtigkeit). Unter „anormalen Formen“ versteht er Abweichungen von der „natürlichen Richtung“, „normalerweise“ erzeugt Arbeitsteilung Solidarität, bei den pathologischen Formen fehlt dieses Moment. Diese Untersuchung ist von hoher Bedeutung deshalb, weil ihr Ergebnis im Nachweis bestehen muß, daß die angeführten Krisenerscheinungen nicht **notwendige** systemimmanente Erscheinungen sind, also nicht der Arbeitsteilung „an sich“ entspringen. Ohne die entsprechende Analyse Durkheims nachzuvollziehen, sei ihr Ergebnis festgehalten: Arbeitsteilung erzeugt „normalerweise“ Solidarität; was diese Krisenerscheinungen charakterisiert, ist ein Defizit an Moral, das dem raschen strukturellen Wandel zuzuschreiben ist. Daraus schließt Durkheim: „Unsere erste Pflicht besteht heute darin, uns eine neue Moral zu bilden“ (Durkheim 1988, S. 480). Im Gegensatz zu Comte ist er zwar nicht der Ansicht, daß es die Aufgabe der intellektuellen Elite sei, diese Moral zu entwerfen – durch die Gleichsetzung von Gesellschaft, Moral und Solidarität wird er aber doch zum Moralisten, der er so gar nicht sein wollte (vgl. dazu Luhmann in Durkheim 1988, S. 24ff.).

6.4 Das Werk Durkheims und seine Weiterentwicklung

Das Werk Durkheims ist der Frage nach den „sozialen Banden“ von sozialen Aggregaten (Gruppen, Gesellschaften) gewidmet. Wesentlich und zentral ist seine Erkenntnis des „eigentlich Sozialen“ in der moralischen Natur der Menschen, die allen – historisch wandelbaren – Formen von Vergesellschaftung vorausgesetzt ist. Er gelangt zu dieser Erkenntnis über das Studium unterschiedlicher Gesellschaftsformen (woraus sein Einfluß auf die Sozialanthropologie resultiert), der Religionsformen und den Ursprung der Religiosität sowie über die Analyse der sozialen Pathologien, wie z.B. den Selbstmord. Auf der Basis dieser Erkenntnisse sind auch theoretische Beiträge auf dem Gebiet der Pädagogik entstanden. Weiters hat Durkheim mit den „Regeln der soziologischen Methode“ (erstmals erschienen 1895) ein aus seinen theoretischen Annahmen abgeleitetes methodisches Programm der Soziologie entwickelt.

Während sein Einfluß in Frankreich weitreichend war, blieb er außerhalb seines Heimatlandes zunächst weniger beachtet, bis der Soziologe René König im deutschen Sprachraum auf seine Bedeutung aufmerksam gemacht hat. Was die Weiterentwicklung seiner Theorie betrifft, war es der US-amerikanische Soziologe Talcott Parsons, der u.a. aus der positiven Verarbeitung seines Ansatzes das Konzept einer allgemeinen Handlungs- und Systemtheorie entwarf (vgl. das entsprechende Kapitel in diesem Buch).

7. Max Weber (Deutschland 1864-1920): Soziologie als Wissenschaft vom sinnhaften sozialen Handeln

Der deutsche Soziologe Max Weber – derselben Generation wie Emile Durkheim angehörend – nimmt einen vielleicht etwas merkwürdig anmutenden Platz in der „Ahnengalerie“ der soziologischen Theoretiker ein. Einerseits fehlt er in keiner Darstellung der Geschichte der Soziologie (was sich sonst nicht über jeden irgendwann einmal als „Klassiker“ eingestuften Denker sagen läßt), andererseits wird sein Beitrag zur soziologischen Theorie höchst unterschiedlich interpretiert, es wird sogar gelegentlich behauptet, Weber habe keine neue bzw. überhaupt keine Theorie für die Soziologie geliefert, sondern eine spezifisch soziologische „Sehweise“ bzw. „Vermittlung“ in höchster Konsequenz vorexerziert (vgl. dazu Käsler 1978, S. 175ff.).

Weber kann auf einer anderen Ebene zunächst als Universalgelehrter charakterisiert werden. Seine akademische Ausbildung erhielt er auf den Gebieten der Rechtswissenschaft und Nationalökonomie. Seine Studien sind Ausfluß einer tiefen Auseinandersetzung mit der Sozial- und Kulturgeschichte und dokumentieren einen hohen Wissensstand auf diesem Gebiet. 1894 wurde er auf den Lehrstuhl für Nationalökonomie nach Freiburg berufen, 1897 wurde er ordentlicher Professor für Staatswissenschaften an der Universität Heidelberg, 1907 zog er sich aus den universitären Institutionen zurück und wirkte fortan als Privatgelehrter und Gastprofessor. An der Institutionalisierung der Soziologie war er insofern beteiligt, als er die Gründung der „Deutschen Gesellschaft für Soziologie“ im Jahre 1909 mitbetrieb (aus der er allerdings wegen Meinungsverschiedenheiten 1912 wieder austrat).

In der Klassifikation seines Werkes finden sich die Begriffe „Handlungstheoretiker“, „Verstehende Soziologie“, „Methodischer Individualismus“, seine theoretische Leistung wird in Verbindung gebracht mit der Ausarbeitung bedeutender Beiträge zur Religions-, Wirtschafts-, Herrschafts- und Rechtssoziologie sowie zur Entwicklung des modernen rationalen Kapitalismus (Rationalisierungsthese). Sein theoretisches und praktisches Eintreten für eine Trennung zwischen wissenschaftlichen und (sozial-) politischen Aussagen in einer der einschneidendsten Debatten in den Sozialwissenschaften, dem sogenannten Werturteilsstreit der deutschen Soziologie, ausgetragen zwischen ihm und den „Kathedersozialisten“, ist ebenfalls zur Charakterisierung seiner Position heranzuziehen.

Eine der hauptsächlichen Schwierigkeiten in der Auseinandersetzung mit Max Weber besteht darin, seinen verschiedenen Ausführungen eine Systematik zu unterlegen bzw. daraus ein „Modell“ zu konstruieren. Während bei Durkheim der „rote Faden“ oder die Essenz seines Denkens relativ klar zum Ausdruck kommt, finden sich in den theoretischen und methodischen Aussagen Webers nicht nur verschiedene Rotschattierungen, sondern auch unterschiedliche Fadenqualitäten, von ihm verwoben, aber von eigener Hand wieder aufgetrennt. Es ist kein Wunder, daß in der soziologischen (aber auch historischen oder wirtschaftlichen) Literatur die Auseinandersetzung mit Weber kein Ende nimmt und immer wieder neue Aspekte seiner Theorie aufgedeckt, frühere Interpretationen wieder verworfen werden. –

7.1 Eigentliches Erkenntnisobjekt der Soziologie: Subjektiv sinnhafte Orientierung des Einzelnen

In seiner oft als Hauptwerk bezeichneten Schrift „Wirtschaft und Gesellschaft“ (die nach seinem Tode aus der Zusammenführung einzelner Fragmente durch seine Frau herausgegeben wurde und 1922 erstmals erschien) stellt er seine Definition von Soziologie an den Beginn der Ausführungen:

„Soziologie ... soll heißen: eine Wissenschaft, welche soziales Handeln deutend verstehen und dadurch in seinem Ablauf und seinen Wirkungen ursächlich erklären will. ‚Handeln‘ soll dabei ein menschliches Verhalten (einerlei ob äußeres oder innerliches Tun, Unterlassen oder Dulden) heißen, wenn und insofern als der oder die Handelnden mit ihm einen subjektiven *Sinn* verbinden. ‚Soziales' Handeln aber soll ein solches Handeln heißen, welches seinem von dem oder den Handelnden gemeinten Sinn nach auf das Verhalten *anderer* bezogen wird und daran in seinem Ablauf orientiert ist." (Weber 1980, S. 1; Hervorhebung von Weber). Dieser Definition folgt ein Abschnitt über „methodische Grundlagen", in dem er einzelne Begriffe klärt, zu seiner „individualistischen Methode" Stellung bezieht und sich zu konkurrierenden soziologischen Betrachtungsweisen abgrenzt. Das Problem der Analyse dieser Ausführungen besteht nun darin, daß hinter den „rein methodischen" Annahmen einiges an Theorie „versteckt" ist, was von Weber selbst aber nicht explizit als solches herausgestellt wird.

Zunächst zu den Abgrenzungen, die Weber gegenüber anderen Theorien vornimmt: Für ihn ist das **Verstehen des subjektiven Sinns von Handlungen bzw. Handlungstypen das Spezifische, das Soziologie zu leisten hat**. Mit „Sinn", einem zentralen Begriff seiner Theorie, ist weder der Bezug auf ein metaphysisches Prinzip (wie etwa dem „Sinn der Geschichte") noch eine psychologische Orientierung gemeint; Sinn besteht in subjektiven Zwecken, Werten, Mitteln, Motiven usw., die das Individuum – bewußt oder unbewußt – mit seinen Handlungen verbindet und die dieses Handeln letztlich erklären. Weber postuliert damit nicht, daß jeder Handlung Sinn unterliegt, (rein reaktives Verhalten ist nicht-sinnhaftes Handeln), soweit Sinn aber vorhanden ist, ist damit einhergehendes Handeln von soziologischem Interesse. Weber bezieht damit Stellung gegen jede metaphysische, funktionalistische oder strukturalistische Sinndeutung. Der „Staat" stellt weder die Materialisierung einer außermenschlichen höheren Idee dar, noch ist er als Funktion oder Organ eines Ganzen hinreichend zu charakterisieren. Jede Theorie oder Erklärung, die „vom Ganzen" ausgeht (organische oder funktionalistische Theorien) ist nach Weber zwar nicht falsch, sie übersieht aber das spezifisch Soziale: die Sinnbezogenheit subjektiven Handelns. Unter einer „funktionalistischen" Erklärung versteht Weber – ähnlich wie Durkheim – die Erklärung eines Teiles eines Organismus durch seine Wirkung in diesem Organismus. Besteht nun bei Durkheim die Abgrenzung zu biologistischen Gesellschaftstheorien darin, den Einzelteilen eines Aggregates etwas **mit moralischem Charakter ausgestattetes** vorausgesetztes Gemeinsames, aufeinander Bezogenes, zuzuschreiben (das sich im Kollektivbewußtsein manifestierende Bedürfnis nach Solidarität), setzt Weber fundamental andere Akzente:

Da nur Individuen Träger von sinnhaft orientiertem Handeln sein können, sind Kollektive (Gemeinschaften, Gruppen, Gesellschaften, Staaten, Institutionen) nicht „aus sich" heraus und in ihren Funktionen verstehbar, sondern müssen quasi aufgelöst werden in Handlungsmuster von Individuen. „Für die verstehende Deutung des Handelns durch die Soziologie sind dagegen diese Gebilde (z.B. der Staat, eine Aktiengesellschaft, E.B.) lediglich Abläufe und Zusammenhänge spezifischen Handelns **einzelner** Menschen, da diese allein für uns verständliche Träger von sinnhaft orientiertem Handeln sind" (Weber 1980, S. 6). –

Vertritt nun Weber jenen Individualismus, den Durkheim so heftig zurückgewiesen hat, für den Individualisierung eine bestehende Gesellschaftlichkeit voraussetzt? Jenen Individualismus, der in sozialen Beziehungen das Ergebnis von Verträgen zwischen einzelnen sieht, wie ihn eine bestimmte Variante der liberalistischen Gesellschaftstheorie zur Grundlage hat? Ist das „Ganze" bei Weber bloß die Summe seiner Teile?

Diese Fragen sind aus der Analyse des Weberschen Gesamtwerkes zweifellos zu verneinen (der Versuch des Nachweis dieser Aussage wird weiter unten angestellt). Andererseits lassen gewisse Äußerungen in Zusammenhang mit der Darstellung seiner individualistischen Methode auch andere Schlüsse zu. So vergleicht er die Methode der verstehenden Soziologie mit der „Grenznutzenlehre" in der Ökonomie (vgl. Weber 1980, S. 9). Nun versteht sich diese Lehre aber keineswegs als Methode, sondern als Theorie mit bestimmten Annahmen, und zwar Annahmen, die vom Einzelnen ausgehen, nicht nur in methodischer Hinsicht: zur Erklärung volkswirtschaftlicher Größen und Zusammenhänge werden individuelle Verhaltensweisen (auf der Grenznutzenmaximierung beruhendes Produktions-, Konsumtions-, Anbiete- und Nachfrageverhalten) aggregiert, das „Ganze ist die Summe seiner Teile" und nicht mehr. Weber scheint zumindest programmatisch eine Übertragung der ökonomischen individualistischen Handlungstheorie in eine allgemeine Handlungstheorie oder Soziologie vor Augen gehabt zu haben. Aber schon in den Erläuterungen zu seinem Sinnbegriff deutet sich eine – vielleicht gar nicht beabsichtigte – Überschreitung des streng individualistischen Handlungskonzeptes an: sinnhaft orientiertes Handeln bedeutet auch Orientierung an Normen und Regeln, und diese Normen sind etwas Überindividuelles, ihre Befolgung unterliegt nicht der subjektiven Willkür (Voluntarismus).

Die Beantwortung der Frage nach dem tatsächlichen Gehalt des Begriffes des subjektiven Sinns bei Weber ist hier nicht möglich – sie wird die Weber-Auslegung noch lange beschäftigen. Hinzuweisen ist darauf, daß der Begriff des „Sinns" durch verschiedene soziologische Denker aufgegriffen, hinterfragt, weiterentwickelt und modifiziert wurde (in phänomenologisch-erkenntnistheoretischer Hinsicht bei Alfred Schütz, in systemtheoretischer Interpretation bei Talcott Parsons und Niklas Luhmann; vgl. die entsprechenden Kapitel in diesem Buch). Festzuhalten bleibt zunächst, daß die Ausgangsfrage soziologischer Reflexion bei Weber nicht beim „Ganzen" oder den „sozialen Banden eines Aggregates" wie bei Durkheim liegt, sondern in der sinnbezogenen, sozialen Handlungsorientierung des einzelnen.

7.2 Grundbegriffe der Soziologie – Idealtypen

Setzen wir fort bei der Untersuchung des Weberschen Ansatzes anhand seiner Gedankengänge in den „Grundrissen der verstehenden Soziologie", wie der Untertitel von „Wirtschaft und Gesellschaft" lautet. Wir müssen uns dabei vor Augen halten, daß Weber dabei keine explizite Analyse von „Gesellschaft" anstellt, wie es etwa Durkheim in seiner Untersuchung über die Arbeitsteilung unternimmt, sondern den Anspruch erhebt, methodische Fragen zu klären und Grundbegriffe zu entwickeln – freilich immer mit starkem Bezug zu historischem Material, das er zur Begründung und deren Illustration heranzieht.

In den methodischen Ausführungen nimmt er eine nähere Bestimmung dessen vor, was Soziologie zu leisten hat:

„Die Soziologie bildet ... *Typen*-Begriffe und sucht *generelle* Regeln des Geschehens. Im Gegensatz zur Geschichte, welche die kausale Analyse und Zurechnung *individueller, kultur*wichtiger, Handlungen, Gebilde, Persönlichkeiten erstrebt" (Weber 1980, S. 9; Hervorhebung von Weber). Hier ist vorerst noch einmal die Bedeutung des „Verstehens" hervorzuheben, worunter Weber das Herausdestillieren von Sinn in Unterscheidung von kausalen Erklärungen (äußerlichen Ursache-Wirkung-Beziehungen) begreift und von dem er sagt, daß es immer hypothetischen Charakter trägt, also nicht (empirisch) beweisbar ist. Die angesprochenen „Typen-Begriffe" sind nun Begriffe – also gedankliche Abstraktionen der Realität –, deren Inhalt der generalisierte Sinn von Handlungen ist. Sie werden durch die „einseitige Steigerung" bestimmter Merkmale von Handlungen gewonnen, stellen also die „reine" Essenz bestimmter Handlungsmuster dar. Weber nennt sie **Idealtypen** und weist ausdrücklich darauf hin, daß es sich dabei weder um die denkerische Abbildung eines tatsächlich empirisch gemeinten Sinns, noch um einen Durchschnitt mehrerer sinnhafter Handlungen handelt und es daher keine Übereinstimmung idealtypischer Begriffe mit der Realität gibt (was zu überprüfen auch insofern ein unbewältigbares Unterfangen ist, als Sinn keineswegs etwas bewußt Erlebtes ist). Sehen wir uns einen solchen Idealtypus am Beispiel der Bestimmungsgründe von sozialem Handeln an:

„Wie jedes Handeln kann auch soziales Handeln (das auf andere bezogene Handeln; E.B.) sein

1. *zweckrational:* durch Erwartungen des Verhaltens von Gegenständen der Außenwelt und von anderen Menschen und unter Benutzung dieser Erwartung als ‚Bedingungen' oder als ‚Mittel' für rational, als Erfolg, erstrebte und abgewogene eigne *Zwecke*, –
2. *wertrational:* durch bewußten Glauben an den – ethischen, ästhetischen, religiösen oder wie immer sonst zu deutenden – unbedingten *Eigen*wert eines bestimmten Sichverhaltens rein als solchen und unabhängig vom Erfolg, –
3. *affektuell*, insbesondere *emotional:* durch aktuelle Affekte und Gefühlslagen, –
4. *traditional:* durch eingelebte Gewohnheit (Weber 1980, S. 12; Hervorhebung von Weber).

Weber kommentiert diese Typen durch den Hinweis, daß sehr selten „soziales Handeln, *nur* in der einen *oder* der anderen Art orientiert (ist). Ebenso sind diese Arten der Orientierung in gar keiner Weise erschöpfende Klassifikationen der Arten der Orientierung des Handelns, sondern für soziologische Zwecke geschaffene, begriffliche reine Typen, denen sich das reale Handeln mehr oder minder annähert oder aus denen es – noch häufiger – gemischt ist" (Weber 1980, S. 13; Hervorhebung von Weber). Der Zweck einer derartigen Typenbildung liegt auch darin, tatsächliches Handeln in Kontrast zu den abstrakten Typen zu setzen und so den Sinngehalt einer realen Handlung abzuleiten (zu verstehen).

Die vier Handlungstypen bilden die Grundlage der meisten der anderen Grundbegriffe. Auf der Scheidung zwischen Zweck- und Wertrationalität bzw. Emotionalität und Traditionalität bauen andere Typen mehr oder weniger auf. Veranschaulichen wir uns das an einem weiteren Beispiel, und zwar der „sozialen Beziehung". Dazu sei zunächst nochmals darauf hingewiesen, daß wir hier ein quasi zweifaches Unternehmen verfolgen – wir versuchen einerseits die soziologisch-methodische Vorgangsweise Max Webers nachzuvollziehen, andererseits wollen wir aus der abstrakten Typenbildung einen für andere hier vorgestellte Theorien vergleichbaren „Gehalt" an Theorie über das Soziale herausdestillieren. Unter **sozialer Beziehung** versteht Weber ein „seinem Sinngehalt nach aufeinander gegenseitig eingestelltes und dadurch orientiertes Sichverhalten mehrerer" (Weber

1980, S. 13). Die soziale Beziehung im Sinne Webers setzt **nicht das Vorhandensein von Solidarität voraus**, z.B. sind Kampf oder Feindschaft ebenso soziale Beziehungen wie eine Liebesbeziehung, Familie, Kirche, Genossenschaft oder Staat. Bei Durkheim wurde Gesellschaft gleich gesetzt mit Solidarität, Kampf ist bei ihm etwas Pathologisches, vom „Normalzustand" Abweichendes, dem Prinzip des Gesellschaftlichen Widersprechendes. In der Weberschen Definition treffen wir wieder auf den Begriff der „sinnhaften Orientierung" in ihrer subjektiven Bedeutung: die soziale Beziehung entsteht nicht aus Funktionserfordernissen des sozialen Systems (wie etwa die Arbeitsteilung zur Garantie der Solidarität bei Durkheim), sondern durch subjektive Akte, denen nichts „Ganzes" vorausgesetzt ist.

In den Formen **„Gemeinschaft"** und **„Gesellschaft"** erblickt Weber nun zwei Grundformen sozialer Beziehungen:

„‚Vergemeinschaftung' soll eine soziale Beziehung heißen, wenn und soweit die Einstellung sozialen Handelns – im Einzelfall oder im Durchschnitt oder im reinen Typus – auf subjektiv *gefühlter* (affektueller oder traditionaler) *Zusammengehörigkeit* der Beteiligten beruht.

‚Vergesellschaftung' soll eine soziale Beziehung heißen, wenn und soweit die Einstellung sozialen Handelns auf rational (wert- oder zweckrational) motiviertem Interessens*ausgleich* oder auf ebenso motivierter Interessen*verbindung* beruht. Vergesellschaftung kann typisch insbesondere (aber nicht: nur) auf rationaler *Vereinbarung* durch gegenseitige Zusage beruhen. Dann wird das vergesellschaftete Handeln im Rationalitätsfall orientiert: a) wertrational an dem Glauben an die eigene Verbindlichkeit, – b) zweckrational an der Erwartung der Loyalität des *Partners*" (Weber 1980, S. 22; Hervorhebung von Weber). Als Beispiele für eine Vergemeinschaftung nennt Weber die Familie, für Vergesellschaftung den freien Tausch auf dem Markt und den wirtschaftlichen Betrieb. Gleichzeitig weist er aber darauf hin, daß die meisten sozialen Beziehungen Mischformen der beiden Idealtypen darstellen. Stellen wir wiederum einen Vergleich zur Sichtweise Durkheims her, der mit seinen Begriffen der mechanischen (Gemeinschaft) bzw. organischen Solidarität (Gesellschaft) etwas Analoges untersucht. Durkheim hat eine gewisse „Dominanz" gemeinschaftlicher Elemente in sozialen Beziehungen festgestellt, vertraglich hergestellten Bindungen (also gesellschaftlichen Beziehungen in der Weberschen Terminologie) ist das Streben nach Harmonie und Solidarität (also Gemeinschaftshandeln konstituierende emotionale Elemente nach Weber) vorausgesetzt. Bei Weber finden wir lediglich die Durchmischung beider Sozialformen, nicht aber eine Überordnung von Gemeinschaft über Gesellschaft, wie sie Durkheim annimmt. –

Hiermit wird die Verfolgung der Weberschen Ausführungen zu Gegenstand und Methode der Soziologie und die Untersuchung einiger ausgewählter „Grundbegriffe" oder „Idealtypen" beendet. Die eher – notwendig – deskriptive Formulierung dieser Typen und die kurzen Ausführungen bezüglich der individualistischen Methode erlauben noch keine endgültige Darstellung seines Handlungs- bzw. Gesellschaftsmodells. Diese soll nun anhand einer seiner bekanntesten Untersuchungen herausgearbeitet werden. –

7.3 Kapitalismus und protestantische Ethik – subjektives Handeln und Gesellschaft

Mit der Untersuchung „Die protestantische Ethik und der Geist des Kapitalismus" (Erstfassung 1904, Überarbeitung 1920, erstmals erschienen 1920 nach Webers Tod) und weiteren Aufsätzen zu dieser Fragestellung greift Weber eines der „heißen Eisen" der sozialwissenschaftlichen Diskussion seiner Zeit – die Entstehung des modernen Kapitalismus – auf. Ausgangspunkt ist das – von vielen Theoretikern behandelte – Faktum eines Zusammenhangs zwischen Sozialschicht, Einkommen, beruflicher Stellung und Konfessionszugehörigkeit: für Protestanten läßt sich im Deutschen Reich zu Ende des 19. Jahrhunderts eine Überrepräsentation an höheren Sozialschichten und am Kapitalbesitz feststellen. Weber wirft die Frage nach dem Kausalverhältnis zwischen Glaubensbekenntnis und wirtschaftlicher Stellung auf und kommt zunächst zu dem Ergebnis, daß es nicht Reichtum und Besitz sind, die die religiöse Haltung bedingen, sondern daß es umgekehrt eine *„anerzogene geistige Eigenart*, und zwar hier die durch die religiöse Atmosphäre der Heimat und des Elternhauses bedingte Richtung der Erziehung, (ist), die Berufswahl und die weiteren beruflichen Schicksale bestimmt hat" (Weber 1979, S. 32; Hervorhebung von Weber). (Hinzuweisen ist hier darauf, daß sich Webers Aussagen auf zahlreiche empirische Fakten stützen, die hier nicht wiedergegeben werden können). Webers Intention ist es nun, die Entsprechungen zwischen religiösem Denken und wirtschaftlichem Handeln aufzudekken. Doch es ist nicht „rein" wirtschaftliches Handeln im Kapitalismus, das er dazu untersucht, sondern er geht aus vom Vorhandensein eines „Geist des Kapitalismus", mit dem er eine bestimmte Gesinnung begreift: Er identifiziert – ohne zunächst eine Definition vorzunehmen – diesen „Geist" mit einem Wirtschafts**ethos**, dessen „summum bonum" „der Erwerb von Geld und immer mehr Geld, unter strenger Vermeidung alles unbefangenen Genießens, so ganz aller eudämonistischer oder gar hedonistischer Gesichtspunkte entkleidet, so rein als Selbstzweck gedacht, daß es als etwas dem ‚Glück' oder dem ‚Nutzen' des einzelnen Individuums jedenfalls gänzlich Transzendentes und schlechthin Irrationales erscheint" (Weber 1979, S. 44). Der „Geist" des Kapitalismus vermittelt also nicht eine Lebenstechnik zur individuellen Glücksvermehrung, bringt nicht das Prinzip des „arbeiten um zu leben", sondern das des „leben um zu arbeiten" zum Ausdruck. Wie Durkheim unterstreicht Weber damit den nicht-wirtschaftlichen Ursprung wirtschaftlichen Handelns. – Der Gelderwerb ist Resultat der Tüchtigkeit im Beruf, der dem einzelnen durch das Wirtschaftsethos des Kapitalismus als Verpflichtung auferlegt wird.

In der weiteren Argumentation behauptet Weber – und damit kommen wir zu der Frage nach dem „Gehalt" seines Individualismus zurück – daß die dargestellte Form der ethischen Lebensführung zwar einmal als solche entstanden sein mußte, aber nicht mehr das Handeln im bereits entwickelten Kapitalismus bestimmt. Denn „die heutige kapitalistische Wirtschaftsordnung ist ein ungeheurer Kosmos, in den der Einzelne hineingeboren wird und der für ihn, wenigstens als Einzelner, als faktisch unabänderliches Gehäuse gegeben ist, in dem er zu leben hat. Er zwingt dem Einzelnen, soweit er in den Zusammenhang des Marktes verflochten ist, die Normen seines wirtschaftlichen Handelns auf" (Weber 1979, S. 45). Weber hantiert hier mit den Begriffen des „Kosmos", des „Zwangs" marktwirtschaftlicher Verhältnisse und beschreibt damit diese Verhältnisse jedenfalls aus ganzheitlicher Sicht. „Der heutige, zur Herrschaft im Wirtschaftsleben gelangte

Kapitalismus also erzieht sich im Wege der ökonomischen *Auslese* die Wirtschaftssubjekte – Unternehmer und Arbeiter –, deren er bedarf" (Weber 1979, S. 45; Hervorhebung von Weber). „Sinnhaft orientiertes Handeln" ist mit diesen Aussagen jedenfalls jedes voluntaristischen Elementes beraubt – Werte, Normen, Zwecke leiten zwar subjektives Handeln, jedoch besteht hinsichtlich dieser das Handeln motivierenden Elemente keine Wahlfreiheit, wie es eine extrem individualistische Sichtweise etwa postuliert. Die von Weber hier präsentierte Analyse kommt jedenfalls einem „systemischen" Modell sehr nahe, vielleicht am ehesten der Variante der durch den Willen nicht beeinflußbaren Selbstregulierungskräften wirtschaftlicher Beziehungen.

Nun weist Weber allerdings das geschilderte Selbst-Ausleseprinzip des Systems als Mittel der Erklärung historischer Erscheinungen zurück. Denn das Prinzip der Konkurrenz hat nicht immer schon bestanden, auch die damit einhergehende Lebensanschauung nicht: deren Entstehung ist das eigentlich zu Erklärende und das nicht aus dem System selbst heraus Erklärbare. – Die Entstehung des modernen Kapitalismus ist nach Weber dem Einzug des „neuen Geistes", also einer neuen Wirtschaftsgesinnung, zuzuschreiben – und nicht (alleine) dem Vorhandensein kapitalistisch verwertbarer Geldvorräte, wie es die historisch-materialistische Theorie annimmt. In der Entkräftung dieser Theorie, die im Gegensatz zu Weber die Entstehung der mit dem kapitalistischen Wirtschaftssystem verbundenen Ideengebäude (in der wissenschaftlichen Interpretation, Religion, Moral, dem „Alltagsdenken") im wesentlichen als von den materiellen Voraussetzungen abhängige Produkte betrachtet, verfolgt Weber zwei Stränge der Argumentation:

Einmal weist er darauf hin, daß im amerikanischen Osten mit der Besiedlung durch die Puritaner die neue Wirtschaftsgesinnung **vor** der Entwicklung der kapitalistischen Wirtschaft Einzug gehalten hat (wegen der geringen Überzeugungskraft dieses Arguments mußte sich Weber in der Folge einiges an Kritik gefallen lassen); und weiters ist er bemüht zu zeigen, daß das dem Wirtschaftssystem des Kapitalismus entsprechende Denksystem keineswegs eine das rationale ökonomisch-kapitalistische Handeln begleitende „Rationalisierung" des Denkens ist, sondern im Gegenteil in seinem Ursprung sehr irrationale Elemente enthält. Auf dieses irrationale Moment wurde bereits hingewiesen – es ist die Hingabe an die Berufsarbeit unter Verzicht auf Genuß in Erfüllung einer moralisch auferlegten Pflicht. Den Kern dieser ethischen Haltung bringt Weber nun mit religiösen Vorstellungen des Protestantismus in Verbindung. In der Lutherschen Bibelübersetzung findet sich erstmals der Begriff des „Berufes", mit dem im Gegensatz zum Katholizismus auf die Gottgewolltheit eines auf das Diesseits ausgerichteten christlichen Lebens aufmerksam gemacht wird. Der zentrale religiöse, dem kapitalistischen „Geist" entsprechende, Gedanke ist aber in der Lehre Calvins zu finden – jener der **innerweltlichen Askese** als Mittel der Erlangung von Gewißheit über die Gnadenwahl Gottes:

„Die innerweltliche protestantische Askese – so können wir das bisher Gesagte wohl zusammenfassen – wirkte also mit voller Wucht gegen den unbefangenen *Genuß* des Besitzers, sie schnürte die *Konsumtion*, speziell die Luxuskonsumtion, ein. Dagegen *entlastete* sie im psychologischen Effekt den *Gütererwerb* von den Hemmungen der traditionalistischen Ethik, sie sprengte die Fesseln des Gewinnstrebens, indem sie es nicht nur legalisierte, sondern ... direkt als gottgewollt ansah. Der Kampf gegen Fleischeslust und das Hängen an äußeren Gütern war ...

kein Kampf gegen rationalen *Erwerb*, sondern gegen irrationale Verwendung des Besitzes" (Weber 1979, S. 179). Das „äußere Ergebnis" dieser religiösen Grundhaltung ist nun *„Kapitalbildung* (und -verwertung bzw. -vermehrung; E.B.) durch *asketischen Sparzwang"* (Weber 1979, S. 180; Hervorhebung von Weber). Die Kapitalbildung und die damit induzierte Änderung des Wirtschaftssystems sind aus religiöser Sicht ungewollte „Nebeneffekte" einer bestimmten Art von Lebensführung. –

Webers Thesen bezüglich der Entstehung und Entwicklung des modernen Kapitalismus sind heute noch Gegenstand nicht abgeschlossener Diskussionen. So verkürzt seine Argumentation hier dargestellt wurde, so wenig Platz kann dieser Diskussion gewidmet werden. Auf einen Kritikpunkt sei jedoch hingewiesen: Weber betont zwar wiederholt, daß er mit seiner Interpretation der Kapitalismusentwicklung keine einseitige kausale Erklärung geben will, führt selbst Beispiele für die Entstehung kapitalistischer Wirtschaftsformen vor der Reformation und außerhalb des protestantischen Kulturkreises an, wendet sich aber dennoch konsequent gegen alle materialistischen Deutungsversuche und benützt deren Widerlegung für seine Argumentation. Webers Analyse von „‚Wahlverwandtschaften' zwischen gewissen Formen des religiösen Glaubens und der Berufsethik" (Weber 1979, S. 77), ist zwar ein sehr anspruchsvolles und von Weber sehr beeindruckend durchgeführtes Vorhaben, stellt aber gegenüber dem Anspruch einer soziologisch „neuen" Interpretation einen Rückzug dar und befindet sich zu manchen pointierten Aussagen im Zuge seiner Untersuchung in Widerspruch. –

Kehren wir trotzdem zu dem Versuch zurück, das handlungstheoretische Modell Webers zu erfassen:

Wie eingangs festgehalten, lehnt Weber in seinen methodischen Ausführungen Interpretationen sozialen Handelns „aus dem Ganzen" heraus ab, ebenso übersubjektive Sinndeutungen. Mit der Beschreibung des einmal in Gang gekommenen Kapitalismus und dessen Systemzwängen scheint er aber das erste Element seines Ansatzes aufzugeben: das System des Kapitalismus übt – wie bereits an entsprechender Stelle herausgestellt, der Vollständigkeit halber aber hier noch einmal erwähnt – „von sich aus", eben als Ganzes, von der Summe seiner Teile qualitativ Unterschiedenes, gewisse Zwänge auf normativer und materieller Ebene aus, denen das Individuum sich nicht entziehen kann. „Individualismus" aufgrund dieser Einsicht ist „methodologischer" Individualismus insofern, als sinnhaft orientiertes Handeln zwar am Einzelnen festgemacht und von dort aus zu untersuchen ist, der Sinn selbst aber kein Produkt des Handelnden, sondern von außen vorgegeben ist.

Trotzdem bleibt in einer anderen Dimension „Sinn" etwas Subjektives, oder vielmehr handlungsbedingtes: und zwar in Abgrenzung zu historisch „richtigen" oder „notwendigen" Prinzipien, die als solche das System und die Einzelnen beeinflussen bzw. in ein „Ganzes" von außen eine Struktur bringen (sowohl Comte und Durkheim als auch Marx stehen – wenn auch auf unterschiedlichen Ebenen – derartigen Sinn-Interpretationen nahe). Wie uns Weber für den Fall des Vordringens der protestantischen Ethik, ihrer Transformation in ein Wirtschaftsethos und die damit in Gang gesetzte Entwicklung eines kapitalistischen Wirtschaftssystems zeigt, basiert dies auf Handlungsorientierungen einzelner; das **zufällige** Zusammenwirken – für einzelne vielleicht vorteilhafte, deshalb aber noch nicht historisch notwendige – der subjektiven und voluntaristischen Einzelakte bringt einen systemartigen Zusammenhang hervor, der auf die handelnden Subjekte zwanghafte, ungewollte Rückwirkungen zeitigt und damit „neuen“ Handlungen vorausgesetzt ist.

Noch ein Aspekt des Weberschen Modells bleibt ergänzend hervorzuheben: der der grundsätzlichen bzw. ursprünglichen Wertbezogenheit jedes menschlichen Handelns. Wenn diese Interpretation des Weberschen Gesamtwerkes vielleicht eine „gewagte“ ist, so ist dieser Schluß aus seiner Kapitalismus-Analyse dennoch mit relativer Eindeutigkeit zu ziehen. Sein diesbezügliches Ergebnis ist, daß selbst wirtschaftliche Zweck-Rationalität nur in Begleitung einer entsprechenden moralisch-ethischen Orientierung des Handelns (Wert-Rationalität) historisches Durchsetzungsvermögen besitzt, und daß die Entstehung eines Wirtschaftssystems aus einer reinen ökonomischen Zweckorientierung nicht erklärbar ist. –

Damit sind sämtliche Komponenten des Weberschen Handlungsmodells aufgezeigt. Es kommt einer Re-Individualisierung soziologischer Interpretationsmuster gleich, indem es subjektiven – sinnhaft orientierten (d.h. vor allem Zwecke und Werte verfolgenden) – Handlungen systemerzeugenden Charakter zuschreibt. Das „System“ ist ein ungewolltes, zufälliges Produkt dieser Einzelhandlungen, es entwickelt eine eigene Dynamik und bringt Selbstregelungsmechanismen hervor, die auf die Individuen mit normativem und materiellem Zwang rückwirken. Das vielleicht spezifisch Soziologische daran ist – in Abgrenzung zu zumindest in Ansätzen vergleichbaren Modellen wie der „Invisible Hand“ des Marktes bei Adam Smith – die grundsätzliche Wertbezogenheit menschlichen Handelns.

7.4 Webers Werk und Wirken

Eine vollständige Darstellung des Weberschen Werkes würde den hier zur Verfügung stehenden Rahmen sprengen. Auf die wichtigsten Texte wurde bereits hingewiesen. Webers Einfluß war zu seinen Lebzeiten relativ groß – nicht nur bei Soziologen, sondern auch bei Ökonomen, Juristen, Historikern und Philosophen. Sein „Kreis“ hat Vertreter unterschiedlichster theoretischer Provenienz in seinen Bann gelockt. Genannt sei – nicht sosehr weil von höchster Bedeutung, sondern eher zur Illustration der vielleicht überraschenden Breite seiner Einflußnahme – der ungarische Marxist Georg Lukács, dessen Schüler individualistische handlungstheoretische Elemente mit dem marxistischen Denken zu verbinden suchten. Ebenso beeinflußte Webers Denken die westeuropäische marxistische bzw. kritische Theorie, von Adorno, Horkheimer bis zu Habermas.

Die „folgenreichste“ Weiterentwicklung des Weberschen Ansatzes hat aber durch Talcott Parsons in den USA stattgefunden, der aus den Ansätzen Webers, Paretos, Durkheims und Marshalls seine Theorie der „Struktur sozialen Handelns“ und schließlich die strukturfunktionalistische Systemtheorie konstruierte. Durch Parsons ist das Werk Webers nach 1945 auch wieder nach Europa zurückgekehrt, aus dem es mit der erzwungenen Auslöschung der Soziologie ab dem Beginn der Dreißigerjahre verschwunden war. Heute noch erscheinen jährlich mehrere Werke auf dem sozialwissenschaftlichen Büchermarkt, die sich mit dem Ansatz Webers auseinandersetzen und auch noch immer Neuinterpretationen seines Denkens unternehmen. Die „Neoweberianer“ (z.B. Ralpf Bendix, um nur einen Vertreter zu nennen) versuchen in allen Kulturkreisen, soziale Phänomene mit dem Weberschen Instrumentarium zu erklären.

8. Ausblick

Abschließend sei nochmals auf den kursorischen Charakter dieser Darstellung hingewiesen. Nicht alle Ansätze gesellschaftswissenschaftlichen Denkens wurden erfaßt, die angeführten Theorien nur andeutungsweise umrissen. Es bleibt dennoch zu hoffen, daß einige Haupttendenzen soziologischen Denkens und ihre Entwicklung in ihren Grundzügen verständlich gemacht werden konnten.

Nicht mehr Gegenstand der hier angestellten Betrachtung sind die „neuen" Theorien des 20. Jahrhunderts. Sie werden in jeweils in sich abgeschlossenen Kapiteln analysiert. Die Bezüge zu den Klassikern der „ersten und zweiten Soziologengeneration" (Raymond Aron), deren bedeutendste Vertreter hier angeführt wurden, liegen in den Ausgangs- und Anknüpfungspunkten der neuen theoretischen Konzepte, wie sie in vielfacher Weise gegeben sind.

Ausgewählte Literatur:

Amann, Anton: Soziologie. Ein Leitfaden zu Theorien, Geschichte und Denkweisen. Wien/Köln: Böhlau, 1986.

Aron, Raymond: Hauptströmungen des soziologischen Denkens, Band I-II. Köln: Kiepenheuer und Witsch, o.J. (Amerikanische Originalausgabe 1965).

Comte, August: Die Soziologie. Die positive Philosophie im Auszug. Stuttgart: Kröner, 1974².

Durkheim, Emile: Der Dualismus der menschlichen Natur und seine sozialen Bedingungen. 1914. In: F. Jonas: Geschichte der Soziologie, Band III. Reinbek: Rowohlt, 1972², S. 178-201.

Durkheim, Emile: Die Regeln der soziologischen Methode. Neuwied/Berlin: Luchterhand, 1976⁴.

Durkheim, Emile: Einführung in die Soziologie der Familie. In: L. Heisterberg (Hrsg.), Emile Durkheim: Frühe Schriften zur Begründung der Sozialwissenschaft. Darmstadt/Neuwied: Luchterhand, 1981, S. 53-76.

Durkheim, Emile: Über soziale Arbeitsteilung. Studie über die Organisation höherer Gesellschaften. Frankfurt: Suhrkamp, 1988².

Jonas, Friedrich: Geschichte der Soziologie, Band I-IV. Reinbek: Rowohlt, 1972².

Käsler, Dirk: Max Weber. In: D. Käsler (Hrsg.): Klassiker des soziologischen Denkens, Band II. München: Beck, 1978.

Kiss, Gabor: Einführung in die soziologischen Theorien. Vergleichende Analyse soziologischer Hauptrichtungen, Band I. Opladen: Westdeutscher Verlag, 1977³.

Luhmann, Niklas: Moderne Systemtheorien als Form gesamtgesellschaftlicher Analyse. In: J. Habermas/N. Luhmann: Theorie der Gesellschaft oder Sozialtechnologie – Was leistet Systemforschung? Frankfurt: Suhrkamp, 1979², S. 7-24.

Luhmann, Niklas: Arbeitsteilung und Moral. Durkheims Theorie. In: E. Durkheim: Über soziale Arbeitsteilung. Frankfurt: Suhrkamp, 1988², S. 19-38.

Merton, Robert K.: Zur Geschichte und Systematik der soziologischen Theorie. In: W. Lepenies (Hrsg.): Geschichte der Soziologie, Band I. Frankfurt: Surhkamp, 1981, S. 15-74.

Müller, Hans-Peter/Michael Schmidt: Arbeitsteilung, Solidarität und Moral. Eine werkgeschichtliche und systematische Einführung in die „Arbeitsteilung" von Emile Durkheim. In: E. Durkheim: Über soziale Arbeitsteilung. Frankfurt: Suhrkamp, 1988², S. 481-521.

Parsons, Talcott: The Structure of Social Action. Glencoe, III.: The Free Press, 1949².

Weber, Max: Die protestantische Ethik I. Eine Aufsatzsammlung (hrsg. von J. Winckelmann). Gütersloh: Gütersloher Verlagshaus Mohr, 1979⁵.

Weber, Max: Wirtschaft und Gesellschaft. Grundriß der verstehenden Soziologie (besorgt von J. Winckelmann). Tübingen: Mohr, 1980⁵.

Kapitel 2:
Verhaltenstheoretische Soziologie: Georg Caspar Homans

(Tamás Meleghy)

1. Problemlage und Erkenntnisinteresse

Begründer der verhaltenstheoretischen Soziologie ist der 1910 in Boston geborene amerikanische Soziologe Georg Caspar Homans. Homans studierte an der Harvard Universität Soziologie, wo er seit 1939 unterrichtet. Er wurde 1946 außerordentlicher, später ordentlicher Professor. Homans beschäftigt sich zunächst mit Gruppenphänomenen und mit Fragen der Industriesoziologie. Seine erste große Arbeit über die menschliche Gruppe erscheint 1950. Es folgen später zahlreiche Veröffentlichungen in denen Homans sein Programm deutlich darstellt, sowie Arbeiten in denen er die Fruchtbarkeit des Ansatzes bei der Erklärung von elementaren sozialen Prozessen demonstriert (vgl. Bernsdorf W. Hg.: Internationales Soziologenlexikon. Stuttgart: Ferdinand Enke Verlag, 1959, S. 230).

Homans Kritik konzentriert sich zunächst auf die großen allgemeinen Theorien der damals herrschenden strukturfunktionalistischen Soziologie von Parsons. Ausgehend von einem streng erfahrungswissenschaftlich orientierten Theorienbegriff stellt Homans fest, daß es sich dabei gar nicht um Theorie im engeren Sinne, sondern lediglich um sprachlich-begriffliche Klassifikationen oder Schemata handelt. Man kann nach Homans mit Hilfe dieser „großen Theorien" vielleicht bestimmte Aspekte der Welt beschreiben, nicht aber, was die eigentliche Aufgabe einer wissenschaftlich-soziologischen Theorie wäre, die empirischen Regelmäßigkeiten, die in diesem Bereich gefunden wurden, erklären. Für eine wissenschaftliche Erklärung benötigt man außer Begriffsschemata ein System empirischer Hypothesen. Die Theorie von Parsons enthält nach Homans solche Hypothesen aber nicht (vgl. Homans 1972, S. 109).

Kritisiert wird von Homans, was hier ausdrücklich betont werden muß, die funktionalistische Theorie als solche und nicht etwa die empirischen Arbeiten oder die empirischen Forschungsergebnisse die im Rahmen dieser Schule, oder angeleitet von diesen theoretischen Vorstellungen, durchgeführt wurden. Nach Homans haben häufig gerade solche Forschungen zu der Entdeckung von empirischen Regelmäßigkeiten, empirischen Hypothesen von geringem Allgemeinheitsgrad geführt, die nach ihm die wertvollsten Elemente des sozialwissenschaftlichen Wissensbestandes darstellen (vgl. Homans 1972, S. 45f.).

Die Aufgabe der Soziologie ist aber nicht nur die **Entdeckung** solcher empirisch beobachtbaren Beziehungen, sondern auch ihre **Erklärung**.

Anders als in den Naturwissenschaften sind nach Homans die allgemeinen erklärenden Hypothesen in den Sozialwissenschaften mehr oder weniger Allgemeingut, wenn auch der Nicht-Fachmann sie nicht so exakt wie ein Psychologe formulieren kann. Sie sind bekannt, weil wir mit ihnen seit unserer frühesten Kindheit täglich konfrontiert sind. Aufgabe der Sozialwissenschaftler ist daher die Entdekkung der spezifischeren empirischen Zusammenhänge und ihre exakte Erklärung durch ihre Zurückführung auf die allgemeinen **Gesetze der verhaltenstheoretischen Psychologie**. Diese Hypothesen, die sich auf das Verhalten von Menschen ganz allgemein beziehen sind nach Homans die **grundlegendsten für alle Wissenschaften, die sich mit dem sozialen Verhalten von Menschen beschäftigen**. Dazu zählen nach Homans neben der Soziologie u.a. die Sozialanthropologie, die Politikwissenschaft, die Ökonomie und die Geschichtswissenschaft. Die Durchführung des Homansschen Programms könnte daher letztlich auch zu der Zusammenführung aller dieser Disziplinen führen, wovon letztlich alle, insbesondere jedoch die noch jüngeren und daher noch weniger entwickelten Sozialwissenschaften profitieren würden (vgl. Homans 1972, S. 57, S. 106 und S. 109). Nach diesen einführenden Bemerkungen sollen nun im nächsten Abschnitt die Hauptaussagen der verhaltenstheoretischen Soziologie dargestellt werden. Im Abschnitt drei folgen schließlich einige Beispiele, die diese Aussagen illustrieren sollen.

2. Hauptaussagen

Homans leitet seine programmatischen und inhaltlichen Aussagen von methodologischen Vorstellungen ab, die von ihm gleichzeitig zu einer ausführlichen Kritik alternativer soziologischer Konzeptionen benützt werden.

Es werden hier zunächst (Abschnitt 2.1) diese grundlegenden methodologischen Überlegungen gefolgt von der kritischen Auseinandersetzung mit den alternativen soziologischen Konzepten (Abschnitt 2.2) umrissen. Anschließend werden die Haupthypothesen der verhaltenstheoretischen Psychologie und ihre Anwendung auf die Erklärung des sozialen Verhaltens behandelt (Abschnitt 2.3).

2.1 Aufgabe der Soziologie

Die Aufgabe der empirischen Wissenschaften oder Erfahrungswissenschaften **ist die Entdeckung und Erklärung von Zusammenhängen zwischen Phänomenen** der von ihnen untersuchten Bereiche der Realität. Der erste Schritt ist also die **Entdeckung**. Entdeckungen kommen nach Homans in der Regel auf Grund von Beobachtungen zustande. Es handelt sich genauer um Verallgemeinerungen von beobachtbaren Zusammenhängen oder Beziehungen zwischen Phänomenen. Die Wissenschaft arbeitet hier also mit der sogenannten **induktiven Methode**, d.h. die Wissenschafter schließen auf Grund von Beobachtungen die sie gemacht haben auf allgemeine Gesetzmäßigkeiten. Solche Verallgemeinerungen, vermutete Gesetzmäßigkeiten nennt man auch **Hypothesen**. In einer Hypothese wird also eine Behauptung über den Zusammenhang zwischen Qualitäten und Eigenschaften von bestimmten Phänomenen aufgestellt. Es muß in der Hypothese über den Zusammenhang oder die Art der Beziehung etwas ausgesagt werden. Die Behauptung, daß zwei Phänomene irgendwie zusammenhängen bzw. daß bestimmte Eigenschaften bestimmter Phänomene irgendwie zusammenhängen macht noch keine wirkliche Hypothese aus. Von einer wirklichen Entdeckung im Sinne einer Verallgemeinerung eines empirisch beobachtbaren Zusammenhanges, d.h. im Sinne einer empirischen Hypothese läßt sich nur dann sprechen, wenn auch die Art und Weise des beobachtbaren Zusammenhanges angegeben ist. So ist z.B. die Behauptung daß die Nachfrage nach bestimmten Gütern irgendwie mit den Preisen dieser Güter zusammenhängt noch keine Hypothese und wohl auch keine Entdeckung. Was fehlt ist die Angabe zumindest der Richtung des betreffenden Zusammenhanges. Also eine Aussage darüber wie sich die eine Variable verhält, wenn die andere Variable sich verändert. Dieses „wie" kann natürlich in einer Hypothese mit unterschiedlicher Genauigkeit angegeben sein. Je genauer der Zusammenhang angegeben ist, desto informativer ist natürlich die Aussage.

Mit der Entdeckung einer empirischen Regelmäßigkeit ist die Aufgabe des Wissenschafters noch nicht abgeschlossen. So interessant und bedeutsam die Entdekkung eines empirischen Zusammenhanges auch ist, ist sie intellektuell irgendwie unbefriedigend. Man fragt sich gewöhnlich: Warum gibt es diesen Zusammenhang? Man möchte eine **Erklärung** für das Phänomen. Damit sind wir bei der zweiten Aufgabe der empirischen Wissenschaften, bei der Erklärung der von ihnen entdeckten empirischen Regelmäßigkeiten, Zusammenhänge bzw. Hypothesen (vgl. Homans 1972, S. 59 und S. 106ff.).

Um eine empirische Regelmäßigkeit zu erklären braucht man eine **Theorie**. Eine Theorie besteht aus einer Menge von hierarchisch angeordneten, logisch zusammenhängenden hypothetischen Aussagen über einen Ausschnitt der Realität. Die hierarchische Anordnung bedeutet, daß oben in der Ordnung die allgemeinen Hypothesen oder Gesetzmäßigkeiten stehen (Prämissen) und jeweils darunter die logisch ableitbaren Verknüpfungen der jeweils allgemeinen Hypothesen (Theoreme). Eine Theorie ist mit anderen Worten ein **deduktives System**.

Die Erklärung eines Phänomens besteht nun darin, daß der zu erklärende Sachverhalt (Explanandum) – hier die empirische Regelmäßigkeit – mit Hilfe eines Explanans, d.h. einer Theorie und verschiedenen Randbedingungen, logisch abgeleitet wird. Die Erklärung ist ein **deduktiver Vorgang**. Daraus folgt, daß eine Hypothese auf einer niedrigeren Stufe eines theoretischen Systems (eine Hypothese von geringerem Allgemeinheitsgrad) nur mit Hilfe von allgemeineren Hypothesen erklärt werden kann (vgl. Homans 1972, S. 9ff.). Was die allgemeinsten Hypothesen oder Gesetzmäßigkeiten einer Theorie betrifft, so sind dies jene, die ihrerseits zur Zeit nicht wiederum aus noch allgemeineren Gesetzen abgeleitet werden können. Dieses „zur Zeit" macht aber deutlich, daß nicht behauptet wird, daß es auch in der Zukunft nicht gelingen wird, diese allgemeinen Hypothesen durch noch allgemeinere Gesetzmäßigkeiten sowie bestimmte Randbedingungen logisch abzuleiten. Auf die verhaltenstheoretische Soziologie bezogen bedeutet dies, daß hier behauptet wird, daß die Hypothesen der verhaltenstheoretischen Psychologie zur Zeit die allgemeinsten sind, die die Sozialwissenschaften haben. Es kann aber nicht ausgeschlossen werden, daß diese Hypothesen später ihrerseits aus noch allgemeineren Gesetzmäßigkeiten, z.B. aus physiologischen oder biologischen, abgeleitet werden können.

2.2 Verschiedene Typen von Erklärungen

Nachdem wir nun geklärt haben, was unter einer wissenschaftlichen Entdeckung, einer Theorie, und einer Erklärung genau zu verstehen ist, geht es im Weiteren um die Homanssche Auseinandersetzung mit den verschiedenen in den Sozialwissenschaften gebräuchlichen Erklärungsweisen. Genauer um die methodologische Analyse von strukturellen, funktionalen, geschichtlichen, ökonomischen und psychologischen Erklärungen. Da wir, wie wir im vorhergehenden Abschnitt gesehen haben, ohne eine Theorie nichts erklären können, werden wir uns dabei auf die Frage konzentrieren, welche Art von Theorie bei diesen Erklärungstypen verwendet wird. Die Frage, die uns hier aber inhaltlich interessiert, ist, wie mit Hilfe dieser verschiedenen Ansätze soziale Institutionen erklärt werden können. Unter sozialen Institutionen werden hier bestimmte Vorschriften oder Verhaltensregeln bzw. mehr oder weniger komplexe Systeme von solchen Verhaltensregeln verstanden, die in einer Gruppe oder Gesellschaft gelten.

Wir können, wenn es darum geht, Institutionen zu erklären, zumindest zwei Fragen unterscheiden. Bei der ersten Frage geht es darum, warum es in Gesellschaften Institutionen von einer besonderen Art überhaupt gibt. Eine solche Frage wäre z.B.: Warum gibt es in Gesellschaften die Institution der Bestrafung? Bei der zweiten Frage geht es darum, warum in einer besonderen Gesellschaft diese oder jene besondere Institution existiert. Eine solche Frage wäre z.B.: Warum gibt es in einem besonderen Land (z.B. Sudan) die besondere Bestrafungsart der kreuzweisen Amputation, also der Abtrennung des linken Beines und des rechten Armes (vgl. Homans 1972, S. 128).

Homans versucht in dieser Analyse zu zeigen, daß es in den Sozialwissenschaften letztlich nur eine Art von Erklärung, nämlich die psychologische Erklärung gibt.

Er beginnt zunächst mit der Analyse von strukturellen Erklärungen. Eine **strukturelle Erklärung** besteht gewöhnlich daraus, daß aufgezeigt wird, daß das zu erklärende Phänomen nicht isoliert vorkommt, sondern ein Element eines größeren Zusammenhanges ist. Wir wählen für die Charakterisierung von strukturellen Erklärungen ein Beispiel aus der Sozialanthropologie. Es wurde von den Forschern bei der Untersuchung der sozialen Organisation von sogenannten primitiven oder schriftlosen Gesellschaften folgende Beobachtung gemacht: In Gesellschaften, in denen die Beziehung zwischen Söhnen und ihren Vätern von Herzlichkeit und gegenseitiger Toleranz gekennzeichnet war, war die Beziehung der Neffen zu ihrem Onkel mütterlicherseits streng und autoritär. In Gesellschaften dagegen, in denen die Beziehung der Väter zu ihren Söhnen streng und autoritär war, war die Beziehung des Bruders der Mutter zu den Söhnen seiner Schwester tolerant und herzlich.

Wie läßt sich die geschilderte wissenschaftliche Entdeckung erklären? Strukturalisten weisen darauf hin, daß die empirische Regelmäßigkeit nicht isoliert ist, sondern einen Teil eines größeren Musters darstellt. Die fragliche empirische Regelmäßigkeit läßt sich z.B. mit folgenden Hypothesen verbinden: Matrilinear, d.h. nach der mütterlichen Abstammungslinie organisierte Gesellschaften übertragen die Autorität über männliche Nachkommen dem Bruder der Mutter. In solchen Gesellschaften ist die Beziehung zwischen dem Bruder der Mutter und seinen Neffen streng und autoritär, die Beziehung zwischen Vätern und Söhnen dagegen tolerant und freundlich. In patrilinear, d.h. nach der väterlichen Abstammungslinie organisierten Gesellschaften wird die Autorität über männliche Nachkommen den Vätern übertragen. In solchen Gesellschaften ist die Beziehung zwischen Vätern und Söhnen streng und autoritär, die Beziehung zwischen dem Bruder der Mutter und seinen Neffen dagegen freundschaftlich und tolerant.

Nach Homans handelt es sich hier nicht um eine wissenschaftliche Theorie, sondern lediglich um empirische Verallgemeinerungen, oder wenn man will, um wissenschaftliche Entdeckungen, die miteinander verknüpft sind. Was hier fehlt, und was aus diesem System eine wissenschaftliche Theorie machen würde, sind allgemeine Hypothesen, aus denen dieses System logisch abgeleitet werden könnte. Eine Theorie ist, wie es im letzten Abschnitt dargestellt wurde, ein deduktives System. Die Hypothesen hier liegen jedoch alle auf gleicher Ebene: Sie sind gleich allgemein bzw. gleich spezifisch. Und ohne eine deduktive Theorie, das wurde im letzten Abschnitt auch deutlich, können wir wiederum auch nichts erklären.

Es handelt sich hier also um ein System von untereinander verbundenen wissenschaftlichen Hypothesen. Solche empirischen Hypothesen sind nach Homans die wertvollsten Bestandteile unseres sozialwissenschaftlichen Wissens. Sie sind echte wissenschaftliche Entdeckungen. Die erste Aufgabe aller empirischen Wissenschaften, die Entdeckung von Beziehungen zwischen ihren Untersuchungsobjekten, ist damit hier zumindest ansatzweise erfüllt. Die zweite Aufgabe ist, die von ihnen entdeckten Regelmäßigkeiten auch zu erklären. **Strukturalisten liefern nach Homas für die von ihnen entdeckten empirischen Regelmäßigkeiten jedoch keine Erklärungen** (vgl. Homans 1972, S. 111).

Zweitens soll hier Homans Analyse der sogenannten funktionalen Erklärung betrachtet werden. Womit beschäftigen sich Funktionalisten? Funktionalisten interessieren sich, genauso wie die Strukturalisten, für die gesellschaftlichen Regelungen, wie Normen, Rollen, Institutionen, als Instrumente der Verhaltenssteuerung und Verhaltenskoordinierung (vgl. Homans 1972, S. 50). Die gesellschaftlichen Regelungen besitzen nach funktionalistischem Verständnis eine vom einzelnen Individuum unabhängige Existenz. Sie sind soziologische Tatbestände. Sie besitzen die charakteristische Fähigkeit „von außen her einen Druck auf das individuelle Bewußtsein auszuüben" (Durkheim, Emile: Regeln der soziologischen Methode. Neuwied und Berlin. Hermann Luchterhand Verlag 1965, S. 185). Und genauso wie die Strukturalisten interessieren sie sich auch für die Beziehungen zwischen den gesellschaftlichen Institutionen. Ziel der Funktionalisten ist es ein System von grundlegenden Hypothesen über die Merkmale von Gesellschaften als solche aufzustellen (vgl. Homans 1972, S. 45f.).

Die Interessen der Funktionalisten richten sich nicht auf die **Ursachen sondern auf die Wirkungen von Institutionen**. Sie fragen sich nicht: Wie entstand in dieser oder jener Gesellschaft diese oder jene besondere Institution? Sie fragen vielmehr nach den Wirkungen, Konsequenzen oder eben nach den Funktionen von Institutionen. Sie beschäftigen sich mit den positiven Konsequenzen von Institutionen (Funktionen), mit den negativen Konsequenzen von Institutionen (Dysfunktionen), mit möglichen alternativen Regelungen mit im Wesentlichen gleichen Konsequenzen (funktionale Alternativen) usw. (vgl. Homans 1972, S. 45 und S. 52). Dabei werden die Konsequenzen bzw. Wirkungen von Institutionen nicht in bezug auf einzelne Individuen sondern immer in bezug auf bestimmte größere Einheiten wie Gruppen oder Gesellschaften untersucht (vgl. Homans 1972, S. 25). Sie fragen nicht nach dem Warum, sondern nach dem Wozu. **Eine funktionale Theorie will nicht die Wirkursache sondern die Zweckursache von Institutionen angeben**. Erklärungen, bei denen das Explanandum aus bestimmten Zielen oder Zwecken abgeleitet wird, nennt man teleologisch. Funktionalistische Theorien werden von Homans entsprechend als **teleologisch** bezeichnet (vgl. Homans 1972, S. 27).

Funktionale Theorien beziehen sich auf das **Überleben** bzw. **Gleichgewicht von Gesellschaften**. Sie wollen **Bestandsvoraussetzungen von Gesellschaften** angeben. Sie geben unter anderem an, welche Typen von Institutionen für das Überleben von Gesellschaften notwendig sind.

Die funktionale Erklärung des Sachverhaltes, warum die Gesellschaft A eine Institution vom Typ X besitzt, läßt sich etwa so formulieren:

Explanans:

Gesetz: Institutionen von Typ X, Y und Z sind für das Überleben (Gleichgewicht) von Gesellschaften notwendig

Randbedingung: A ist eine Gesellschaft, die überlebte (sich im Gleichgewicht befindet)

Explanandum:

Also besitzt Gesellschaft A Institutionen vom Typ X, Y und Z.

Funktionale Bestands-, Überlebens- oder Gleichgewichtshypothesen sind nach Homans keine einfachen empirischen Verallgemeinerungen, sondern durchaus von allgemeinem Charakter. Im Gegensatz zu **strukturellen Theorien sind** nach ihm **funktionale Theorien deduktive Systeme**. Sieht man von der Problematik teleologischer Erklärungen ab, so sind nach Homans funktionale Erklärungen an und für sich also richtige Erklärungen (vgl. Homans 1972, S. 123). Homans sieht jedoch hier zwei grundlegende Probleme: Erstens kann mit Hilfe von solchen funktionalistischen Überlebens- oder Gleichgewichtshypothesen höchstens das Vorhandensein von bestimmten Typen von Institutionen in einer Gesellschaft erklärt werden. Also z.B. das Vorhandensein einer Institution zur Findung von Entscheidungen, die die Gesellschaft als Ganzes betreffen.

Funktionale Überlebens- bzw. Bestandshypothesen sagen nur aus, daß jede Gesellschaft die überlebt bzw. sich im Gleichgewicht befindet, eine Institution von diesem Typus besitzen muß. Was man mit solchen Hypothesen nicht erklären kann ist jedoch, warum in einer bestimmten Gesellschaft gerade diese oder jene bsondere Institution zur Findung von gesamtgesellschaftlich relevanten Entscheidungen (z.B. ein Landtag) existiert (vgl. Homans 1972, S. 48 und S. 111).

Zweitens sind Überleben und Gleichgewicht Begriffe, die bezogen auf menschliche Gruppen und Gesellschaften sehr unscharf sind. In welchem Sinne kann z.B. gesagt werden, daß die österreichische Gesellschaft überlebte? Das Reich der Babenberger oder das Reich der Habsburger überlebte jedenfalls weder in territorialer noch in institutionaler Hinsicht. Und in welchem Sinne kann gesagt werden, daß eine Gesellschaft sich im Gleichgewicht befindet? Könnte man z.B. behaupten, daß das Habsburgerreich sich jemals im Gleichgewicht befand? Oder daß die österreichische Gesellschaft sich heute im Gleichgewicht befindet? (vgl. Homans 1972, S. 48 und S. 111).

Da nun wegen der **Unbestimmtheit des Überlebens- und Gleichgewichtsbegriffes** die allgemeinen funktionalistischen Hypothesen empirisch nicht überprüfbar bzw. kritisierbar sind, sind nach Homans **funktionale Theorien** letztlich **keine empirisch-wissenschaftlichen Theorien**. Sie enthalten Begriffe, Definitionen, Begriffsklassifikationen, aber keine richtige d.h. empirische Hypothesen (vgl. Homans 1972, S. 49). Liegen die Dinge anders, kann also die Bedeutung der Begriffe Überleben oder Gleichgewicht (mehr oder weniger) genau angegeben werden und auch mit beobachtbaren Ereignissen oder Zuständen verknüpft werden, wie dies in der Biologie, Physiologie, Botanik und Zoologie möglich ist, so sind funktionale Erklärungen nach Homans durchaus sinnvoll und auch befriedigend (vgl. Homans 1972, S. 27f., S. 50, S. 112 und S. 128).

Diese Kritik bezieht sich, wie es bereits eingangs angedeutet wurde, nur auf die sogenannten funktionalen Theorien. Die funktionale Analyse wird davon nicht berührt. Die Klärung der Fragen nach den positiven oder negativen Konsequenzen von Institutionen, nach möglichen funktionalen Alternativen usw. hält Homans durchaus für legitim, sinnvoll und nützlich (vgl. Homans 1972, S. 112). Beide, weder die sogenannte funktionale Theorie noch die funktionale Analyse liefern jedoch Erklärungen (vgl. Homans 1972, S. 46).

Drittens soll hier Homans Auseinandersetzung mit sogenannten **geschichtlichen Erklärungen** betrachtet werden.

Neben dem Sammeln und Ordnen von Daten pflegen Historiker die Handlungen der von ihnen betrachteten Akteure auch zu erklären. Die Erklärung besteht darin, daß aufgezeigt wird, daß die analysierten Handlungen bei gegebener **Präferenzstruktur**, sowie gegebener **Situationseinschätzung** des Handelnden **verstehbar** und irgendwie auch **vernünftig** sind. Wenn wir erfahren, daß es der größte Wunsch von Napoleon war, Rußland zu erobern und wenn wir erfahren, daß er bei seinem Einmarsch mit keinem nennenswerten Widerstand rechnete, dann ist sein Vorgehen für uns verständlich und auch folgerichtig. Wir können sein Vorgehen verstehen, obwohl wir persönlich vielleicht seine Ziele oder Wünsche nicht gut heißen und obwohl wir wissen, daß seine Situationseinschätzung falsch war. Solche Erklärungen sind typisch für die Geschichtswissenschaft, aber man begegnet ihr darüberhinaus in allen sozialwissenschaftlichen Disziplinen, wenn es darum geht, die Handlungen von bestimmten Personen oder die typischen Handlungen von bestimmten Typen von Handelnden zu erklären.

Man könnte sich hier allerdings fragen: Handelt es sich hier im wissenschaftlichen Sinn überhaupt um eine Erklärung? Wir haben ja im letzten Abschnitt gesehen, daß man ohne eine Theorie oder zumindest ohne eine Hypothese vom allgemeinen Charakter ja nichts erklären kann. Und solche historischen Erklärungen enthalten ja keine solchen allgemeinen Hypothesen. Aber genau das ist nach Homans ein Irrtum. **Historische Erklärungen** enthalten nach ihm durchaus solche **allgemeinen Hypothesen**, nur werden sie gewöhnlich nicht explizit angegeben, sondern als selbstverständlich vorausgesetzt. Was hier gewöhnlich als selbstverständlich vorausgesetzt wird, ist die sogenannte **Rationalitätshypothese**. Diese Hypothese besagt: **„Jeder Mensch wird, wenn er zwischen alternativen Handlungen zu wählen hat, wahrscheinlich diejenige wählen, für die – entsprechend seiner Einschätzung zum gegebenen Zeitpunkt – das Produkt aus dem Wert (w), des Ergebnisses und der Wahrscheinlichkeit (p), das Ergebnis zu erzielen, größer ist; und je höher der Wert von p mal w für die eine Handlung im Vergleich zu ihrer Alternative ist, um so eher wird er die erste Handlung wählen“** (Homans 1972, S. 131). Die Hypothese besagt, daß die Handlungswahrscheinlichkeit eine Funktion der subjektiven Handlungspräferenz und der Situationseinschätzung der Person zur Zeit der Wahlsituation ist. Setzt man nun diese Hypothese in das Explanans unseres Erklärungsschemas als „Gesetz“ ein, verbunden mit der Information, daß Napoleon keinen größeren Wunsch besaß als Rußland zu erobern und daß er den Handlungserfolg als gesichert ansah, als Randbedingungen, so ist das Explanandum, sein Einmarsch nach Rußland, tatsächlich erklärt. Das Explanandum wurde aus einem allgemeinen Gesetz und verschiedenen Randbedingungen logisch abgeleitet.

Es soll hier viertens auf Homans Auseinandersetzung mit ökonomischen Erklärungen eingegangen werden.

Wirtschaftswissenschaftler erklären die sie interessierenden ökonomischen Sachverhalte wie Preise von Gütern, die Nachfrage nach bestimmten Gütern usw. bzw. die Veränderungen solcher Größen mit Hilfe von allgemeinen ökonomischen Hypothesen und verschiedenen Randbedingungen. Es handelt sich hier nach Homans durchaus um richtige wissenschaftliche Erklärungen. Die bei diesen Erklärungen verwendeten Hypothesen, wie die Gesetze von Angebot und Nachfrage, das Preisgesetz usw., sind sämtliche Hypothesen vom allgemeinen Charakter. Sie folgen bei bestimmten institutionellen Randbedingungen wie Märkte, Preise usw. aus der bereits erwähnten Rationalitätshypothese. Daß diese institutionellen Voraussetzungen wie z.B. „vollkommene Märkte" usw. Idealtypen sind, die in dieser reinen Form kaum vorkommen, spielt in diesem Zusammenhang keine Rolle. So folgt aus der Rationalitätshypothese z.B., daß die Wirtschaftssubjekte beim Ansteigen des Preises eines Gutes X (soweit es Substitute gibt) auf andere Güter ausweichen werden, was dann zu einer niedrigeren Nachfrage nach dem Gut X führen wird (vgl. Homans 1972, S. 118f. und S. 131f.).

Die Wirtschaftswissenschaft ist nach Homans zur Zeit die erfolgreichste Sozialwissenschaft, und zwar gerade deshalb, weil sie mit sehr allgemeinen **individualistischen Hypothesen** (Hypothesen über das Verhalten von einzelnen Individuen), wie der **Rationalitätshypothese** arbeitet (vgl. Homans 1972, S. 131). Sie ist aber auch deshalb erfolgreich, weil sie sich einige folgenreiche Selbstbeschränkungen auferlegt hat. So werden von den Wirtschaftswissenschaften die Wert- bzw. Präferenzstrukturen sowie die subjektiven Einschätzungen der Erfolgswahrscheinlichkeiten der Handlungen der ökonomischen Subjekte nicht problematisiert. Sie werden einfach als gegeben hingenommen. Sie sind für den Ökonomen externe Daten.

Entsprechend konstatieren Ökonomen bei der Änderung der Präferenzen der Wirtschaftssubjekte eine Veränderung der externen Daten. Da die Ökonomen diese Wandlungsprozesse selbst nicht analysieren, ist die Ökonomie nach Homans eine ahistorische Wissenschaft (vgl. Homans 1972, S. 118ff. und S. 131ff.).

Es sollen hier schließlich **psychologische Erklärungen** betrachtet werden. Unter psychologischen Erklärungen werden von Homans jene Erklärungen verstanden, die 1. gewöhnlich von Psychologen formuliert werden und 2. Hypothesen im Explanans anführen, die sich auf das **Verhalten der Menschen als Gattungswesen** beziehen. Sie beziehen sich also auf das Verhalten von Menschen und nicht wie die allgemeinen funktionalistischen Hypothesen auf irgendwelche Bestands- bzw. Gleichgewichtsbedingungen von Gruppen oder Gesellschaften (vgl. Homans 1972, S. 30f. und S. 55). Diese Hypothesen geben an, **wie Menschen sich unter verschiedenen Randbedingungen verhalten**. Dabei wird davon ausgegangen, daß das menschliche Verhalten **universellen Gesetzmäßigkeiten** folgt. Variabel sind nur die Umstände, unter denen sich das Verhalten aktualisiert. Ein Teil dieser variablen Randbedingungen, wie die Präferenzstrukturen oder Wertstrukturen von Menschen, ist dabei wiederum durch die allgemeinen psychologischen Hypothesen erklärbar (vgl. Homans 1972, S. 38 und S. 128).

Es handelt sich bei diesen Hypothesen um die Sätze der behavioristischen (verhaltenstheoretischen) Lerntheorie. Die psychologische Erklärung von Institutionen, sowohl eines bestimmten Types, wie auch einer besonderen Institution besteht nun darin, daß das Vorhandensein der betreffenden Regelungen aus den Sätzen der verhaltenstheoretischen Lerntheorie und verschiedenen Gegebenheiten als Randbedingungen logisch abgeleitet wird. Eine Hypothese, auf die zumindest eines der beiden oben genannten Merkmale psychologischer Hypothesen zutrifft, haben wir bereits kennengelernt. Die **Rationalitätshypothese**, die besagt, daß Menschen, soweit sie zwischen zwei oder mehreren Handlungen wählen können, diejenige wählen werden, bei der das Produkt des Wertes des Handlungserfolges (w) und der Wahrscheinlichkeit des Handlungserfolges (p) am größten ist, ist eine allgemeine Hypothese, die sich auf das Verhalten des Menschen als solchen bezieht. Sie ist allerdings, und das bezieht sich auf das zweite Merkmal psychologischer Erklärungen, keine Hypothese, die normalerweise von Psychologen benützt wird. Homans betrachtet die Rationalitätshypothese, auch als **Theorie des rationalen Handelns** bezeichnet, trotz dieses Einwandes als eine **allgemeine psychologische Hypothese**. Die Theorie des rationalen Handelns läßt sich nach ihm allerdings ihrerseits aus den Hypothesen der behavioristischen Lerntheorie ableiten.

Die verhaltenstheoretische Lerntheorie schließt damit die Theorie des rationalen Handelns ein, geht aber über diese hinaus. So werden von der Theorie des rationalen Handelns die Werte und Präferenzen einer Person als gegeben hingenommen. Die psychologische Lerntheorie kann aber auch die Werte und Präferenzen der von ihr untersuchten Individuen erklären. Sie kann auch erklären, warum Menschen bestimmte Handlungserfolge als belohnend, andere als nicht belohnend empfinden. Das ist insbesondere dann von Relevanz, wenn es sich nicht um „natürliche Belohnungen“ handelt (vgl. Homans 1972, S. 51, S. 116 und S. 133).

Homans **Analyse der verschiedenen** in den Sozialwissenschaften gebräuchlichen **Erklärungsarten** ergibt also folgendes Bild: **Strukturelle Theorien liefern keine Erklärungen. Sie sind keine deduktiven Systeme sondern wissenschaftliche Entdeckungen, die ihrerseits erklärungsbedürftig sind. Funktionale Theorien liefern in den Sozialwissenschaften keine Erklärungen, weil sie keine empirischen Hypothesen enthalten. Geschichtliche und ökonomische Erklärungen sind richtige, aber letztlich psychologische Erklärungen.**

Es gibt somit für Homans in den **Sozialwissenschaften nur eine Art von Erklärung**, nämlich die **Zurückführung der Handlung** von menschlichen Individuen bzw. die Resultate der Handlungen von Individuen, wie die sozialen Institutionen, **auf die Sätze der behavioristischen Psychologie** (vgl. Homans 1972, S. 132). Die Sätze der behavioristischen Lerntheorie sind damit die allgemeinen erklärenden Hypothesen nicht nur in der Soziologie, **sondern in allen Sozialwissenschaften**. Wenn sozialwissenschaftliche Erklärungen tatsächlich ausformuliert werden, sind ihre allgemeinen Hypothesen psychologische Hypothesen. Homans zeigt in diesem Zusammenhang, daß auch Strukturalisten und Funktionalisten tatsächlich häufig auf psychologische Erklärungen zurückgreifen (vgl. Homans 1972, S. 32, S. 53 und S. 114).

Die psychologische Erklärung ist zudem die **einzig kausale sozialwissenschaftliche Erklärung**. Funktionale Erklärungen, hier ganz abgesehen von der Problematik der Unbestimmtheit ihrer zentralen Variablen wie Überleben und Gleichgewicht, liefern keine kausale Erklärung. Sie zeigen nicht die Wirkursache sondern die Zweckursache der Phänomene an (vgl. Homans 1972, S. 31).

Soziologen, Strukturalisten wie Funktionalisten weisen häufig darauf hin, daß **Institutionen** eine von einzelnen Individuen unabhängige Existenz haben. Sie sind somit **emergente Phänomene** die von außen her wie materielle Dinge auf Menschen einwirken. Das wird von Homans durchaus zugegeben. Er meint nur, daß sowohl die Entstehung wie auch die Wirkung von Institutionen nur mit Hilfe der behavioristischen Psychologie erklärt werden kann. Diese Aussage bezieht sich sowohl auf die Entstehung von bestimmten Typen von Institutionen wie auch auf die Entstehung von besonderen Institutionen in besonderen Gesellschaften (vgl. Homans 1972, S. 36).

Die psychologische Erklärung von besonderen Institutionen ist allerdings schwieriger, da hier die für die Erklärung notwendigen Fakten und Gegebenheiten, also die Randbedingungen, meist nicht vollständig vorliegen.

Homans meint, daß auch die **Wirkung von Institutionen**, wie z.B. die Wirkungen von Verkehrsregeln, nur mit Hilfe von psychologischen Gesetzmäßigkeiten erklärt werden kann: Warum bleiben Menschen vor roten Verkehrsampeln stehen? Nach Homans, weil sie sich vor **Bestrafung** fürchten. Das ist aber eine allgemeine psychologische Hypothese (vgl. Homans 1972, S. 35). Oder: Warum richten sich Menschen in ihren Handlungen nach bestimmten **Werten oder Normen**? Soziologen sagen gewöhnlich, weil sie diese Werte und Normen **internalisiert** haben. Nach Homans ist Internalisieren aber nur ein anderes Wort für **Lernen**. Zu klären ist wie, durch welche Prozesse, Menschen Werte und Normen internalisieren. Oder: wie haben bestimmte Menschen diese oder jene Werte internalisiert? Dies kann nach Homans nur durch die behavioristische Lerntheorie erklärt werden.

Soziologen weisen manchmal auch darauf hin, daß **soziologische Tatbestände** häufig die **Ursachen anderer soziologischer Tatbestände** sind. Das wird von Homans auch zugeben. Er meint nur, daß man ein Phänomen nicht erklärt hat, wenn man seine Ursachen gefunden hat. Mit **Ursachen** bezeichnen wir gewöhnlich die **Randbedingungen**, die in Verbindung mit bestimmten Gesetzmäßigkeiten zu den fraglichen Tatbeständen führen. Und diese Gesetzmäßigkeiten sind eben die Hypothesen der behavioristischen Lerntheorie (vgl. Homans 1972, S. 119f).

2.3 Allgemeine Hypothesen der verhaltenstheoretischen Soziologie

Die allgemeinen erklärenden Hypothesen sind nach Homans heute, wie wir im letzten Abschnitt gesehen haben, in allen Sozialwissenschaften, also auch in der Soziologie die **Hypothesen der verhaltenstheoretischen Lerntheorie**. Auf eine ausführliche Darstellung der behavioristischen Verhaltentheorie einschließlich ihrer Entstehung und Entwicklungsgeschichte muß hier natürlich verzichtet werden (vgl. dazu z.B. Neel 1974, S. 113ff.).

Es werden hier lediglich die nach Homans fünf wichtigsten Hypothesen dargestellt. Ergänzt werden die einzelnen Hypothesen durch Bemerkungen über wichtige Implikationen der Aussagen, sowie durch einige Differenzierungen, die durch die starke Beschränkung der Zahl der Hypothesen notwendig werden.

Die erste Hypothese ist die sogenannte **Erfolgshypothese**. Sie besagt, daß Menschen, wenn sie bei der Ausübung einer bestimmten Tätigkeit belohnt werden, dazu neigen diese Tätigkeit zu wiederholen. Homans illustriert diese Aussage mit dem Beispiel eines Anglers, der, soweit er an einer bestimmten Stelle immer wieder erfolgreich war, also Fische gefangen hat, die Tendenz haben wird, wieder die alte Stelle zum Angeln aufzusuchen.

Hypothese 1 (Erfolgshypothese): „**Je häufiger die Aktivität einer Person belohnt wird, mit um so größerer Wahrscheinlichkeit wird diese Person die Aktivität ausführen**" (Homans 1972, S. 62).

Die Hypothese impliziert, daß Handlungen, die (kontinuierlich) nicht belohnt werden, nicht wiederholt werden, und, daß eine früher belohnte Handlung beim wiederholten Ausbleiben der Belohnung nicht mehr ausgeführt wird. So wird unser Angler, wenn er an seiner gewohnten Stelle wiederholt nichts fängt, schließlich die Stelle aufgeben und nach anderen Fanggründen Ausschau halten.

Man sagt dann, die gelernte Verhaltensweise (z.B. immer wieder an einer bestimmten Stelle zu angeln) wurde **gelöscht**.

Die Erfolgshypothese, so wie sie oben formuliert wurde, bedarf zweier Ergänzungen: Es muß erstens gesagt werden, daß es in Wahrheit nicht nur auf die **Häufigkeit** (d.h. absolute Zahl) **der erhaltenen Belohnungen** ankommt, sondern auch auf die **Regelmäßigkeit**, mit der die Verhaltensweise (während eines bestimmten Zeitintervalls) belohnt wird. Erfolgt die Belohnung in regelmäßigen Zeitabständen, so ist die Tendenz, die Handlung zu wiederholen, nämlich schwächer als wenn die Belohnung in unregelmäßigen Zeitintervallen (wie z.B. beim Angeln) erfolgt. Erfolgt die Belohnung in regelmäßigen Abständen (der Angler fängt alle 5 Minuten einen Fisch), so wird beim Ausbleiben der Belohnung die gelernte Verhaltensweise auch schneller gelöscht als wenn die Belohnung in unregelmäßigen Zeitintervallen erfolgt.

Zweitens muß gesagt werden, daß man bei der Erfolgshypothese berücksichtigen muß, daß ein Mensch normalerweise gleichzeitig zwischen **mehreren alternativen Tätigkeiten** wählen kann (meistens sogar muß). Die Wahrscheinlichkeit, daß eine Person eine bestimmte Tätigkeit (aus einer Anzahl von möglichen Tätigkeiten) wählen wird, wird dann von der **relativen Häufigkeit** abhängen, mit der die einzelnen Verhaltensweisen, verglichen mit den anderen zur Auswahl stehenden Verhaltensweisen, in der Vergangenheit belohnt worden sind (vgl. Homans 1972, S. 62).

Die zweite Hypothese, die wir behandeln, ist die **Reizhypothese**. Sie bezieht sich auf den Sachverhalt, daß die Handlungen oder Aktivitäten, die eine Person durchführt, nicht irgenwie im luftleeren Raum, sondern in konkreten Situationen stattfinden. Die wahrnehmbaren Merkmale der Situation, in der eine bestimmte Handlung durchgeführt, belohnt oder bestraft wird, die Begleitumstände der Handlung also, werden auch als **Reize** bezeichnet. Die Reizhypothese besagt nun, daß Menschen, wenn sie in einer bestimmten Situation mit einer bestimmten Verhaltensweise erfolgreich waren (belohnt wurden), dazu tendieren, in der Zukunft in solchen oder ähnlichen Situation sich auf gleiche oder zumindest auf ähnliche Weise zu verhalten. So wird z.B. ein Angler, der in einem bestimmten Gebirgssee immer wieder mit bestimmten Würmern als Köder Fische gefangen hat, beim neuerlichen Angeln in diesem See, oder in einem anderen, aber ähnlichen Gebirgssee, wahrscheinlich wieder mit dem gleichen Köder zu angeln versuchen. Er könnte natürlich zwischendurch auch mit anderen Ködern angeln. Fängt er aber mit diesem keine Fische, würde er bald zu seiner früheren Verhaltensweise zurückkehren.

Hypothese 2 (Reizhypothese): **Wenn in der Vergangenheit eine Aktivität, die von einem bestimmten Reiz oder von einer Menge von Reizen begleitet wurde,**

belohnt worden ist, „dann wird eine Person um so eher diese oder eine ähnliche Aktivität ausführen, je ähnlicher die gegenwärtigen Reize den vergangenen sind" (Homans 1972, S. 63).

Verhaltenswirksam im Sinne der Reizhypothese sind nur die **Begleitumstände des Verhaltens**, die von dem Handelnden als solche auch **wahrgenommen** werden. Die Forschungen auf diesem Gebiet haben u.a. gezeigt, daß von Versuchspersonen am leichtesten diejenigen Begleitumstände identifiziert werden, die mit der Handlung bzw. Handlungskonsequenz (Belohnung oder Bestrafung) **zeitlich zusammenfallen**. Zeitlich weit vor oder nach der Aktivität auftauchende Reize werden dagegen von den Versuchspersonen nur schwer identifiziert.

Die Reizhypothese begründet die Neigung der Menschen zur **Verhaltensgeneralisierung**, d.h. eine eimal erlernte Verhaltensweise wird auch in anderen aber ähnlichen Situationen angewandt. Die Neigung zur Verhaltensgeneralisierung bedeutet aber auch, daß von den Handelnden Aktivitäten bevorzugt werden, die denen ähneln, mit denen der Handelnde in der Vergangenheit Erfolg hatte. So wird etwa ein Angler, der an einem See wiederholt früh morgens zwischen 5 und 6 Uhr seinen besten Fang machte, auch an anderen Gewässern zum Angeln die frühen Morgenstunden bevorzugen. Der erfolgreiche Angler wird gleichzeitig auch, wenn er nach einer neuen oder zusätzlichen Beschäftigung Ausschau hält, solche bevorzugen, die dem Angeln, wie z.B. das Jagen, auf irgendeine Art ähnlich sind.

Die Reizhypothese in Verbindung mit der Erfolgshypothese begründet auch den Prozeß, den man mit **Differenzierung** bezeichnet. Die Neigung zur Verhaltensgeneralisierung bringt es mit sich, daß Menschen eine einmal erlernte Verhaltensweise schließlich auch in Situationen anwenden, in denen der gewohnte Erfolg ausbleibt. Sie werden dann lernen, die **Begleitumstände der Handlungen**, in denen die Verhaltensweise erfolgreich ist, von den Begleitumständen, in denen die Verhaltensweise erfolglos ist, zu **unterscheiden**. Sie lernen die zwei Reize (bzw. Bündel von Reizen) zu differenzieren.

Diese beiden ersten Hypothesen implizieren, daß das gegenwärtige **Verhalten einer Person erlernt** ist. Es ist das Ergebnis eines langen Lernprozesses, wobei frühere Verhaltensweisen, die Begleitumstände dieser Verhaltensweisen, sowie die vom Individuum gemachten Erfahrungen mit diesen Verhaltensweisen dabei eine wichtige Rolle spielen. Die verhaltenstheoretische Psychologie behauptet jedoch nicht, daß diese Erfahrungen und Lernprozesse den Individuen **bewußt** sein müßten. Es gibt vielmehr zahlreiche z.B. frühkindliche Erfahrungen, die dem Erwachsenen nicht bewußt sind, die aber sein Verhalten trotzdem bestimmen. Sie behauptet auch nicht, daß alle Erfahrungen **direkte Erfahrungen** sein müßten. Es gibt in unseren heutigen Gesellschaften vielmehr zahlreiche Erfahrungen, die nur indirekt auf Grund von Mitteilungen, sozusagen aus zweiter Hand sind. Aber **indirekte Erfahrungen** sind nur dann verhaltenswirksam, wenn man gelernt hat (durch direkte Erfahrungen), daß es sich lohnt auf die Mitteilungen oder Ratschläge von anderen Personen zu hören (vgl. Homans 1972, S. 63).

Wir betrachten drittens die sogenannte **Werthypothese**. Durch diese Hypothese wird der Tatsache Rechnung getragen, daß nicht alle Belohnungen gleich wertvoll sind. Der Belohnungswert der verschiedenen Handlungen ist eine für die Verhaltenstheorie wichtige Variable, wobei Menschen gewöhnlich Handlungen mit höheren Belohnungwerten gegenüber Handlungen mit niedrigeren Belohnungswerten bevorzugen.

Hypothese 3 (Werthypothese): „**Je wertvoller die Belohnung einer Aktivität für eine Person ist, desto eher wird sie die Aktivität ausführen**" (Homans 1972, S. 64).

So wie diese Hypothese hier formuliert ist, ist sie nur teilweise richtig. Es wird hier so getan, als würde die Wahrscheinlichkeit einer Handlung alleine vom Belohnungswert der Handlung abhängen. Das ist natürlich falsch. Die Wahrscheinlichkeit einer Handlung hängt neben dem Belohnungswert auch von der **Wahrscheinlichkeit des Handlungserfolges** ab. Menschen bevorzugen häufig Handlungen mit niedrigeren Belohnungswerten, wenn ihnen die Erfolgschancen der Handlungen mit höheren Belohnungswerten zu gering erscheinen. Der Belohnungswert bestimmt die Wahrscheinlichkeit einer Handlung genaugenommen also nur dann alleine, wenn der Handlungserfolg sicher ist. Ist das, wie gewöhnlich, nicht der Fall, so muß neben der Werthypothese gleichzeitig auch die Erfolgshypothese Berücksichtigung finden.

Bedenkt man, daß es auch Handlungen mit negativen Belohnungen gibt, wir sprechen dann von **Bestrafung**, so impliziert die Werthypothese, daß die Wahrscheinlichkeit dafür, daß eine Handlung durchgeführt wird, desto geringer wird, je größer die dafür vorgesehene Bestrafung ist. Aber auch so gewendet ist die Aussage nur dann zutreffend, wenn der Handlungserfolg, das heißt hier die Betrafung, sicher ist. Ansonsten muß auch hier die Erfolgshypothese mit herangezogen werden.

Homans weist in diesem Zusammenhang auch darauf hin, daß einer Bestrafung zu entgehen eine Belohnung darstellt. Und je strenger die in Aussicht gestellte Bestrafung ist, desto lohnender ist es ihr zu entgehen. Das bedeutet wiederum, daß die Belohnungswerte von Handlungen, die es einer Person ermöglichen, einer Bestrafung zu entgehen, mit der Höhe der in Aussicht gestellten Strafe steigen. Bezogen auf die Anwendung von Belohnungen und Bestrafungen für Zwekke der Verhaltenskontrolle, bedeutet dieser Zusammenhang, daß Belohnungen die Wahrscheinlichkeit erhöhen, daß die erwünschte Handlung durchgeführt wird. Bestrafung dagegen erhöht die Wahrscheinlichkeit, daß irgendeine Handlung, die hilft der Bestrafung zu entgehen, durchgeführt wird. Das kann natürlich auch die erwartete Handlung sein, daneben aber auch noch vieles andere.

Eigentlich müßte die Werthypothese genauso wie die Erfolgshypothese **relativ formuliert** werden. Wir müssen nämlich berücksichtigen, daß wir gewöhnlich zwischen **mehreren Möglichkeiten** wählen können. So könnten wir z.B. an einem Samstag um 5 Uhr früh aufstehen und zum Angeln gehen, oder aber auch im Bett bleiben und weiterschlafen. Was wir tun werden, wird von dem Verhältnis der Belohnungen der beiden Aktivitäten abhängen. Bezeichnet man den Belohnungswert der nicht realisierten Aktivität als **Kosten** der realisierten Aktivität, so kann man auch sagen, daß die Wahrscheinlichkeit dafür, daß eine Handlung durchgeführt wird, vom **Nettowert der Belohnung**, d.h. **Belohnung** abzüglich der **Kosten**, abhängt. Werden beide Beschäftigungen als gleich attraktiv empfunden, so sind die Nettobelohnungswerte beider Alternativen gleich Null. Das bedeutet nicht, daß wir keine der beiden Tätigkeiten durchführen werden, sondern nur, daß uns die Wahl besonders schwerfallen wird. Die Wahrscheinlichkeit, daß die Handlung durchgeführt wird, ist für beide Alternativen gleich groß.

Schließlich soll hier noch auf den folgenden Sachverhalt aufmerksam gemacht werden: Eine einmal **bereits begonnene Tätigkeit beeinflußt die Nettobeloh-**

nungswerte aller anderen zur Auswahl stehenden Aktivitäten. Kehren wir zur Illustration dieses Sachverhaltes zu unserem vorherigen Beispiel zurück: Der Nettobelohnungswert der ersten Alternative (aufstehen und zum Angeln gehen) bestand aus dem Belohnungswert dieser Aktivität abzüglich der Kosten. Die Kosten bestanden aus der ausgeschlagenen Belohnung der zweiten Alternative (im Bett bleiben und weiterschlafen). Ist die betreffende Person erst einmal aufgestanden und zu ihrem Angelplatz gefahren, so ist der volle Belohnungswert der zweiten Alternative (im Bett bleiben und weiterschlafen) nicht mehr realisierbar. Sie könnte zwar immer noch umkehren, nachhause fahren und sich schlafen legen, aber das würde die Kosten dieser Alternative wiederum erhöhen und damit den dabei realisierbaren Nettobelohnungswert mindern. Diese Überlegungen gelten auch in anderen Bereichen, z.B. bei der Wahl einer bestimmten Studienrichtung, oder bei der Entscheidung für einen Beruf, wo es um weit mehr geht als in unserem Beispiel (vgl. Homans 1972, S. 62ff.).

Die **Werthypothese** besagt: Je wertvoller die Belohnung einer Aktivität für eine Person ist, desto eher wird sie die Aktivität ausführen. Die unabhängige Variable dieser Hypothese ist der Wert einer bestimmten Belohnungsart. Der Belohnungswert wird dabei bestimmten „Größen“ zugeordnet. Wir sprechen in diesem Zusammenhang auch von **„Belohnungseinheiten“**. Wir können z.B. fragen: Wie belohnend ist es für eine Person, einen Fisch, eine Mahlzeit, einen Kühlschrank zu erhalten, oder etwa auch zehn Stunden zu schlafen? Wie die Belohnungseinheiten definiert sind, ist in unserem Zusammenhang letztlich nebensächlich. Wichtig aber ist, daß der Belohnungswert einer Belohnungseinheit nicht konstant, sondern selber eine Variable ist. Wie wertvoll eine bestimmte Belohnung für eine Person ist, wird nämlich u.a. davon abhängen, wie lange die Person die betreffende oder eine ähnliche Belohnungsart bereits entbehren mußte.

Hypothese 4 (Entbehrungs-Sättigungs-Hypothese): **„Je öfter eine Person in der nahen Vergangenheit eine bestimmte Belohnung erhalten hat, desto weniger wertvoll wird für sie jede zusätzliche Belohnungseinheit“** (Homans 1972, S. 66).

Homans bezieht sich in dieser Hypothese auf die „nahe“ Vergangenheit. Was darunter genau zu verstehen ist, wird von Belohnungsart zu Belohnungsart unterschiedlich sein. So wird z.B. bei einer Mahlzeit die Zeitspanne bis man diese Belohnungsart wieder begehrt, sicherlich kürzer sein als etwa bei irgendwelchen langlebigeren Gebrauchsgütern.

Kritiker der verhaltenstheoretischen Psychologie behaupten häufig, daß man den Wert einer Belohnungsart nicht unabhängig von dem Ausmaß der dafür verwendeten Aktivität ermitteln kann. Daher sei die Werthypothese letztlich eine Tautologie und daher auch ohne prognostischen Wert oder Erklärungswert. Nach Homans ist diese Kritik falsch. Wir können nämlich mit Hilfe der **Entbehrungs-Sättigungs-Hypothese** ganz unabhängig von dem Ausmaß der für diese Belohnungsart verwendeten Aktivität etwas über den Wert der Belohnungsart aussagen. So folgt z.B. aus der Entbehrungs-Sättigungs-Hypothese, daß Nahrung für einen Menschen, der diese Belohnungsart bereits eine Zeit lang nicht mehr erhalten hat, immer wertvoller wird.

Emotionalität spielt beim menschlichen Verhalten eine weit größere Rolle, als es auf Grund der Darstellung der ersten vier Hypothesen scheinen würde. Mit der fünften und letzten Hypothese wird diesem Umstand zumindest teilweise Rechnung getragen. Stellen wir uns folgende Szene vor: Ein Mann versucht, auf einer

Leiter stehend, ein Bild an der Wand festzumachen. Statt dabei den Nagel zu treffen, trifft er mit seinem Hammer seinen Daumen. Der Mann schreit auf, die Leiter kippt um und alle zusammen treffen sich auf dem Boden. Der Mann steht schimpfend auf und bearbeitet die Leiter mit Fußtritten.

Es ist häufig zu beobachten, daß Menschen, wenn sie bei einer Handlung nicht die erwartete Belohnung erhalten, sondern auf Grund „unglücklicher Zufälle" bestraft werden, zornig werden, und in dieser Situation sich dadurch „Luft verschaffen", daß sie irgendwelche Gegenstände (oder auch Personen) beschädigen.

Hypothese 5 (Frustrations-Aggressions-Hypothese): **„Wenn die Aktivität einer Person nicht wie erwartet belohnt oder unerwartet bestraft wird, wird die Person ärgerlich, und im Ärger sind die Ergebnisse aggressiven Verhaltens belohnend"** (vgl. Homans 1972, S. 68).

Auf den ersten Blick scheint es sich hier um einen völlig **automatisch ablaufenden Prozess** zu handeln, als ob wir, wenn der Prozess einmal in Gang gesetzt wurde, nichts mehr dagegen unternehmen könnten. Das ist aber falsch. Viele Aspekte dieses Zusammenhanges sind erlernt. Das fängt bereits bei der Frage an, was von uns als eine Belohnung und was von uns als eine Bestrafung erlebt wird. Bereits hier ist manches, wenn auch nicht alles, erlernt. Ganz offensichtlich ist aber, daß wir **lernen, wie wir mit diesem Gefühl umgehen sollen**.

Mit diesen fünf Hypothesen haben wir die Ergebnisse der verhaltenstheoretischen Lerntheorie natürlich nicht erschöpfend behandelt. Es handelt sich vielmehr nach Homans um einen Mindestsatz von Hypothesen, den wir bei unserem Vorhaben, das soziale Verhalten von Menschen zu erklären, benötigen.

Wichtig in diesem Zusammenhang ist, daß diese Gesetzmäßigkeiten eng untereinander verflochten sind. Wir müssen daher bei der **Erklärung des menschlichen Verhaltens alle fünf Hypothesen gleichzeitig heranziehen**. Wir können dieses Zusammenspiel der fünf Hypothesen am besten mit Hilfe der Frustrations-Aggressions-Hypothese selbst illustrieren. Die Hypothese lautet: Wenn die Aktivität einer Person nicht wie erwartet belohnt oder unerwartet bestraft wird, wird die Person ärgerlich, und im Ärger sind die Ergebnisse aggressiven Verhaltens belohnend. Was eine Person in einer bestimmten Situation erwartet, wird von der Reizhypothese bestimmt. Sind die gegenwärtigen Reize vergangenen Reizen, bei deren Vorliegen die Person bei der Durchführung einer Aktivität in der Vergangenheit wiederholt belohnt wurde, ähnlich, so wird die Person erwarten, daß sie bei der Durchführung der selben Aktivität auch diesmal belohnt wird. Bleibt die Belohnung aus, oder wird die Person unerwartet bestraft, so wird nach der Frustrations-Aggressions-Hypothese die Person ärgerlich. Und zwar wird die Person umso ärgerlicher, je häufiger sie in der Vergangenheit belohnt worden ist (Erfolgshypothese) und je wertvoller die erwartete Belohnung war (Werthypothese). Der Wert der Belohnung wird auch um so größer sein, je länger die Person die erwartete Belohnung bereits entbehren mußte (Entbehrungs- Sättigungs-Hypothese). Wenn die Person in der Zukunft in der gleichen Situation die erwartete Belohnung wieder nicht erhält, wird sie bereits etwas weniger ärgerlich sein (Erfolgshypothese) (vgl. Homans 1972, S. 68).

Wir können mit Hilfe der Hypothesen der verhaltenstheorethischen Lerntheorie nach Homans das menschliche Verhalten erklären. Darunter natürlich auch bestimmte besondere Typen des menschlichen Verhaltens wie das **soziale Verhal-**

ten des Menschen. Wir müssen dabei nur berücksichtigen, daß beim sozialen Verhalten die relevanten Belohnungen und Bestrafungen nicht wie in unseren bisherigen Beispielen irgendwelche **natürliche Objekte**, sondern die **Handlungen oder Aktivitäten von anderen Menschen** sind. Das bedeutet keineswegs, daß die Menschen isoliert oder unsozial wären. Es wird nur behauptet, daß die grundlegenden Gesetze dieselben sind, ob die Quelle der Belohnungen die Natur oder andere Menschen sind. Wir benötigen daher für die Erklärung des sozialen Verhaltens keine neuen oder zusätzlichen Gesetze. Was bei der Erklärung des sozialen Verhaltens neu ist, sind nur **die Randbedingungen** (vgl. Homans 1972, S. 33, S. 55 und S. 117). Es wird auch nicht behauptet, daß alle Belohnungen und Bestrafungen materieller Art sind. Richtig ist, daß das Verhalten gegenüber **nichtmateriellen Belohnungen** und Bestrafungen nach genau den selben Prinzipien erfolgt wie gegenüber **materiellen Belohnungen** und Bestrafungen (vgl. Homans 1972, S. 55). Die Wertschätzung von vielen materiellen und von den meisten immateriellen Belohnungen ist allerdings nicht irgendwie „natürlich", sondern erlernt.

Die Behauptung, daß das Verhalten des Menschen, einschließlich seines sozialen Verhaltens, auf die allgemeinen Prinzipien der verhaltenstheoretischen Psychologie zurückführbar ist, bedeutet weder, daß hier angenommen wird, die menschliche Natur sei überall gleich, noch, daß die Menschen sich überall gleich verhielten. Gleich sind nur die **allgemeinen Prinzipien des menschlichen Verhaltens**. Auf Grund der **Verschiedenheit der Randbedingungen** – dazu gehört z.B. auch die „ererbte" Kultur der betreffenden Gesellschaft, entstehen daraus unterschiedliche Typen des Verhaltens (vgl. Homans 1972, S. 33 und S. 116). Es wird auch nicht behauptet, **die menschliche Persönlichkeit** sei immer und überall gleich. Die menschliche Persönlichkeit entsteht allmählich im Verlaufe eines Lernprozesses, der aber Schritt für Schritt durch die behavioristische Lerntheorie erklärbar ist (vgl. Homans 1972, S. 135). Es ist auch nicht richtig, daß man bei der Erklärung von sozialen Phänomenen das **Verhalten jedes einzelnen Individuums** berücksichtigen muß. Es ist vielmehr auf Grund der Hypothesen der verhaltenstheoretischen Psychologie zu erwarten, daß Menschen mit ähnlichen Erfahrungen in ähnlichen Situationen sich ähnlich verhalten werden. Daher kann man mit Hilfe dieser psychologischen Hypothesen durchaus auch Aussagen über das wahrscheinliche **Verhalten von Aggregaten** machen (vgl. Homans 1972, S. 117).

Woran liegt es nun, daß viele Soziologen sich so vehement gegen die Behauptung wehren, die Soziologie sei auf die Psychologie reduzierbar?

Homans sieht für diese Haltung drei Gründe:

Grund 1 liegt in der Materie selber. Die sozialen Strukturen erscheinen als so komplex und so mächtig, daß es nur schwer vorstellbar ist, daß sie aus den Entscheidungen von einzelnen Individuen hervorgegangen sein könnten. Sie sind es aber. Daß sie die **Ergebnisse von Entscheidungen von einzelnen Individuen** sind, bedeutet allerdings nicht, daß sie, so wie sie sind, auch nur von irgendeinem Individuum **gewollt** oder **geplant waren.** Sie sind nur das **vielfach unabsehbare Produkt des Zusammenwirkens von menschlichen Handlungen** (vgl. Homans 1972, S. 139).

Der zweite Grund ist wissenschaftspsychologischer Natur. **Die Gesetzmäßigkeiten der verhaltenstheoretischen Psychologie waren schon immer bekannt**. Sie brauchten nicht entdeckt zu werden. Das wollte und will für viele Soziologen nicht so ganz in das Bild passen, welches sie sich von der Wissenschaft zurechtgelegt hatten. Dieses Bild ist sehr stark von den **Naturwissenschaften bestimmt**, wo die größte wissenschaftliche Leistung die Entdeckung von allgemeinen Gesetzmäßigkeiten ist. In den Sozialwissenschaften liegen die Dinge nach Homans aber eben anders als in den Naturwissenschaften (vgl. Homans 1972, S. 139).

Der dritte Grund ist ebenfalls wissenschaftspsychologischer Natur. Homans vermutet, daß viele Vertreter dieser relativ jungen Disziplin duch den Versuch die Gesetzmäßigkeiten der Soziologie auf die der Psychologie zu reduzieren, sich in ihrer Existenzberechtigung bedroht sehen. Zumindest fürchten sie um ihre **Eigenständigkeit**. Diese Befürchtung ist nach Homans allerdings ohne Grundlage. So hat – um nur ein Beispiel zu nennen – die Zurückführung der Gesetzmäßigkeiten der Thermodynamik auf die der Mechanik individueller Moleküle die Thermodynamik ja auch nicht überflüssig gemacht. Vielmehr wurde die Richtigkeit dieser Aussagen durch das Aufzeigen ihrer Ableitbarkeit aus allgemeineren Prinzipien nur unterstrichen. Dieser Vergleich ist für die Soziologie allerdings etwas schmeichelhaft, da in der Soziologie allgemeine Gesetzmäßigkeiten über das Verhalten von Aggregaten noch kaum bekannt sind (vgl. Homans 1972, S. 118).

Homans meint allerdings, daß es einen **eindeutigen Beweis für die Zurückführbarkeit** aller soziologischen Makrophänomene (Beziehungen zwischen verschiedenen Merkmalen von Gruppen oder Gesellschaften) auf die verhaltenstheoretische Lerntheorie **nicht gibt** und auch nicht geben kann. Einen eindeutigen Beweis würde nur die Durchführung seines Programms, also die Zurückführung oder Reduktion aller Makrophänomene liefern. Und dieses Programm ist naturgemäß nie abgeschlossen. Also ist die Frage nach der Reduzierbarkeit der Soziologie auf die Psychologie letztlich eine Glaubenssache (vgl. Homans 1972, S. 33 und S. 36). Zu der Frage ob die Hypothesen der behavioristischen Lerntheorie die allgemeinsten Hypothesen der Sozialwissenschaften sind, meint Homans, daß sie heute die allgemeinsten sind. Er schließt aber nicht aus, daß die Hypothesen der verhaltenstheoretischen Psychologie später auf noch allgemeinere, vielleicht auf biologische oder physiologische Hypothesen zurückgeführt werden können (vgl. Homans 1972, S. 31).

3. Beispiel

Es soll hier nun abschließend gezeigt werden, wie das soziale Verhalten der Menschen mit Hilfe der zuvor beschriebenen Hypothesen der verhaltenstheoretischen Psychologie erklärt werden kann. Es gibt hierfür bei Homans zahlreiche Beispiele. So beschreibt er in seinem Buch „Elementarformen sozialen Verhaltens" (1968) u.a. wie es auf Grund der Gesetzmäßigkeiten der behavioristischen Lerntheorie zwischen Menschen zu **sozialen Interaktionen**, zu wiederholten sozialen Interaktionen d.h. zu sozialen Beziehungen und schließlich zu der in der Soziologie bekannten Tendenz der **Ausweitung von sozialen Beziehungen** kommt. Es wird in diesem Buch aber auch gezeigt, wie wir mit Hilfe dieser Hypothesen die **Entstehung von sozialen Normen** erklären können.

Beginnen wir zunächst mit der Frage, wie wir mit unseren psychologischen Hypothesen erklären können, daß es zwischen zwei Menschen zu **sozialen Interaktionen** kommt. Nehmen wir dazu an, daß in einem Büro zwei Personen arbeiten.

Person A ist seit vielen Jahren in der betreffenden Abteilung beschäftigt und ist mit allen Aspekten der Arbeit wohl vertraut. Person B ist neu in dieser Stelle und hat mit der Tätigkeit noch wenig Erfahrung. Nehmen wir an, daß Person B bei der Erledigung einer Akte auf ein Problem stößt, das sie nicht so ohne weiteres lösen kann. Sie kann nun versuchen, den Fall alleine zu lösen indem sie z.B. ähnliche oder analoge Fälle aus dem Archiv holt und sich in diese vertieft (Lösung 1). Sie kann aber auch Person A um Rat bitten (Lösung 2). Was wird sie tun?

Die Wahrscheinlichkeit dafür, daß sie Person A um Rat bittet ist umso größer 1. je ähnlicher die Reize in der gegenwärtigen Situation den Reizen sind, bei deren Vorliegen Person B jemanden um Rat gebeten hatte und dabei mit einer entsprechenden Hilfeleistung belohnt worden ist (Reizhypothese), 2. je häufiger ihr in der Vergangenheit dabei Hilfe gewährt wurde (Erfolgshypothese) und 3. je höher Person B den Nettobelohnungswert der Lösung 2 im Verhältnis zum Nettobelohnungswert von Lösung 1 (selber zurechtkommen) bewertet (Werthypothese). Der Nettobelohnungswert von Lösung 2 besteht aus dem Wert der erhaltenen Hilfe, abzüglich der mit dieser Lösung verbundenen Kosten. Bei der Bestimmung der Kosten von Lösung 2 müssen wir uns fragen, was Person B sich ersparen kann, wenn sie versucht, doch selber zurechtzukommen. Was kann sich nun Person B dabei tatsächlich ersparen? Sie kann sich ersparen, und das sind damit für sie die Kosten bei der Lösung 2, sich bei Person A für die geleistete Hilfestellung bedanken zu müssen. Die Kosten von Lösung 1 bestehen entsprechend aus dem voraussichtlichen Aufwand an Mühe und Zeit, den sich Person B ersparen kann, wenn sie Person A um Hilfe bittet.

Nehmen wir nun an, daß Person B

- in der Vergangenheit bereits häufig erfahrene Arbeitskollegen um Rat gebeten hat und dabei noch nie enttäuscht wurde (Erfolgshypothese)
- und daß sie Person A als einen erfahrenen Kollegen einschätzt (Reizhypothese)
- und daß sie den Wert der von Person A erwarteten Hilfe, abzüglich der Kosten sich bei ihr bedanken zu müssen, höher schätzt als zu versuchen, die Lösung selbst zu finden, weil sie damit rechnet, daß das zuviel Zeit in Anspruch nehmen würde (Werthypothese),

so können wir auf Grund unserer Hypothesen erwarten, daß Person B Person A um Hilfe bitten wird.

Wird aber Person A die gewünschte Hilfe gewähren? Wenn Person A

- in der Vergangenheit für geleistete Hilfe stets belohnt wurde (Erfolgshypothese)
- und wenn sie keinen Grund hat zu vermuten, daß B eine undankbare Person ist (Reizhypothese)
- und wenn ihr Dank und Anerkennung des Kollegen abzüglich der für die Beratung aufgewendeten Zeit mehr Wert sind als mit der eigenen Arbeit weiter zu kommen, aber dafür den neuen Kollegen zu brüskieren (Werthypothese)

so wird nach unseren Hypothesen Person A die gewünschte Hilfe gewähren.

Hat sich nun Person B für die empfangene Hilfe bei Person A gebührend bedankt, so ist der **Austausch von Hilfe gegen Dank**, oder wenn man will, die **Inter-**

aktion, zunächst einmal erfolgreich abgeschlossen. Gleichzeitig ist nach der Erfolgshypothese, soweit sich kein relevanter Faktor verändert, die Wahrscheinlichkeit dafür, daß Person A und Person B auch in der Zukunft in ähnlicher Weise miteinander interagieren werden, also Hilfe gegen Dank tauschen werden, etwas größer geworden. Welche Faktoren könnten sich hier verändern? Es könnten z.B. für Person A die Kosten für die gegebene Beratung größer werden. Sie könnte z.B. mehr Arbeit zugeteilt bekommen, so daß sie ihre Zeit für die Erledigung der eigenen Aufgaben jetzt dringender braucht als vorher. Die Kosten der Beratung wären für sie dadurch gestiegen (Werthypothese). Oder Person B könnte keine neuen Ratschläge mehr benötigen (Entbehrungs-Sättigungs-Hypothese). Nehmen wir aber an, daß Person A mit ihrer Zeit weiter gut zurecht kommt und daß Person B immer wieder Fälle findet, die sie nur schwer alleine lösen kann, so ist es anzunehmen, daß sie weiter fortfahren werden, miteinander auf diese Weise zu interagieren.

Ein regelmäßig sich wiederholender Austausch von Belohnungen zwischen Menschen, oder wenn man will, eine regelmäßig sich wiederholende soziale Interaktion wird auch als **soziale Beziehung** bezeichnet.

Es sollte uns dann auch nicht überraschen, wenn die beiden miteinander interagierenden Personen ihre Beziehung ausweiten würden. Sie könnten sich z.B. gegenseitig einladen oder gelegentlich auf eine andere Art ihre Freizeit gemeinsam verbringen. Die Reizhypothese impliziert doch, daß soziale Beziehungen die Tendenz haben, sich auszuweiten (oder aufzuhören):

Wenn die Handlungen einer Person für eine andere Person in einer Beziehung Belohnungen darstellen, so wird diese Person wahrscheinlich auch in anderen Hinsichten als mögliche Quelle von Belohnungen betrachtet (vgl. Homans 1969; sowie 1972, S. 60ff.).

Nehmen wir nun an, daß nach länger fortgesetzter Beziehung Person A die von Person B gewünschte Hilfe plötzlich verweigert. Das würde Person B verärgern und sie würde versucht sein, diese Kränkung Person A irgendwie heimzuzahlen (Frustrations-Aggressions-Hypothese).

Nehmen wir aber an, daß Person B gelernt hat, sich in solchen Situationen zusammenzunehmen und Person A zunächst einmal mit Argumenten überzeugen will. Was könnte sie sagen? Sie könnte z.B. sagen, daß sie die Weigerung von A, ihr zu helfen wo sie doch so gute Freunde geworden sind und wo sie die Hilfe gerade jetzt so dringend benötigt, einfach nicht verstehen kann. Jedenfalls hätte sie A dieses Verhalten nie zugetraut.

Sie hätte damit eine **Erwartung** angesprochen und zugleich angedeutet, daß auch andere Personen an ihrer Stelle die gleiche Erwartung haben würden. Person B hätte damit eine **allgemeine Erwartung** oder eine Norm ins Spiel gebracht. Warum hat aber B diese Norm ins Spiel gebracht? Sie weist hier auf eine Norm hin, weil sie seit ihrer frühesten Kindheit beobachten konnte, daß Menschen in ähnlichen Situationen (Reizhypothese) Hinweise auf irgendwelche „gerechten Erwartungen“ oder „allgemeine Normen“ als Argumente akzeptieren (Erfolgshypothese).

Diese wenigen Beispiele, die die Fruchtbarkeit der verhaltenstheoretischen Psychologie für die Erklärung der sozialen Phänomene aufzeigen sollten, müssen hier genügen. Es soll hier aber erwähnt werden, daß mit Hilfe der Hypothesen der verhaltenstheoretischen Psychologie auf gleiche Weise alle grundlegenden sozialen Phänomene wie z.B. **Konformität und Deviation, Kooperation und Konflikt, Führung und Macht, soziale Schichtung und soziale Kontrolle** usw. erklärt werden können (vgl. Homans 1968).

Die Erklärungen sind „Erklärungen im Prinzip", d.h. es wird dabei aufgezeigt, unter welchen Voraussetzungen es zu diesem oder jenem Typus von sozialen Phänomenen kommen wird. Die Erklärung konkreter geschichtlicher Phänomene ist, darauf wurde bereits mehrfach hingewiesen, noch weit schwieriger, da für eine Erklärung genaugenommen die gesamte Kette aller relevanten Randbedingungen vorliegen müßte.

Das Problem sind aber auch hier nur die relevanten Randbedingungen. Die für die Erklärung **notwendigen Gesetzmäßigkeiten des menschlichen Verhaltens sind nach Homans** ja bekannt.

Ausgewählte Originalliteratur

Homans, Georg C.: Theorie der sozialen Gruppe. Köln; Opladen: Westdeutscher Verlag, 1960.

Homans, Georg C.: Elementarformen sozialen Verhaltens. Köln; Opladen: Westdeutscher Verlag, 1968.

Homans, Georg C.: Grundfragen soziologischer Theorie. Opladen: Westdeutscher Verlag, 1972.

Ausgewählte Sekundärliteratur

Neel, Ann F.: Handbuch der psychologischen Theorien. München: Kindler Verlag, 1974.

Opp, Karl-Dieter: Soziales Handeln, Rollen und soziale Systeme – Ein Erklärungsversuch sozialen Verhaltens. Stuttgart: Ferdinand Enke Verlag, 1970.

Opp, Karl-Dieter: Verhaltenstheoretische Soziologie. Reinbek bei Hamburg: Rowohlt Taschenbuch Verlag, 1972.

Kapitel 3: Symbolischer Interaktionismus: Georg Herbert Mead

(Max Preglau)

1. Problemlage und Erkenntnisinteresse

Der Amerikaner George Herbert Mead (1863-1931) ist Begründer einer Sozialtheorie, die menschliches Verhalten als symbolisch vermittelte Interaktion auffaßt und aus diesem Prozeß der symbolisch vermittelten Interaktion auch die Entstehung von Bewußtsein, Individuum und Gesellschaft erklärt. Von den seine Zeit beherrschenden wissenschaftlichen und philosophischen Strömungen wurden für die Entwicklung seiner Sozialtheorie vor allem vier entscheidend wichtig, und zwar einerseits

- **Darwins Evolutionstheorie**, die die Entwicklung der Artenvielfalt als Resultat des Zusammenspiels der Variation von Lebensformen und deren Auslese durch die Umwelt („survival of the fittest") gedeutet hat;

- der **amerikanische Pragmatismus**, eine philosophische Schule, die den inneren Zusammenhang menschlichen Denkens mit menschlicher Praxis betont und Erkennen als Element der Lösung von Handlungsproblemen begreift; und

- der **deutsche Idealismus**, mit seiner Konzeption des Menschen als vernünftiges Subjekt, das die Fähigkeit besitzt, die Welt ebenso wie sich selbst bewußt zu erkennen, aufgrund dieser Erkenntisse nach bestem Wissen und Gewissen frei zu handeln – und damit auch die Welt und sich selbst zu verändern.

Diese Strömungen haben die Entwicklung seiner Gedanken „positiv" bestimmt. Andererseits wurde Mead beeinflußt durch

- die **behavioristische Psychologie**, eine psychologische Schule, die versucht hat, menschliches Verhalten ohne Bezugnahme auf die innere Erfahrung (Situationsdeutung, bewußte Motive, usw.) der Handelnden zu definieren und als Folge ursächlich wirkender objektiver Reize zu erklären.

Dieser Schule stand Mead kritisch gegenüber. Insofern hat sie sein Denken „negativ" bestimmt.

Aus Darwins Evolutionstheorie übernimmt Mead des Grundmodell des Organismus in seiner Umwelt, an die er sich anpassen muß, um zu überleben.

In Übereinstimmung mit dem amerikanischen Pragmatismus (Peirce, Dewey, James) begreift Mead diese Anpassungsleistung in bezug auf den Menschen nicht deterministisch, als durch biologische Anlagen verbürgt und ein für allemal vorentschieden, sondern als abhängig von bewußtem problemlösenden Denken und Handeln der Menschen.

Die Konzeption des selbstbewußten Erkenntnis- und Handlungssubjekts wiederum findet Mead im deutschen Idealismus (Kant, Fichte, Schelling, Hegel) vorbereitet. Allerdings hatte der deutsche Idealismus dieses selbstbewußte Subjekt lediglich postuliert, ohne es erklären zu können. Dies zu versuchen – die Entstehung des selbstbewußten Subjekts zu erklären – ist die eigentliche Leistung von Mead. Seine These dazu lautet: Das selbstbewußte Subjekt kann sich nur in einer

Gemeinschaft handelnder und kommunizierender Menschen herausbilden (vgl. dazu Joas 1980, S. 38ff.; Strauss 1969, S. 22ff.).

Eine solche das Handeln bzw. die Anpassung an die Umwelt als bewußte Aktivität eines Subjekts begreifende Konzeption brachte Mead naturgemäß in Gegensatz zur damals in Amerika vorherrschenden, mit kausalen Reiz-Reaktionsmodellen arbeitenden, die Funktion des Bewußtseins für das Verhalten herunterspielenden behavioristischen Psychologie (Watson) (vgl. Joas 1980, S. 67ff.; Strauss 1969, S. 24). Ausgehend von dieser Tatsache läßt sich die Frage stellen, ob Meads Einstufung als „Sozialbehaviorist", wie sie von ihm selbst und einigen seiner Schüler (v.a. Morris) vorgenommen wurde, nicht als unglücklich und mißverständlich zu bezeichnen ist.

Im Folgenden wird nun versucht, die Hauptaussagen der Theorie von Mead ohne weitere Bezugnahme auf diese einflußreichen theoretischen und philosophischen Strömungen darzustellen. Wir beschränken uns dabei auf die im engeren Sinn soziologisch und sozialpsychologisch relevanten Aussagen. Die Beiträge von Mead zur Philosophie, zur Ethik sowie zur Pädagogik bleiben dabei außer Betracht.

2. Hauptaussagen

2.1 Die Sonderstellung des Menschen: das „symbolverwendende Tier"

Im einleitenden Abschnitt wurde die Feststellung getroffen, daß die Evolutionstheorie von Ch. Darwin einen zentralen Anknüpfungspunkt für das Denken von Mead darstellt. Man könnte auch sagen, daß Meads Werk den Versuch darstellt, eine spezielle Theorie der menschlichen Evolution aufzustellen.

Für ein solches Unternehmen ist es natürlich zunächst ganz entscheidend, die gattungsmäßigen Besonderheiten des Menschen, die ihn von anderen Lebewesen unterscheiden und die die Ausgangsbedingungen für die weitere Entwicklung der Menschheit darstellen, zu identifizieren.

Worin ist nun nach Mead die **Sonderstellung des Menschen** begründet?

(a) Mead geht – durchaus im Einklang mit heute anerkannten Auffassungen im Bereich der philosophischen Anthropologie (Gehlen, Plessner) – von der „**Instinktarmut**" und „**Weltoffenheit**" des Menschen aus: Im Gegensatz zu anderen Lebewesen sei der Mensch in seinem Verhalten durch natürliche Triebe und Instinkte nicht festgelegt. Mead rechnet zwar mit der Existenz „fundamentaler, biologischer und physiologischer Impulse und Bedürfnisse" wie Hunger, Sexualtrieb (Mead 1968, S. 273f.) sowie kooperationsorientierter und konfliktorientierter „soziophysiologischer Impulse" (Mead 1968, S. 351ff.). Diese seien jedoch nicht unmittelbar verhaltenswirksam.

Daher sei der Mensch auch nicht von Natur aus auf einen bestimmten Umweltausschnitt, eine bestimmte „ökologische Nische", in der allein er auf Grund seines Verhaltensrepertoires überleben kann, festgelegt. Menschliches Verhalten werde vielmehr symbolisch vermittelt, durch sprachliche Kommunikation gesteuert, die der Festlegung und Mitteilung von Verhaltenserwartungen ebenso dient wie der Interpretation der sowie der Verständigung über die Umwelt.

Die physiologischen Grundlagen dieser Fähigkeiten zur sozialkommunikativen „Selbstprogrammierung“ des Verhaltens bilden Mead zufolge einerseits die Entwicklung des menschlichen Gehirns (die Großhirnrinde ist dem Zentralnervensystem vorgeschaltet), andererseits die „kommunikationstaugliche“ Ausgestaltung der menschlichen Stimm- und Gehörorgane (vgl. dazu Mead 1968, S. 280ff.; 1980, S. 316ff.).

Eine Folge dieser relativen Wahlfreiheit im Verhalten ist es, daß der Mensch gewissermaßen sich „seine“ Umwelt, seine ökologische Nische aussuchen und sie seinen Bedürfnissen entsprechend umgestalten kann.

(b) Mead geht davon aus, daß beim Menschen an die Stelle der physiologischen Differenzierung das **Prinzip der sozialen Differenzierung** getreten ist.

Arbeitsteilung bzw. funktionale Differenzierung, d.h. die Spezialisierung von Teilen einer Population auf bestimmte Leistungen für die Gesamtpopulation, seien beispielsweise auch bei Ameisen oder Bienengesellschaften zu beobachten. Diese Differenzierung erfolge jedoch auf physiologischer Grundlage, in Form organischer Differenzierung der Gesamtpopulation.

Auch beim Menschen spiele diese physiologische Differenzierung noch eine gewisse Rolle – Mead führt als Beispiel die Differenzierung der Geschlechter an –, sie trete jedoch gegenüber einer anderen Form der Differenzierung in den Hintergrund: die soziale Differenzierung. Mit Hilfe des bereits erwähnten Mechanismus der sozial-kommunikativen Verhaltensprogrammierung sei die Menschheit in der Lage, Arbeitsteilung und funktionale Differenzierung auf der Ebene von Verhaltenserwartungen bzw. von sozialen Rollen oder sozialen Institutionen zu errichten (vgl. Mead 1968, S. 275ff.; 1980, S. 314ff.).

Der Anpassungsvorteil, den eine solche reversible, nach Maßgabe aktueller Problemlagen veränderbare Form der Differenzierung gegenüber der (irreversiblen) physiologischen Differenzierung besitzt, liegt auf der Hand. Aber Reversibilität und Veränderbarkeit der sozialen Differenzierung erscheinen noch in einer anderen Hinsicht als Vorteil: hinsichtlich der Freiheit des Menschen, konfliktträchtige und ihm als „ungerecht“ erscheinende Klassen- und Schichtstrukturen zu überwinden.

(c) Mead hebt hervor, daß die evolutionäre Anpassung der Menschheit nicht auf dem „blinden Zufall“ der Variation des Erbguts und der nachträglichen Selektion der erfolgreichen Varianten durch die Umwelt beruht, wie dies bei den meisten anderen Lebewesen der Fall ist, sondern auf der **gezielten Erfindung und systematischen Erprobung von Lösungen für Anpassungsprobleme** (vgl. dazu Mead 1969, S. 55ff.).

Mead hat dabei in erster Linie das Beispiel der Wissenschaft vor Augen, die ja mit der Entwicklung von Hypothesen und deren systematischer Überprüfung und Selektion im Experiment befaßt ist; er denkt hier aber auch an die „quasiexperimentelle“ Politik der permanenten Reform im demokratischen Verfassungsstaat.

Diese Fähigkeit zur bewußten Anpassung führt Mead auf die Fähigkeit zur Symbolverwendung, die bewußtes Sich-Verhalten und bewußte (Selbst-) Beobachtung erst ermöglicht, zurück. Sofern die verwendeten Symbole Besitz der gesamten Gemeinschaft sind, ist diese Fähigkeit zur bewußten Anpassung gesellschaftlich bedingt; Mead erkennt jedoch auch den Beitrag des Individuums an, der sozusagen im Erfinden und Symbolisieren neuer Verhaltensmuster und Weltinterpretationen liegt. Für die Entwicklung der Menschheit ist demnach die Wechselwirkung zwischen Individuum und Gesellschaft wesentlich.

(d) Eng mit der Fähigkeit zur bewußten Anpassung hängt eine weitere Besonderheit der menschlichen Stufe der Evolution zusammen: die **Fähigkeit zur Kontrolle ihrer Umwelt und zur Steigerung dieser Kontrolle.**

Zwar verfügen auch andere Lebewesen über eine begrenzte Fähigkeit zur Umweltkontrolle – etwa Ameisen, die sich bestimmte Pflanzen in ihren Galerien halten. Der Mensch jedoch vermag diese Kontrolle – vermittelt durch bewußte Lernprozesse – erheblich zu steigern und zu vervollkommnen und so letztlich die Umwelt, in der er lebt, selbst zu bestimmen (vgl. Mead 1968, S. 291ff.; 1969, S. 69).

Soviel zur evolutionstheoretischen Sonderstellung des Menschen aus der Sicht von Mead.

In unserer Darstellung der Besonderheiten der Spezies Mensch wurden unvermeidlicherweise bereits die zentralen Elemente der Sozialtheorie Meads ohne ausführliche Erläuterung angesprochen: die symbolische Vermittlung menschlichen Verhaltens sowie die fundamentale Rolle, die symbolisch vermittelter Interaktion für die Entstehung und Entwicklung von Bewußtsein, individueller Identität und Gesellschaft zukommt. Ihrer Erörterung wollen wir uns nun zuwenden.

2.2 Symbolisch vermittelte Interaktion

Symbolisch vermittlete Interaktion ist nach Mead die für den Menschen charakteristische Form des sozialen Verhaltens.

Soziales Verhalten bzw. Handeln liegt Mead zufolge ganz allgemein dann vor, wenn ein Individuum auf das Handeln anderer Individuen reagiert oder anders ausgedrückt, wenn „... ein Individuum durch sein Handeln als Auslösereiz für die Reaktion eines anderen Individuums dient" (Mead 1980, S. 210).

Mead unterscheidet nun zwei Formen oder Stufen dieses sozialen Verhaltens: die Stufe der gebärden- bzw. gestenvermittelten Interaktion und die Stufe der symbolisch vermitttelten Interaktion.

Gebärden- oder gestenvermittelte Interaktion ist dadurch gekennzeichnet, daß nicht mehr die ganzen Handlungen, sondern bereits „...die Anfänge jener Handlungen ... Instinktreaktionen bei anderen Lebewesen hervorrufen" (Mead 1980, S. 211).Diese Handlungsanfänge, die nun die Funktion der Verhaltenskoordination übernehmen, nennt Mead „**Gebärden**" oder „**Gesten**". Diese Gesten oder Gebärden sind insofern Vorformen der Sprache, als sie für die ganze noch nicht ausgeführte Handlung stehen und sie insofern symbolisieren und „bedeuten". Allerdings besteht diese Bedeutung nur objektiv, d.h. sie erfüllen faktisch die Funktion, eine bestimmte Handlungsvollendung anzukündigen, ohne den Individuen subjektiv zu Bewußtsein zu kommen.

Soziales Verhalten bzw. Interaktion, die in diesem Sinn durch Gebärden oder Gesten koordiniert werden, bezeichnet Mead auch als „**Gebärdenspiel**". Kampfspiele von Hunden sind ein Beispiel dafür, aber auch der menschliche Boxkampf läßt sich mit Hilfe dieses Modells rekonstruieren.

Lebewesen unterhalb der Entwicklungsstufe des Menschen kommen über diese Form des Sozialverhaltens nicht hinaus (vgl. Mead 1968, S. 81ff.; 1980, S. 211).

Symbolisch vermittelte Interaktion ist demgegenüber Mead zu Folge dadurch gekennzeichnet, daß die Handlungsanfänge bzw. Gebärden (nicht nur bei Anderen eine bestimmte Reaktion bzw. Handlungsbereitschaft hervorrufen, wie dies bei der gebärdenvermittelten Interaktion der Fall ist, sondern) erstens „... im Individuum, das sie ausführt, die gleiche Haltung sich selbst gegenüber ... (auslösen), wie in den anderen Individuen" und daß zweitens dieses Einnehmen der Haltung der Anderen das Individuum „... in die Lage versetzt, sein weiteres Verhalten im Lichte dieser Haltung dem ihrigen anzupassen" (Mead 1968, S. 85).

Gebärden, die die Funktion erfüllen, im handelnden Individuum dieselben Reaktionen hervorzurufen wie im Individuum, das das Objekt dieser Handlungen darstellt, und die eine Kontrolle des Handelns auf Grundlage der vorweggenommenen Reaktionen des Anderen erlauben, bezeichnet Mead als „**signifikante Gesten**" oder „**signifikante Symbole**". Anders als die Gebärden sind diese signifikanten Symbole nicht nur objektiv, sondern auch subjektiv, im Bewußtsein der beteiligten Individuen, Träger von Bedeutung (vgl. Mead 1968, S. 85; 1980, S. 294ff.).

Nach Mead sind „**vokale Gesten**" oder „**Lautgebärden**" besonders geeignet, die Funktion signifikanter Symbole zu übernehmen, weil sie am ehesten vom Handlungssubjekt genauso wahrgenommen werden können wie vom Interaktionspartner (Mead 1968, S. 100ff.; Mead 1980, S. 293).

Signifikante Symbole in ihrer spezifischen Bedeutung können ihre Funktion der Verhaltenskoordination allerdings nur erfüllen, wenn sie Besitzstand der ganzen Gruppe sind (Mead 1968, S. 129f; 1980, S. 297). Insofern ist die Existenz gemeinsamer signifikanter Symbole Voraussetzung von Interaktion und ihre Übernahme durch die Individuen Voraussetzung für deren Teilnahme an der Interaktion. Andererseits wird das vorhandene System der Symbole im Interaktionsprozeß durch die Interaktionsteilnehmer verändert und erweitert.

Ein Beispiel für symbolisch vermittelte Interaktion ist für Mead der Ausruf „Hilfe": der „Hilfe"-Rufende weiß, daß er mit dieser Lautgebärde bei Anderen die Haltung der Hilfsbereitschaft, die Einnahme der Helferrolle auslösen kann – insofern löst er in sich selbst dieselbe Haltung aus wie beim anderen – und entscheidet sich auf Grund dieses Wissens zum Hilfe-Ruf – insofern macht er dieses Wissen, die übernommene Rolle des Helfers, zur Grundlage der Planung seines Verhaltens.

Aus diesem Beispiel ist auch ersichtlich, daß sich der Begriff „signifikantes Symbol" in erster Linie auf sprachliche Ausdrücke bezieht. Der Bestand an signifikanten Symbolen in einer Gemeinschaft ist demnach im wesentlichen deckungsgleich mit dem Sprachschatz; die Standardform symbolisch vermittelter Interaktion ist demnach sprachlich vermittelte Interaktion; und es ist in erster Linie der Sprache als System, das die zulässigen Ausdrucksformen und deren Bedeutung regelt, zu danken, daß die Interaktionspartner die Haltung des jeweils anderen einnehmen und auf dieser Grundlage ihr Verhalten aufeinander abstimmen können.

Freilich sprechen die Interaktionspartner in der Realität niemals ganz dieselbe Sprache, mit der Folge, daß es häufig zu Mißverständnissen, also zu Interaktionsstörungen kommt. Diese Interaktionsstörungen können dann nur durch „Metakommunikation“, eine Kommunikation, mittels deren die Interaktionspartner ihr Sprachverständnis vergleichen und ein gemeinsames Sprachverständnis zu erzielen suchen, behoben werden. Der Begriff der sprachlich vermittelten Interaktion muß demnach so gefaßt werden, daß er auch eine solche Metakommunikation einschließt.

Die Entstehung symbolisch vermittelter Interaktion erklärt Mead funktional aus der Notwendigkeit, menschliches Verhalten zu koordinieren, das ja keine sichere Instinktbasis besitzt, und anthropologisch aus der Fähigkeit des Menschen zur Symbolverwendung (vgl. Abschnitt 2.1 (a)). Symbolisch vermittelte Interaktion ist demnach die Form des Sozialverhaltens, die spezifisch für den Menschen ist.

Was hier über Interaktion, das Verhalten in Bezug auf andere Personen, auf „soziale Objekte“, gesagt wurde, gilt nach Mead sinngemäß auch für das **Verhalten inbezug auf „physische Objekte“**: Auch hier werde gleichsam „...die Haltung der uns umgebenden leblosen Objekte (eingenommen)“ (Mead 1968, S. 227), deren Verhalten antizipiert, und das eigene Verhalten auf Grundlage dieser Antizipation geplant. Allerdings unterstellt hier – von Kindern und von Mitgliedern einer animistischen Kultur (einer Kultur, in der die Vorstellung herrscht, daß alle Dinge beseelt sind, von Geistern bewegt werden) abgesehen – niemand, daß diese physischen Objekte ihrerseits ihr Verhalten auf Grund der Antizipation ihres Gegenspielers planen, wie dies bei sozialen Objekten der Fall ist.

Auch hier spielen signifikante Symbole eine wichtige Rolle, allerdings nicht als Mittel zur Verständigung **mit** den physischen Objekten, sondern als Mittel zur Verständigung der Mitglieder einer Gruppe **über** sie und zur Koordination des Verhaltens ihnen gegenüber.

Wir wollen nun weiters darstellen, wie Mead die Entstehung von Bewußtsein, (individueller) Identität und Gesellschaft aus dem Prozeß symbolisch vermittelter Interaktion erklärt.

2.3 Bewußtsein

Menschliche Lebewesen zeichnen sich u.a. dadurch aus, daß sie um ihre Beziehungen zu ihrer Umgebung wissen, also Bewußtsein besitzen.

Dieses **Bewußtsein** ist Mead zufolge Wissen um die Bedeutung von Objekten. Dieses Wissen erwächst in der Interaktion mit anderen aus einem „... Prozeß der Analyse unserer eigenen Reaktionen auf ihre Reize“ (Mead 1980, S. 219): An Hand unserer eigenen Reaktionen machen wir uns die Bedeutung der Objekte – der anderen und ihrer Handlungen – klar. Bewußtsein ist demnach „... Bewußtsein der Einstellungen auf Seiten eines Individuums gegenüber dem Objekt, auf das es sich zu reagieren anschickt“ (Mead 1980, S. 212).

Wie wir bereits wissen, reagiert der Mensch auf der Stufe symbolisch vermittelter Interaktion nicht nur auf andere und deren Haltung, sondern auch auf sich selbst. Insofern nun auch diese Reaktion analysiert wird, macht er sich selbst zum Objekt der Bedeutungsanalyse, ist das Wissen, das aus dieser Bedeutungsanalyse resultiert, **Selbstbewußtsein**, Bewußtsein der eigenen Bedeutung.

Erst ein solches Bewußtsein ermöglicht es dem Individuum, innerhalb der Interaktion sein eigenes Verhalten auf das des Anderen abzustimmen und in diesem Sinne „rational", „vernünftig" zu handeln.

Das Bewußtsein ist Mead zufolge **in Form „signifikanter Symbole", in Form von Sprache organisiert**. Dieses Bewußtsein wird vom Individuum in dem Maße erworben, wie es in den sozialen Interaktionsprozeß einbezogen wird: Das Individuum wird dabei mit Handlungen und Objekten konfrontiert und lernt gleichzeitig die diesen Handlungen und Objekten entsprechenden Symbole kennen und anzuwenden – Mead spricht in diesem Zusammenhang von der „Hereinnahme der sozialen Organisation der Außenwelt" in das Individuum (Mead 1980, S. 240). Ruft man sich den gesellschaftlichen Charakter signifikanter Symbole – den Umstand, daß diese Besitz der ganzen Gruppe sind, der das Individuum zugehört – in Erinnnerung, so bedeutet dies, daß auch das individuelle Bewußtsein sozial organisiert ist. Die Begriffe, die ja den Inahlt unseres Bewußtseins ausmachen – „Vater", „Mutter", „Baum", „gut", „schlecht" usw. – sind in ihrem Wortlaut und ihrer spezifischen Bedeutung Gemeinbesitz der Gruppe, von der wir sie auch übernommen haben.

Dementsprechend faßt Mead **Denken** als ein „Spiel der (signifikanten) Gebärden" innerhalb des Individuums, als „ein nach innen verlagertes Gespräch" auf (Mead 1980, S. 245). Auch der ehrwürdige Begriff des **„Geistes"** bzw. der **„Geistigkeit"** des Menschen erfährt durch Mead eine symbolisch-interaktionistische Interpretation: als die auf dem Gebrauch von signifikanten Symbolen beruhende Fähigkeit des Menschen, seine Umweltbeziehungen bewußt zu reflektieren und aktiv zu kontrollieren (vgl. Mead 1968, S. 157ff.).

2.4. Identität (Selbst)

Wir haben oben gesehen, daß das aus dem Prozeß der symbolisch vermittelten Interaktion erwachsende Bewußtsein nicht nur Bewußtsein von Objekten außerhalb des Individuums, sondern auch Selbstbewußtsein ist.

Das leitet über zum Begriff der **Identität** bzw. des **Selbst**. Im Sinne von Mead besitzt ein Individuum Identität, weil und sofern es über diese Fähigkeit verfügt, sich selbst zum Objekt zu machen und ein Bewußtsein der eigenen Bedeutung zu entwickeln (Mead 1968, S. 178). Mead betont, daß diese Identität eine gesellschaftlich geprägte Struktur besitzt, die aus gesellschaftlicher Erfahrung, aus dem Prozeß symbolisch vermittelter Interaktion hervorgeht: Auch das Sich-selbst-zum- Objekt-Machen und Sich-seiner-selbst-bewußt-Werden erfolgt ja in Begriffen der Sprache und durch Übernahme der Haltungen und der Sichtweise der Gruppe, der man zugehört. Wenn wir uns selbst als „Vater" oder „Mutter", „Student" oder „Manager" begreifen, wenn wir uns selbst als „lieber Mensch", als „schön" oder „häßlich" empfinden, dann machen wir offensichtlich Gebrauch von einem unabhängig von uns existierenden Inventar von sozialen Rollen- und Wertbegriffen. Die Kenntnis dieses Inventars und die Fähigkeit, es auf sich selbst anzuwenden und auch das eigene Verhalten danach auszurichten, wird in Interaktionsprozessen erworben – Mead spricht in diesem Zusammenhang auch von der „**Übernahme der Rolle anderer**" (Mead 1968, S. 300).

Mead (1968, S. 192ff.) unterscheidet beim lebensgeschichtlichen Aufbau einer Identität bzw. des Selbst zwei Stufen: „Spiel (play)" und „organisiertes Spiel (game)".

Im Falle des **Spiels** werden vom Kind einzelne Rollen übernommen: Das Kind spielt Mutter, Vater oder Polizist – und erfährt sich auch selbst aus der Perspektive dieser Rollen. Es lernt also, wie man durch Übernahme von Rollen ein eigenes Selbst, eine eigene Identität aufbauen kann.

Das **organisierte Spiel** zeichnet sich nach Mead gegenüber dem Spiel dadurch aus, daß der Teilnehmer „...bereit sein (muß), die Haltung aller in das Spiel eingeschalteten Personen zu übernehmen", wobei diese verschiedenen Rollen „...eine definitive Beziehung zueinander haben" (Mead 1968, S. 193): Der Räuber im „Räuber-und-Gendarm-Spiel" muß seine Rolle unter Berücksichtigung der Rolle des Gendarmen spielen, und der Stürmer, der sich im Fußballspiel „freiläuft", tut dies im Hinblick auf die Rolle des Mittelfeldspielers, zu dessen Aufgabe es ja u.a. gehört, die Stürmer mit Paßbällen zu versorgen.

Der Teilnehmer am organisierten Spiel übernimmt also nicht nur wie beim Spiel einfach eine einzelne Rolle. Um diese im Sinne der gemeinsamen Sache erfüllen zu können, muß er die gesamte organisierte Tätigkeit der Gruppe, der er zughört, mitübernehmen, seine eigene Aufgabe als Teil dieser Gruppentätigkeit und sich selbst als Teil dieser Gruppe begreifen. Das Selbst, die Identität, die er auf diese Weise erwirbt, ist dann auf die gesamte komplexe Tätigkeit der Gruppe, der er zugehört, ausgerichtet.

Dieses organisierte Spiel ist für Mead das Modell für den Aufbau von Identität durch Übernahme von sozialen Rollen überhaupt: wer beispielsweise die Rolle des Studenten übernimmt und als Bestandteil der eigenen Identität begreift, tut dies immer auch in Relation zu komplementären Rollen wie der des Lehrenden bzw. zur gesamten organisierten Tätigkeit des Studienbetriebes.

Die organisierte Gemeinschaft, innerhalb derer das Individuum auf dem beschriebenen Weg seine Identität aufbaut, bezeichnet Mead mit dem Ausdruck „**der verallgemeinerte Andere**" (Mead 1968, S. 196). Dieser „verallgemeinerte Andere" ist zu unterscheiden von den konkreten Bezugspersonen, die dem Individuum die Haltungen der Gruppe vermitteln (und den verallgemeinerten Anderen repräsentieren): den „**signifikanten Anderen**". Es ist ein wichtiger Schritt in der Sozialisation bzw. im Aufbau der Identität des Individuums, diese Unterscheidung zu lernen und zu erkennen, daß hinter den konkreten Zuschreibungen und Verhaltenserwartungen etwa der Mutter (= signifikante Andere) allgemeine Normen bzw. Haltungen der sozialen Gemeinschaft (= verallgemeinerter Anderer) stehen.

Nach dem bisher Gesagten muß es so erscheinen, als wäre in der Identitätstheorie von Mead für das Individuelle kein Platz. Dem ist jedoch nicht so:

Die Summe der durch Rollenübernahme erworbenen Elemente ergeben in struktureller Hinsicht nur einen Teil und in zeitlicher Hinsicht nur eine Phase der Identität bzw. des Selbst, eine Phase, die Mead als das „**Mich**" **(Me)** bezeichnet. Dieser mehr oder weniger einheitliche Teil der Identität ist, wie bereits betont, gesellschaftlichen Ursprungs.

Daneben existiert – in Form einer spontanen, impulsiven, gleichsam aus dem „Unbewußten" auftauchenden Reaktion auf die Haltung und Sichtweise der Gruppe, die das „Mich" bestimmt – ein zweiter Teil bzw. eine zweite Phase der Identität bzw. des Selbst: das „**Ich**" **(I)** (vgl. Mead 1968, S. 216ff.). Wenn wir etwa eine Beschuldigung als „ungerechtfertigt" oder ein Ansinnen als „unzumutbar", einen Scherz als „Kränkung" empfinden, so sind dies die Manifestationen eines „Ich", das sich „verkannt" fühlt und zum Widerspruch drängt.

Dieses „Ich" ist sozusagen das Individuelle am Individuum. Kraft des „Ich" vermag es auch seine Gruppe zu beeinflussen, mehr oder weniger eine Veränderung ihrer Haltung zu bewirken, die Rolle des „verallgemeinerten Anderen" zu verändern (vgl. Mead 1968, S. 258ff.).

Allerdings ist auch dieses „Ich" in mehrfacher Hinsicht abhängig von der Gesellschaft: Einerseits sind die Formen, in denen allein das „Ich" sich ausdrücken kann – die Sprache und natürlich die sozialen Rollen – gesellschaftlicher Natur; weiters bedürfen die Äußerungsformen des „Ich" – soll das Individuum nicht in Isolation geraten – der Akzeptierung durch die anderen Mitglieder der Gesellschaft; schließlich sind die Möglichkeiten, ein „Ich" auszudrücken, nicht in jeder Gesellschaft gegeben. Mead (1968, S. 265f.) hebt hervor, daß diese Möglichkeit mit dem Zivilisationsgrad der Gesellschaft zugenommen hat: Primitive Gesellschaften umschließen den Einzelnen total, eine echte Individuierung ist nicht möglich. Erst in zivilisierten Gesellschaften besteht – durch die Möglichkeit der Auswahl zwischen verschiedenen Rollen, durch die Offenheit der Rollen für Interpretation und Veränderung, durch die Entstehung einer Privatsphäre usw. – diese Chance der Individuierung.

Identität ist demnach ein permanenter Prozeß bestehend aus dem **Wechselspiel von „Mich" und „Ich":** das „Mich" liefert den Anlaß für die Reaktion des „Ich". Diese Reaktion wird ihrerseits – vermittelt, gespiegelt durch die Reaktion, das „feed-back" der Anderen darauf – zu einem Teil des „Mich", auf das nun wiederum spontan die Antwort des „Ich" erfolgt usw. Das Gewicht dieser beiden Teile der Identität ist natürlich nicht bei allen Menschen gleich. Bei manchen überwiegt der konventionelle „Mich"-Anteil, bei manchen der orginelle „Ich"-Anteil der Persönlichkeit (vgl. Mead 1968, S. 236ff.).

Durch das Wechselspiel von „Mich" und „Ich" hindurch vollzieht sich die **Vermittlung zwischen Individuum und Gemeinschaft.** Im Wechselspiel von „Mich" und „Ich" werden zugleich die – in Gestalt spontaner Impulse aufgetauchten – vorsozialen Antriebe des Menschen in den gesellschaftlichen Prozeß und die bewußte Realität der Gruppe hineinkanalisiert. Es **vermittelt** insofern auch **Triebstruktur und Gesellschaft, Menschennatur und Kultur.**

Wie Mead betont, könnte es ohne dieses Wechselspiel zwischen „Mich" und „Ich", das ja nichts anderes ist als das innermenschliche Gegenstück zur zwischenmenschlichen Beziehung des Individuums zu seiner Gruppe, „...keine bewußte Verantwortung, und auch keine neue Erfahrungen" (Mead 1968, S. 221) geben: Nur im spontanen Ausdruck des „Ich" kann sich Neues manifestieren, aber erst die (durch die Haltung der Anderen vermittelte) Reflexion auf dieses „Ich", die aus ihm einen Bestandteil des „Mich" macht, ermöglicht den verantwortlichen Umgang mit dem Neuen, z.B. den situationsangemessenen Triebaufschub oder -verzicht.

2.5 Gesellschaft

Im Abschnitt über „Identität" war bereits von jener Haltung oder Rolle des „verallgemeinerten Anderen" die Rede, die der Bildung von Identität zugrunde liegt.

Unter **Gesellschaft** versteht Mead nun die Summe dieser Anderen, der Personen, mit denen das Individuum Interaktionsbeziehungen unterhält und deren Haltung die Grundlage seiner Selbstauffassung und die Grundlage seiner Handlungsplanung bilden.

Diejenigen Haltungen, die jener Gemeinschaft von Personen in einer bestimmten Situation gemeinsam sind, bezeichnet Mead als **Institutionen** (Mead 1968, S. 308). Solche Institutionen bilden die Grundlage gemeinsamen Gruppenverhaltens.

Wie Mead betont, impliziert Institutionalisierung keineswegs gleichförmiges Verhalten aller Interaktionsteilnehmer. Wie wir schon am Beispiel des „organisierten Spiels" gesehen haben, ist Institutionalisierung auch mit differenziertem Verhalten auf Basis von Rollendifferenzierung vereinbar: Die Institution Recht etwa ist durch das Zusammenspiel der Rollen „Gesetzgeber", „Polizist", „Staatsanwalt", „Richter", „Verteidiger", „Angeklagter", „Strafvollzugsbeamter" usw. charakterisiert.

Mead weist auch darauf hin, daß Institutionen nicht notwendigerweise „oppressiv (= unterdrückend, M.P.) oder starr konservativ" sein müssen. Sie können vielmehr das Verhalten „nur sehr flexibel und allgemein" definieren (Mead 1968, S. 309). Nur in diesem Fall sei individueller Ausdruck im Rollenspiel, der Ausdruck des „Ich", und Fortschritt durch Anpassung der Institution an neue Bedürfnisse und Problemlagen möglich.

Die Entstehung der Gesellschaft führt Mead (1968, 273ff.) auf eine physiologische Grundlage zurück: Für die Befriedigung bestimmter Bedürfnisse – namentlich Ernährung und Fortpflanzung – sei der Bestand einer sozialen Gruppe bzw. die Aufnahme gesellschaftlicher Beziehungen Voraussetzung. Aus diesem Aufeinander-verwiesen-Sein habe sich im Prozeß symbolisch vermittelter Interaktion die menschliche Gesellschaft mit ihren Institutionen entwickelt, etwa aus den Notwendigkeiten kooperativer Produktion und des Tausches die Wirtschaft.

Der Mensch wird Mitglied der Gesellschaft, indem er die gesellschaftliche Organisation bzw. die organisierten Haltungen der Gruppe, der er zugehört, verinnerlicht (Mead 1968, S.312). Wir kennen diesen Mechanismus bereits als Mechanismus der Identitätsbildung. Nun stellt sich heraus, daß dieser Mechanismus auch der Mechanismus der **Sozialisation** ist.

Hat der Mensch diese Haltungen verinnerlicht, sich seiner Gruppe angepaßt und sein Verhalten an ihren Erwartungen ausgerichtet – hat er, wie Mead (1968, S. 315) sagt, „...den Geist der Gemeinschaft in sich" – steht sein Verhalten unter **sozialer Kontrolle**, auch und gerade dann, wenn er in bewußter Eigenverantwortung handelt, denn er tut dies unvermeidlich mit Bezugnahme auf die moralischen Maßstäbe seiner Gesellschaft (vgl. Mead 1968, S. 317, 1980, S. 343ff.).

Wie ebenfalls im Abschnitt über „Identität" bereits erwähnt, weist Mead aber auch der umgekehrten Einflußrichtung, vom Individuum zur Gesellschaft, Bedeutung zu: Vermittels des Ausdrucks des „Ich" vermag das Individuum im Prozeß der symbolisch vermittelten Interaktion die Haltung des „verallgemeinerten Anderen" zu verändern und damit zur Weiterentwicklung der Gesellschaft, zum **sozialen Wandel** beizutragen.

Im Zusammenhang der Beschreibung der realen Gesellschaft kommt Mead auch auf die „**ideale Gesellschaft**" zu sprechen. Diese ideale Gesellschaft würde alle

Sprach- und Handlungsfähigen, also die gesamte Menschheit umschließen. Ihre Normen wären allgemein (niemand würde diskriminiert), alle Menschen wären in den Kommunikationsprozeß einbezogen (Mead 1968, S. 358). In einer solchen idealen Gesellschaft wäre der „verallgemeinerte Andere" mit der gesamten Menschheit und die Übernahme der Haltung oder Rolle des „verallgemeinerten Anderen" mit der Übernahme der Haltung aller Menschen identisch.

Erst unter diesen idealen Bedingungen könnte sich auch die individuelle Identität voll entfalten: nicht mehr länger als provinziell begrenzte, sondern als unbegrenzt-kosmopolitische, nicht mehr in bezug auf eine partikulare Gruppe, sondern in Übereinstimmung mit oder jedenfalls in bezug auf die gesamte Menschheit definiert.

Mead (1968, S. 328ff.) findet auch in der Realität Ansatzpunkte für die Entwicklung einer solchen universalen Idealgesellschaft: in der weltwirtschaftlichen Verflechtung, in den Universalreligionen, in internationalen Gemeinschaften (Völkerbund, die heutige UNO). Mead ist sich freilich darüber im Klaren, daß die reale Gesellschaft gleichwohl von diesem Idealbild abweicht, in einander bekämpfende Gruppen mit antagonistischen Zielen oder Interessen zerfällt und daher auch keine unbegrenzt-kosmopolitische individuelle Identität erlaubt. Als ein Beispiel für diese Abweichung vom Ideal führt er „die Beziehung zwischen Kapital und Arbeit" an (Mead 1968, S. 317f.).

Solche **gesellschaftlichen Konflikte** geben nach Mead aber auch den Anstoß zur Verwirklichung dieser Idealgesellschaft. Hier meldet sich ja das Unterdrückte, Diskriminierte, Ausgeschlossene zu Wort, das innerhalb der realen Gesellschaft noch nicht anerkannt ist und gleichsam um Anerkennung kämpft. Im günstigsten Fall veranlaßt dieser Konflikt zur Reorganisation der Gesellschaft, zur Revision ihrer Haltung in Richtung eines Mehr an Universalität.

So nähere sich die auf Kommunikation beruhende Gesellschaft dem Zustand der allgemeinen und unbegrenzten Kommunikation. Dieses „**universale Gespräch**" ist für Mead „das **formale Ideal** der **Kommunikation**" (Mead 1968, S. 376). Für Mead ist also die Idee der „Idealgesellschaft" kein von ihm willkürlich gesetztes normatives Postulat, sondern die konsequente Verwirklichung der in einer auf symbolisch vermittelter Interaktion beruhenden Lebensform angelegten Möglichkeiten.

3. Symbolischer Interaktionismus – an einem Beispiel aus der Wirtschaft erläutert

Ein Beispiel, das Mead selbst zur Illustration seiner Theorie benutzt, ist das **Beispiel des Warentausches** (vgl. Mead 1968, S. 338ff.; 1980, S. 316f.).

Aus der Sicht des symbolischen Interaktionismus setzt der Vorgang des Austausches nicht nur Wissen, Bewußtsein von den eigenen Bedürfnissen, sondern auch die **Übernahme der Haltung bzw. der Rolle der Bedürftigkeit** der **signifikanten Anderen**, das sind in diesem Fall alle möglichen Tauschpartner, voraus. Ebenso setzt der Tausch nicht nur Wissen, Bewußtsein vom Wert des begehrten Gutes, sondern auch Wissen um den Wert des als Gegenleistung angebotenen Gutes für den (signifikanten) Anderen voraus. Erst auf dieser Grundlage wird die Entwicklung einer Verhandlungsstrategie und in diesem Sinne rationales Tauschverhalten möglich.

In einer Tauschwirtschaft erfolgt aber nicht erst der Tausch, sondern schon die Produktion auf Grundlage einer Antizipation der Bedürfnisse und des Wertbewußtseins der potentiellen Abnehmer.

Dabei ist der Tauschvorgang auch von bestehenden **Institutionen** abhängig, den Haltungen also, die allen Tauschpartnern einer Wirtschaftsgemeinschaft gemeinsam sind, beispielsweise die Institution des Privateigentums: Beide Tauschenden wissen, daß sie beide in ihren Rechten die Tauschobjekte betreffend durch die ganze Gemeinschaft anerkannt und geschützt, eben „rechtmäßige Eigentümer" sind, die über ihre Habe verfügen und sie daher auch veräußern dürfen. Erst auf Grundlage dieser durch die ganze Gemeinschaft geachteten Rechte wird der uns so voraussetzungslos erscheinende Akt des Tausches möglich.

Für die Vermittlung von Interaktionen des Typus „Tausch" hält die Gesellschaft auch eine **Spezialsprache** bereit, nämlich Geld. Geld ist nach symbolisch-interaktionistischer Auffassung nichts anderes als ein Symbol für eine Anweisung auf eine bestimmte Menge Reichtum, auf Waren welcher Art auch immer. Mit Hilfe von Geld wird auch indirekter Austausch problemlos möglich (Diese Auffassung von Geld als Spezialsprache wurde später innerhalb der Systemtheorie aufgegriffen und zur Theorie der „Interaktionsmedien" ausgebaut; vgl. dazu die beiden Kapitel über Systemtheorie).

4. Wirkungsgeschichte und Weiterentwicklung

Meads Theorie hat die moderne Soziologie entscheidend befruchtet (vgl. zum folgenden Joas 1978, S. 34ff.):

Zentrale Elemente der Sozialtheorie von Mead, namentlich der Mechanismus der Rollenübernahme als Mechanismus des Aufbaus der Identität des Individuums und seiner Vergesellschaftung, seiner Integration in die Gesellschaft, sind in die **Handlungstheorie von Parsons** (vgl. dazu das entsprechende Kapitel) eingegangen, allerdings verbunden mit einer im Vergleich zu Mead stärkeren Betonung der Formung des Individuums durch gesellschaftliche Symbole und Normen; dessen kreativer Beitrag zur Entwicklung und Veränderung von Symbolen und Normen bleibt dabei unterbelichtet, das Individuum erscheint primär als Produkt, nicht aber auch als Produzent der Gesellschaft.

Mit dem Anspruch, das Werk des „authentischen Mead" fortzusetzen, ist die amerikanische Schule des **„Symbolischen Interaktionismus"** (Herbert Blumer) aufgetreten. Diese Schule, die auch im deutschsprachigen Raum ihre Verbreitung gefunden hat (vgl. etwa Matthes 1973, Steinert 1973), stellt die Kreativität und die Interpretationsleistungen des Individuums im Interaktionsprozeß in den Vordergrund und stellt die determinierende Kraft vorgefertigter sozialer Normen und Symbole für soziale Prozesse in Frage. Die Schule des Symbolischen Interaktionismus hat auch versucht, methodologische Konsequenzen aus ihrer Theorie zu ziehen: sie begreift Sozialforschung selbst als kommunikativen Prozeß, dessen Ziel nicht die Konstruktion von Theorien zum Zweck der Erklärung, sondern die verstehende Rekonstruktion der Absichten und Strategien der Handelnden, etwa durch teilnehmende Beobachtung, ist. (Ähnliche Versuche einer verstehenden Rekonstruktion der von Individuen und Gruppen gehandhabten Deutungsmuster und Handlungsregeln mit den Mitteln der teilnehmenden Beobachtung werden im übrigen auch von den sogenannten **Ethnomethodologen** (Garfinkel, Cicourel) unternommen).

Allerdings ist auch die Mead-Interpretation des Symbolischen Interaktionismus einseitig. Indem dieser nun die Bedeutung der unabhängig vom einzelnen Individuum bestehenden sozialen Normen und Symbole vernachlässigt, begeht er einen zu Parsons komplementären Fehler. Auch fehlt im symbolischen Interaktionismus die für Mead so zentrale Bezugnahme auf die Naturbasis, die biologischen Grundlagen der symbolisch vermittelten Interaktion, sowie auf Evolution und Geschichte.

Eine wichtige Rolle spielt Meads Sozialtheorie auch für die **Kritische Theorie (Jürgen Habermas)** (vgl. dazu das entsprechende Kapitel). In die für diese Theorie grundlegende „Theorie kommunikativen Handelns" ist Meads Werk in doppelter Hinsicht eingegangen: in Gestalt des Konzepts der symbolisch vermittelten Interaktion und in Gestalt der Annahme, daß das universale Gespräch das der Kommunikation selbst innewohnende formale Ideal ist.

Ausgewählte Originalliteratur:[1]

Mead, George H.: Geist, Identität und Gesellschaft aus der Sicht des Sozialbehaviorismus (hrsg. v. Ch. W. Morris). Frankfurt: Suhrkamp taschenbuch wissenschaft 28, 1968.

Mead, George H.: Sozialpsychologie (hrsg. v. A. Strauss). Soziologische Texte Band 60. Neuwied; Berlin: Luchterhand, 1969.

Mead, George H.: Gesammelte Aufsätze, Band 1 und 2 (hrsg. v. H. Joas). Frankfurt: Suhrkamp, 1980 (Band 1) und 1983 (Band 2).

Ausgewählte Sekundärliteratur:[1]

Joas, Hans: George H. Mead. In: D. Käsler (Hg.): Klassiker des soziologischen Denkens. Band II. Von Weber bis Durkheim. München: Verlag C. H. Beck, 1978, S. 7-39.

Joas, Hans: Praktische Intersubjektivität. Die Entwicklung des Werks von G. H. Mead. Frankfurt: Suhrkamp, 1980.

Morris, Charles W.: Einleitung: George H. Mead als Sozialpsychologe und Sozialphilosoph. In: G. H. Mead: Geist, Identität und Gesellschaft aus der Sicht des Sozialbehaviorismus. Frankfurt: Suhrkamp taschenbuch wissenschaft 28, 1968, S. 13-38.

Strauss, Anselm: Einleitung. In: G. H. Mead: Sozialpsychologie. Soziologische Texte Band 60. Neuwied; Berlin: Luchterhand, 1969, S. 11-34.

Weiterführende Sekundärliteratur:

Matthes, Joachim, u.a.: Alltagswissen, Interaktion und gesellschaftliche Wirklichkeit, Bd. 1. Symbolischer Interaktionismus und Ethnomethodologie, Reinbek bei Hamburg: Rowohlt 1973.

Steinert, Heinz: Symbolische Interaktion, Stuttgart: Klett 1973.

---

1 Ein vorläufiges Verzeichnis der Schriften Meads in chronologischer Ordnung sowie ein Verzeichnis der wichtigsten Sekundärliteratur zu G.H. Mead findet sich in H. Joas, Praktische Intersubjektivität. Die Entwicklung des Werks von G.H. Mead, Frankfurt 1980: Suhrkamp, S. 236-246.

Kapitel 4: Phänomenologische Soziologie: Alfred Schütz

(Max Preglau)

1. Problemlage und Erkenntnisinteresse

Alfred Schütz, Altösterreicher, geboren 1899 in Wien, 1938 durch die NS-Herrschaft zur Emigration in die Vereinigten Staaten gezwungen, gestorben 1959 in New York, gilt als Begründer dessen, was wir heute als phänomenologische Soziologie bezeichnen. Diese Richtung der Soziologie geht davon aus, daß die soziale Wirklichkeit, der Gegenstandsbereich der Sozialwissenschaften, eine besondere Struktur besitzt. Diese Besonderheit sei darin zu sehen, daß die soziale Wirklichkeit aus einem besonderen Stoff, aus „subjektivem Sinn" gesponnen ist, also einen „sinnhaften Aufbau" besitzt. Die Aufgabe der Sozialwissenschaften sei es, diesen sinnhaften Aufbau zu rekonstruieren.

Aus der Besonderheit ihres Gegenstandsbereiches resultiert nach Auffassung der phänomenologischen Soziologie auch die methodologische Besonderheit der Sozialwissenschaften im allgemeinen und der Soziologie im besonderen: Diese seien, wenn ihre Begriffe und Theorien der sozialen Wirklichkeit angemessen sein sollen, gezwungen, ihren Gegenstand „deutend zu verstehen". Im Zusammenhang damit stellt sich für Schütz auch die Aufgabe darzulegen, wie dieses Verstehen subjektiven Sinns in einer objektiven Weise möglich ist.

Innerhalb der Soziologie knüpft Schütz dabei an die **„verstehende Soziologie" M. Webers** mit ihrem Grundbegriff des „sinngeleiteten Handelns" an (vgl. die Ausführungen über M. Weber in der Einleitung). Nach Auffassung von Schütz fehlt dieser Variante der verstehenden Soziologie jedoch gewissermaßen das Fundament: Die Klärung des Sinnbegriffs, die nur in einer vorweg zu leistenden Analyse der alltäglichen Sinndeutungs- und Sinnsetzungsprozesse vorgenommen werden könne.

Um dieses Fundament zu schaffen, greift Schütz nun auf Ergebnisse und Methoden der **phänomenologischen Philosophie** E. Husserls zurück. Im Rückgriff auf diese hofft Schütz, den alltäglichen Sinndeutungs- und Sinnsetzungsprozessen auf die Spur zu kommen.

Mit seiner These vom sinnhaften Aufbau der sozialen Welt und von der Notwendigkeit einer verstehenden Soziologie befand sich Schütz im Gegensatz zu einem positivistischen Welt- und Wissenschaftsverständnis, wie es in der Zeit, als Schütz seine theoretische Position zu entwickeln begann, durch den **„logischen Empirismus" des sogenannten „Wiener Kreises" (M. Schlick, O. Neurath, R. Carnap, H. Reichenbach)** prominent vertreten wurde. Nach positivistischem Verständnis gibt es keinen Unterschied zwischen Natur- und Sozialwelt und daher auch keine methodologischen Besonderheiten der Sozialwissenschaften: Es gäbe nur die eine unteilbare Tatsachenwelt, deren „logischen Aufbau" es, gestützt auf die vermeintlich voraussetzungslose Sinneserfahrung einerseits und auf die Regeln der formalen Logik andererseits, abzubilden bzw. zu beschreiben und zu erklären gelte. Schütz' Soziologie entwickelte sich in Auseinandersetzung mit und in Abgrenzung von dieser Posititon – um den Gegensatz deutlich zu machen, trägt sein erstes Hauptwerk aus dem Jahre 1932 in Anspielung auf Carnaps Schrift „Der logische Aufbau der Welt" den Titel „Der sinnhafte Aufbau der sozialen Welt" (vgl. Grathoff 1978, S. 388ff.).

2. Hauptaussagen

Im folgenden soll versucht werden, einen ersten Überblick über die Soziologie von Alfred Schütz zu liefern. Wir geben zunächst Hinweise zu Problemstellung und Methode der phänomenologischen Philosophie und erläutern die Bedeutung, die ihr nach Auffassung von Schütz für die Grundlegung einer sinnverstehenden Soziologie zukommt (2.1.). Dann wenden wir uns dem zentralen Thema der Schütz'schen Soziologie im engeren Sinn zu, nämlich der Analyse der Strukturen der Sozialwelt bzw. Lebenswelt, und der darin ablaufenden alltäglichen Sinndeutungs- und Sinnsetzungsprozesse (2.2.). Abschließend skizzieren wir Schütz' Antwort auf die methodologische Frage, wie objektives Verstehen subjektiven Sinns möglich ist (2.3.).

2.1 Phänomenologische Philosophie: Problemstellung – Methode – Bedeutung für die Sozialwissenschaften

Nehmen wir im Alltag einen Gegenstand – einen Baum, einen Hund,eine andere Person und deren Handlung oder auch ein Kunstwerk – wahr, so nehmen wir normalerweise ganz selbstverständlich an, daß Struktur und Inhalt dieser Wahrnehmung ausschließlich durch das wahrgenommene Objekt bestimmt sind und das Objekt so ist wie es uns erscheint; daß unsere Wahrnehmung das Objekt also einfach passiv widerspiegelt oder abbildet. Daß es einen Unterschied geben könnte zwischen dem Objekt so wie wir es wahrgenommen haben und seiner tatsächlichen Beschaffenheit, und daß Struktur und Inhalt unserer Wahrnehmung auch durch unser Vorverständnis als subjektive Zutat bestimmt sein könnte, kommt uns gar nicht in den Sinn.

Diese Annahme ist freilich falsch und birgt darüber hinaus die Gefahr, daß wir unsere subjektive Wahrnehmung mit der Realität verwechseln. In Wahrheit ist Wahrnehmung eine höchst vorraussetzungsvolle, durch Zutaten des wahrnehmenden Subjekts vermittelte Angelegenheit: „die sogenannten konkreten Tatsachen der alltäglichen Wahrnehmungen sind gar nicht so konkret wie es scheint. Sie umfassen bereits Abstraktionen höchst komplizierter Natur" (Schütz 1971a, S. 4.) In jede Wahrnehmung fließt – in Gestalt jener Abstraktion – unser Vorwissen über die Welt als Bezugsrahmen ein: „Genau genommen gibt es nirgends so etwas wie reine und einfache Tatsachen. Alle Tatsachen sind immer schon ... interpretierte Tatsachen (ebenda, S. 5).

Die oben charakterisierte naive Theorie der Wahrnehmung zu hinterfragen und jene (inter-)subjektiven Voraussetzungen aufzudecken, auf denen jede Wahrnehmung – im Alltag ebenso wie in der Wissenschaft – beruht, ist **Zielsetzung** der phänomenologischen Philosophie.

Auf welchem Wege sucht die Phänomenologie dieses Ziel zu erreichen, was ist die **Methode** der Phänomenologie? Im Prinzip geht es darum, die unkritische „natürliche Einstellung" gegenüber der Welt, in der der Mensch „... naiv unter seinen Mitmenschen dahinlebt, nämlich unbesorgt darum, ob diese Welt seines täglichen Lebens den Charakter der Existenz oder der bloßen Erscheinung hat" (Schütz 1971a, S. 117), aufzugeben und sich statt dessen auf die wahrnehmende Bewußtseinsaktivität zu konzentrieren.

Der Phänomenologe unterscheidet zunächst zwischen **wahrnehmendem Subjekt („Ego")** und dessen immer **auf Gegenstände bezogene („internationale") Wahrnehmungen („Cogitationen")** auf der einen Seite und dem wahrgenommenen Gegenstand auf der anderen Seite. Um ersteres – die Wahrnehmungen des Subjektes bzw. dessen gegenstandsbezogenes („internationales") Bewußtseinsfeld – zu isolieren, wendet der Phänomenologe das Verfahren der **„phänomenologischen Reduktion"** an: Ohne die Existenz der Welt zu leugnen, entschließt er sich in analytischer Absicht dazu, „... den Glauben an ihre Existenz auszusetzen – das heißt, er enthält sich bewußt und systematisch jedes Urteils, das sich direkt oder indirekt auf die Existenz der äußeren Welt bezieht" (Schütz 1971a, S. 119) – „die Welt einklammern" oder „Setzen der Epoché" sind andere Bezeichnungen desselben Vorgangs. Diese „Einklammerung" betrifft nicht nur die Existenz der äußeren Welt, sondern auch die Gültigkeit aller Aussagen über diese Welt, aber auch den Phänomenologen selbst, seine Existenz als menschliches Wesen in der Welt.

Was dabei übrig bleibt, ist jedoch nicht etwa nichts, sondern „... die Gesamtheit meines Bewußtseinslebens, der Bewußtseinsstrom in seiner Geschlossenheit mit all seinen Aktivitäten und all seinen Erfahrungen" (Schütz 1971a, S. 121). Schütz selbst erläutert das Verfahren der phänomenologischen Reduktion am Beispiel der Wahrnehmung eines Stuhls: führe ich inbezug auf diese die Reduktion durch, hat dies zur Folge, daß ich mich des Glaubens an die Existenz des Stuhles enthalte, die Wahrnehmung des Stuhls als solche jedoch bleibt erhalten. Innerhalb meines Bewußtseinsfeldes bleibt also auch der Stuhl erhalten – als „Stuhl, wie ich ihn wahrgenommen habe, wie er mir erscheint", der Stuhl als **"Phänomen"**. Es ist diese Konzentration auf das „Phänomen Stuhl", den „Stuhl, so wie er mir erscheint", die der phänomenologischen Philosophie (und Soziologie) ihren Namen gegeben hat.

Die Phänomenologie deckt aber auch auf, daß eine Wahrnehmung kein isoliertes Ereignis ist, sondern Element eines kontinuierlichen Bewußtseinsstroms, Resultat „... eines sehr komplizierten Interpretationsprozesses, in welchem die gegenwärtigen Wahrnehmungen mit früheren Wahrnehmungen ... verbunden (werden)" (Schütz 1971a, S. 123f.): Wir nehmen den Stuhl als Element einer Klasse von Objekten wahr, dessen „typische" Merkmale uns schon aus früheren Wahrnehmungen bekannt sind, und nur weil wir bereits wissen, wie ein „typischer" Stuhl beschaffen ist, können wir den wahrgenommenen Gegenstand als Stuhl identifizieren.

Die Phänomenologie weist auch darauf hin, daß Wahrnehmungsfelder nicht abschlossen sind: Die Aufmerksamkeit richtet sich zwar immer nur auf bestimmte Aspekte des Gegenstandes, dieser selbst verweist jedoch auf andere Aspekte des Gegenstandes – die Rückseite auf die Vorderseite, die Sitzfläche auf Beine und Lehne des Stuhls usw. (**„innerer Horizont"** des Stuhls) – und auf andere Objekte – der Stuhl verweist auf den Tisch, zu dem er gehört, auf den Raum in dem er steht, der Raum auf das Haus, usw. (**„äußerer Horizont"** des Stuhls). Diesen anderen Aspekten und Objekten kann ich natürlich auch meine Aufmerksamkeit zuwenden.

Aber kehren wir zurück zur Methode der phänomenologischen Philosophie. Wir haben oben die Methode der phänomenologischen Reduktion als Verfahren der Freilegung des gegenstandsbezogenen Bewußtseinsfelds und der Isolierung der Phänomene (Objekte wie sie mir erscheinen) skizziert. Ein Verfahren das nun weiter in die Welt der Phänomene und damit des Bewußtseins eindringt, ist die sogenannte **„eidetische Reduktion“** oder **„Wesensschau“**. Dabei geht es nicht, wie man vielleicht annehmen könnte, um den metaphysischen Versuch einer Erkenntnis des „Dinges an sich“ – Fragen dieser Art sind ja schon durch Vollzug der phänomenologischen Reduktion ausgeklammert. Es geht vielmehr darum, durch gedankliche Variationen eines Gegenstandes die Eigenschaften und Merkmale herauszufinden, die allen Elementen einer Klasse von Phänomenen gemeinsam ist: „Ich kann ungehindert diesen wahrgenommenen Gegenstand in meiner phantasierenden Vorstellung verändern, indem ich nacheinander seine Merkmale variiere – seine Farbe, seine Größe, das Material, aus dem er gefertigt ist, seine Beleuchtung, seine Umgebung und seinen Hintergrund, die Perspektive, in der er erscheint, und so fort. So kann ich mir eine unendliche Zahl verschiedener Würfel vorstellen. Aber diese Variationen lassen eine Gruppe von Merkmalen unberührt, die allen vorstellbaren Würfeln gemeinsam ist, z.B. ihre Rechtwinkligkeit, ihre Begrenzung in sechs Quadraten, ihre Körperlichkeit. Diese in allen vorstellbaren Transformationen des konkreten wahrgenommenen Dinges unveränderliche Gruppe von Merkmalen – sozusagen der Kern aller vorstellbaren Würfel – wird man als die wesentliche Charakteristik des Würfels bezeichnen, bzw. mit dem griechischen Begriff, als sein *eidos*“ (Schütz 1971a, S. 131). Es geht der Phänomenologie also auch hier nicht um das reale Sein von Gegenständen, sondern um Erfassung der Kriterien klassifizierender bzw. typisierender Bewußtseinstätigkeit. Es geht mit anderen Worten darum, herauszufinden, was wir eigentlich meinen, wenn wir an einen Würfel denken oder etwas als Würfel identifizieren, kurz: es geht um den **Sinn** unseres begrifflichen Konstrukts „Würfel“.

Dieses Verfahren ist gleichsam die Umkehr dessen, was in der Wissenschaftstheorie als „Explikation und Definition von Begriffen“ beschrieben wird, die Umkehr insofern, als hier nicht Vorstellungsinhalte neu festgelegt, sondern immer schon bestehende, vorgegebene Vorstellungsinhalte explizit gemacht werden.

Der spezifische Sinn eines begrifflichen Konstrukts läßt sich freilich immer nur in Relation zu und in Abgrenzung vom spezifischen Sinn anderer begrifflicher Konstrukte bestimmen – der Würfel hat sechs rechtwinklig zueinander stehende Flächen und eben keine gleichmäßig gewölbte, winkellose Oberfläche wie eine Kugel. Der Sinn des begrifflichen Konstrukts „Würfel“ wird mir und anderen also erst im Vergleich mit anderen begrifflichen Konstrukten klar, Sinn besitzt, wie es die Phänomenologie ausdrückt, eine **„Verweisungsstruktur“**.

Das gilt natürlich nicht nur für die Konstruktion physischer Objekte, sondern auch für die Konstruktion sozialer und kultureller Objekte: auch Wirtschaft als Institution läßt sich in ihrer Eigenart nur im Vergleich zu möglichen anderen Institutionen, etwa zur Politik, bestimmen, ebenso wie etwa die Eigenart einer kapitalistischen Wirtschaft nur im Vergleich zu möglichen anderen Wirtschaftsordnungen, z.B. dem Sozialismus, bestimmt werden kann. Auch hier stoßen wir also auf die für die sinnhafte Erfahrung charakteristische Verweisungsstruktur.

Worin besteht aber nun die **Bedeutung der Phänomenologischen Philosophie für die Sozialwissenschaften**?

Für Schütz liegt diese Bedeutung **erstens** darin, daß uns die Phänomenologie **Aufschluß über Abgrenzung und Beschaffenheit des Gegenstandsbereichs der Sozialwissenschaft** gibt und uns dadurch in die Lage versetzt, ein speziell auf diesen Gegenstandsbereich bezogenes und diesem gleichsam „auf den Leib geschneidertes“ **Begriffsinstrumentarium zu entwickeln**.

Für Schütz ist die soziale Welt nichts anderes als die Welt der alltäglichen Sinndeutungs- und Sinnsetzungsprozesse, die die Phänomenologie zu Bewußtsein gebracht und analysiert hat, und denen wir oben am Beispiel der alltäglichen Wahrnehmung nachgegangen sind. Aufgabe der Sozialwissenschaften bzw. einer „intentionalen Psychologie“ oder „allgemeinen Soziologie“ ist es, diese soziale Welt zu begreifen, die „... invarianten eigenwesentlichen Strukturen einer Seele bzw. einer Gemeinschaft seelischen und geistigen Lebens“, d.h. die jeder alltäglichen Sinndeutung und Sinnsetzung durch bewußtseinsbegabte Individuen und Gruppen zugrundeliegenden Ordnungsprinzipien, aufzudecken, und zwar eben mit den Mitteln einer „konstitutiven Phänomenologie der natürlichen Einstellung“(Schütz 1971a, S. 149 und S. 154). Im Vordergrund bei Schütz steht also nicht die Analyse konkreter geschichtlicher Sozialwelten, sondern die Analyse zielt auf Freilegung solcher Strukturen ab, die **jede** Sozialwelt **notwendigerweise** und **durch allen sozialen Wandel hindurch** besitzen muß.

Für Schütz liegt die Bedeutung der Phänomenologie für die Sozialwissenschaften **zweitens** darin, daß sie uns erlaubt, die **methodische Sonderstellung der Sozialwissenschaften aufzuweisen und zu begründen**. Diese Sonderstellung ist ihrerseits durch die Eigenart des Objektbereichs der Sozialwissenschaften bedingt: „Die Tatsachen, ... mit denen der Naturwissenschaftler umgehen muß, sind lediglich Tatsachen, Daten und Ereignisse, innerhalb seines Beobachtungsfeldes; jedoch ‚bedeutet‘ dieses Feld den darin befindlichen Molekülen, Atomen und Elektronen gar nichts. Dem Sozialwissenschaftler liegen aber Tatsachen, Ereignisse und Daten einer völlig verschiedenen Struktur vor. Sein Beobachtungsfeld, die Sozialwelt, ist nicht ihrem Wesen nach ungegliedert. Sie hat eine besondere Sinn- und Relevanzstruktur für die in ihr lebenden, denkenden und handelnden Menschen. In verschiedenen Konstruktionen der alltäglichen Wirklichkeit haben sie diese Welt im voraus gegliedert und interpretiert, und es sind gedankliche Gegenstände dieser Art die ihr Verhalten bestimmen, ihre Handlungziele definieren und die Mittel zur Realisierung solcher Ziele vorschreiben“ (Schütz 1971a, S. 6).

In den Sozialwissenschaften geht es entsprechend in erster Linie darum, den **(Eigen-) Sinn der Sozialwelt zu verstehen**. Diesem Zweck dient die Konstruktion **idealtypische Modelle der Sozialwelt**.

Nun beruhen aber Sinndeutung und Sinnsetzung im Alltag, wie wir bereits wissen, selbst schon auf dem Gebrauch von gedanklichen Konstruktionen als Deutungsschemata der Wirklichkeit. Die idealtypischen Konstrukte, die die Sozialwissenschaftler zur Deutung des in der Sozialwelt manifestierten Sinns verwenden, sind daher, wie Schütz hervorhebt, „... sozusagen **Konstruktionen zweiten Grades**: Konstruktionen jener Konstruktionen, die im Sozialfeld von den Handelnden gebildet werden, deren Verhalten der Wissenschaftler beobachtet und in Übereinstimmung mit den Verfahrensregeln seiner Wissenschaft zu erklären versucht“ (Schütz 1971a, S. 7; Hervorhebung von mir).

2.2. Analyse der „Lebenswelt"

Im folgenden versuchen wir, einen Überblick über A. Schütz' „allgemeine Soziologie" zu geben und seine Analyse der alltäglichen Sinndeutungs- und Sinnsetzungsprozesse nachzuzeichnen. Im Mittelpunkt steht dabei die Analyse dessen, was Schütz in Anlehnung an Husserl **„Strukturen der Lebenswelt"** nennt, die Analyse jener Welt, in der wir „... in natürlicher Einstellung Natur, Kultur und Gesellschaft erfahren, zu ihren Gegenständen Stellung nehmen, von ihnen beeinflußt werden und auf sie wirken. In dieser Einstellung ist die Existenz der Lebenswelt und die Typik ihrer Inhalte bis auf weiteres fraglos gegeben hingenommen" (Schütz 1971b, S. 153). Weil diese „natürliche Einstellung" und die ihr entsprechende Art und Weise der Welterfahrung für das Wahrnehmen und Handeln im Alltag charakteristisch ist, verwendet Schütz anstelle des Begriffs Lebenswelt auch den Begriff **„Welt des Alltags"**.

Was nun diese „Welt des Alltags" oder „Lebenswelt" für die Soziologie interessant macht, ist für Schütz die Tatsache, daß sie **„intersubjektive Kulturwelt"** ist: „Sie ist intersubjektiv, da wir in ihr als Mensch unter Menschen leben, an welche wir durch gemeinsames Einwirken und Arbeiten gebunden sind, welche wir verstehen und von welchen wir verstanden werden. Es ist eine Kulturwelt, da die Welt des täglichen Lebens von allem Anfang an für uns ein Universum von Bedeutung ist, also ein Sinnzusammenhang, den wir interpretieren müssen, um uns in ihm zurechtzufinden und mit ihm ins Reine zu kommen" (Schütz 1971a, S. 11).

Mit der Analyse der Alltagswelt als intersubjektiver Kulturwelt beschäftigen wir uns im Abschnitt 2.2.1.

Die menschliche Sinndeutungs- und Sinnsetzungskompetenz erschöpft sich jedoch nicht im Wahrnehmen und Handeln innerhalb der „Alltagswelt". Der menschliche Geist ist auch in anderen Bereichen zu Hause und in anderen Formen sinnhafter Aktivitäten engagiert – in der „Phantasiewelt", in der „Traumwelt", in der „Welt der wissenschaftlichen Theorie". Schütz hat daher seine Theorie der Lebenswelt um eine Theorie der **„mannigfaltigen Wirklichkeiten"**, die diesen anderen „Sinnprovinzen" Rechnung tragen soll, erweitert und ergänzt (vgl. Schütz 1971a, S. 237ff.). Mit dieser Theorie der mannigfaltigen Wirklichkeiten befassen wir uns im Abschnitt 2.2.2.

2.2.1. Die Wirklichkeit der Alltagswelt

In diesem der Sinndeutung und Sinnsetzung in der Welt des Alltags gewidmeten Abschnitt befassen wir uns zunächst mit den Problemen der Definition der Situation und des Handelns im Alltag. Dabei gehen wir vom Individuum aus und sehen zunächst im Interesse der Übersichtlichkeit der Darstellung von der Intersubjektivität der Alltagswelt ab (1). Wir wenden uns dann den Problemen der Typisierung der Sozialwelt – der Mitmenschen und deren Handlungen – und dem Problem der sozialen Beziehung zu, und zwar immer noch aus der Perspektive des Individuums (2). Abschließend beschäftigen wir uns mit den verschiedenen Aspekten der Sozialisierung des Alltagswissens, die die Intersubjektivität der Alltagswelt verbürgen (3).

(1) Definition der Situation und Handeln im Alltag

In der im Alltag vorherrschenden „natürlichen Einstellung" gelten Dasein und Sosein der Erfahrungswelt und die Möglichkeit,auf sie einzuwirken, als „fraglos gegeben" – das Denken und Handeln vollzieht sich, wie Schütz sagt, grundsätzlich auf Grundlage zweier Idealisierungen: Der **Idealisierung des „und so weiter"** und der **Idealisierung des „ich kann immer wieder"**: „Die erstere führt zu der Annahme, daß, was sich bisher in unserer Erfahrung als gültig erwiesen hat, auch weiterhin gültig bleiben werde; die letztere führt zu der Erwartung, daß ich, was ich bisher in dieser Welt und auf sie wirkend vollbringen konnte, in Hinkunft wieder und immer wieder vollbringen können werde" (Schütz 1971b, S. 153).

Wir wollen nun die Art und Weise beschreiben, **wie** das Individuum in „natürlicher Einstellung" seine Erfahrungswelt wahrnimmt und handelnd auf sie einwirkt.

Zunächst stellt sich für das Individuum die Aufgabe, den vorgefundenen Ausschnitt der Wirklichkeit – die in ihm befindlichen Objekte und deren Beschaffenheit – zu erkennen; Schütz spricht in Anlehnung an den amerikanischen Soziologen W. I. Thomas von der Notwendigkeit der **„Definition der Situation"**.

Wie geht diese Definition der Situation vor sich? Schütz zufolge stützt sich jede Interpretation dieser Welt „... auf einen Vorrat eigener oder uns von Eltern oder Lehrern vermittelter früherer Welterfahrungen, die in der Weise unseres ‚verfügbaren Wissens' ein Bezugsschema bilden" (Schütz 1971a, S.8). Diesem **„verfügbaren Wissen"** oder **„zuhandenen Wissensvorrat"** und der in ihm gespeicherten **Typik** (Typologie möglicher Gegenstände und Eigenschaften) ist es zu danken, daß uns die Welt nicht als ungeordnetes, konturloses Chaos erscheint, sondern als uns bereits mehr oder weniger vertraute und bekannte geordnete Welt.

So erfahren wir die Welt beispielsweise in der Raumdimension gegliedert in eine **„Welt aktueller Reichweite"**, die wir verändern und manipulieren können, und in eine **„Welt potentieller Reichweite"**, die wiederum in einen Sektor zerfällt, der früher in unserer Reichweite lag („wiederherstellbare Reichweite"), und in einen Sektor, der irgendwann einmal in unserer Reichweite liegen wird („erzielbare Reichweite"). In der Zeitdimension erfahren wir die Welt gegliedert in **Vergangenheit, lebendige Gegenwart und Zukunft** (vgl. Schütz 1971b, S. 154f.; Zur Gliederung in der sozialen Dimension vgl. Abschnitt (2)).

Wie wir bereits wissen, nehmen wir im Lichte der im verfügbaren Wissen gespeicherten Typik keinen Gegenstand isoliert wahr, sondern als „... von vornherein eingebettet in einen **Horizont** der Vertrautheit und des Bekanntseins" (Schütz 1971a, S. 8; Hervorhebung von mir).

Freilich wissen wir nicht über jeden Gegenstand gleich gut Bescheid. Unser Wissen von der Welt gliedert sich nach Maßgabe seiner Genauigkeit in Vertrautheitswissen, Bekanntheitswissen und bloßen Glauben. Unter **Vertrautheitswissen** versteht Schütz jenen Sektor des Wissens, in dem wir „... gründliche ... Kenntnis nicht nur des Was und Wie, sondern auch ein Verständnis des Warum" haben, in dem wir also „sachverständig" sind (z.B. das Wissen eines Fernmeldetechnikers über das Funktionieren eines Telefons). Im **Bekanntheitswissen** dagegen bezieht sich das Wissen „... nur auf das Was und läßt das Wie unbefragt" (z.B. das Wissen eines Telefonbenutzers, dem bekannt ist, was er zu tun hat um einen anderen Teilnehmer anzuwählen, nicht aber wie und warum ein Telefon funktioniert). Dort, wo ich nicht einmal über das Wie Beischeid weiß, beginnt die Sphäre des bloßen **Glaubens**, „... die wiederum nach Wohlfundiertheit, Plausibilität, Vertrautheit, Vertrauen auf fremde Autorität, blinde Hinnahme bis hin zur völligen Ignoranz in mannigfacher Weise abgestuft" ist (Schütz 1971b, S. 157f.).

Versuchen wir uns nun an einem bestimmten Ort zu einer bestimmten Zeit für einen bestimmten Zweck in der Welt zurechtzufinden, konzentriert sich unsere wahrnehmende Aktivität immer nur auf bestimmte Aspekte eines wahrgenommenen Gegenstandes und läßt andere unberücksichtigt. So mag ich in einer bestimmten Situation nur insofern an einem Stein interessiert sein, als er sich als Sitzgelegenheit eignet; daß ich ihn auch aufheben und als Schlagwerkzeug oder als Wurfgeschoß verwenden kann, ist für mich im Augenblick nicht relevant.

Das **Interesse**, das die Richtung meiner Aufmerksamkeit bestimmt, wurzelt dabei einerseits in meiner **biographisch bestimmten Situation**, in der ich eine Stellung einnehme „... nicht nur im Rahmen des physischen Raumes und der kosmischen Zeit, nicht nur bezüglich Status und Rolle innerhalb des sozialen Systems, sondern auch eine moralische und ideologische Position" (Schütz 1971 a, S. 10). Andererseits ist das Interesse Ausfluß eines dieser biographisch bestimmten Situation entsprechenden **Systems von Plänen** „... für die Stunde oder für den Tag, für Werk oder Muße, wobei alle diese Einzelpläne in ein oberstes, alle anderen umgreifendes, obschon nicht widerspruchsfreies System zusammengeschlossen sind, das wir ‚Lebensplan' nennen wollen (Schütz 1971 b, S. 159f.). Um zu unserem Beispiel zurückzukehren: mein Interesse an dem Stein als Sitzgelegenheit mag darin begründet liegen, daß ich gerade Freizeit habe und diese auf einem Stein sitzend verbringen möchte.

Fassen wir das bisher gesagte zusammen: bei der Definition der Situation richtet sich meine Aufmerksamkeit, bedingt durch das von meiner biographischen Situation und meinem System von Plänen bestimmte Interesse, selektiv auf ausgewählte Aspekte meiner Umgebung, die ich, bezugnehmend auf meinen Wissensvorrat bzw. auf die für die Bestimmung der interessierenden Aspekte relevanten Teile meines zuhandenen Wissensvorrats, interpretiere.

Das Interesse, das mich zur Definition der Situation motiviert und die Auswahl der Aspekte meiner Umgebung und der für die Interpretation dieser Umgebungsaspekte erforderlichen Teile meines Wissensvorrats bestimmt, bezeichnet Schütz als **motivationsrelevant** (vgl. Schütz 1971 b, S. 160f.).

Normalerweise, d.h. wenn keine Überraschungen auftreten, reicht mein zuhandener Wissensvorrat zur Interpretation der interessierenden Umgebungsaspekte hin. Das ist jedoch nicht immer der Fall. Mitunter treten neue Elemente auf, die ich bezugnehmend auf die in meinem Wissensvorrat gespeicherten Vorerfahrungen nicht ausreichend oder überhaupt nicht bestimmen kann. Es wird dann „... nötig sein, von diesen Elementen ‚mehr zu wissen', sei es, daß neues Wissen erworben , sei es, daß vorhandenes Wissen in andere Vertrautheitsgrade überführt werden muß" (ebenda, S. 161). So mag mir beispielsweise der Stein, den ich zunächst als Sitzplatz auserkoren habe, bei näherem Hinsehen merkwürdig vorkommen – merkwürdig gefärbt, mit einer seltsamen Oberflächenstruktur – und ich bin plötzlich gar nicht mehr so sicher, ob es sich überhaupt um einen Stein handelt. Bevor ich mich hinsetze, muß ich also herausbekommen, was dieses Ding da vor mir eigentlich ist.

Ein solches neues fragwürdig und befragenswert gewordenes Element, das ich erst identifizieren muß, bevor ich gegebenenfalls zu der mich ursprünglich interessierenden Tätigkeit zurückkehren kann, ist in einer Weise für mich relevant geworden, die Schütz als **„thematische Relevanz"** bezeichnet. Dabei bleibt die motivationsrelevante Interessenlage insofern wirksam, als sie „... bestimmt, wann unsere Neugierde, das thematisch Relevante zu erforschen, als befriedigt gelten muß" (ebenda S. 162).

Beim Versuch, das neu aufgetretene Element zu bestimmen, machen wir freilich wiederum Gebrauch von unserem Wissensvorrat, und zwar von jenen Teilen, „... die für die Lösung des im Thema enthaltenen Problems ... relevant" sind (Schütz 1971 b, S. 164). Wir beginnen, um bei unserem Beispiel zu bleiben, nachzudenken und durch kleine Experimente herauszufinden, worum es sich bei „diesem Ding da" handelt – vielleicht um eine Schildkröte, dann müßte es Löcher für den Kopf und die Beine haben; vielleicht um einen Riesenbovist, dann müßte es nach einem Stockschlag aufplatzen; vielleicht doch um eine Art Stein, die ich aber noch nie zuvor gesehen habe. Die Teile des Wissensvorrats, die ich zwecks Lösung des im Thema enthaltenen Problems heranziehe, bezeichnet Schütz als **auslegungs- oder interpretationsrelevant**.

Gelingt die Auslegung, dann kann ich nicht nur zu der mich ursprünglich interessierenden Tätigkeit zurückkehren; zugleich legt sich dieses neue Wissen als **„Sediment"** in meinem Wissensvorrat ab, wodurch sich mein kognitives Rüstzeug für die Interpretation zukünftiger Situationen erweitert (zum hier erörterten „Problem der Relevanz" vgl. ausführlich Schütz 1971 c).

Definition der Situation ist im Alltag kein Selbstzweck, sie erfolgt vielmehr immer im Hinblick auf die Möglichkeit, handelnd auf die Umgebung einzuwirken. Diesem Problem des Handelns im Alltag wollen wir uns im folgenden zuwenden (vgl. dazu neben der zitierten Literatur auch Schütz 1974, S. 62ff.).

Unter **„handeln"** versteht Schütz „... einen ablaufenden Prozeß menschlichen Verhaltens ..., der vom Handelnden vorgezeichnet wurde, anders gesagt, der auf einem vorgefaßten Entwurf beruht". Unter **„Handlung"** versteht Schütz entsprechend „... das Ergebnis dieses Prozesses, also das vollzogene Handeln" (Schütz 1971 a, S. 77). Dieses Handeln kann verdeckt (gezieltes, systematisches Nachdenken) wie offen (Errichtung eines Hauses gemäß Bauplan) sein, aber auch die Form der Unterlassung annehmen (Hervorbringung eines gewünschten Zustands durch Nichteinmischung).

Handeln steht seinerseits in Beziehung zu meinem zuhandenen Wissensvorrat und der im Lichte dieses Wissensvorrats definierten Situation des Handelnden: „(Ich) gründe mein Entwerfen meiner zukünftigen Handlung ... auf mein Wissen früher ausgeführter Handlungen, die der vorliegenden Handlung typisch ähnlich sind." Dieses Wissen bezeichnet Schütz auch als **„Rezeptwissen"**. Weiters gründe ich mein Entwerfen „... auf mein Wissen von typisch relevanten Eigentümlichkeiten jener Situation, in der das entworfene Handeln stattfinden soll" (Schütz 1971 a, S. 79). So weiß ein erfahrener Baumeister beispielsweise, wie er angesichts der Bodenbeschaffenheit, der Leistungsbereitschaft der Bauarbeiter, der Pünktlichkeit von Lieferanten, der Gründlichkeit der Baupolizei usw. seinen Bauplan realistischerweise zu gestalten hat.

Die Abhängigkeit des Handlungsentwurfs vom Alltagswissen bringt es mit sich, daß das Handeln normalerweise keineswegs rational in dem Sinne ist, daß die relevante Handlungssituation eingehend analysiert, intendierte Folgen und Nebenfolgen des Handelns nach Maßgabe eines Wertsystems gegeneinander abgewogen und die effektivsten Mittel zur Zielerreichung eingesetzt werden: Rationalität in diesem Sinne ist ein Ideal, das im Alltag höchstens annäherungsweise in bestimmten Handlungsbereichen erreicht wird (vgl. dazu Schütz 1972, S. 22ff.).

Alltägliches Handeln ist normalerweise allenfalls partiell rationales **„Routinehandeln“**.

Für Handeln ist es Schütz zufolge weiters charaktistisch, daß es **motiviert** ist. Dabei unterscheidet Schütz zwei Klassen von Motiven: „Um-zu-Motive“ und „Weil-Motive“.

Um-zu-Motive“ beziehen sich auf den Endzustand, also auf den Zweck, den das Handeln hervorbringen soll: der Baumeister organisiert den Bau, „um einen möglichst reibungslosen Ablauf des Baugeschehens zu erzielen“. Die „Um-zu-Motive“ beinhalten aus der Sicht von Schütz das, was M. Weber als den „subjektiv gemeinten Sinn des Handelns“ bezeichnet hat. **„Weil-Motive“** dagegen sind ein Niederschlag der Vergangenheit, der Lebensgeschichte eines Handelnden, die zur Herausbildung bestimmter Persönlichkeitsmerkmale oder Verhaltensdispositionen geführt hat, die nun das Handeln (mit-)bestimmen: Vielleicht baut unser Baumeister nur deshalb Häuser, weil er damit einen alten Kindheitstraum verwirklichen will. Charakteristisch für die „Weil-Motive“ ist, daß der Handelnde sie während des Handelns nicht vor Augen hat. Erst danach kann er „... als Beobachter seiner selbst auf sein vergangenes Handeln zurückblicken und untersuchen, welche Umstände ihn bestimmten, so zu handeln, wie er gehandelt hat“ (Schütz 1971 a, S. 81).

Beide Klassen von Motiven sind, wie Schütz betont, keineswegs zufällig gewählt, bzw. handlungswirksam geworden: „Um-zu-Motive“ sind integriert in jenes System von Plänen, von dem oben bereits die Rede war. – Dies bedeutet, daß der „subjektiv gemeinte Sinn“ der Handlung letztlich durch dieses System von Plänen bestimmt ist. Ändert sich im Verlauf unserer Lebensgeschichte unser Lebensplan, so kann auch jede einzelne unserer Handlungen rückblickend einen anderen Sinn erhalten.

Auch unsere „Weil-Motive“ müssen als Element eines Systems verstanden werden, eben als Ausfluß einer bestimmten Persönlichkeit, eines bestimmten Charakters, dessen typischer Ausdruck sie sind (vgl. Schütz 1972, S. 13).

Durch das eben beschriebene Handeln greift der Handelnde gestaltend und verändernd in die Welt ein, und zwar nicht nur in die physische Welt, sondern auch – Handeln setzt ja **sinnhafte** Entwürfe in die Tat um – in die Kulturwelt.

(2) Typisierung der Sozialwelt und soziale Beziehung

Die Alltagswelt ist, wie bereits weiter oben festgestellt wurde, Sozialwelt in dem Sinne, daß wir sie gemeinsam mit anderen Menschen bewohnen, mit denen wir zusammenwirken und uns verständigen müssen. Damit ist die Frage aufgeworfen, wie die Bewohner der Alltagswelt die Sozialwelt typisieren und soziale Beziehungen in ihr eingehen (vgl. zum folgenden neben der zitierten Literatur auch Schütz 1974, S. 198ff.).

Zunächst – auch das ist ein Element unseres Wissensvorrates – stellt sich uns die Sozialwelt gegliedert in eine „Umwelt“, in eine „Mitwelt“, in die „Vorwelt“ und die „Folgewelt“ dar.

In der **Umwelt** begegnen wir einem anderen Ich als **Mitmensch**. Er ist mit mir in räumlicher Hinsicht, d.h. „... ein bestimmter Sektor der äußeren Welt (liegt) gleichermaßen innerhalb der Reichweite eines jeden Partners ... und (enthält) Gegenstände gemeinsamen Interesses und gemeinsamer Relevanz“; er ist aber auch in zeitlicher Hinsicht mit mir, d.h. „... jeder Partner (hat) am Lebenslauf des anderen teil ... und (kann) in lebendiger Gegenwart den schrittweisen Aufbau der Gedanken des anderen begreifen" (Schütz 1971 a., S. 18f.). Die Beziehungen zwischen Mitmenschen bezeichnet Schütz als **„reine" oder „unmittelbare Wir-Beziehung"**. Dieser Begriff meint ein Gespräch zwischen Freunden ebenso, wie eine zufällige Begegnung in einem Bahnabteil.

In dieser reinen Wir-Beziehung besteht Schütz zufolge **am ehesten** die **Chance, den anderen als einzigartiges Individuum zu erfassen und den gemeinten Sinn seines Denkens und Handelns zu verstehen.** Seine Ansichten und Motive sind mir ja aus unmittelbarer Anschauung oder Mitteilung zugänglich.

Freilich bleibt auch unter diesen Bedingungen unser Bild vom Mitmenschen und vom Sinn seines Denkens und Handelns notwendig partiell: wie wir oben gesehen haben, ist ja der Sinn eines Gedankens und einer Handlung nur in Kenntnis des gesamten „Systems von Plänen" des Handelnden verständlich, das natürlich als solches für einen anderen weder ersichtlich ist, noch ihm mitgeteilt werden kann. So muß also auch in der reinen Wir-Beziehung unser Verständnis des Anderen und des Sinns seines Denkens und Handelns unvollständig bleiben. Auf die verborgenen Teile können wir nur hypothetisch schließen. Wir stützen m.a.W. unser Verständnis des anderen auf typische Konstruktionen, „... eines typischen Musters zugrundeliegender Motive, typischer Verhaltensweisen eines Persönlichkeitstyps" – Schütz bezeichnet diese Konstruktionen als **„subjektive personale Typen"** (Schütz 1971 a, S. 19f.). Wir betätigen uns gleichsam als Laienpsychologe, der sein Gegenüber z.B. seinen Reisegefährten und sein Verhalten, diagnostiziert, z.B. als „typischer Angeber", der „sich in Szene setzen" will. Auch diese Typen sind Teil des „zuhandenen Wissensvorrats".

Dieses durch personale Typen vermittelte **Verstehen im Alltag** ist die Grundlage der Beziehungen zwischen Mitmenschen als aufeinanderbezogene Folge von Aktion und Reaktion: Wir können an dieser Stelle auf die oben erläuterte Unterscheidung zwischen „Um-zu-Motiven" und „Weil-Motiven" zurückgreifen und sagen: das Verstehen ermöglicht es, daß innerhalb einer sozialen Beziehung die „Um-zu-Motive" des einen Partners zu „Weil-Motiven" des anderen werden und umgekehrt – A fragt, **um** eine Antwort zu erhalten, B antwortet, **weil** er gefragt wurde. Selbst wenn dies nicht zutrifft und, wegen der oben dargelegten notwendigen Unvollständigkeit gegenseitigen Verstehens, gar nicht völlig zutreffen kann, so gehen wir im Alltag doch von der **Idealisierung** aus, diese **„Reziprozität der Motive"** wäre gegeben.

Jenseits der Umwelt beginnt – im fließenden Übergang – das, was Schütz die **„Mitwelt"** der **„Nebenmenschen"** nennt. Dieser Nebenmensch ist neben mir, insofern er an der „Welt in meiner Reichweite" nicht teilhat und meine (subjektive) „lebendige Gegenwart" nicht teilt. In diesem Fall liegt also eine lediglich **„mittelbare soziale Beziehung"** vor. Beispiele für eine solche „mittelbare Sozialbeziehung" wären etwa die Beziehung zwischen einem Postkunden und den Postbeamten, die seinen Brief weiterleiten, die Beziehung zwischen Bürger und Politiker oder die Beziehung zwischen einem einfachen Arbeiter und dem Angestellten in der Buchhaltung, der sein Lohnkonto führt. In allen diesen Fällen bekommen die Beziehungspartner einander ja überhaupt nicht oder nur ausnahmsweise und auch dann nur aus „geschäftlichen Gründen" zu Gesicht. In der mittelbaren Sozialbeziehung habe ich keinen Einblick in die Individualität und die Einzigartigkeit seines Denkens und Handelns; der Beziehungspartner erscheint mir vielmehr als **anonymer, austauschbarer Funktionsträger oder Sachwalter**.

Wenn nicht auf unmittelbare Teilhabe, worauf stützt sich in diesem Fall dann das für das Eingehen und die Aufrechthaltung der Beziehung notwendige **Verstehen**? Wiederum lautet hier die Antwort von Schütz: durch Konstruktion von Typen, wobei wir uns diesmal gleichsam als Laiensoziologen betätigen und „... den mehr oder weniger anonymen Handelnden eine Reihe von vermeintlich invarianten Motiven zu (legen), die ihr Handeln leiten" (Schütz 1971 a, S. 28). Weil diese Typen nicht auf höchstpersönliche Eigenschaften und Motive, sondern auf Eigenschaften und Motive anonymer, austauschbarer Handelnder abstellen, spricht Schütz hier von **Handlungstypen**. Schütz selbst weist auf die Verwandtschaft dieses Begriffes mit dem Begriff der sozialen Rolle hin.

Dieser Typisierung entspricht aber, wie Schütz hervorhebt, notwendigerweise eine reziproke **Selbsttypisierung:** „Indem ich die Rolle des Anderen definiere, nehme ich selbst eine Rolle an. Indem ich das Verhalten des Anderen typisiere, typisiere ich mein eigenes Verhalten, das mit dem seinigen verbunden ist, und ich versetze mich selbst, sagen wir, in einen Reisenden oder einen Verbraucher, in einen Steuerzahler, einen Leser oder einen Beobachter." Dabei gilt auch für mich, daß ich an einer solchen Beziehung „nicht als ganze Persönlichkeit, sondern nur mit bestimmten Persönlichkeitsschichten" teilnehme (Schütz 1971 a, S. 21). Auf diese Weise wird auch innerhalb der mittelbaren Sozialbeziehung eine „Reziprozität der Motive" hergestellt.

Schütz selbst hat übrigens auf die Parallelität seines Begriffs der Selbsttypisierung mit dem Mead'schen Konzept des „Mich(Me)" aufmerksam gemacht (vgl. dazu das Kapitel über G.H. Mead).

Schütz weist auch darauf hin, daß diese reziproke Auffassung des Selbst wie des Partners als Handlungstypen „... häufig als Verhaltensstandard **institutionalisiert**, in traditionellen und habituellen Sitten verbürgt (**legitimiert**, d. Verf.) und ... durch sogenannte Verfahren der **sozialen Kontrolle** ... garantiert" ist (Schütz 1971 a, S. 22; Hervorhebungen von mir).

Kehren wir zu einem unserer Beispiele zurück, um das Gesagte zu erläutern: Werfe ich einen Brief in einen Postkasten, so gehe ich eine Beziehung zu den Postbeamten ein. Diesen Postbeamten unterstelle ich als Funktionsträger bestimmte Motive – z.B. ihre Pflicht als Postbeamte erfüllen zu wollen – und Handlungen – z.B. Briefe befördern und austragen. Entsprechend muß aber auch ich mich selbst als typischer Postkunde benehmen, mit typischen Motiven eines Postkunden – ich will einen Brief von der Post befördern lassen – und typischen Handlungen – ich muß den Brief freimachen, mich an Öffnungszeiten halten, Briefkästen benutzen usw. Dabei kann und muß ich davon ausgehen, daß die Rechte und Pflichten von Postkunden und -beamten sozial verbindlich festgelegt – institutionalisiert – sind, von allen Beteiligten als mehr oder weniger sinnvoll und „vernünftig" anerkannt – legitimiert – sind, und allenfalls auch gegen meinen Willen zur Geltung gebracht werden, also unter sozialer Kontrolle stehen (wenn ich keine Briefmarken verwende, muß ich Strafporto zahlen).

Abschließend wollen wir noch kurz auf „Vorwelt" und „Folgewelt" und den Beziehungen zu ihr eingehen.

In beiden Fällen weist die Beziehung eine charakteristische Asymmetrie auf: Die **„Vorwelt“** der **„Vorfahren“** wirkt auf uns, wir aber können nicht mehr auf sie einwirken. Das, was uns von ihr, sei es in Form mündlicher Überlieferung oder in Form von Dokumenten – hinterlassen wird, ist uns „zu immer neuen Auslegung in mannigfachen, inhaltserfüllten Typen aufgegeben“. Hingegen wirken wir auf die **„Folgewelt“** unserer **„Nachfahren“** ein, diese aber nicht auf uns. Was dort geschehen wird, steht für uns unbestimmt und unbestimmbar „in grundsätzlich leerer Anonymität“ dahin (Schütz 1971 b, S. 156).

(3) Sozialisierung des Wissens

Wie eingangs festgestellt wurde ist die Alltagswelt intersubjektive Kulturwelt – ein Wirkungszusammenhang zwischen Menschen, die einander verstehen müssen, ein Universum von Bedeutung, das interpretiert werden muß. Wie aber ist jenes Zusammenwirken und jenes Verstehen möglich? Wie können verschiedene Menschen das Universum der Bedeutungen mehr oder weniger übereinstimmend interpretieren? Die Antwort, die Schütz gibt, lautet folgendermaßen: Wir können zusammenwirken und einander verstehen und zu einer halbwegs übereinstimmenden Interpretation der Bedeutung der Kulturwelt gelangen, weil das Wissen, das den Bezugsrahmen unseres Denkens, Handelns und Verstehen bildet **sozialisiert** ist, und zwar in dreifacher Hinsicht:

– in **struktureller** Hinsicht: mein Wissen, seine Elemente und seine Organisation, ist nicht nur mein privater Besitz, es hat auch öffentlichen Charakter; es ist – jedenfalls teilweise – „… objektiv und anonym, das heißt … abgelöst und unabhängig von meiner und meiner Mitmenschen Definition der Situation, von unseren einzigartigen biographischen Vorgegebenheiten und unseren wirklichen und möglichen Zielen, die uns mit unseren jeweiligen Biographien verfügbar sind“ (Schütz 1971 a, S. 14). In dieser objektivierten Form – als ausgesprochenes Wort, als niedergeschriebener Text, als anerkannte und kodifizierte Institution – hat jedermann zu ihm Zutritt (vgl. dazu auch den Begriff des „signifikanten Symbols“ bei Mead).

  Die bestehenden individuellen Differenzen werden durch eine idealisierende Annahme, die **„Generalthesis der Reziprozität der Perspektiven“** überwunden oder jedenfalls als unbeachtlich angesetzt. Diese „Generalthesis der Reziprozität der Perspektiven“ beinhaltet zwei komplementäre Annahmen: die Annahme von der **„Vertauschbarkeit der Standorte“** und die Annahme der **„Übereinstimmung der Relevanzsysteme“** der verschiedenen Menschen: Wenn ich auch – standortbedingt – die Welt anders sehe als mein gegenüber, so könnte ich doch im Prinzip auch seinen Standort einnehmen und dann dank der Übereinstimmung der Relevanzsysteme die Welt so sehen wie er (vgl. dazu auch den Begriff der „Übernahme der Rolle bzw. der Haltung des anderen“ bei Mead).

– in **genetischer** Hinsicht: Schütz weist darauf hin, daß „… nur ein sehr kleiner Teil meines Wissens von der Welt … in meiner persönlichen Erfahrung (gründet). Der größere Teil ist **sozial abgeleitet**, von meinen Freunden, Eltern, Lehrern und Lehrern meiner Lehrer auf mich übertragen“ (Schütz 1971 a, S. 15; Hervorhebung von mir). Im Verlauf eines Prozesses – der Sozialisation – werde ich in das gesellschaftliche objektivierte Wissen eingeführt, lerne es kennen und anzuwenden, die Welt im Lichte dieses Wissens zu interpretieren.

- im Hinblick auf die **Verteilung des Wissens:** Nicht jedes Individuum erhält denselben Anteil am gesellschaftlich objektivierten Wissen. Das individuelle Wissen variiert in Abhängigkeit vom Beruf, von der sozialen Schicht und natürlich auch vom Kulturkreis.

  Diese soziale Verteilung des Wissens bringt es mit sich, daß es nur wenige Gebiete gibt, in denen alle über den gleichen Wissensstand verfügen, während es viele Gebiete gibt, wo nur der eine Experte ist (über „Vertrautheitswissen" verfügt) und der andere „blutiger Laie" (lediglich über „Bekanntheitswissen" oder „Glaubenswissen" verfügt). So haben etwa in modernen Gesellschaften alle die Chance, ihre Muttersprache sprechen, lesen und schreiben zu lernen. Freilich bestehen schon hier erhebliche Unterschiede im Wissen und Können in Abhängigkeit von der sozialen Schicht. Diese Unterschiede werden noch viel größer im Bereich der höheren Bildung, des „Bildungswissens"; Jeder Berufstätige in unserer arbeitsteiligen Berufswelt ist Experte auf seinem schmalen Gebiet und Laie in allen anderen Gebieten.

  Schütz weist auch darauf hin, daß das Wissen und die Verteilung des Wissens seinerseits ein Element des allgemeinen, jedermann zugänglichen Wissens ist: Wenn ich krank und nicht Arzt bin, dann kann ich mir zwar nicht selbst helfen, ich weiß jedoch, wer kompetent ist, mir zu helfen (vgl. Schütz 1971 a, S. 16f.)

2.2.2 Jenseits der Alltagswelt: multiple Sinnprovinzen

Wie wir am Beginn des Abschnittes 2.2 festgestellt haben, ist nach Schütz die sinnhafte menschliche Aktivität nicht auf die Alltagswelt beschränkt. Dieser sinnhaften Aktivität jenseits der Alltagswelt und ihren Besonderheiten im Vergleich zur Sinndeutung und Sinnsetzung in der Alltagswelt wollen wir uns nun wenigstens überblicksweise zuwenden.

Zu diesen „Wirklichkeiten jenseits der Alltagswelt" zählt Schütz ausdrücklich „... die Welt der Träume, der imaginären Vorstellungen und der Phantasie, insbesondere die Welt der Kunst, die Welt der religiösen Erfahrung, die Welt der wissenschaftlichen Kontemplation, die Spielwelt des Kindes und die Welt des Wahnsinns" (Schütz 1971 a, S. 266).

Jede dieser Welten ist, wie Schütz sagt, eine **„geschlossene Sinnprovinz"** mit einem je besonderen, in sich stimmigen **„Erkenntnisstil".** Die jeweils vorherrschenden Erkenntnisstile unterscheiden sich in sechs Dimensionen, und zwar (vgl. Schütz 1971 a, S. 265):

- Grad der Bewußtseinsspannung
- Art der vorherrschenden „Epoché"
- Form der Spontaneität
- Form der Selbsterfahrung
- Form der Sozialität
- Art der Zeitperspektive.

Was diese einzelnen Dimensionen bedeuten, wird – so ist zu hoffen – bei der Beschreibung der verschiedenen Sinnprovinzen deutlich werden.

In jede dieser Sinnprovinzen kann ich gleichsam eintauchen und ihr damit, wie Schütz es ausdrückt, „den Wirklichkeitsakzent erteilen". Ein Wechsel von einer

Sinnprovinz in eine andere wird als „Schock" erfahren (z.B. Aufschrecken aus einem Traum).

Im folgenden soll versucht werden, die Eigenart einzelner dieser Sinnprovinzen, und zwar der Alltagswelt, der Phantasiewelt, der Traumwelt und der Welt der wissenschaftlichen Theorie, vergleichend zu beschreiben, und zwar mit Bezugnahme auf die oben genannten sechs Dimensionen.

(1) Die Alltagswelt

In der Welt des Alltags ist der **Grad der Spannung des Bewußtseins** am höchsten. Das Bewußtsein ist „ganz am Leben und seinen Anforderungen interessiert", es stellt sich **„hell wach"** den von der äußeren Wirklichkeit gestellten Problemen.

Wir kennen auch bereits die in der Alltagswelt **vorherrschende Epoché** – die „Epoché der **natürlichen Einstellung"**, in der jeglicher Zweifel an der Existenz der Welt außer Kraft gesetzt wird. Die im Alltag vorherrschende **Form der Spontaneität** ist die des **Wirkens**, d.h. der Verwirklichung von Entwürfen durch physische Aktivität, getrieben durch die **„grundlegende Sorge"** um meine Existenz als menschliches Lebewesen, durch die Angst vor dem Tod. Dem entspricht eine spezifische **Form der Selbsterfahrung:** der Handelnde geht in seiner spontanen Aktivität ganz auf, er erfährt sich, wie Schütz formuliert, als **„Gesamtselbst"**.

Sozialität wird im Alltag als das Kommunizieren, Kooperieren und Auf-einander-angewiesen-Sein bei der Bewältigung der Lebensprobleme (manchmal auch: des sich-dabei-gegenseitig-Behinderns) erfahren, als **„gemeinsame intersubjektive Welt der Kommunikation und des sozialen Handelns"**.

Schließlich läßt sich die Alltagswelt durch die **vorherrschende Zeitperspektive** charakterisieren: um am Ablauf der Ereignisse in der äußeren Wirklichkeit – der Natur und der Gesellschaft – teilhaben zu können, sind wir gleichsam gezwungen, unsere innere Uhr, unsere innere Zeit („durée") mit dem Ablauf der objektiven, physikalischen Zeit und der intersubjektiven gesellschaftlichen Zeit abzustimmen. Wollen wir nicht zu spät kommen und den Anschluß verpassen, müssen wir in einer **„Standardzeit im Schnittpunkt der durée mit der kosmischen Zeit"** leben.

Weil die Alltagswelt die Welt ist, in der es um Sicherung der physischen Existenz in aktiver Auseinandersetzung mit der äußeren Wirklichkeit im Zusammenwirken mit anderen Menschen geht, bezeichnet Schütz die Wirklichkeit der Alltagswelt als **„ausgezeichnete Wirklichkeit"**. Sie gilt ihm auch als das ursprüngliche Modell, als „der **Archetyp unserer Erfahrung der Wirklichkeit;** alle anderen Sinnbereiche dürfen als von ihr abgeleitet angesehen werden" (Schütz 1971 a, S. 267: Hervorhebung von mir).

(2) Die Welt der Phantasien und Einbildungen

In der Welt der Phantasie verlieren wir weitgehend unser Interesse am Leben und seinen Anforderungen und lassen unseren Vorstellungen freien Lauf – der **Grad der Bewußtseinsspannung nimmt also ab**.

Wir entschließen uns, die Wirkwelt des Alltags zu vergessen, klammern sie also in diesem Sinne ein, setzen sie in **„Epoche"** – und verbieten uns damit auch jeden „realistischen" Zweifel an der Phantasiewelt.

Die vorherrschende spontane **Aktivität** ist die des freien **Phantasierens**, unbekümmert von der „grundlegenden Sorge“ und unbekümmert darum, ob sich diese Phantasien auch verwirklichen lassen – sobald wir unsere Phantasien daraufhin untersuchen, sind wir ja nicht mehr in der Phantasiewelt, sondern bereits in die Wirkwelt zurückgekehrt.

In der Welt der Phantasie können wir natürlich auch nach Belieben unser Äußeres verändern – uns größer oder kleiner, stärker oder schwächer, schöner oder häßlicher vorstellen – und uns in jede gewünschte Rolle versetzen – die Karriere vom Schuhputzer zum Millionär machen, die uns in Wirklichkeit nicht gelingt, wohl wissend, daß wir das alles natürlich nicht wirklich sind. Wir erleben uns als **„Teilselbst“** in fiktiven Rollen.

Phantasieren kann man – und damit kommen wir zur vorherrschenden Form der **Sozialität – alleine und gemeinsam**, und der Inhalt der Phantasie kann natürlich auch eine **erfundene Beziehung** sein. Was die Zeit-(und Raum-)struktur des Phantasierens betrifft, so gilt, daß hier die **„Fesseln des ‚interobjektiven‘ Raums und der intersubjektiven Standardzeit“ aufgelöst** sind: wir können uns in Gedanken an andere Orte und in andere Zeiten versetzen, versäumte Gelegenheiten nachholen, die Zukunft bereits erfolgreich gemeistert haben (vgl. Schütz 1971 a, S. 269f.).

(3) Die Traumwelt

Der in der Traumwelt vorherrschende Bewußtseinszustand ist der der **völligen Entspannung**, der völligen Abwendung vom Leben.

Auch hier ist die **Wirklichkeit der Alltagswelt „in Klammer gesetzt“**, und damit auch jeder Zweifel an der Realität der Traumwelt ausgesetzt.

Auch im Traum gibt es freilich noch **spontane Aktivität:** wir nehmen eben Traumbilder wahr – und verarbeiten dabei „kleine Wahrnehmungen“ (Hunger, Schmerzen), aber auch „Tagesreste“ (der Begriff stammt von S. Freud; gemeint sind Eindrücke und Probleme des Alltags), „... die im Zustand des Wachseins – infolge der äußerst pragmatischen Orientierung an den Lebensaufgaben – nicht unterscheidbar sind und ungreifbar bleiben“ (Schütz 1971 a, S. 276). Freilich bearbeiten wir diese Tagesreste nicht in Form aktiven Handelns, sondern in Form **„passiver Aufmerksamkeit“**.

Dem entspricht, daß der Träumende sein **Selbst** häufig als **absichtslos in eine Traumhandlung verstrickt** erlebt.

Was die **Sozialität** der Traumwelt betrifft, so gilt, daß es in der Traumwelt keine Kommunikation gibt, jedenfalls nicht zwischen zwei Träumenden. Die Traumwelt des anderen ist uns nur in **„indirekter Kommunikation“** – durch Mitteilung im Wachzustand, die allerdings bereits unter den Vorzeichen der Alltagswelt steht und daher einer traumfremden Sinnprovinz angehört – möglich.

Was schließlich die **Zeitperspektive** der Traumwelt anlangt, so gilt auch hier: die **Standardzeit und ihre Ordnung ist aufgehoben**, und die innere Zeit hat sich von ihr gelöst, Nachher und Vorher, Zukunft, Gegenwart und Vergangenheit geraten – so scheint es jedenfalls aus der Perspektive der Alltagswelt – heillos durcheinander (vgl. Schütz 1971 a, S. 276ff.).

(4) Die Welt der wissenschaftlichen Theorie

Schütz zufolge weist auch die Welt der wissenschaftlichen Theorie einen geringeren **Grad der Bewußtseinsspannung** auf als die Alltagswelt: Auch der Wissenschafter ist nicht „ganz am Leben und seinen Anforderungen interessiert", er nimmt vielmehr die Einstellung eines **„unbeteiligten Beobachters"** ein und ist lediglich daran interessiert, ob seine Erwartungen, seine Hypothesen „... den Test der Verifizierung in einer Kette weiterer Erfahrungen bestehen werden" (Schütz 1971 a, S. 284). Dieses Desinteresse am Leben läßt den Wissenschaftler aus der Sicht der Alltagswelt manchmal als den „zerstreuten Professor" erscheinen.

Die für die Welt der Wissenschaft charakteristische **Epoché** ist, wie es Schütz etwas umständlich ausdrückt, die „Epoché der Epoché der natürlichen Einstellung": Während wir im Alltag den Zweifel an der Existenz der Welt einklammern, klammert der Wissenschafter umgekehrt gerade die Zweifel**losigkeit** ihrer Existenz ein: der Zweifel an der Gültigkeit von Theorien wird zum Prinzip – und zur Tugend – erhoben. Diese Eigenschaft ist es, die den Wissenschafter aus der Sicht der Alltagswelt als „weltfremd" erscheinen läßt.

Entsprechend herrscht in der Wissenschaft auch nicht die durch die „grundlegende Sorge" motivierte „Spontaneität des Wirkens" vor, sondern die der **„theoretischen Kontemplation"**, die nicht darauf abzielt, „... die Welt zu beherrschen, sondern sie zu beobachten und nach Möglichkeit zu verstehen" (Schütz 1971 a, S. 282). Natürlich kann wissenschaftliches Wissen auch praktisch angewendet werden; natürlich ist die Gesellschaft v.a. um dieser Anwendung Willen an Wissenschaft interessiert. Aber diese Anwendbarkeit interessiert nur aus der Perspektive der Alltagswelt. Für den Wissenschafter und seine theoretische Aktivität ist sie – so meint jedenfalls Schütz – ganz belanglos, auch wenn er selbst als Mitglied dieser Gesellschaft, das er ja auch ist, von der Anwendung der Wissenschaft profitieren (oder Schaden nehmen) mag.

Das leitet über zur nächsten Dimension der Welt der Wissenschaft, nämlich zur vorherrschenden Form der **Selbsterfahrung**. Der Wissenschafter kann in seine Wissenschaft nicht sein ganzes Menschsein einbringen, entsprechend ist er in der Welt der Wissenschaft „... nur ein **partielles Selbst**, ein rollenspielendes „Mich" (Me), nämlich der Theoretiker" (Schütz 1971 a, S. 286; Hervorhebung von mir).

Die vorherrschende Form der **Sozialität** in der Wissenschaft kann man als die des **wissenschaftlichen Dialogs** bezeichnen, der „... die Ergebnisse, die von anderen erarbeitet, die Probleme, die von anderen gestellt wurden, Lösungen, die andere vorgeschlagen haben und Methoden, die andere entwickelt haben" zum Gegenstand hat (Schütz 1971 a, S. 288). Die Kommunikation mit der Welt des Alltags stößt allerdings auf ähnliche Übersetzungsprobleme, wie sie auch im Falle der Traumwelt bestehen: auch hier gibt es nur **„indirekte Kommunikation"**. Man denke hier an die Schwierigkeit einer populären, „anschaulichen"Darstellung, etwa der Kernphysik.

Auch der Wissenschafter lebt – als Wissenschafter – losgelöst von der Standardzeit, er lebt in einer (wissenschaftlichen) Gegenwart, in der die in der (wissenschaftlichen) Vergangenheit gestellten Probleme bearbeitet werden, und er antizipiert eine (wissenschaftliche) Zukunft in der das bearbeitete Problem gelöst sein wird, anders ausgedrückt: seine **Zeitperspektive ist durch den Lösungszyklus wissenschaftlicher Probleme bestimmt**. Unser „zerstreuter Professor" vergißt manchmal über seiner Arbeit, wie spät es in Kategorien der Standardzeit bereits geworden ist – und übersieht dann glatt einen privaten Termin.

Schütz hat die Welt der wissenschaftlichen Theorie als eine unter vielen Sinnprovinzen mit einem von vielen Erkenntnisstilen gekennzeichnet. Das scheint auf eine Relativierung des Gültigkeitsanspruchs von Wissenschaft hinauszulaufen. Damit stellt sich die Frage ob und in welchem Sinne von einer Objektivität wissenschaftlicher Erkenntnisse gesprochen werden kann – eine Frage, auf die wir im nächsten Abschnitt zurückkommen werden.

2.3 Zur Methodenlehre einer „verstehenden Soziologie"

Wie bereits einleitend festgestellt, bedingt die Besonderheit des Objektbereichs der Sozialwissenschaften, dessen „sinnhafter Aufbau", in den Augen von Schütz auch eine **methodische Sonderstellung** der Sozialwissenschaften: das **Verstehen von subjektiv gemeintem Sinn** (Schütz 1971 a, S. 39). Dieses Verfahren hat Schütz im Auge, wenn er sagt, die Sozialwissenschaften müßten vom „subjektiven Standpunkt" ausgehen:

Wie geht nun dieses sozialwissenschaftliche „Verstehen" vor sich? Im Prinzip ähnlich wie das Verstehen im Alltag, das, wie wir gehört haben, auf der Konstruktion von „personalen Typen" und „Handlungstypen" beruht, die für die Interpretation der sozialen Welt herangezogen werden. Auch das wissenschaftliche Verstehen bedient sich, wie Schütz in Anschluß an M. Weber betont, typisierender Konstruktionen: „Der Sozialwissenschafter beobachtet gewisse Ereignisse in der sozialen Welt als solche, die durch menschliche Tätigkeit verursacht wurden, und er beginnt, den Typus dieser Ereignisse herauszuarbeiten. Danach koordiniert er mit diesen typischen Handlungen typische Weil-Motive und Um-zu-Motive, die er im Bewußtsein eines imaginären Handelnden als invariabel annimmt. So konstruiert er einen personalen **Idealtypus**, das Modell eines Handelnden, das er sich mit Bewußtsein begabt vorstellt", mit einem Bewußtsein, das über einen bestimmten Lebensplan und einen bestimmten Wissensvorrat verfügt. Der Sozialwissenschafter stellt dann seinen Idealtypus „... in eine Umgebung, die alle jene sozialweltlichen Situationselemente enthält, welche für die Ausübung des fraglichen und typischen Handelns relevant sind. Darüber hinaus assoziiert er ihm andere personale Idealtypen mit Motiven, die auf das typische Handeln des ersten Idealtypes typische Reaktionen hervorrufen können" (Schütz 1972, S. 195).

Das auf diese Weise konstruierte **idealtypische Modell eines Sektors der Sozialwelt** kann und soll auch gar nicht die volle Komplexität der Situation und die spontane Lebendigkeit der in ihr handelnden Menschen einfangen – Schütz ist sich dessen voll bewußt: Der durch die konstruktive Tätigkeit des Sozialwissenschafters in die Welt gesetzte Homunculus „... wurde nie geboren, er wächst nicht heran und er wird nicht sterben; er kennt weder Hoffnung noch Furcht; er kennt nicht die Sorge als Hauptmotiv seines Tuns. Er ist nicht frei in dem Sinn, daß er die von seinem Schöpfer, dem Sozialwissenschafter festgelegten Grenzen mit seinem Handeln überschreiten könnte. Er kann sich daher nur in solche Interessen- und Motivkonflikte verwickeln, die ihm vom Sozialwissenschafter zugeordnet worden sind. Er kann sich nicht irren, wenn der Irrtum nicht seine typische Bestimmung ist. Er kann nur zwischen den Alternativen wählen, die der Sozialwissenschafter ihm zur Auswahl gestellt hat. Während der Mensch ... in jede Sozialbeziehung nur mit einem Teil seines Selbst eintritt ... ist der in eine Sozialbeziehung gestellte Homunculus in ihr total enthalten" (Schütz 1971 a, S. 47).

Daher wird der Sozialwissenschafter auch nie den höchst individuellen Sinn einer Handlung oder Beziehung erfassen können. Das ist jedoch kein Nachteil, weil der Sozialwissenschafter eben nur am Typischen der Handlung oder Beziehung interessiert ist.

Wie aber kann dieses Verstehen **objektiv** sein? Die erste Antwort darauf gibt Schütz im Rahmen seiner „Theorie der mannigfaltigen Wirklichkeiten": Der Sozialwissenschafter kann objektiv sein, weil und sofern er **als Wissenschafter** nicht leidenschaftlich an der Wirklichkeit der Alltagswelt partizipiert und so der Alltagswelt **desinteressiert als neutraler Beobachter** gegenüber treten kann! Auf diese Weise sei er weniger anfällig für Wunschdenken und standortbedingte Vorurteile. Mit dem Wechsel der Welt taucht der Wissenschafter freilich auch in ein ganz anderes **Wissenssystem** ein. Nun ist sein Wissensvorrat „... der **corpus seiner Wissenschaft**, und er muß diesen als selbstverständlich hinnehmen – das heißt in diesem Zusammenhang, als wissenschaftlich gesichert hinnehmen – es sei denn, er sagt explizit, warum er das nicht kann. Zu diesem corpus der Wissenschaft gehören auch die bisher erfolgreich verwendeten Verfahrensregeln, die Methoden seiner Wissenschaft, zu denen die Methoden wissenschaftlich zuverlässiger Bildung von Konstruktionen zählen" (Schütz 1971 a, S. 45; Hervorhebung von mir).

Warum und in welchem Sinn kann nun die Erkenntnis in der Welt (sozial-)wissenschaftlicher Theorie Objektivität beanspruchen? Wir kommen nun zur zweiten Antwort, die Schütz auf die Ausgangsfrage nach der Möglichkeit objektiven Sinnverstehens gibt. Objektives Verstehen von subjektiv gemeintem Sinn ist möglich, wenn und sofern sich der Wissenschafter an die folgenden Postulate hält (Schütz 1972, S. 21, vgl. auch S. 44ff.):

1. **Postulat der Relevanz:** Das idealtypische Modell der Sozialwelt muß alle jene und nur jene Momente beinhalten, die in einem Zusammenhang mit der typischen Beziehung bzw. dem typischen Handeln stehen, die bzw. das den Gegenstand der Untersuchung bildet. Will ich z.B. ein Modell vom Rollenspiel von Lehrern und Schülern konstruieren, muß ich alle für Lehrer und Schüler typischen Rollenerwartungen berücksichtigen, nicht aber die Tatsache, daß sich der Lehrer in seinem Lebensplan vorgenommen hat, einmal den Mount Everest zu besteigen, und auch nicht den Umstand, daß Schüler B letzte Nacht einen Alptraum gehabt hat. Das idealtypische Modell muß m.a.W. problembezogen konstruiert sein.

2. **Postulat der Adäquanz:** Das idealtypische Modell, bzw. die darin enthaltenen Wissenselemente, Motive, Pläne und Handlungen müssen so konstruiert sein, daß sie auch aus der Perspektive eines wirklichen Handelnden in der Alltagswelt als „vernünftig und verstehbar" erscheinen; anders ausgedrückt: der vom Theoretiker konstruierte Handlungssinn muß in Entsprechung zu dem stehen, was auch im Alltag als Sinn gemeint werden kann. Nur dann ist gewährleistet, daß das idealtypische Modell sozusagen nicht den Boden subjektiv gemeinten Sinns unter den Füßen verliert, daß also das, was Schütz als „subjektiven Standpunkt" bezeichnet hat, nicht verloren geht.

3. **Postulat der logischen Konsistenz:** Idealtypische Begriffe müssen übereinstimmend gebraucht werden und Aussagen des Modells dürfen einander nicht widersprechen.

4. Postulat der Übereinstimmung: Die vom Sozialwissenschafter erdachte idealtypische Konstruktion „darf nur wissenschaftlich verifizierbare Annahmen enthalten, die mit unserem ganzen wissenschaftlichen Wissen übereinstimmen müssen". Der Wissenschafter soll also nicht die Welt neu erfinden, sondern sich – und sei es nun konform oder kritisch – auf das vorliegende wissenschaftliche Wissen beziehen; und er soll sein Modell so konstruieren, daß es empirischer Überprüfung ausgesetzt werden kann.

Die Postulate 1, 3 und 4 gelten Schütz zufolge im Prinzip für alle Wissenschaften, das Postulat 2 dagegen nur für die Sozialwissenschaften. Hier wird deutlich, daß Schütz' These von der Sonderstellung der Sozialwissenschaften keineswegs so zu verstehen ist, die Sozialwissenschaften hätten nichts mit anderen Wissenschaften gemeinsam. Das Gegenteil ist der Fall, **die Sonderstellung der Sozialwissenschaften** ist Schütz zufolge **relativ und nicht absolut** (vgl. dazu ausführlich Schütz 1971 a, S. 55ff.).

Offensichtlich zielen diese Postulate auf Einschränkung der Willkür des Wissenschafters ab – Einschränkung durch das zu untersuchende Problem (1. Postulat) durch das Sinnverständnis in der Alltagswelt (2. Postulat), durch die Gesetze der Logik (3. Postulat), durch das zur Zeit verfügbare theoretische und methodische Wissen und schließlich durch Erfahrungsdaten (4. Postulat).

Nun wissen wir aber bereits (vgl. die Bemerkungen zur phänomenologischen Philosophie im Abschnitt 2.1), daß auch jene Erfahrungsdaten durch konstruktive gedankliche Tätigkeit mitbestimmt und daher kein reines Abbild der Realität sind. Wenn dem so ist, dann gibt es aber keine von der Intersubjektivität der Alltagswelt und der „scientific community" unabhängige Garantie für Objektivität. Auf diesem schwankenden Boden der Intersubjektivität lassen uns Schütz und sein Lehrmeister Husserl zurück: „Dem aber, der mit diesen Garantien noch nicht zufrieden ist und nach der Realität verlangt, möchte ich sagen, daß ich leider nicht genau weiß, was Realität ist, und daß meine einzige Tröstung in dieser unangenehmen Situation die ist, daß ich mein Nicht-Wissen mit dem größten Philosophen aller Zeiten teile." (Schütz 1972, S. 49). Auch wenn diese Bewertung Husserls heute im allgemeinen nicht mehr akzeptiert wird, so ist doch bis auf den heutigen Tag unter Erkenntnistheoretikern diese Skepsis hinsichtlich der Möglichkeit unmittelbarer Erkenntnis der Realität geblieben.

3. „Idealtypische Modellierung der Sozialwelt" – an einem Beispiel erläutert

Um das begriffliche Instrumentarium und die methodische Vorgehensweise der phänomologischen Soziologie nochmals zu rekapitulieren und anschaulich zu machen, soll im folgenden ein idealtypisches Modell der Sozialwelt eines Bauarbeiters konstruiert werden.

Zu diesem Zwecke statten wir unseren fiktiven Bauarbeiter zunächst mit einem **Wissensvorrat** aus: zunächst muß er über das nötige **„Expertenwissen"** und handwerkliche **„Rezeptwissen"** verfügen: wir nehmen beispielsweise an, daß unser fiktiver Bauarbeiter weiß, wie man eine Mauer mit Hilfe einer Wasserwaage gerade errichtet und wie man mittels Kelle und Spachtel den Verputz aufträgt.

Unser Bauarbeiter muß aber auch über seine **Sozialwelt** Bescheid wissen: wir nehmen an, daß er über ein Repertoire von **„personalen Typen"** verfügt, um seine Arbeitskollegen und deren Verhalten beurteilen zu können („nette Kerle, auf die man sich verlassen und mit denen man seinen Spaß haben kann"); wir nehmen auch an, daß er über das notwendige Repertoire an **„Handlungstypen"** verfügt, um sich im Rahmen einer unpersönlichen Arbeitsorganisation zurechtzufinden, seine Rechte und Pflichten als Arbeitnehmer und die seiner Vorgesetzten kennt (wer anschaffen darf und wer gehorchen muß, usw.). Wir können in diesem Zusammenhang auch annehmen, daß unser Bauarbeiter über ein mehr oder weniger ausgeprägtes „Klassenbewußtsein" verfügt („wir Arbeiter müssen gegen die da oben zusammenhalten").

Wir nehmen weiters an, daß unser Bauarbeiter über **„typische Motive"** verfügt – z.B. sein Einkommen zu maximieren, seine Arbeit zufriedenstellend zu verrichten, sich für seine Kollegen einzusetzen-, Motive, die in einem Lebensplan einen ganz bestimmten Stellenwert besitzen. In diesem **Lebensplan** sind, so nehmen wir an, nicht nur seine beruflichen Ziele, sondern auch seine Pläne für andere Lebensbereiche enthalten – seine Überzeugung, daß man „nicht für die Arbeit allein leben", sondern auch „die Freizeit genießen", „einmal heiraten" und „mindestens drei Kinder haben soll".

Dieses Wissen verdankt der Bauarbeiter – so nehmen wir an – nur zum Teil seiner eigenen Erfahrung. Zu einem großen Teil hat er es von seinen Eltern, die auch schon klassenbewußte Arbeiter waren und drei Kinder in die Welt gesetzt haben, und von seinen Lehrern in der Berufsschule und am Bau übernommen (**„genetische Sozialisierung des Wissens"**). Weiters ist dieses Wissen objektiv – es existiert niedergeschrieben z.B. in berufskundlichen Lehrbüchern, und ist institutionalisiert und kodifiziert, beispeilsweise im Arbeitsrecht (**„strukturelle Sozialisierung des Wissens"**). Ferner teilt er einen Großteil seines Wissens mit anderen Mitgliedern der Gesellschaft – mit anderen Bauarbeitern, mit anderen Angehörigen der Arbeiterklasse (**„soziale Verteilung des Wissens"**).

Wir stellen nun unseren fiktiven Bauarbeiter in eine fiktive **Situation**. Diese Situation ist zum einen raum-zeitlich bestimmt – die Baustelle, an der unser Bauarbeiter zu arbeiten hat – und zum anderen sozial – die **Mitwelt** der Kollegen und unmittelbaren Vorgesetzten und die **Umwelt** der mittelbaren Kooperationspartner und Vorgesetzten.

Mit seinem Wissen ausgestattet ist unser Bauarbeiter-Homunculus für die Bewältigung dieser typischen Situation seines Alltags gerüstet: Er vermag die **Situation am Bau zu definieren:** er weiß, was das für Dinge sind, die dort herumliegen (eine Wasserwaage, eine Kelle, eine Spachtel), er weiß, was zu tun ist (schnell weiterbauen, damit das Haus fertig wird und der „Akkordlohn stimmt"), er kennt und versteht die Leute, die dort herum stehen und weiß, wie er sich ihnen gegenüber zu verhalten bzw. zu **handeln** hat (er erkennt seine Kollegen und weiß, daß ihre groben Scherze nicht „böse gemeint" sind, er erkennt seine Vorgesetzten, legt ihnen gegenüber die „gebührende Höflichkeit" zu Tage und versucht „nicht anzuecken").

Wenn wir wollen, daß sich unser idealtypisches Modell auch auf Wirklichkeiten jenseits der Alltagswelt bezieht, können wir auch annehmen, daß sich unser Bauarbeiter in einer unbeobachteten Minute in die **„Welt der Phantasie"** begibt und dort ein Schäferstündchen mit einem „ganz tollen Mädchen" auf einer einsamen

Insel verbringt – und dann durch das plötzliche Auftauchen des Vorarbeiters sehr unsanft, „schockartig", in die Wirklichkeit der Alltagswelt zurückgeholt wird.

4. Weiterentwicklung und Wirkungsgeschichte

Nach einer „Latenzzeit" von einigen Jahrzehnten ist die phänomenologische Soziologie – zunächst in den USA und dann auch in Europa – breiter rezipiert und weiterentwickelt worden (vgl. zum folgenden Grathoff 1978, S. 413ff.). Ausdrücklich zu erwähnen ist hier einmal die sogenannte **„Ethnomethodologie"** (Garfinkel, Cicourel). Ausgehend von Schütz' Konzept der „konstruktiven Tätigkeit im Alltag" untersucht sie die Methoden bzw. Regeln, mit deren Hilfe Gesellschaftsmitglieder ihre Umgebung interpretieren und ihr Handeln vollziehen. Im Unterschied zu Schütz nimmt bei den Ethnomethodologen auch die empirische Forschung einen zentralen Stellenwert ein (z.B. sogenannte „Krisenexperimente", in denen sich ein teilnehmender Beobachter bewußt ganz „naiv", „provokant" oder „verrückt" verhält, um an den Reaktionen der Versuchspersonen ablesen zu können, wo für diese die Grenze zwischen „normal" und „abnormal" liegt). Aus dem Kreis der Ethnomethodologen sind auch, gestützt auf phänomenologische Lebensweltanalysen, kritische Vorbehalte gegen eine „unreflektiert theoretisierende" und „unreflektiert quantifizierende" empirische Sozialforschung, gegen eine Sozialforschung, die sich nicht um die „Adäquanz" ihrer Begriffe und formalen Modelle kümmert, geltend gemacht worden.

Ausdrücklich zu erwähnen ist aber auch die (phänomenologische) **Wissenssoziologie** (Berger, Luckmann), die an Schütz' Konzept des Alltagswissens anknüpft und dieses Konzept, bereichert um Gedanken anderer Theoretiker der (Wissens-)Soziologie, zu einer umfassenden Theorie der intersubjektiven Kulturwelt ausbaut. Stärker als bei Schütz wird hier – in Anschluß an Durkheim – die objektive Existenz der Gesellschaft sowie – in Anschluß an Mead – die Wechselwirkung zwischen Individuum und Gesellschaft herausgearbeitet.

Hingewiesen sei hier weiters darauf, daß auch die **Luhmann'sche Systemtheorie** den phänomenologischen Sinnbegriff verwendet, der über das Werk von Schütz in die Soziologie eingeführt wurde. Allerdings führt Luhmann Sinn nicht mehr auf die Tätigkeit eines Subjekts zurück (vgl. das Kapitel über Luhmanns Systemtheorie).

Schließlich sei vermerkt, daß ein wichtiger Bestandteil der Schütz'schen Soziologie, nämlich das phänomenologische Lebensweltkonzept, auch in die **Kritische Theorie von Habermas** Eingang gefunden hat (vgl. das Kapitel über Habermas' Kritische Theorie).

Ausgewählte Originalliteratur[1,2]

Schütz, Alfred: Gesammelte Aufsätze 1. Das Problem der Wirklichkeit. Den Haag: Martinus Nijhoff, 1971a.

Schütz, Alfred: Gesammelte Aufsätze 3. Studien zur phänomenologischen Philosophie. Den Haag. Martinus Nijhoff, 1971b.

Schütz, Alfred: Das Problem der Relevanz. Herausgegeben und erläutert von Richard M. Zaner. Frankfurt: Suhrkamp Verlag 1971c.

Schütz, Alfred: Gesammelte Aufsätze 2. Studien zur soziologischen Theorie. Den Haag: Martinus Nijhoff, 1972.

Schütz, Alfred: Der sinnhafte Aufbau der sozialen Welt. Eine Einleitung in die verstehende Soziologie. Frankfurt: Suhrkamp Verlag, 1974 (erstmals 1932).

Ausgewählte Sekundärliteratur[1]

Eickelpasch, Rolf und **Lehmann, Burkhard:** Soziologie ohne Gesellschaft? Probleme einer phänomenologischen Grundlegung der Soziologie. München: Wilhelm Fink Verlag, 1983.

Grathoff, Richard: Alfred Schütz, in: Käsler, Dirk (Hg): Klassiker des soziologischen Denkens, Band II. Von Weber bis Mannheim, München: Verlag C.H. Beck, 1978, S. 388-416.

Gurwitsch, Aron: Einführung, in: Schütz, Alfred: Gesammelte Aufsätze, Band 1. Den Haag: Martinus Nijhoff, 1971, S. XV-XXXVIII.

Luckmann, Thomas: Einleitung, in: Schütz, Alfred: Das Problem der Relevanz. Frankfurt: Suhrkamp Verlag, 1971, S. 7-23.

Weiterführende Literatur (Auswahl)

Berger, Peter L. und **Luckmann, Thomas:** Die gesellschaftliche Konstruktion der Wirklichkeit. Eine Theorie der Wissenssoziologie. Frankfurt: S. Fischer Verlag, 1969.

Cicourel, Aron V.: Methode und Messung in der Soziologie. Frankfurt: Suhrkamp Verlag, 1970.

Garfinkel, Harald: Studies in Ethnomethodology. Englewood Cliffs: Prentice Hall, Inc. 1967.

Matthes, Joachim u.a.: Alltagswissen, Interaktion und gesellschaftliche Wirklichkeit, Band 1. Symbolischer Interaktionismus und Ethnomethodologie. Reinbek bei Hamburg: Rohwohlt Verlag, 1973.

Steinert, Heinz: Symbolische Interaktion. Stuttgart: Klett Verlag, 1973.

---

[1] Ein vorläufiges Verzeichnis der Schriften von Schütz in chronologischer Reihenfolge sowie der Sekundärliteratur zum Werk von Schütz findet sich in D. Käsler (Hg.): Klassikerdes soziologischen Denkens, Band 2. München: Verlag C.H. Beck, 1978, S. 497-507.

[2] Das posthum, in gemeinsamer Autorenschaft mit Thomas Luckmann erschienene zweibändige Spätwerk „Strukturen der Lebenswelt" wurde deshalb nicht berücksichtigt, weil in dieses Werk – über Luckmann – möglicherweise auch Elemente anderer soziologischer Traditionen eingegangen sind.

Kapitel 5: Materialistische Gesellschaftstheorie: Karl Marx

(Heinz-Jürgen Niedenzu)

Es gibt wohl kaum einen Gesellschaftstheoretiker, der so umstritten diskutiert wurde und auch weiterhin wird wie Karl Marx. Seine Analysen der kapitalistischen Gesellschaft, sein begriffliches Instrumentarium, seine theoretischen und seine politisch-praktischen Aussagen und Prognosen sind in vielerlei Hinsicht kontrovers debattiert worden, wobei der Rahmen von vollkommener Ablehnung i.S. von historisch falsifiziert über den Versuch der produktiven Weiterentwicklung der Kategorien bis hin zur dogmatischen Anwendung reicht. Die politische Relevanz seiner Theorie ist bis heute offenkundig, etwa als staatstragende Ideologie. Aber auch in den Sozialwissenschaften spielt der materialistische Ansatz fast in jedem Themenbereich nach wie vor eine erhebliche Rolle (bspw. in der Betriebs- und Industriesoziologie), ebenso wie er Ausgangspunkt für theoretische Strömungen geworden ist (bspw. für die Kritische Theorie) oder einfach wichtige Impulse gesetzt hat (etwa für die Wissenssoziologie). Auf diese Fäden soll an dieser Stelle aber nur beispielhaft (viele andere wären zu nennen) hingewiesen werden, wir werden im weiteren Verlauf nicht mehr darauf zu sprechen kommen (zur Wirkungsgeschichte vgl. etwa Euchner 1983, S. 135ff.).

In der hier vorliegenden Darstellung des Marxschen Ansatzes wird kein Anspruch auf Vollständigkeit (vgl. dazu etwa Arndt 1985) erhoben. Vielmehr wird der Versuch gemacht, einige Grundbegriffe und Hauptaussagen werkimmanent zu entwickeln und damit eine bestimmte Durchgängigkeit der Marxschen Denkweise herauszuarbeiten. Unberücksichtigt bzw. nur am Rande berücksichtigt bleiben dabei bestimmte („philosophische") Themen, etwa die Themenkreise „Dialektik" und „Entfremdung". Ebensowenig wird auf die Diskussion um die Differenzen zwischen dem „frühen" und dem „späten" Marx eingegangen, genauso wie die Debatte um das intellektuelle Verhältnis von Marx und Engels ausgeblendet bleibt.

1. Der historische Hintergrund

Jeder explizite Versuch der theoretisch-praktischen Erfassung und Durchdringung gesellschaftlicher Strukturbildungen, wie sie uns als Gesellschaften, als Gesellschaftssysteme, entgegentreten, aber auch die Erklärung der Veränderung eben dieser Strukturen (Phänomen des sozialen Wandels), ist unabdingbar verknüpft mit einer bestimmten historischen Situation. Was ist damit gemeint?

Jede Gesellschaftsanalyse ist in einen bestimmten status quo, einen gesellschaftlichen Ist-Zustand, eingebunden, was ihren Entstehungszusammenhang angeht. Dieses historisch gegebene Umfeld ist einmal das konkret vorfindbare Gesellschaftssystem, welches mit empirischen Methoden analysierbar ist, das „Materialobjekt" darstellt. Zum anderen beinhaltet dieser Ist-Zustand aber auch ein zu gerade diesem historischen Zeitpunkt gegebenes gesellschaftliches Niveau intellektueller Reflexion. Anders ausgedrückt beinhaltet der status-quo damit gleichzeitig akkumuliertes Wissen und „gültige", wenn auch möglicherweise miteinander konkurrierende, Interpretationsmuster über eben diese gesellschaftlichen Verhältnisse. Solche interpretativen Muster können sowohl die begriffliche Strukturierung vorhergegangener, „historischer" Gesellschaftsformen wie auch die prognostische Weiterschreibung aktueller gesellschaftlicher Entwicklungen leisten. Diese „kognitive Matrix", auf der neue Interpretationen im Spannungsfeld realer gesellschaftlicher Gegebenheiten entstehen, zeigt sich in besonders klaren Konturen bei der Gesellschaftsanalyse, wie sie von Marx in Zusammenarbeit mit Engels betrieben worden ist.

Karl Marx (1818-1883) und Friedrich Engels (1820-1895) lebten bekanntlich in einer Epoche radikalen sozialen Wandels, die sich als Durchsetzungsperiode der kapitalistischen Produktionsweise und damit einer neuen gesellschaftlichen Ordnung kennzeichnen läßt. In besonders prägnanten Konturen stellt sich für Marx dieser Prozeß dar in den Folgen und Auswirkungen der industriellen Revolution in England sowie der bürgerlichen Revolution in Frankreich. So liegt denn auch das Schwergewicht der wissenschaftlichen Arbeit von Marx in der empirischen Erfassung und der analytischen Durchdringung des sich installierenden kapitalistischen Systems.

Nichtsdestotrotz ist der begrifflich-theoretische Umgang mit diesem genannten Gegenstandsbereich nicht verständlich ohne Nennung des zweiten Hintergrundes des Marxschen Werkes, nämlich dem Stand des theoretischen Wissens zu seiner Zeit. Konkret bedeutet das für Marx die kritische Auseinandersetzung mit den herrschenden Weltinterpretationsmodellen der Philosophie (Hegel, Feuerbach), den nationalökonomischen Erklärungsmustern (A. Smith, Ricardo) sowie einigen sozialrevolutionären bzw. sozialutopischen Gesellschaftsmodellen (Proudhon, Owen) (vgl. Euchner 1983, S. 9ff.; Amann 1986, S. 273ff.).

Das Marxsche Werk läßt sich somit begreifen als kritische Auseinandersetzung und Weiterentwicklung bestehender Denkmodelle in Zusammenhang mit empirischen Analysen der vorfindbaren (liberal-)kapitalistischen Gesellschaft, allerdings nicht nur zum wissenschaftlichen Selbstzweck, sondern immer auch in gesellschaftspraktischer Absicht und einem damit einhergehenden politischen (revolutionären) Anspruch. Dieses Leitmotiv spiegelt sich in Kurzform in der 11. These über Feuerbach: „Die Philosophen haben die Welt nur verschieden interpretiert, es kommt darauf an, sie zu verändern" (MEW 3, S. 7).

2. Die Auseinandersetzung mit Hegel und Feuerbach

Da hier sicherlich nicht der Ort ist für eine ausführliche Darstellung der Positionen von Hegel und Feuerbach, wollen wir uns im folgenden auf eine Schwarz-Weiß-Kontrastierung beschränken, um den begrifflich-theoretischen Ausgangspunkt der Marxschen Theorie zumindest schlagwortartig charakterisieren zu können (vgl. dazu auch Dahmer/Fleischer 1976, S. 63ff.).

Die Hegelsche Philosophie stellt den eigentlichen Höhepunkt des klassischen deutschen Idealismus dar. Zwei Grundgedanken von Hegel, den Geschichtsprozeß und die Rolle der Arbeit betreffend, sind von Marx besonders hervorgehoben und in abgeänderter Form übernommen worden: Hegel hat die, historisch gesehen, variierenden Formen menschlicher Vergesellschaftungssysteme als etwas Zusammenhängendes begriffen, d.h. als Ausbildungen innerhalb eines einzigen geschichtlichen Prozesses. Die Menschheitsgeschichte stellt in dieser Perspektive ein sinnvoll geordnetes Ganzes dar, welche einer internen Entwicklungslogik folgt. Diese interne Logik drückt sich aus als permanenter Fortschritt in der Materialisierung eines (geistigen) Prinzips. Die Fortschrittsbewegung selber ist konzeptualisierbar als ein dialektischer Prozeß, in dem sich widersprüchliches Altes (These) und Neues (Antithese) gegenseitig durchdringen. Anstelle der ursprünglichen Gegensätze wird der Widerspruch „aufgehoben" (i.S. von bewahren, vernichten und hochheben) auf einer höheren Ebene, der sog. Synthese; diese Synthese kann selber wieder als These verstanden werden, zu der sich eine Antithese finden läßt, neue Synthese, usw. Entsprechend dieser Vorstellung stellt sich Geschichte für Hegel als ein permanent ablaufender Prozeß der Höherentwicklung dar, wobei eine gewisse Finalität unterstellt wird: die Geschichte wird nämlich gedacht als der Prozeß der Selbsterarbeitung, der Selbstdarstellung und der Selbstverwirklichung des „Weltgeistes", wobei bei der Materialisierung dieses Weltgeistes auch bei Hegel bereits der Prozeß der Arbeit eine Rolle spielt. Die menschliche Arbeit stellt für Hegel das sich bewährende Wesen, die Selbsterzeugung des Menschen dar. Empirisch lassen sich für Hegel die unterschiedlichen Entwicklungsstufen bzw. die Substanz des Fortschritts nachweisen als unterschiedliche Ausformungen und Qualitäten von gesellschaftlichen Institutionen wie Recht, Familie, Moral, Staat etc.

Entsprechend der Hegelschen Geschichtskonzeption geht auch Marx von einem dialektisch ablaufenden Fortschritt in der Vergesellschaftungsgeschichte aus, ohne allerdings den idealistischen Finalitätshintergrund zu übernehmen, also die Annahme eines ideellen zielgerichteten Prinzips, welches unabhängig und außerhalb menschlicher Einflußnahme gedacht wird. Im Arbeitsprozeß materialisiert sich für Marx nicht der Geist, das Gottprinzip, in jeweils unterschiedlichen Formen, sondern im Arbeitsprozeß schafft sich der Mensch selbst in seinen individuellen wie auch in seinen gesellschaftlichen Formen, sowohl auf der materiellen wie auch auf der ideellen Ebene. Genauso wie Hegel geht aber auch Marx davon aus, daß jedes gesellschaftliche Phänomen nie isoliert, sondern immer nur im gesellschaftlichen Gesamtzusammenhang, der gesellschaftlichen Totalität, analysierbar und interpretierbar ist.

Die Feuerbachschen Überlegungen lassen sich begreifen als ein Versuch einer materialistischen Wendung der idealistischen Philosophie von Hegel. Materialistisch ist hier zu verstehen als eine Erkenntnismethode der systematischen Zurückführung aller gesellschaftlich relevanten Phänomene auf die Bedingungen menschlicher Lebensweise. Aus dieser Perspektive heraus ist für Feuerbach die Hegelsche Annahme eines „Weltenschöpfers", eines „Weltenbaumeisters" (synonyme Ausdrücke für dieses außermenschliche Gestaltungsprinzip menschlicher Wirklichkeit wären „Idee", „absolute Vernunft", „Gott") nicht akzeptabel. Schöpfer ist vielmehr der Mensch, und dieser Mensch ist für Feuerbach primär ein sinnliches und physiologisches Wesen, welches im Rahmen dieser Wesensmerkmale aus sich heraus die materiellen und die geistig-ideellen Verhältnisse erst schafft. Damit läßt sich Religion bzw. Gott begreifen als menschliches Konstrukt, als eine (real geltende) Fiktion. Der Grund für die Kreation von Religion bzw. Gottesvorstellungen liegt für Feuerbach in den ureigensten menschlichen Bedürfnissen nach befriedigenden Lebensverhältnissen. Da die Menschen diese Vorstellungen über das Leben allerdings in eine Institution namens Religion projezieren, läßt sich Religion, lassen sich Gottesvorstellungen als ein Produkt der

Entfremdung von menschlichen Gattungswesen auffassen, indem es menschliches Aktivitätspotential vom Diesseits abzieht und auf ein Jenseits ausrichtet.

Marx schließt sich der Ausgangsüberlegung von Feuerbach insofern an, als daß Bewußtseinsphänomene in einen ursächlichen Zusammenhang mit menschlichen Existenzbedingungen gebracht werden. Die Kritik konzentriert sich auf zwei Punkte: Einmal hantiert Feuerbach mit einem Begriff vom „Wesen des Menschen", welcher ungeschichtlich ist, einen absoluten Bezugspunkt darstellt und die „sinnliche", passive Seite überbetont. Für Marx unterliegt aber auch das „menschliche Wesen" der gesellschaftsgeschichtlichen Prägung, es ist somit wandelbar und veränderbar durch die aktive Auseinandersetzung der Menschen mit der Natur- und der Sozialwelt. Ausgehend von dieser Grundthese gilt dieses natürlich dann auch für die Religion als einem gesellschaftlichen Produkt, wie in der 6. und 7. Feuerbachthese betont wird:

„Feuerbach löst das religiöse Wesen in das *menschliche* Wesen auf. Aber das menschliche Wesen ist kein dem einzelnen Individuum inwohnendes Abstraktum. In seiner Wirklichkeit ist es das ensemble der gesellschaftlichen Verhältnisse".

„Feuerbach sieht daher nicht, daß das ‚religiöse Gemüt' selbst ein gesellschaftliches Produkt ist und daß das abstrakte Individuum, das er analysiert, einer bestimmten Gesellschaftsform angehört" (MEW 3, S. 6f.).

Aus diesen Thesen ergibt sich bereits der zweite Kritikpunkt, nämlich der Vorwurf, daß die Feuerbachsche Religionskritik zu kurz greift, wenn sie Religion nur als Phänomen der Entfremdung vom „Wesen des Menschen" begreift. Marx geht insofern darüber hinaus, indem er die Frage nach der gesellschaftlichen Funktion von Religion stellt, und das heißt für ihn nichts anderes, als über die Kritik der Religion zu der Kritik der zugrundeliegenden politisch-ökonomischen Verhältnisse vorzustoßen.

Zusammenfassend lassen sich somit **zwei heuristische (erkenntnisleitende) Grundannahmen der Marxschen Theorie identifizieren:**

1. Menschliche Vergesellschaftungssysteme werden aus einem historisch-dialektischen Blickwinkel heraus betrachtet: Gesellschaften sind prinzipiell instabil im Sinne von wandelbaren Systemen, wobei sich die Entwicklung als ein dialektischer Prozeß darstellen läßt.

2. Die historisch-dialektische Betrachtung fußt auf einer materialistischen Grundkonzeption: Jedes gesellschaftlich relevante Phänomen steht in einer bestimmten und bestimmbaren Beziehung zu den sog. „materiellen Verhältnissen". Der Begriff der materiellen Verhältnisse meint die existentiellen Lebensbedingungen, die Menschen im Rahmen ihrer biologisch- organischen Kapazität durch die Auseinandersetzung mit den natürlichen und sozialen Umweltbedingungen im Arbeitsprozeß schaffen. In diesem Sinne, und nur in diesem, geht das Sein dem Bewußtsein voraus.

Diese theoretische Grundkonzeption wird von Marx, ohne daß wir das an dieser Stelle weiter verfolgen können, systematisch angewendet für seine gesellschaftstheoretische Analyse der gegebenen politisch-ökonomischen Situation seiner Epoche. Konkret beinhalten seine Arbeiten dabei u.a. die Infragestellung des nationalökonomischen begriffsanalytischen Instrumentariums (etwa der Thesen über Wertschaffung, utilitaristisches Wesen des Individuums, die „invisible hand", Wohlstand der Nationen als quasi-automatische Folge wirtschaftlichen Einzelhandelns etc.) wie auch die Diskussion der frühsozialistischen gesellschaftstheoretischen Vorstellungen (Vorwurf der theoretischen Scharlatanerie, des politischen Romantikertums, des Nichtvorhandenseins einer fundierten Philosophie und Gesellschaftsanalyse etc.). Schlußendlich ist aber natürlich auch sein politisches Engagement und seine journalistische Tätigkeit in diesem Sinne „theoriegeleitet".

3. Der Historische Materialismus

Marx hat Feuerbach, wie angeführt, vorgeworfen, daß seine Begriffsbestimmung des „Wesen des Menschen" ins Leere stößt, weil das menschliche Wesen eine konkret-geschichtliche Qualität hat, insofern es ja das „Ensemble existierender gesellschaftlicher Verhältnisse" ist. Damit aber läßt es sich nicht abstrakt beschreiben, sozusagen in Isolation von historisch gegebenen Verhältnissen. Wenn es also den Menschen im abstrakt-philosophischen Sinne nicht gibt, so muß nichtsdestotrotz geklärt werden, was man sich unter dem Menschen vorstellen soll, schließlich ist er der „Hauptdarsteller" in der Marxschen Theorie, nämlich der eigentliche Akteur, das historische Subjekt, der Gesellschaft konstituiert und in Gang hält, der Geschichte „macht".

Unabhängig von den variierenden gesellschaftlichen Einflußfaktoren läßt sich für Marx das **„Wesen des Menschen" empirisch in nur einem einzigen, wenn man so will „vorgesellschaftlichen", Punkt fixieren, nämlich der körperlich-biologischen Organisation des Menschen und dem dadurch gegebenen Verhältnis zur Natur**. Im Gegensatz zum Tier geht dem Menschen die vorprogrammierte, instinktgebundene Unmittelbarkeit mit der Natur ab, was besonders prägnant in der Notwendigkeit zum Ausdruck kommt, daß der Mensch seine Lebensmittel produzieren muß: Beginnen müssen wir damit, daß wir

„... die erste Voraussetzung aller menschlichen Existenz, also auch aller Geschichte konstatieren, nämlich die Voraussetzung, daß die Menschen imstande sein müssen, zu leben, um ‚Geschichte machen' zu können. Zum Leben aber gehört vor Allem Essen und Trinken, Wohnung, Kleidung und noch einiges Andere. Die erste geschichtliche Tat ist also die Erzeugung der Mittel zur Befriedigung dieser Bedürfnisse, die Produktion des materiellen Lebens selbst, und zwar ist dies eine geschichtliche Tat, eine Grundbedingung aller Geschichte, die noch heute, wie vor Jahrtausenden, täglich und stündlich erfüllt werden muß, um die Menschen nur am Leben zu halten" (MEW 3, S. 28).

„(Die Menschen) fangen an, sich von den Tieren zu unterscheiden, sobald sie anfangen, ihre Lebensmittel *zu produzieren* ... . Indem die Menschen ihre Lebensmittel produzieren, produzieren sie indirekt ihr materielles Leben selbst (MEW 3, S. 21).

Arbeiten, produzieren, „schaffen" tut der Mensch aber nicht in Isolation von anderen, sondern unter sozialen Gegebenheiten: „Die Tatsache ist also die: bestimmte Individuen, die auf bestimmte Weise produktiv tätig sind, gehen diese bestimmten gesellschaftlichen und politischen Verhältnisse ein" (MEW 3, S. 25).

In diesen Sätzen ist die Marxsche Anthropologie konzentriert enthalten. Durch die biologisch vorgegebene Notwendigkeit einer Produktion zur Existenzsicherung, deren Art und Weise im Gegensatz zum Tier nicht vorprogrammiert ist, sondern eine bewußte, willentlich gesteuerte Tätigkeit darstellt, sowie die Notwendigkeit, diese in Kooperation mit Anderen zu betreiben, konstituiert sich erst das „Wesen des Menschen". Beides, die Aneignungsstandards für die Auseinandersetzung mit der Natur wie auch deren gesellschaftliche Form, sind historisch variabel, damit natürlich aber auch das „menschliche Wesen". **Die Notwendigkeit der Produktion wie auch die Notwendigkeit gesellschaftlichen Daseins haben für Marx dagegen den Charakter von allgemein gegebenen, empirisch vorfindbaren und, im theoretischen Sinne, axiomatisch (ohne Beweis anerkannt) vorauszusetzenden Grundbedingungen menschlicher Existenz**. Gesellschaften und deren historische Ausformungen können damit verstanden werden als Variationen und Kombinationen auf diesen Grunddimensionen.

Der **Schlüsselbegriff**, der beide Dimensionen verbindet, ist der der **Arbeit**. Über die Arbeit erfolgt die (Re-) Produktion der physischen Existenz wie auch die (Re-)Produktion der gesellschaftlichen Strukturgegebenheiten, besonders manifest in Interaktions- und Kommunikationsformen. Modern ausgedrückt wird über die Marxsche Anthropologie eine Verknüpfung von Handlungs- und Strukturtheorie erreicht, begrifflich dargestellt als **Doppelcharakter von Arbeit:** in und durch die Arbeit aktualisieren, erschließen sich Individuen ihre natürliche und gesellschaftliche Umwelt, ihre natürliche und soziale Wirklichkeit; gleichzeitig sind die handelnden Akteure notwendigerweise immer auch in gesellschaftliche Strukturzusammenhänge eingebunden, treten sich somit nie voraussetzungslos gegenüber, sind immer schon eingebunden in gesellschaftliche Interpretationsmuster sowohl bezüglich der Natur- wie auch der Sozialwelt. **Arbeit erscheint somit zum einen als Produktion/Reproduktion der materiellen Mittel zur Bedürfnisbefriedigung wie auch zum anderen der gesellschaftlichen Strukturen**. Der Mensch ist demzufolge in seinem Handeln immer zugleich Subjekt wie auch Objekt (i.S. von struktureller Eingebundenheit). Diese Spannung zwischen subjektiven Handlungsfähigkeiten und objektiven Handlungsmöglichkeiten wird von Marx dialektisch gefaßt und ist ursächliche Triebkraft im Vergesellschaftungsprozeß, d.h. der geschichtlichen Abfolge unterschiedlicher menschlicher Vergesellschaftungsformen.

Wir haben bereits auf die berühmte Formel „das Sein bestimmt das Bewußtsein" (MEW 13, S. 8f.; MEW 3, S. 26f.) hingewiesen. Das Sein kann auch als die materiellen Verhältnisse einer Gesellschaft bezeichnet werden, wobei offenkundig ist, daß dieser Begriff nicht wie bei Feuerbach nur das sinnlich erfahrbare im Gegensatz zum ideellen Bereich meint. **Bei Marx umfassen die materiellen Verhältnisse** vielmehr, entsprechend dem Doppelcharakter des Arbeitsbegriffs, **sowohl den konkreten Austauschprozeß mit der Natur**, also „Arbeit" im klassischen Sinne, **als auch die sozialen Strukturen, innerhalb derer gearbeitet wird**, durch die Arbeit organisiert wird (vgl. z.B. MEW 3, S. 20ff.; Engels, MEW 19, S. 210). Genauer ausgedrückt umfassen die materiellen Verhältnisse also nicht sämtliche sozialen Struktursysteme sondern immer nur die für die jeweiligen Gesellschaftsformationen charakteristischen, mittels derer der Austauschprozeß mit der Natur koordiniert wird (beinhaltet Produktion, Distribution, Konsumtion). In früheren, sogenannten primitiven, Gesellschaften sind die für die materiellen Verhältnisse charakteristischen sozialen Strukturen die der sozialen Verwandtschaft, für die kapitalistischen Gesellschaften demgegenüber die ökonomischen Strukturen, konkretisiert in bestimmten Eigentumsverhältnissen (vgl. Eberle/Maindok 1984, S. 104).

Entsprechend den vorgestellten Überlegungen zum Begriff der Arbeit sowie zum dialektisch gefaßten Geschichtsprozeß unterscheidet Marx die zwei Seiten der materiellen Verhältnisse durch die Begriffe **„Produktivkräfte"** und **„Produktionsverhältnisse"**. Erstere umfaßt sowohl die konkreten Arbeitsgegenstände und Produktionsmittel (Arbeitsmittel, Arbeitsinstrumente), also Rohstoffe, Werkzeuge, Maschinen, Energie etc. als auch die produktiven Fähigkeiten der menschlichen Arbeitskraft im weitesten Sinne (Produktionswissen, berufliche Kenntnisse und Qualifikationen, Stand der Arbeitsteilung, Organisations- und Kooperationswissen etc.), also eigentlich die Gesamtheit der geistigen und physischen Fähigkeiten des Menschen unter dem Gesichtspunkt seiner Arbeitskraft. Der Begriff der Produktionsverhältnisse umschreibt die jeweils typischen sozialen Strukturen, mittels derer Menschen am Produktions- und Aneignungsprozeß teilnehmen, also ihr gesellschaftliches Zusammenwirken: „In der Produktion wirken die Menschen nicht allein auf die Natur sondern auch aufeinander. Sie produzieren nur, indem sie auf eine bestimmte Weise zusammenwirken und ihre Tätigkeiten gegeneinander austauschen. Um zu produzieren, treten sie in bestimmte Beziehungen und Verhältnisse zueinander, und nur innerhalb dieser gesellschaftlichen Beziehungen und Verhältnisse findet ihre Einwirkung auf die Natur, findet die Produktion statt" (MEW 6, S. 407).

Von besonderer Bedeutung ist hierbei die Frage der Verfügungsgewalt über die Produktionsmittel und die damit zusammenhängende Frage der Verfügbarkeit über die Arbeitsprodukte. In Verbindung damit sind in den Produktionsverhältnissen aber gleichzeitig auch die arbeitsteiligen Strukturen und die sozialen Beziehungen (Klassenbildungen) manifest. In einem Satz: Der Begriff der Produktionsverhältnisse umfaßt sowohl die jeweilige Beziehung der Gesellschaftsmitglieder zu den Produktionsmitteln und den Produkten wie auch die entsprechenden sozialen Beziehungen zwischen den Gesellschaftsmitgliedern im Zusammenhang mit dem Produktions- und Aneignungsprozeß (vgl. Hauck 1984, S. 49ff.).

Zwischen Produktivkräften und Produktionsverhältnissen besteht für Marx ein Verhältnis der prinzipiell gerichteten „Korrespondenz" im Sinne einer notwendigen Entsprechung, d.h. einem gegebenen Stand der Produktivkräfte entspricht ein gegebener Stand der Produktionsverhältnisse: „In der gesellschaftlichen Produktion gehen die Menschen bestimmte, notwendige, von ihrem Willen unabhängige Verhältnisse ein, Produktionsverhältnisse, die einer bestimmten Entwicklungsstufe ihrer materiellen Produktivkräfte entsprechen ..." (MEW 13, S. 8).

Dieser Ausdruck der „prinzipiell gerichteten ‚Korrespondenz'" charakterisiert den Zusammenhang zwischen Produktivkräften und Produktionsverhältnissen bezüglich zweier Aspekte: Zum einen in Richtung einer in letzter Instanz gegebenen Determination der Produktionsverhältnisse durch den Entwicklungsstand der Produktivkräfte insofern, daß es keinen dauerhaften Widerspruch aufgrund unterschiedlicher Entwicklungsniveaus geben kann. Unter diesem „Primataspekt" „erzwang" z.B. die Entwicklung der Produktivkräfte in den letzten zwei Jahrhunderten die Revolutionierung der tradierten, feudal gestalteten Produktionsverhältnisse. Andererseits aber unterliegt die konkrete Ausformung der

Produktionsverhältnisse ungeachtet des prozessualen Primats der Produktivkraftentwicklung keiner eineindeutigen Determination durch den Entwicklungsstand der Produktivkräfte. Innerhalb gewisser Grenzen (s.o.) gibt es Variationsmöglichkeiten; in unserem Beispiel etwa wäre sowohl eine „liberalkapitalistische“ als auch eine „sozial- marktwirtschaftliche“ Form der Sozialorganisation als Entsprechung zum Stand der Produktivkraftentwicklung denkbar. Die Frage der konkreten Ausformung der Produktionsverhältnisse im Rahmen (!) einer kapitalistischen Gesellschaft bleibt eine Frage empirisch erhebbarer Faktoren und Bedingungen.

Die Marxsche **Geschichtstheorie** beruht nun gerade auf der notwendigen Korrespondenz zwischen dem Entwicklungsstand der Produktivkräfte und den Produktionsverhältnissen. **Die Dynamik des Entwicklungsprozesses, die als dialektische Beziehung zwischen den beiden Seiten der materiellen Verhältnisse zu interpretieren ist, liegt für Marx eindeutig bei den Produktivkräften**, genauer der Produktivkraft „menschliche Arbeit“, wobei der Fortschritt als ein qualitativer im Sinne neuer Handlungsfähigkeiten mit steigendem Verfügungsgrad über Naturprozesse und nicht als ein quantitativer im Sinne von reiner Produktionsausweitung verstanden wird (vgl. etwa MEW 6, S. 407f.). Allerdings muß bei dieser Aussage sofort darauf hingewiesen werden, daß diese Bestimmung der Produktivkräfte als dynamischer Faktor nicht als technologische Determinierung gesellschaftlicher Prozesse zu verstehen ist. Gerade durch die analytische Unterscheidung der materiellen Verhältnisse in Produktivkräfte und Produktionsverhältnisse vermeidet Marx die Sachzwangthese, nach der Soziales durch technologische Faktoren und Entwicklungen zureichend geklärt würde (vgl. Eberle/Maindok 1984, S. 105). Wohl sind Entwicklungen in diesem Bereich nicht unabhängig von der Produktivkraftentwicklung, sie sind jedoch auch mitbestimmt durch die Struktur der gegebenen Produktionsverhältnisse. Und dieser Rahmen ist selber nicht als inflexibel zu denken ... (verwiesen sei noch einmal auf die Entwicklung der Produktionsverhältnisse seit der Industriellen Revolution und ihrer Anpassungsfähigkeit, also etwa der Übergang vom Liberalkapitalismus zur sozialen Marktwirtschaft).

4. Zum Verhältnis von Basis und Überbau, von Sein und Bewußtsein

Jede Gesellschaftsformation läßt sich durch das Vorherrschen einer bestimmten Produktionsweise (Produktionsweise wird hier gebraucht als Oberbegriff für die dialektische Beziehung zwischen Produktivkräften und Produktionsverhältnissen) **kennzeichnen**. Daß wir hier nur von der „Dominanz“ einer bestimmten Produktionsweise für die begriffliche Charakterisierung von gesellschaftlichen Systemen reden wollen ist als Hinweis darauf zu verstehen, daß es in jeder Gesellschaft auch in deren Basisbereich, ihren materiellen Verhältnissen, Sektoren geben kann, die nicht nach der Ratio der dominanten Produktionsweise organisiert sind, deren Stellenwert aber, gesamtgesellschaftlich gesehen, eher ein untergeordneter ist. Ein Beispiel für die parallele Existenz unterschiedlicher Produktionsweisen innerhalb eines Systems wären viele Gesellschaften in den sogenannten Entwicklungsländern, wo die kapitalistische Produktionsweise das dominierende, prägende Prinzip für die gesellschaftlichen Strukturverhältnisse darstellt, wo es aber gleichzeitig noch Sektoren gibt, die nach älteren, beispielsweise feudalistischen Ordnungsstrukturen organisiert sind. Trotzdem würde man diese Gesellschaften als kapitalistische bezeichnen, da die feudalistische Produktionsweise nur marginalen Stellenwert hat im Rahmen des Ganzen.

Bisher haben wir uns beim Nachvollzug der Marxschen Analyse ausschließlich auf die Produktionsweise und die sich dort abspielenden Prozesse beschränkt. Um eine Beschreibung einer historisch gegebenen Gesellschaft in ihrer Totalität leisten zu können, muß diese Sichtweise jetzt noch um die übrigen Phänomene gesellschaftlichen Zusammenlebens erweitert werden. Hierbei geht es um gesellschaftliche Institutionalisierungen wie etwa Organisationen und politisch-rechtliche Institutionen, aber auch um Weltbilder, wie sie sich in Ideologien, Religion, Philosophie oder auch im ästhetischen Bereich manifestieren. Gemeinhin wird der Bereich des ökonomischen Handelns als ein von den übrigen gesellschaftlichen Phänomenen isolierbarer und eigenständiger Bereich gedacht und behandelt. Marx geht es nun in seinem berühmten **Basis-Überbau-Theorem** gerade darum, die Entsprechungen und Abhängigkeiten beider Bereiche aufzudecken:

„In der gesellschaftlichen Produktion ihres Lebens gehen die Menschen bestimmte, notwendige, von ihrem Willen unabhängige Verhältnisse ein, Produktionsverhältnisse, die einer bestimmten Entwicklungsstufe ihrer materiellen Produktivkräfte entsprechen. Die Gesamtheit dieser Produktionsverhältnisse bildet die ökonomische Struktur der Gesellschaft, die reale Basis, worauf sich ein juristischer und politischer Überbau erhebt und welcher bestimmte gesellschaftliche Bewußtseinsformen entsprechen. Die Produktionsweise des materiellen Lebens bedingt den sozialen, politischen und geistigen Lebensprozeß überhaupt. Es ist nicht das Bewußtsein der Menschen, das ihr Sein, sondern umgekehrt ihr gesellschaftliches Sein, das ihr Bewußtsein bestimmt“ (MEW 13, S. 8f.).

Von zentralem Stellenwert ist hier also der **Gedanke, daß sich die Produktionsverhältnisse in bestimmbarer Weise im Überbaubereich manifestieren**. Was meint Marx damit? Durch die Produktionsverhältnisse werden die Gesellschaftsmitglieder in unterschiedlicher Weise im sozialen Strukturgeflecht plaziert. Entsprechend diesen unterschiedlichen Positionen haben die jeweiligen Positionsinhaber unterschiedliche Handlungschancen und auch unterschiedliche Interessen, und diese Interessenlage, so Marx, setzt sich fort in dementsprechenden unterschiedlichen politischen und ideologischen Aktivitäten. Das Basis-Überbau-Theorem besagt also ausschließlich, daß soziale Orientierungen und Aktivitäten von gesellschaftlichen Akteuren eine bestimmte Gleichartigkeit aufweisen, begründet durch strukturelle Vorgaben, wie sie sich in den Produktionsverhältnissen einer Gesellschaft manifestieren. Es geht also nicht um monokausale Determination des Überbaus durch die Basis, sondern es geht wiederum um eine prinzipiell gerichtete „Korrespondenz“ zwischen diesen beiden Seiten gesellschaftlichen Lebens. Wenn man so will: Im Überbaubereich kristallisiert sich das energetische Potential, wie es durch die Produktionsverhältnisse vorstrukturiert ist, etwa durch Bildung von Parteien, die in einem je spezifischen Verhältnis zu Gruppen stehen, die sich aufgrund der Produktionsverhältnisse konstituieren. In einer hochgradig arbeitsteiligen Gesellschaft werden sich institutionalisierte Bereiche und interpretative Muster kaum noch direkt in einen Bezug mit den Produktionsverhältnissen bringen lassen im Sinne einer kausalen Abteilung, aber das ist auch nicht das Problem von Marx: ihm geht es alleine um das Aufzeigen des zugrundeliegenden identischen Handlungssinns (vgl. Dahmer/Fleischer, S. 134ff., insb. S. 136).

Auf dieser Grundlage lassen sich z.B. gesellschaftliche Ideologien als Ideologien der Herrschenden, deren Stellung sich aus den Produktionsverhältnissen ergibt, bestimmen, oder auch der Staatsapparat als ein Organ von Klasseninteressen. Das Basis-Überbau-Theorem erlaubt es Marx somit, Überbaubereiche, die als neutrale, eigenständige, gesamtgesellschaftliche Erscheinungen von den Gesellschaftsmitgliedern gesehen werden, dieses Charakters zu entkleiden und ihren partiellen Charakter herauszuarbeiten.

Wie dieses „Primat der Ökonomie" im Sinne einer prinzipiell gerichteten „Korrespondenz" zwischen Basis und Überbau zu verstehen ist, soll, da es in der Literatur unterschiedliche Interpretationen erfährt, im folgenden etwas ausführlicher dokumentiert werden: „Nach materialistischer Geschichtsauffassung ist das *in letzter Instanz* bestimmende Moment in der Geschichte die Produktion und Reproduktion des wirklichen Lebens. Mehr hat weder Marx noch ich je behauptet. Wenn nun jemand das dahin verdreht, das ökonomische Moment sei das *einzig* bestimmende, so verwandelt er jenen Satz in eine nichtssagende, abstrakte, absurde Phrase. Die ökonomische Lage ist die Basis, aber die verschiedenen Momente des Überbaus – politische Formen des Klassenkampfs und seine Resultate – Verfassungen, nach gewonnener Schlacht durch die siegende Klasse festgestellt usw. – Rechtsformen, und nun gar die Reflexe aller dieser wirklichen Kämpfe im Gehirn der Beteiligten, politische, juristische, philosophische Theorien, religiöse Anschauungen und deren Weiterentwicklung zu Dogmensystemen, üben auch ihre Einwirkung auf den Verlauf der geschichtlichen Kämpfe aus und bestimmen in vielen Fällen vorwiegend deren *Form*. Es ist eine Wechselwirkung aller dieser Momente, worin schließlich durch alle die unendliche Menge von Zufälligkeiten (...) als Notwendiges die ökonomische Bewegung sich durchsetzt" (Engels, MEW 37, S. 463). „Die politische, rechtliche, philosophische, religiöse, literarische, künstlerische etc. Entwicklung beruht auf der ökonomischen. Aber sie alle reagieren auch aufeinander und auf die ökonomische Basis. Es ist nicht, daß die ökonomische Lage *Ursache, allein aktiv* ist und alles andere nur passive Wirkung. Sondern es ist Wechselwirkung auf Grundlage der *in letzter Instanz* stets sich durchsetzenden ökonomischen Notwendigkeit." (Engels, MEW 39, S. 206).

Damit können wir uns einem ähnlich gelagerten Problemfeld, nämlich dem **Zusammenhang von Sein und Bewußtsein**, zuwenden (vgl. dazu Dahmer/Fleischer 1976, S. 137ff.). Einer der Ausgangspunkte war für Marx wie gesehen die Kritik an Feuerbach, dem er vorgeworfen hatte, daß er bei einer Religionskritik stehengeblieben und nicht zu einer gesellschaftlichen Kritik der Religion vorgestoßen sei. Aus diesem Vorwurf in Richtung Feuerbach ergibt sich gleichzeitig indirekt eines der Marxschen Kerninteressen, nämlich die gesellschaftliche Bedeutung von Ideen und Ideensystemen („Ideologien") herauszuarbeiten, und das heißt für ihn nichts anderes als deren Interessengehalte zu bestimmen, so wie sie in der Struktur der Produktionsverhältnisse verankert sind:

„Für Hegel ist der Denkprozeß, den er sogar unter dem Namen Idee in ein selbständiges Subjekt verwandelt, der Demiurg des Wirklichen, das nur seine äußere Erscheinung bildet. Bei mir ist umgekehrt das Ideelle nichts andres als das im Menschenkopf umgesetzte und übersetzte Materielle" (MEW 23, S. 27).

Genausowenig wie beim Verhältnis zwischen Basis und Überbau geht es also bei dem Satz: „Das Bewußtsein ist durch das Sein bestimmt", um ein Ursachenverhältnis im Sinne einer Determination, sondern es geht wiederum ausschließlich um das Aufzeigen einer prinzipiell gerichteten „Korrespondenz“ und das heißt **Herausarbeiten der sozialen Qualität ideeller Inhalte, wobei sich diese soziale Qualität als ein bestimmter und bestimmbarer Zusammenhang mit den Produktionsverhältnissen darstellt**. Für Marx gibt es kein Bewußtsein unabhängig vom Sein, es ist immer das „bewußte Sein“ (MEW 3, S. 26). Das Sein wiederum läßt sich, analog zum Doppelcharakter der Arbeit, beschreiben als Auseinandersetzung mit außermenschlichen, natürlichen Gegenständen und Gegebenheiten wie auch als Auseinandersetzung mit der eigenen Sozialität, d.h. der Tatsache, daß die eigene Lebenstätigkeit immer auch sozialen Charakter und damit ebenfalls einen „gegenständlichen“ Charakter hat. Demzufolge hat das Bewußtsein immer einen gesellschaftlichen Bezug, ist ein „gesellschaftliches Produkt“. Das Verhältnis von Sein und Bewußtsein wird genauso wie das zwischen Basis und Überbau von Marx als ein dialektisches gefaßt: Da die Entstehung und Entfaltung des menschlichen Bewußtseins nicht von der „menschlichen Natur“ oder sonst einem Fixpunkt her aufgefaßt wird, sondern als abhängig betrachtet wird von der Auseinandersetzung des erkennenden Menschen mit der Naturwelt und der Sozialwelt, verändern sich, historisch gesehen, fortwährend die Grundlagen seines Denkens und demzufolge, aufgrund der gesellschaftlichen Einbettung jedes Menschen, auch umgekehrt wieder die Strukturen seines sozialen Daseins: Die kognitive Aufarbeitung etwa einer gegebenen Produktionsweise kann reforminspirierend wirken wie auch zu ihrer gedanklichen und revolutionären Aufhebung führen, entsprechend den materiellen Verhältnissen und den damit gegebenen Umsetzungsmöglichkeiten. Mit dieser Überlegung ist bereits eine andere Kernthese von Marx angesprochen, nämlich die Konzeptualisierung des geschichtlichen Prozesses als Abfolge differenter Gesellschaftsformationen.

5. Klassenkampf und sozialer Wandel

Mit dem Begriff der prinzipiell gerichteten „Korrespondenz“ haben wir versucht, der Marxschen Vorstellung gerecht zu werden, die von einem generellen Primat der Ökonomie bzw. des Seins ausgeht und trotzdem gleichzeitig Freiheitsspielräume im Sinne von relativer Selbständigkeit wie auch von Rückwirkungen, feedback- Beziehungen aus dem Überbaubereich auf die ökonomischen Verhältnisse zuläßt bzw. in das Grundmuster der Argumentation integriert. Im Rahmen seiner sog. **„materialistischen Geschichtsauffassung“** hat Marx nun versucht, Gesetzmäßigkeiten zu benennen, die den Wandel wie auch die Auflösung von Gesellschaftsformationen erklären können, wobei sich die bekannteste Formulierung dieser „materialistischen Geschichtsauffassung“ bei Engels findet: „Die materialistische Anschauung der Geschichte geht von dem Satz aus, daß die Produktion, und nächst der Produktion der Austausch ihrer Produkte, die Grundlage aller Gesellschaftsordnung ist; daß in jeder geschichtlich auftretenden Gesellschaft die Verteilung der Produkte, und mit ihr die soziale Gliederung in Klassen oder Stände, sich danach richtet, was und wie produziert und wie das Produzierte ausgetauscht wird. Hiernach sind die letzten Ursachen aller gesellschaftlichen Veränderungen und politischen Umwälzungen zu suchen nicht in den Köpfen der Menschen, in ihrer zunehmenden Einsicht in die ewige Wahrheit und Gerechtigkeit, sondern in Veränderungen der Produktions- und Austauschweise; sie sind zu suchen nicht in der *Philosophie*, sondern in der *Ökonomie* der betreffenden Epoche. Die erwachende Einsicht, daß die bestehenden gesellschaftlichen Einrichtungen unvernünftig und ungerecht sind, daß Vernunft Unsinn, Wohltat Plage geworden, ist nur ein Anzeichen davon, daß in den Produktionsmethoden und Austauschformen in aller Stille Veränderungen vor sich gegangen sind, zu denen die auf frühere ökonomische Bedingungen zugeschnittne gesellschaftliche Ordnung nicht mehr stimmt ..." (Engels, MEW 19, S. 210).

Entsprechend der Grundvorstellung, daß jede materielle und ideelle Bewegung, mithin jeder Prozeß als Lösung von Widersprüchen erklärbar ist, **faßt Marx gesellschaftliche Entwicklung als einen permanent ablaufenden dialektischen Prozeß auf. Der Grundwiderspruch** im Sinne eines den Wandel von Gesellschaftsformationen auslösenden Widerspruchs **entsteht für ihn im Basisbereich einer Gesellschaft** als Widerspruch zwischen dem Entwicklungsstand der Produktivkräfte und den Produktionsverhältnissen. **Der dynamische Part kommt dabei dem Stand der Produktivkräfteentwicklung zu**, in dem die Kreativität menschlichen Arbeitsvermögens verschlüsselt ist, **so daß eine Inadäquanz zu den bestehenden Produktionsverhältnissen entsteht. Dieser Widerspruch wird aufgehoben in veränderten Produktionsverhältnissen und damit einer neuen Produktionsweise. In einem zweiten Schritt spitzt sich der Widerspruch zwischen neuer Produktionsweise und altem Überbau so zu, daß dieser Widerspruch schließlich in einer neuen Gesellschaftsformation aufgehoben wird:** „Auf einer gewissen Stufe ihrer Entwicklung geraten die materiellen Produktivkräfte der Gesellschaft in Widerspruch mit den vorhandenen Produktionsverhältnissen oder, was nur ein juristischer Ausdruck dafür ist, mit den Eigentumsverhältnissen, innerhalb derer sie sich bisher bewegt hatten. Aus Entwicklungsformen der Produktivkräfte schlagen diese Verhältnisse in Fesseln derselben um. Es tritt dann eine Epoche sozialer Revolution ein. Mit der Veränderung der ökonomischen Grundlage wälzt sich der gesamte ungeheure Überbau langsamer oder rascher um. In der Betrachtung solcher Umwälzungen muß man stets unterscheiden zwischen der materiellen, naturwissenschaftlich treu zu konstatierenden Umwälzung in den ökonomischen Produktionsbedingungen und den juristischen, politischen, religiösen, künstlerischen oder philosophischen, kurz, ideologischen Formen, worin sich die Menschen dieses Konflikts bewußt werden und ihn ausfechten. Sowenig man das, was ein Individuum ist, nach dem beurteilt, was es sich selbst dünkt, ebensowenig kann man eine solche Umwälzungsepoche aus ihrem Bewußtsein beurteilen, sondern muß vielmehr dies Bewußtsein aus den Widersprüchen des materiellen Lebens, aus dem vorhandenen Konflikt zwischen gesellschaftlichen Produktivkräften und Produktionsverhältnissen erklären" (MEW 13, S. 9).

Diese „Gesetzmäßigkeiten der Entwicklung" bleiben solange Leerformeln, solange man nicht den objektiv konstatierten Prozeßverlauf mit an historische Subjekte gebundenen Handlungen zusammenbringen kann.

Für Marx findet die objektive Situation der Widersprüche zwischen Stand der Produktivkräfte und Produktionsverhältnis bzw. zwischen Basis und Überbau ihren Ausdruck im Kampf zwischen verschiedenen sozialen Interessengruppen („Klassen"), die in ihrer Substanz aus den Produktionsverhältnissen hervorgehen (vgl. Engels, MEW 20, S. 248). Es ist also die Wahrnehmung, Aufnahme und Ausformulierung gegebener oder neuer Situationen entsprechend eigenen Interessenlagen, die die Substanz des Entwicklungsprozesses ausmacht, nämlich als Auseinandersetzung zwischen widersprüchlichen gesellschaftlichen Interessenlagen. Im Basisbereich einer Gesellschaft kann das die Durchsetzung neuer Produktionsverhältnisse bedeuten (beispielsweise das Entstehen neuer, kapitalistischer Produktionsverhältnisse in der industriellen Revolution: die alten feudalistischen Abhängigkeitsbeziehungen werden abgelöst durch die Beziehung zwischen Produktionsmittelbesitzern und nominell freien Lohnarbeitern). Diese neue Produktionsweise gerät selber nahezu zwangsläufig in Konflikt mit den traditionalen Wertsystemen, so daß eine Nicht-Korrespondenz zwischen neuen Produktionsverhältnissen bzw. neuer Produktionsweise und altem Überbau entsteht (die weltlich-religiöse Dominanz der Feudalherrschaft und des Klerus, verankert in ihrer Dominanz im Rahmen der Produktionsverhältnisse, gerät in Widerspruch zu den neuen Produktionsverhältnissen mit der dort gegebenen Dominanz der Produktionsmittelbesitzer: den neuen Verhältnissen entspricht die sich durchsetzende überbaudominierende Stellung der Bourgeoisie).

Abschließend soll noch kurz geklärt werden, wo die Ursache für die Entstehung von Klassen bzw. von klassensegregierenden Produktionsverhältnissen liegt. Notwendige Vorbedingung für Klassenbildung ist für Marx die gesellschaftliche Arbeitsteilung. Diese hat allerdings eher eine auslösende Funktion, wird erst dann zum bestimmenden Moment der Entstehung von Klassen, wenn die Möglichkeit einer Mehrproduktion besteht und dieses Mehrprodukt von einer gesellschaftlichen Gruppe aneignenbar ist (vgl. Engels, MEW 20, S. 193). Der Grund der Herausbildung von gesellschaftlichen Gruppen mit widersprüchlichen Interessenlagen liegt also im ökonomischen Prozeß und seiner gesellschaftlichen Organisation begründet. Entsprechend **unterscheidet man Klassen in bezug auf ihre Stellung im Produktionsprozeß, genauer noch bezüglich ihres Verhältnisses zu den Produktionsmitteln und den Produkten**.

Neben der **klassenlosen Urgesellschaft** (Gliederung nach Verwandtschaft und Gemeineigentum am Boden, vgl. Engels, MEW 19, S. 317) und der **asiatischen Produktionsweise** (Gemeineigentum am Grund und Boden, vgl. Grundrissse, S. 376f.) lassen sich dann historisch-idealtypisch folgende Gesellschaftsformationen (und Klassengesellschaften) in aufsteigender Reihenfolge unterscheiden (vgl. MEW 6, S. 408): die **antike Gesellschaft** (Freie vs. Sklaven), die **feudale Gesellschaft** (Feudalherren vs. Leibeigene) sowie schließlich die **bürgerliche Gesellschaft** (Produktionsmittelbesitzer vs. freie Lohnarbeiterschaft). Die Entwicklung treibt nach Marx aber weiter in Richtung einer klassenlosen **kommunistischen Gesellschaft** aufgrund der „vollen Entfaltung der modernen Produktivkräfte", die die Einteilung in Klassen überwindet (vgl. dazu MEW 13, S. 9 sowie Engels, MEW 19, S. 224f.).

Das Unterscheidungskriterium für die hier aufgeführten Klassengesellschaften ist die jeweils unterschiedliche Produktionsweise, also die unterschiedliche soziale Organisation, wie sie sich besonders in den verschiedenartigen Produktionsverhältnissen ausdrückt (vgl. MEW 23, S. 231). In allen Fällen aber beinhalten Klassenverhältnisse einen gegebenen objektiven ökonomischen Antagonismus: „Die Kategorie der entschädigungslosen Aneignung fremder Mehrarbeit bildet demnach den Schlüssel zum Marxschen Klassenbegriff ... Soziale Klassen sind ... gesellschaftliche Gruppierungen, welche sich entschädigungslos fremde Mehrarbeit aneignen oder gezwungen sind, unentgoltene Mehrarbeit für andere zu leisten ... Gegenüber dem Klassenbegriff der bürgerlichen Soziologie ist es wichtig festzuhalten, daß für Marx das Klassenverhältnis stets einen objektiven ökonomischen Antagonismus beinhaltet, welcher eben in der Aneignung der Arbeit der einen durch die anderen besteht – einer von jeglicher subjektiven Vorstellung unabhängigen Tatsache. Klassengesellschaften sind stets antagonistische Gesellschaften" (Hauck 1984, S. 52f.).

Nun führt ja bekanntlich nicht jeder ökonomische Antagonismus automatisch zum Klassenkampf, sondern der Widerspruch kann sehr wohl latent bleiben. Dieser Überlegung entsprechend ist es sinnvoll, den Klassenbegriff folgendermaßen zu differenzieren (vgl. MEW 4, S. 180f.; MEW 8, S. 198):

Strukturtheoretisch ist eine Klasse definiert als eine Gruppe von Menschen, wobei die Gruppenzugehörigkeit bestimmt ist durch eine gemeinsame gesellschaftliche Situation. Eine solche **„Klasse an sich"** ist objektiv bestimmbar auf Grund von gemeinsamen Merkmalen, also etwa dem Besitz oder Nichtbesitz an Produktionsmitteln bzw. Aneignung/Verausgabung von Mehrarbeit. Auf der Handlungsebene aber, im Sinne von Kampf zwischen Klassen, ist eine solche objektiv beschreibbare Gruppe nur relevant, wenn ein entsprechendes subjektives Bewußtsein der gemeinsamen objektiven Lage vorhanden ist, sich somit aus der „Klasse an sich" eine **„Klasse für sich"** herausbildet. Mit dieser Unterscheidung weicht Marx einer quasi-naturgesetzlichen Bestimmung gesellschaftlichen Wandels aus: Der für Klassengesellschaften konstatierbare, im ökonomischen Bereich angelegte Grundwiderspruch bleibt solange latent, d.h. nicht handlungsrelevant, solange die objektive Situation nicht ihre subjektiv-kollektive Entsprechung findet. Damit bleibt der Klassenbildungsprozeß bzw. die Verhinderung dieses Prozesses die entscheidende Schlüsselvariable für die materialistische Geschichtsauffassung, entgegen dem häufig unterstellten Vorwurf eines automatisch ablaufenden geschichtlichen Prozesses mit dem Endpunkt einer kommunistischen Gesellschaft. Das Geschichtsmodell selber bleibt (unter Beachtung des Primats der Ökonomie) abhängig von empirischen Bedingungen, die den Prozeß sowohl zeitlich als auch inhaltlich steuern (vgl. dazu Eberle/Maindok 1984, S. 111ff.).

6. Die Analyse des kapitalistischen Wirtschaftssystems

Was kennzeichnet nun für Marx die **kapitalistische Produktionsweise** (vgl. MEW 4, S. 459ff.)? Betrachten wir die Seite der Produktivkräfte, so können wir einen bestimmten empirisch ermittelbaren Entwicklungsstand konstatieren, also Einsatz von Maschinen, Energieerzeugungssysteme, bestimmte Qualifikationsstrukturen, hochgradige Spezialisierung im Rahmen ausdifferenzierter Arbeitsteilung, geplanter und gesteuerter Einsatz von Wissenskraft, Niveau der Infrastrukturentwicklung, usf. Auf der Seite der Produktionsverhältnisse tritt **das für eine kapitalistische Gesellschaft Kennzeichnende konzentriert in den Eigentumsverhältnissen** zu Tage. En gros lassen sich zwei gesellschaftliche Gruppierungen, **zwei Hauptklassen**, unterscheiden: Die **Klasse der Besitzer an Produktionsmitteln** und die **Klasse der Nichtbesitzer an Produktionsmitteln**. Kennzeichnend ist weiters die Tatsache, daß letztere gezwungen sind, ihre **Arbeitskraft als Ware auf dem kapitalistischen Markt** anzubieten, die Arbeitskraft somit Warencharakter hat, deren Verkäuflichkeit sich nach Gesetzen richtet, denen auch alle anderen Waren unterworfen sind, für die ein Markt besteht. Mit dem Nichtbesitz der Produktionsmittel ist auch die Nicht-Aneignung der Arbeitsprodukte wie auch die Nicht-Verfügbarkeit über den Distributions- und Konsumtionsprozeß gegeben.

Die im engeren Sinne ökonomischen Vorgänge im kapitalistischen System lassen sich für Marx folgendermaßen charakterisieren (vgl. MEW 6, S. 397ff.; MEW 16, S. 101ff.; MEW 23; vgl. auch Arbeitsgruppe Soziologie 1978, S. 153ff.; Hauck 1984, S. 54ff.; Eberle/Maindok 1984, S. 106ff.): Im Produktionsprozeß werden vom Unternehmer zwei Sachen zusammengebracht, nämlich Produktionsmittel (PM) im engeren Sinne sowie menschliche Arbeitskraft (AK), die er beide als Waren auf den spezifischen Märkten, also dem Gütermarkt respektive dem Arbeitsmarkt, erwirbt unter Erbringung einer bestimmten Summe Geld (G). Für den Aufkäufer dieser Waren stellen beide Momente **Gebrauchswerte** dar, die für den Produktionsprozeß notwendig sind. Aus dem Produktionsprozeß (P) gehen neue Produkte hervor, die für ihn nur in ihrer Eigenschaft als Waren (W) interessant sind, die sich auf dem Warenmarkt verkaufen lassen. Diese Waren besitzen also aus der Sicht des Unternehmers, des Kapitalisten, einen **Tauschwert**, und nur der interessiert ihn primär, da sich dieser in Form eines erhältlichen Preises realisieren läßt (wenn sich Käufer finden, für die diese Waren einen Gebrauchswert haben, für sie einen Nutzenaspekt haben).

Nun ist die kapitalistische Gesellschaft hochgradig arbeitsteilig differenziert, und das heißt auch, daß sehr viele und sehr unterschiedliche Produkte auf den Märkten angeboten werden. Der Tauschwert dieser Güter soll über den **Preis**, also das für sie erhaltbare Entgelt, realisiert werden, wobei der Preis entsprechend den Gesetzen von Angebot und Nachfrage um den Tauschwert herum schwankt. In den unterschiedlichen Preisen für die unterschiedlichsten Güter drückt sich also die Proportion aus, in der sich eine Ware gegen eine andere austauscht. Um etwa den Tauschwert eines Autos erbringen zu können, bedarf es einer bestimmten Menge von Kugelschreibern, da der Tauschwert eines einzelnen Kugelschreibers um ein Vielfaches unter dem Tauschwert eines Autos liegt. Der unterschiedliche Tauschwert von Waren muß also begründet sein in einem unterschiedlichen **Wert** der Waren. Dieser unterschiedliche Wert läßt sich für Marx nun quantitativ bestimmen über ein **gemeinsames Merkmal, das allen Produkten menschlicher Arbeit gemeinsam ist** und welches Basis dafür ist, daß sich überhaupt Wertrelationen in Form unterschiedlicher Tauschwerte aufstellen lassen. **Dieses Gemeinsame, quantitativ Bestimmbare, ist für Marx die in den Arbeitsprodukten kristallisierte, im gesellschaftlichen Durchschnitt notwendige eingesetzte Arbeitszeit:**

„Wenn wir *Waren als Werte* betrachten, so betrachten wir sie ausschließlich unter dem einzigen Gesichtspunkt der in ihnen *vergegenständlichten, dargestellten* oder, wenn es beliebt, *kristallisierten gesellschaftlichen Arbeit.* In dieser Hinsicht können sie sich nur *unterscheiden* durch die in ihnen repräsentierten größeren oder kleineren Arbeitsquanta, wie z.B. in einem seidnem Schnupftuch eine größere Arbeitsmenge aufgearbeitet sein mag als in einem Ziegelstein. Wie aber mißt man *Arbeitsquanta*? Nach der *Dauer der Arbeitszeit,* indem man die Arbeit nach Stunde, Tag etc. mißt. Um dieses Maß anzuwenden, reduziert man natürlich alle Arbeitsarten auf durchschnittliche oder einfache Arbeit als ihre Einheit.

Wir kommen daher zu folgendem Schluß. Eine Ware hat *Wert,* weil sie *Kristallisation gesellschaftlicher Arbeit* ist. Die *Größe* ihres Werts oder ihr *relativer* Wert hängt ab von der größeren oder geringeren Menge dieser in ihr enthaltnen gesellschaftlichen Substanz; d.h. von der zu ihrer Produktion notwendigen relativen Arbeitsmasse. Die *relativen Werte der Waren* werden daher bestimmt durch die *respektiven in ihnen aufgearbeiteten, vergegenständlichten, dargestellten Quanta* oder *Mengen von Arbeit.* Die *korrelativen* Warenquanta, die in *derselben Arbeits-*

zeit produziert werden können, sind *gleich*. Oder der Wert einer Ware verhält sich zum Wert einer anderen Ware wie das Quantum der in der einen Ware dargestellten Arbeit zu dem Quantum der in der anderen Ware dargestellten Arbeit" (MEW 16, S. 123f.).

In dieser Perspektive stellt der **Wert eine empirisch bestimmbare, substanzielle quantifizierbare Größe dar, während der Tauschwert als relationale Größe als eine Erscheinungsform eben dieses Wertes zu betrachten ist**.

Nun ist es offensichtlich, daß in der kapitalistischen Gesellschaft nicht nur einfacher Warentausch vorliegt. Zum einen wird immer unter Konkurrenzverhältnissen produziert, zum anderen ist das Ziel kapitalistischer Produktion die Erwirtschaftung von **Profit**.

Was aber ist der Profit? Marx versucht nachzuweisen, daß der Profit nicht aus den Tauschhandlungen der beteiligten Akteure entspringt, wobei er folgendermaßen argumentiert:

Die einfache Formel W (AK; PM) – P – W entspricht mitnichten der Realität, denn der Tauschwert der produzierten Ware soll größer sein als der Tauschwert der Waren, die für die Aufnahme der Produktion eingekauft worden sind. Betrachten wir die Manifestierung dieses Vorganges in der Zirkulationssphäre, also der Sphäre der Käufe und Verkäufe, so kauft der Unternehmer auf den Warenmärkten unter Einsatz der Ware Geld (G) Waren (W) unter dem Aspekt ihres Gebrauchswertes ein (AK, PM), erzeugt damit im Produktionsprozeß eine neue Ware (W), deren Preis (G′) ihm einen Profit sichern soll, d.h. G′ soll größer sein als G. Damit ist aber natürlich die Tatsache verbunden, daß der Wert bzw. der Tauschwert der produzierten Ware höher ist als der Gesamtwert der eingesetzten Waren. Der Zirkulationsprozeß im Kapitalismus nimmt also die Form: G – W – G′ an.

Dieser **Profit kann nach Marx systematisch nur im Produktionsprozeß erfolgen als Prozeß der Mehrwertschaffung**. Schaut man sich die beiden in der Produktion kombinierte Faktoren an, so kann die **eigentliche Quelle des Mehrwertes nur die menschliche Arbeitskraft, das menschliche Arbeitsvermögen** sein. Wohl stellen auch die Maschinen Werte dar, aber sowohl Maschinen als auch andere denkbare Produktionsmittel sind immer schon Resultate von menschlicher Arbeit, stellen vergegenständlichte menschliche Arbeit dar, beinhalten erst wegen dieser investierten Arbeit einen Wert. Der Wert einer Maschine kann sich nun im Produktionsprozeß auf die neuen Produkte übertragen (die moderne Ökonomie trägt dieser Tatsache mit den Begriffen „Abschreibung" und „Amortisation" Rechnung), aber diese Wertübertragung ist selber wieder an menschlichen Arbeitseinsatz gekoppelt. **Daß nun die menschliche Arbeitskraft diese Fähigkeit der Wertschöpfung besitzt, macht ihren eigentlichen Gebrauchswert für den Produktionsmittelbesitzer aus**. Der Wert der Arbeitskraft läßt sich wie der aller anderen Waren bestimmen als das erforderliche Arbeitsquantum zur Produktion/Reproduktion ihrer selbst. Dieser Wert ist natürlich immer ein historisch zu definierender, da er nicht nur die biologisch-physiologische Reproduktion meint, sondern auch kulturell bestimmt ist („Warenkorb" als kulturelle Definition für das zur Reproduktion durchschnittlich erforderliche Minimum). Der Tauschwert der Ware Arbeitskraft manifestiert sich als der Lohn, den der Arbeitskraftbesitzer erhält.

Den Kapitaleinsatz differenziert Marx analog der unterschiedlichen Qualität der Produktionsfaktoren in **konstantes Kapital c** (= Tauschwert der PM) und in das **variable Kapital v** (= Tauschwert der Arbeitskraft).

„Durch die Betätigung der Arbeitskraft wird also nicht nur ihr eigner Wert reproduziert, sondern ein überschüssiger Wert produziert. Dieser Mehrwert bildet den Überschuß des Produktenwertes über den Wert der verzehrten Produktbildner, d.h. der Produktionsmittel und der Arbeitskraft. (..) – Der Teil des Kapitals also, der sich in Produktionsmittel, d.h. in Rohmaterial, Hilfsstoffe und Arbeitsmittel umsetzt, verändert seine Wertgröße nicht im Produktionsprozeß. Ich nenne ihn daher konstanten Kapitalteil, oder kürzer: konstantes Kapital. – Der in Arbeitskraft umgesetzte Teil des Kapitals verändert dagegen seinen Wert im Produktionsprozeß. Er reproduziert sein eignes Äquivalent und einen Überschuß darüber, Mehrwert, der selbst wechseln, größer oder kleiner sein kann. Aus einer konstanten Größe verwandelt sich dieser Teil des Kapitals fortwährend in eine variable. Ich nenne ihn daher variablen Kapitalteil, oder kürzer: variables Kapital. Dieselben Kapitalbestandteile, die sich vom Standpunkt des Arbeitsprozesses als objektive und subjektive Faktoren, als Produktionsmittel und Arbeitskraft unterscheiden, unterscheiden sich vom Standpunkt des Verwertungsprozesses als konstantes Kapital und variables Kapital" (MEW 23, S. 223f.).

Das Geheimnis kapitalistischer Produktion beinhaltet für Marx nun nichts anderes als das Faktum, daß der Kapitalist sich den Gebrauchswert der Arbeitskraft, nämlich Werte schaffen zu können, über das Ausmaß ihres Tauschwertes hinaus nutzbar macht, etwa folgendermaßen: Der Unternehmer beschäftigt den Arbeiter acht Stunden pro Tag. Der Lohn ist der Preisausdruck des Tauschwertes und schwankt demzufolge, entsprechend dem Gesetz von Angebot und Nachfrage unter Berücksichtigung von kulturellen Standards, um die notwendigen Reproduktionskosten des Arbeiters. Den Lohngegenwert schafft der Arbeiter innerhalb von vier Stunden, was also de facto reine Reproduktionsarbeit beinhaltet. Die Produktion in den anderen vier Stunden stellt von daher aber Mehrarbeit dar, und deren Gegenwert fließt als unbezahlte Mehrarbeit und damit als Mehrwert in die Tasche des Arbeitgebers. Die Wertdifferenz zwischen dem Tauschwert der eingekauften Ware Arbeitskraft (Reproduktionsarbeit) und dem höheren Gebrauchswert der Ware Arbeitskraft (Reproduktionsarbeit plus Mehrarbeit) erklärt für Marx den Profit des Unternehmers.

Der Gesamtwert des Endproduktes setzt sich entsprechend diesen Überlegungen folgendermaßen zusammen: c + v + m, wobei c den Wertübertragungsanteil meint, v die Lohnkosten beinhaltet und m den von Arbeitern geschaffenen Mehrwert bezeichnet. Die **Profitrate** dagegen definiert Marx als das **Verhältnis von erzieltem Mehrwert zum eingesetzten Kapital:**

$$P = \frac{m}{v + c}$$

In unserem Beispiel ergibt sich der Mehrwert aus der Differenz von Gesamtarbeitszeit und der zur Reproduktion notwendigen Arbeitszeit. Diesen **„absoluten Mehrwert"** kann der Arbeitgeber nur steigern entweder durch die Ausdehnung des Arbeitstages oder durch Lohnkürzung. Beide Möglichkeiten stoßen an physische und soziale Grenzen. Von größerer Bedeutung für die Steigerung des Mehrwerts ist mithin der sogenannte **„relative Mehrwert"**. Diese Strategie zielt daraufhin ab, innerhalb einer gegebenen Arbeitszeit den relativen Anteil der sog.

Reproduktionsarbeit zu verkürzen, also daß eine kürzere Zeitspanne zur Erwirtschaftung des Gegenwertes der Reproduktionskosten des Arbeiters ausreicht. Diese Steigerung der Arbeitsproduktivität ist grundsätzlich möglich durch Rationalisierung und Automatisierung, wodurch sich das **Verhältnis der Kapitalbestandteile** zueinander, von Marx **als organische Zusammensetzung des Kapitals bezeichnet (definiert als c dividiert durch v)**, ändert. Marx geht in diesem Zusammenhang davon aus, daß der **erzielte Mehrwert** vom Unternehmer **jeweils dem konstanten Kapital zugeschlagen wird**, c also wächst. Bei angenommener gleichbleibender Mehrwertsrate (m : v) steigt somit die organische Zusammensetzung des Kapitals (c : v), während es zu einem **tendenziellen Fall der Profitrate kommt**. Diese Gesetzmäßigkeit stellt für Marx aber nur eine Tendenz dar, die durch vielerlei Faktoren gehemmt, verlangsamt oder teilweise paralysiert werden kann, etwa durch Erhöhung der Mehrwertrate (vgl. MEW 25, S. 249).

Da wir an dieser Stelle keine detaillierte Aufarbeitung der Marxschen „Kritik der Politischen Ökonomie" leisten können, soll abschließend nur noch einmal auf die zentrale Tatsache hingewiesen werden, daß Marx sich in erster Linie als Gesellschaftstheoretiker verstanden hat. Dieser Anspruch beinhaltet das beständige Bemühen, auch scheinbar naturgegebene ökonomische Kategorien und Gesetzmäßigkeiten, wie sie von der zeitgenössischen Nationalökonomie vertreten wurden, auf ihre gesellschaftliche Gebundenheit zurückzuführen, sie ihres objektiven Scheins zu entkleiden. So stellt sich beispielsweise der **Tauschwert einer Ware** für Marx **nicht**, wie wir gesehen haben, als **abstrakte Eigenschaft einer Ware** dar, **sondern er drückt ein gesellschaftliches Verhältnis, eine soziale Beziehung zwischen Personen, aus:**

Menschen leisten immer gesellschaftliche Arbeit insofern, daß sie sich gegenseitig Arbeitsprodukte zur Verfügung stellen; kapitalismusspezifisch ist die Tatsache, daß diese gesellschaftliche Arbeit in der bürgerlichen Gesellschaft von privaten, ihren Profitinteressen folgenden Produktionsmittelbesitzern betrieben wird. Diese Verfügung über den Mehrwert in der Form privat aneignenbaren Profits beinhaltet gleichzeitig die soziale Tatsache der Ausbeutung derjenigen Menschen, die nichts als ihre Arbeitskraft besitzen.

Die Marxsche Werttheorie, durch die sich die Gesetze des Warentausches als für eine bestimmte Produktionsweise charakteristische (bürgerliche Gesellschaft) aufzeigen lassen, ist schließlich auch Ausgangspunkt für seine Krisenanalyse geworden (tendenzieller Fall der Profitrate; Verelendung des Proletariats: Revolutionsnotwendigkeit), die wir hier nicht weiter verfolgen können. Indem Marx gesellschaftliche und politische Konsequenzen ökonomischer Prozesse herausarbeitet, zeigt sich aber auch dort sein primär gesellschaftstheoretisches Interesse an ökonomischen Zusammenhängen.

7. Beispiel

Im „Manifest der Kommunistischen Partei" (MEW 4, S. 459ff.) haben Marx und Engels eine kurze Skizze der Entstehung der bürgerlichen Gesellschaft gezeichnet, die uns zur Illustration des Marxschen (und Engelsschen) Denkens dienen soll.

Wenn man die klassenlose Urgesellschaft, wie es Engels getan hat, zur Vorgeschichte der Gesellschaft rechnet (vgl. MEW 4, S. 462), so ist „die Geschichte aller bisherigen Gesellschaft ... die Geschichte von Klassenkämpfen" (ebda). Anders ausgedrückt heißt das, daß Gesellschaftsgeschichte aus dem Handeln von kollektiven Akteuren resultiert, daß sich im Laufe der Geschichte wohl Klassenkonstellationen und -beziehungen geändert haben, daß es aber immer Klassen mit je klassenspezifischen Interessen gegeben hat im Rahmen historisch variierender Produktionsverhältnisse. Die moderne bürgerliche (kapitalistische) Gesellschaft ist geschichtsgenetisch gesehen aus der feudalen Klassengesellschaft hervorgegangen. Sie stellt keine Überwindung früherer Klassengegensätze dar, sondern „sie hat nur neue Klassen, neue Bedingungen der Unterdrückung, neue Gestaltungen des Kampfes an die Stelle der alten gesetzt. Unsere Epoche, die Epoche der Bourgeoisie, zeichnet sich jedoch dadurch aus, daß sie die Klassengegensätze vereinfacht hat. Die ganze Gesellschaft spaltet sich mehr und mehr in zwei große feindliche Lager, in zwei große, einander direkt gegenüberstehende Klassen: Bourgeoisie und Proletariat" (MEW 4, S. 463). Entsprechend der Definition von Klassen bezeichnet der Begriff der Bourgeoisie die Klasse der modernen Kapitalisten, also die Produktionsmittelbesitzer, die Lohnarbeit ausnutzen, während der Begriff des Proletariats sich auf die Klasse der Lohnarbeiter bezieht, die keine Produktionsmittel besitzen und auf den Verkauf ihrer Arbeitskraft zwecks Existenzsicherung angewiesen sind. Die alten Mittelstände (kleine Industrielle, Kaufleute und Rentiers, Handwerker, Bauern) werden mit der Zeit proletarisiert, fallen dem Konkurrenzprinzip kapitalistischen Wirtschaftens zum Opfer (vgl. MEW 4, S. 469).

Die sich im Rahmen der alten Stadt- und Handelszentren herausbildende moderne Bourgeoisie hat die Produktivkräfte revolutioniert, womit der Widerspruch zwischen dem (neuen) Entwicklungsstand der Produktivkräfte und den (alten feudalen) Produktionsverhältnissen zu seiner Aufhebung in Form der bürgerlichen Gesellschaft drängt (Dialektik PK/PV, Basis/Überbau): „Die Produktions- und Verkehrsmittel, auf deren Grundlage sich die Bourgeoisie heranbildete, wurden in der feudalen Gesellschaft erzeugt. Auf einer gewissen Stufe der Entwicklung dieser Produktions- und Verkehrsmittel entsprachen die Verhältnisse, worin die feudale Gesellschaft produzierte und austauschte, die feudale Organisation der Agrikultur und Manufaktur, mit einem Wort die feudalen Eigentumsverhältnisse den schon entwickelten Produktivkräften nicht mehr. Sie hemmten die Produktion, statt sie zu fördern. Sie verwandelten sich in ebenso viele Fesseln. Sie mußten gesprengt werden, sie wurden gesprengt. An ihre Stelle trat die freie Konkurrenz mit der ihr angemessenen gesellschaftlichen und politischen Konstitution, mit der ökonomischen und politischen Herrschaft der Bourgeoisklasse" (MEW 4, S. 467). Die neuen Produktions- und Verkehrsverhältnisse finden ihren Ausdruck in den bürgerlichen Eigentumsverhältnissen, welche die Lebensbedingungen der Bourgeoisie absichern und welche die Grundlage ihrer gesellschaftlichen Herrschaft (Überbau) abgeben.

Ausgewählte Originalliteratur

Marx, Karl: Grundrisse der Kritik der politischen Ökonomie. Berlin (DDR): Dietz Verlag, 1974

MEW, Marx-Engels-Werke. Berlin (DDR): Dietz Verlag, 1956ff.
- Thesen über Feuerbach, in: MEW 3, S. 5-7
- Die Deutsche Ideologie, in: MEW 3, S. 9ff.
- Manifest der Kommunistischen Partei, in: MEW 4, S. 459-493
- Das Elend der Philosophie, in: MEW 4, S. 63-182
- Lohnarbeit und Kapital, in: MEW 6, S. 397-423
- Der achtzehnte Brumaire des Louis Bonaparte, in: MEW 8, S. 111-207
- Zur Kritik der Politischen Ökonomie, in: MEW 13, S. 5-160
- Lohn, Preis und Profit, in: MEW 16, S. 101-152
- Die Entwicklung des Sozialismus von der Utopie zur Wissenschaft, in: MEW 19, S. 189-228
- Die Mark, in: MEW 19, S. 313-330
- Anti-Dühring, in: MEW 20, S. 1-303
- Das Kapital/Bd. 1, in: MEW 23
- Das Kapital/Bd. 3, in: MEW 25
- Engels an J. Bloch, 21./22.9.1890, in: MEW 37, S. 462-465
- Engels an W. Borgius, 25.1.1894, in: MEW 39, S. 205-207

Ausgewählte Sekundärliteratur*

Amann, Anton: Soziologie, Wien: Böhlau Verlag 1986, S. 270-301

Arbeitsgruppe Soziologie: Denkweisen und Grundbegriffe der Soziologie, Frankfurt/New York: Campus 1978, S. 146-172

Arndt, Andreas: Karl Marx. Versuch über den Zusammenhang seiner Theorie. Bochum: Germinal-Verlag 1985

Dahmer, Helmut/Fleischer, Helmut: Karl Marx, in: Käsler, D. (Hg.): Klassiker des soziologischen Denkens, Bd. 1, München: Beck 1976, S. 62-158

Eberle, Friedrich/Maindok, Herlinde: Einführung in die soziologische Theorie, München/Wien: Oldenbourg 1984, S. 97-135

Euchner, Walter: Karl Marx, München: Beck 1983

Hauck, Gerhard: Geschichte der soziologischen Theorie, Reinbeck bei Hamburg: rororo 1984, S. 45-70

Lieber, Hans-Joachim/Helmer, Gerd (Hg.): Marx-Lexikon. Zentrale Begriffe der politischen Philosophie von Karl Marx, Darmstadt: Wiss. Buchges. 1988

Lotter, Konrad et al. (Hg.): Marx-Engels-Begriffslexikon, München: Beck 1984

* Eine Zusammenstellung wichtiger Sekundärliteratur zu Karl Marx findet sich bei Arndt (1985), a.a.O., S. 272-284 und bei Euchner (1983), a.a.O., S. 184-192.

Kapitel 6:
Der Strukturalismus: Claude Lévi-Strauss

(Tamás Meleghy)

1. Problemlage und Erkenntnisinteresse

Claude Lévi-Strauss, geboren 1908 in Brüssel, gilt als Begründer und wichtigster Vertreter des französichen Strukturalismus. Nach Abschluß seines Philosophiestudiums und einiger Forschungsjahre lehrte Lévi-Strauss an der Universität von Sao Paolo (1935-39) und an der New York School for Social Research (1942-45) Soziologie. 1950 erhielt er eine Professur für Vergleichende Religionswissenschaften der schriftlosen Völker an der École Pratique des Hautes Études und 1959 für Anthropologie am Collège de France.

Es lassen sich im wissenschaftlichen Schaffen von Lévi-Strauss drei Phasen ausmachen, die jeweils von unterschiedlichen Themen beherrscht werden. In der ersten Phase beschäftigt er sich vorwiegend mit dem Phänomen der Verwandtschaft. Der Abschluß dieser Periode wird durch das Erscheinen der französischen Originalausgabe seines großen Werkes „Die elementaren Strukturen der Verwandtschaft" im Jahre 1949 markiert. In seiner zweiten Schaffensperiode widmet sich Lévi-Strauss der Untersuchung der gedanklichen Instrumente wie Kategoriensysteme und Klassifikationsschemata mit deren Hilfe primitive Gesellschaften ihre spezifischen Welten erschaffen. Diese zweite Phase findet ihren Abschluß durch das Erscheinen der französischen Originalausgabe seines Buches „Das wilde Denken" im Jahre 1962. In der dritten Schaffensphase entsteht sein monumentales dreibändiges Werk (insgesamt 1856 Seiten) „Mythologica" über die Mythen der Urbewohner Nord- und Südamerikas. Die einzelnen Bände dieses Werkes erschienen in Frankreich zwischen 1970 und 1973. Mit diesen drei Themen beschäftigt sich Lévi-Strauss auch in zahlreichen kürzeren Aufsätzen und Zeitschriftenartikeln. Daneben veröffentlicht er eine ganze Reihe von Abhandlungen in denen er seinen strukturalistischen Ansatz und die daraus abgeleitete strukturalistische Methode behandelt.

Es gibt drei Momente, die für das gesamte wissenschaftliche Werk von Lévi-Strauss charakteristisch sind: 1. Sein Interesse gilt mehr den sogenannten primitiven oder schriftlosen als unseren komplexen industriellen Gesellschaften. 2. Er verarbeitet in seinen Veröffentlichungen eine schier atemberaubende Fülle von Dokumenten (Ergebnisse von deskriptiven Feldforschungen). 3. Er geht an dieses Material mit einer für ihn charakteristischen Sichtweise sozialer Phänomene heran, und er verwendet bei der Verarbeitung und Analyse dieser Dokumente eine aus der eben erwähnten Sichtweise konsequent abgeleitete Methode.

Obwohl sich der Strukturalismus vor allem durch diese spezifische Sichtweise und durch die damit zusammenhängende Methode charakterisieren läßt, so wird es sich doch zeigen, daß auch die beiden zuerst genannten Merkmale seines Schaffens (Interesse für primitive Gesellschaften und die Verwendung zahlreicher Dokumente) organische Bestandteile einer strukturalistischen Gesamtkonzeption sind.

Wie läßt sich nun diese strukturalistische Gesamtkonzeption charakterisieren? Wenn auch die systematische Entwicklung des Lévi-Straussschen Gedankengebäudes den folgenden Abschnitten vorbehalten werden muß, so soll hier doch, als Einstimmung auf das Kommende, durch die folgenden Ausführungen eine Antwort auf diese Frage zumindest angedeutet werden.

Läßt man den Blick über die nach Schätzung von Lévi-Strauss rund 4000 heute existierenden Gesellschaften streifen, so wird man mit einer verwirrenden Vielfalt der Formen, in denen sich das gesellschaftliche Leben entfaltet, konfrontiert. Diese Beobachtung führt häufig zu der Ansicht, daß, obwohl die Mitglieder dieser Gesellschaften derselben biologischen Art angehören, die Formen, in denen diese Menschen ihr gesellschaftliches Leben gestalten, grundlegend verschiedene, Phänomene sind: Auf Grund der verschiedenen Umwelteinflüsse und geschichtlicher Ereignisse entstehen eben verschiedene Formen des gesellschaftlichen Zusammenlebens. Treten Gemeinsamkeiten auf, so sind sie auf ähnliche Umwelteinflüsse oder auf kulturelle Berührungen zurückzuführen. Den Schlüssel zu dem Verständnis dieser verschiedenen Formen liefert nach dieser Ansicht allein die Erforschung der Geschichte der einzelnen Gesellschaften.

Dieses Verständnis sozialer Phänomene ist nach Lévi-Strauss grundlegend falsch. Damit ist aber nicht gemeint, daß die Geschichte der einzelnen Gesellschaften für den Strukturalisten belanglos wäre. Falsch nach Lévi-Strauss ist vielmehr die Behauptung, daß es sich bei den verschiedenen Formen des gesellschaftlichen Lebens um geschichtlich einmalige und individuelle Phänomene handelt. Diese Vorstellung beruht nach ihm auf eine Täuschung; hervorgerufen durch die Vielfalt dieser Formen. Die Akzeptierung dieser Ansicht bedeutet nach Lévi-Strauss die Kapitulation des Wissenschaftlers vor seiner ureigensten Aufgabe. Das wichtigste Postulat einer jeden Wissenschaft nach Lévi-Strauss ist, daß die Welt selbst geordnet ist, daß in dieser Welt eine Ordnung herrscht (vgl. Lévi-Strauss 1968, S. 21). Und die Welt, das ist nicht nur die Welt der physikalischen und biologischen Erscheinungen und Formen sondern auch die Welt der Menschen, d.h. auch der Erscheinungen und Formen des sozialen und kulturellen Lebens.

Um diese Ordnung der Phänomene des sozialen Lebens zu entdecken, darf der Wissenschaftler nach Lévi-Strauss nicht bei der Betrachtung der Vielfalt dieser Formen stehenbleiben. Er muß seine Aufmerksamkeit auf tiefere Ebenen lenken, bis er auf diskrete Elemente trifft deren Kombination und Anordnung die Vielfalt der äußeren Formen hervorbringt: Man muß „diese Elemente auf einer Ebene erfassen, die so tief reicht, daß man sicher sein kann, daß sie, in welchem kulturellen Rahmen sie auch auftreten mögen, gleichbleiben (wie die Gene, die identische Elemente und fähig sind, in verschiedenen Kombinationen in Erscheinung zu treten, aus denen sich dann die verschiedenen rassischen Typen ergeben ...)“ (Lévi-Strauss 1967, S. 310, vgl. auch 1985, S. 125).

Durch diese Exkursion in die Tiefe wird der Wissenschaftler nach Lévi-Strauss durch ein grundlegend neues Verständnis sozialer Phänomene belohnt: Er sieht jetzt die Ordnung, wo er früher eine chaotische Unordnung sah. Er entdeckt hinter den äußeren Formen der verschiedenen Ebenen des sozialen Lebens (es gibt davon wie wir sehen werden, mehrere) eine bestimmte Anzahl von Modellen, die gemeinsam eine Modellfamilie (ein System) bilden. Er entdeckt weiter, daß die einzelnen Modelle eines Systems dergestalt miteinander verbunden sind, daß durch die Veränderung eines Merkmals eines bestimmten Modells das ursprüngliche Modell in ein anderes Modell desselben Systems überführt (transformiert) wird. Er sieht jetzt, wo er früher eine chaotische Unordnung sah, eine Struktur, denn eine Struktur ist nach Lévi-Strauss nichts anderes, als ein System, welches die oben genannten Eigenschaften besitzt: „Eine Struktur ist ein System, das über alle Transformationen hinweg unverändert bleibt" (Lévi-Strauss 1987, S. 388).

Andersgewendet besagt diese Definition, daß die Struktur allen Transformationen des Systems eine gemeinsame Identität verleiht. So können wir auch sagen, daß der Wissenschaftler im Kenntnis der Struktur, wo er früher unterschiedliche Phänomene gesehen hat, jetzt identische Phänomene sieht. Denn vom Standpunkt der Struktur sind die einzelnen Transformationen des Systems identische Phänomene.

So wird der Wissenschaftler schließlich die grundlegende Identität aller gesellschaftlicher Formen entdecken und die Idee von einzelnen Menschheiten zugunsten der Idee einer allgemeinen Menschheit fallenlassen. Damit ist das Programm von Lévi-Strauss aber noch nicht abgeschlossen, „dieses erste Unternehmen leitet weitere ein ...: die Kultur in die Natur und schließlich das Leben in die Gesamtheit seiner physikochemischen Bedingungen zu reintegrieren" (Lévi-Strauss 1968, S. 284).

Dieses Programm ist aber nicht das früherer Reduktionismen. Es geht Lévi-Strauss nicht darum, Vorstellungen, die man von der organischen Welt hat, auf die soziale Welt zu übertragen: „Die Vorstellung einer allgemeinen Menschheit, zu der die ... Reduktion hinführt, hat nichts mehr mit der zu tun, die man vorher von ihr hatte. Und an dem Tage, an dem man das Leben als eine Funktion der leblosen Materie zu begreifen beginnt, wird man entdecken, daß diese Materie Eigenschaften besitzt, die sehr verschieden von denen sind, die man ihr vorher zuschrieb" (Lévi-Strauss 1968, S. 285).

Nach diesem ersten Kennenlernen des Programmes soll nun im nächsten Abschnitt eine systematische Einführung in die Begrifflichkeit und Aussagen von Lévi-Strauss folgen.

2. Grundbegriffe und Hauptaussagen

Wollen wir die Strukturen des sozialen oder gesellschaftlichen Lebens erforschen, so müssen wir **induktiv** vorgehen. Eine andere Möglichkeit haben wir nach Lévi-Strauss nicht, denn wir kennen die allgemeinen Prinzipien, aus denen diese Strukturen auf deduktivem Wege gewonnen werden könnten, noch nicht. Die Erkenntnis dieser Prinzipien ist vielmehr unser Ziel und die Erkenntnis dieser Prinzipien wird die Krönung und gleichzeitig der Abschluß unseres Unternehmens sein. Die Strukturen des sozialen oder gesellschaftlichen Lebens müssen also induktiv erschlossen werden und das in doppelter Hinsicht: Wir müssen einmal vom **Konkreten** zum **Abstrakten**, d.h. von den konkreten Formen des gesellschaftlichen Zusammenlebens zu abstrakten Modellen und dann vom **Besonderen** zum **Allgemeinen**, d.h. von den einzelnen Modellen zu der Struktur, voranschreiten.

2.1 Die konkreten Formen des gesellschaftlichen Lebens

Wir beschäftigen uns zunächst mit diesem ersten Schritt, also mit dem Übergang vom Konkreten zum Abstrakten. **Das Konkrete**, das ist die Fülle der Formen des gesellschaftlichen Zusammenlebens, denen ein unbefangener Beobachter in den verschiedenen Gesellschaften begegnet.

Wir bezeichnen nun die besonderen Formen des gesellschaftlichen Zusammenlebens als **Kultur** und die Einheit, bei der wir diese besonderen Formen begegnen als **Gesellschaft**. Zugegeben, diese Definitionen sind noch recht wage und zudem noch von vorläufiger Natur (sie müssen später präzisiert werden), aber auf der Ebene, wo wir uns jetzt befinden, auf der Ebene des Konkreten, sind solche relativ unpräzise Begriffe, wie wir noch sehen werden, durchaus von Vorteil.

Wie man leicht sieht, hängen diese beiden Begriffe eng zusammen. Sie beziehen sich gegenseitig aufeinander. Der Begriff der Kultur setzt den Begriff der Gesellschaft und der Begriff der Gesellschaft den Begriff der Kultur voraus.

Nun gibt es sehr viele verschiedene Gesellschaften und diese Gesellschaften können auf Grund verschiedener Merkmale zu unterschiedlichen Typen zusammengefaßt werden. So gibt es eine gewisse Anzahl von recht komplexen industriellen Gesellschaften, daneben aber eine viel größere Anzahl sogenannter primitiver oder schriftloser Gesellschaften. Wo sollen wir nun bei der Erforschung der konkreten Formen des gesellschaftlichen Lebens beginnen?

Die Antwort von Lévi-Strauss auf diese Frage ist, daß es weit günstiger ist, wenn wir unsere Interessen auf die sogenannten primitiven und nicht auf unsere eigenen Gesellschaften richten, und das aus mehreren Gründen: Erstens sind wir, die wir es zu unserem Ziel gesetzt haben, die grundlegenden Prinzipien des sozialen Lebens zu erforschen, gewöhnlich selbst Mitglieder von komplexen industriellen Gesellschaften. Dieser Umstand bringt es mit sich, daß wir für die Besonderheiten des gesellschaftlichen und kulturellen Lebens dieser Gesellschaften mehr oder weniger betriebsblind geworden sind. Sie sind für uns Formen, die wir einfach für selbstverständlich halten. Im Gegensatz dazu sind wir für die Besonderheiten von primitiven Gesellschaften, da diese uns sehr fremd sind, besonders empfänglich. Zweitens sind diese Gesellschaften nicht nur von unseren Gesellschaften sondern auch noch untereinander sehr verschieden. Drittens gibt es eine sehr große Anzahl von primitiven Gesellschaften. Wir sehen also, daß es gute Gründe gibt, warum wir bei der Verfolgung unseres Zieles mit der Erforschung von primitiven Gesellschaften beginnen sollten.

Wir beginnen unser Unternehmen mit der Erforschung der Kultur einzelner Gesellschaften. Aber woran sollten wir uns halten, was sind diese Formen des gesellschaftlichen Lebens, deren Gesamtheit die Kultur ausmacht? Wofür wir uns nach Lévi-Strauss interessieren sollten, sind die Formen durch die eine Anzahl von Individuen zu einer Gesellschaft zusammengefügt werden. Wir sollten uns für die Regeln interessieren nach denen die Individuen der betreffenden Gesellschaft zu Familien, Verwandtschaftsgruppen und zu größeren Einheiten zusammengefügt werden. Wir sollten uns für die Unterscheidungen und Kategorien interessieren, mit Hilfe derer die Menschen in dieser Gesellschaft sich selbst und die Phänomene der Welt typisieren und begreifen versuchen. Wir sollten uns für die Religion und die Riten dieser Gesellschaft interessieren. Und wir sollten uns schließlich auch für die Zusammenhänge zwischen diesen Regeln, Unterscheidungen und

Glaubensinhalte interessieren. Unsere Aufgabe auf dieser Ebene des Konkreten ist mit anderen Worten, die Erforschung der ganzen Fülle der Formen des gesellschaftlichen Lebens, die die Kultur der betreffenden Gesellschaft ausmacht.

Unser Prinzip muß nach Lévi-Strauss dabei sein, daß wir nicht unsere Kategorien, die wir aus unseren Gesellschaften mitbringen, an diese Gesellschaft anlegen dürfen. Wir müssen vielmehr herausfinden, was diese Formen für die Mitglieder der von uns untersuchten Gesellschaft selbst bedeuten. Wir müssen also lernen, die Welt mit den Augen der Menschen der von uns untersuchten Gesellschaft zu sehen. Wir müssen nach Lévi-Strauss versuchen „die Sozialwissenschaft des Beobachteten herauszuarbeiten“ (Lévi-Strauss 1967, S. 388). Wir müssen versuchen, bei der „Beschreibung fremdartiger und weit entfernter Gesellschaften den Standpunkt des Eingeborenen selber zu finden“ (Lévi-Strauss 1967, S. 388). **Sich auf der Ebene des Konkreten zu stellen, heißt** also, **den Standpunkt des Eingeborenen einzunehmen und so die Sozialwissensschaft des Beobachteten zu erarbeiten** (vgl. Lévi-Strauss 1967, S. 303).

Wollen wir bei unserem Unternehmen vorankommen, so dürfen wir uns nicht mit der Untersuchung einer einzelnen Gesellschaft zufriedengeben, wir müssen vielmehr eine sehr große Zahl von **Gesellschaften** auf diese Weise erforschen (hier kommt uns der Umstand, daß es viele primitive Gesellschaften gibt, sehr gelegen), denn wenn wir uns auch noch so sehr für die einzelnen Gesellschaften interessieren, so ist doch unser „Ziel nicht so sehr zu erfahren, was die Gesellschaften, jede für sich genommen, sind, denen unsere Untersuchungen gelten, als vielmehr zu entdecken, wie sie sich voneinander unterscheiden“ (Lévi-Strauss 1967, S. 351).

Lévi-Strauss weist uns darauf hin, daß unser Forschungsgegenstand, der Komplex von Formen des gesellschaftlichen Zusammenlebens, den wir als Kultur bezeichnen, einerseits einer objektiven Wirklichkeit entspricht, andererseits aber vom Standpunkt unseres Forschungsinteresses abhängt.

Interessieren wir uns z.B. für die Frage, ob sich die Formen des Zusammenlebens einer bestimmten Gruppe von Menschen von den Formen einer anderen Gruppe derselben Gesellschaft signifikant unterscheiden, so werden wir die Kultur der ersten Gruppe mit jener der zweiten Gruppe vergleichen. Interessieren wir uns dagegen für die Frage, ob sich die Formen des gesellschaftlichen Zusammenlebens der australischen **Primitiven** von den Formen der asiatischen Ureinwohner unterscheiden, so werden wir die Kultur der australischen Gesellschaften mit der Kultur der asiatischen Gesellschaften vergleichen. Ob wir bei diesen Vergleichen auf signifikante, oder wie Lévi-Strauss sich ausdrückt, auf „bezeichnende Abweichungen“ (Lévi-Strauss 1967, S. 320) stoßen werden, das hängt davon ab, inwieweit unsere Unterscheidungen einer objektiven Wirklichkeit entsprechen: „Da das Ziel der strukturalen Forschungen die an solche Abweichungen gebundenen **Konstanten** sind, sieht man, daß der Begriff der Kultur einer objektiven Wirklichkeit entsprechen und dabei doch von dem Typ der betreffenden Untersuchung abhängig sein kann. Ein und dieselbe Menge von Individuen steht, vorausgesetzt, daß sie in Zeit und Raum objektiv gegeben ist, gleichzeitig in mehreren Kultursystemen: in einem universellen, einem kontinentalen, einem nationalen, einem provintiellen und lokalen, schließlich einem familiären, beruflichen, konfessionellen, politischen und so fort“ (Lévi-Strauss 1967, S. 320f.).

Wir haben also bei unserer Suche nach bezeichnenden kulturellen Unterschieden, die Freiheit, die Einheiten, die wir miteinander vergleichen wollen, selbst zu bestimmen. Wir können so unsere Untersuchungen sowohl auf größere als auch auf kleinere Einheiten, als etwa Gesellschaften darstellen, ausdehnen.

Mit der Durchführung aller hier vorgezeichneter Untersuchungen und Vergleiche ist die erste Stufe unseres Unternehmens, die Erforschung des Konkreten abgeschlossen. Tatsächlich wird dieses Programm natürlich nie abgeschlossen werden, wir werden nie sagen können, wir hätten auf diesem Gebiet nun wirklich alles Mögliche getan. Betrachtet man das Werk von Lévi-Strauss, so sieht man aber, daß er seine Analysen bereits auf eine sehr große Zahl von Fakten stützen kann. Unsere Aufgabe ist es, nun den Weg von den konkreten Formen des gesellschaftlichen Lebens zu den abstrakten Modellen von Lévi-Strauss zu finden.

2.2 Die konkreten Formen und das Modell

Den Schlüssel zum **Übergang vom Konkreten zum Abstrakten** findet man bei näherer Betrachtung der Lévi-Straussschen Definitionen der beiden zentralen Begriffe **Gesellschaft** und **Kultur**. Wir müssen uns mit diesen Definitionen nun ausführlich auseinandersetzen.

Nach Lévi-Strauss besteht eine **Gesellschaft** „aus Individuen und Gruppen, die miteinander im **Tauschverkehr** stehen. Doch kann das Vorhandensein oder Fehlen des Austausches nicht absolut definiert werden. Der Austausch hört nicht an den Grenzen der Gesellschaft auf. Es handelt sich weniger um starre Grenzen als um Schwellen, die durch eine Abnahme oder Verzerrung des Austausches gekennzeichnet sind, wo dieser ein äußerst niedriges Niveau erreicht, ohne zu verschwinden. Diese Situation ist so bezeichnend, daß die Bevölkerung (innen wie außen) sich dessen bewußt wird. Die Abgrenzung einer Gesellschaft muß jedoch nicht immer deutlich im Bewußtsein vorhanden sein, sie ist es nur in hinreichend präzisen und stabilen Fällen“ (Lévi-Strauss 1967, S. 321).

Bemerkenswert an dieser Definition von Lévi-Strauss ist, daß er hier angibt, wodurch eine Gesellschaft als solche konstituiert ist: durch Tausch.

Da sich die beiden Begriffe Gesellschaft und Kultur gegenseitig aufeinander beziehen, können wir erwarten, daß nach ihm der Tausch der zentrale Moment der Kultur ist.

Sehen wir uns nun die folgenden Ausführungen von Lévi-Strauss zu dieser Frage an: „In jeder Gesellschaft geht der Austausch auf mindestens **drei Ebenen** vor sich: **Austausch von Frauen; Austausch von Gütern und Dienstleistungen; Austausch von Mitteilungen**. Infolgedessen bietet das Studium des Verwandtschafts-, das des Wirtschafts- und das des Sprachsystems gewisse Analogien. Alle drei sind ein und derselben Methode verpflichtet; sie unterscheiden sich nur durch das strategische Niveau, das jedes von ihnen innerhalb einer gemeinsamen Welt wählt. Man könnte sogar hinzufügen, daß die Verwandtschaft- und Heiratsregeln einen vierten Austauschtyp definieren: den der Gene unter den Phänotypen. Die Kultur besteht also nicht ausschließlich aus **Tauschformen**, die ihr eigen sind (wie die Sprache), sondern auch – und vielleicht vor allem – aus **Regeln**, die auf alle Arten von **‚Tauschspielen‘** anwendbar sind, ob diese nun im Bereich der Natur oder in dem der Kultur vor sich gehen“ (Lévi-Strauss 1967, S. 322).

Wie wir sehen, ist das zentrale Moment der Kultur nach Lévi-Strauss tatsächlich der **Tausch**. Die Kultur besteht aus den verschiedenen Formen des Tauschs, sowie aus den Regeln der verschiedenen Tauschspiele.

Betrachten wir zunächst die verschiedenen Formen des Tauschs. Nach Lévi-Strauss können wir mindestens drei verschiedene Formen des Tauschs unterscheiden: den Austausch von Frauen, den Austausch von Gütern und Dienstleistungen und den Austausch von Mitteilungen. Daß die Mitglieder einer Gesellschaft untereinander Güter und Dienstleistungen sowie Mitteilungen austauschen, ist unmittelbar einleuchtend, aber in welchem Sinne kann Lévi-Strauss behaupten, daß die Mitglieder einer Gesellschaft ihre Frauen untereinander austauschen? Und wieso werden die Frauen und nicht die Männer oder zumindest Frauen und Männer ausgetauscht. Wie nicht anders zu erwarten war, wurde diese Frage bereits häufig aufgeworfen. Man hat Lévi-Strauss vorgeworfen, sein Buch, Die Elementaren Strukturen der Verwandtschaft sei „‚ein Anti-Frauen Buch' ..., weil die Frauen darin wie Objekte behandelt" (Lévi-Strauss 1967, S. 74) werden. Aber nach Lévi-Strauss geht es hier nicht um theoretische Möglichkeiten. Im Bereich der reinen Theorie gibt es diese Möglichkeiten zweifellos. Worum es hier geht, sind vielmehr die Fakten. Die Erforschung des Konkreten zeigt nach Lévi-Strauss, daß diese theoretischen Möglichkeiten „alsbald auf einer experimentellen Grundlage ausgeschaltet werden (können d.V.): in der menschlichen Gesellschaft tauschen die Männer die Frauen aus und nicht umgekehrt" (Lévi-Strauss 1967, S. 62). Wir können die von Lévi-Strauss hierfür angegebenen Belege hier nicht anführen. Der an dieser Frage interessierte Leser muß in der Originalliteratur (Lévi-Strauss 1981) nachlesen. Daß es sich bei diesem Vorgang um Austausch handelt, wurde nach Lévi-Strauss deshalb lange Zeit nicht erkannt, weil die Geber und Empfänger bei diesem Tausch häufig oder sogar meistens nicht dieselben sind: „man empfängt nicht von dem, dem man gibt, man gibt nicht dem, von dem man empfängt" (Lévi-Strauss 1967, S. 73).

Um zu verstehen, was Lévi-Strauss unter Austausch von Frauen meint, muß man sich zunächst einmal vergegenwärtigen, daß in den menschlichen Gesellschaften die jeweils herangewachsenen Frauen nach einem bestimmten Muster (Heiratsregeln) aus ihren Familien und Gruppen herausgelöst, und auf neue Familien und Gruppen verteilt werden. Dieser Vorgang wiederholt sich, solange die Heiratsregeln sich nicht ändern, nach demselben Muster von Generation zu Generation aufs Neue. Man muß noch zusätzlich berücksichtigen, daß der auf diese Weise sich vollziehende Austausch der Frauen sehr langsam, der Austausch von Gütern und Dienstleistungen bereits wesentlich schneller und der Austausch von Mitteilungen sehr schnell vor sich geht. Es handelt sich aber nach Lévi-Strauss immer um dasselbe Phänomen, nämlich um Austausch, der sich auf drei verschiedenen Ebenen vollzieht: „die Verwandtschafts- und Heiratsregeln dienen dazu, den Austausch der Frauen zwischen den Gruppen zu sichern, wie die ökonomischen Regeln des Austauschs von Gütern und Dienstleistungen und die Sprachregeln, die Nachrichtenübermittlung garantieren" (Lévi-Strauss 1967, S. 97).

Diese drei Formen des Austausches sind nach Lévi-Strauss gleichzeitig auch verschiedene Weisen der **Kommunikation** (vgl. Lévi-Strauss 1967, S. 97). Durch diese drei Formen des Austauschs vollzieht sich die Kommunikation zwischen den Mitgliedern und Gruppen einer Gesellschaft. Daß es sich beim Austausch von Mitteilungen um Kommunikation handelt, ist unmittelbar einleuchtend. Weniger leicht ist das bei den beiden anderen Formen des Austauschs zu sehen. In welchem Sinne kann der Austausch von Gütern und Dienstleistungen und der Austausch von Frauen als Kommunikation bezeichnet werden?

Wenn wir an Kommunikation denken, so denken wir an den Austausch von Mitteilungen mittels **Zeichen und Symbolen**. Dienstleistungen, Güter und Frauen, so könnte man meinen, sind aber keine Zeichen oder Symbole, wir benötigen vielmehr sprachliche oder sonstige Zeichen und Symbole um sie zu bezeichnen und um über sie zu kommunizieren.

Es ist tatsächlich für Mitglieder unserer komplexen Industriellen Gesellschaft nicht leicht zu verstehen, was hier gemeint ist. Das liegt daran, daß in unserer Gesellschaft der Zeichencharakter dieser Phänomene tatsächlich vielfach verlorengegangen ist. Für die Mitglieder primitiver Gesellschaften sind Frauen, Dienstleistungen und Güter aber nicht nur bestimmte Verrichtungen, Dinge oder Menschen sondern auch Symbole oder Zeichen. Das wichtigste Kennzeichen von solchen Gesellschaften ist, daß sie auf **authentische** Beziehungen aufgebaut sind. Aber auch in unserer Gesellschaft gibt es noch solche authentischen Beziehungen (gemeint sind hier familiäre, verwandtschaftliche freundschaftliche und vielfach auch noch nachbarschaftliche Beziehungen), und innerhalb solcher Beziehungsbündel haben Dienstleistungen Güter und auch Frauen ihren Symbolcharakter auch in unseren Gesellschaften bewahrt.

Der Blumenstrauß, den ein junger Mann seiner Liebsten, oder der Ehemann seiner Frau zum Muttertag mitbringt, das Präsent, das wir unseren Freunden überreichen, die Besorgung von Lebensmitteln für eine alte Nachbarin, das sind nicht nur Blumen, eine Flasche Wein oder eine Verrichtung, die uns vielleicht zehn Minuten unserer Zeit gekostet hat. Sie sind auch oder vor allem Zeichen der Verbundenheit oder Solidarität, und wenn zwei befreundete Familienväter vereinbaren, daß sie ihre Kinder miteinander verheiraten werden, dann ist dieses Versprechen, die spätere Heirat und die Kinder, die aus dieser Verbindung entstehen, eben auch oder vor allem Zeichen ihrer Verbundenheit.

Wir sehen also Güter, Dienstleistungen und Frauen können durchaus Zeichen oder Symbole sein. Und wenn die Mitglieder und Gruppen einer Gesellschaft ihre Güter und Frauen und bestimmte Dienstleistungen, die gleichzeitig Zeichen sind, untereinander nach einem bestimmten Muster austauschen, so handelt es sich um einen Austausch von Mitteilungen mittels Zeichen und Symbole, also um Kommunikation.

Die drei Ebenen des Tauschs: der Austausch von Frauen, der Austausch von Gütern und Dienstleistungen und der Austausch von Mitteilungen (durch Sprache) sind also drei verschiedene Formen der Kommunikation oder auch drei verschiedene Sprachen. Diese drei Kommunikationen oder Sprachformen lassen sich durch ihre Regeln beschreiben, durch die Heiratsregeln, durch die Regeln des ökonomischen Austauschs und durch die Regeln der Sprache (Grammatik und Syntax). Die „kopernikanische Wende“, schreibt Lévi-Strauss, besteht darin, „die Gesellschaft als Ganzes durch eine Kommunikationstheorie zu interpretieren“ (Lévi-Strauss 1967, S. 97).

Auf diese Weise kann die Gesellschaft oder genauer die Kultur der Gesellschaft mittels einer **allgemeinen Austausch-** oder einer **allgemeinen Kommunikationstheorie** erforscht und interpretiert werden. Es lassen sich so sowohl die charakteristischen Unterschiede wie auch die Gemeinsamkeiten dieser drei verschiedenen Austausch- und Kommunikationsformen auf derselben theoretischen Grundlage untersuchen.

„Diese drei Kommunikationsformen" schreibt Lévi-Strauss „sind gleichzeitig Tauschformen zwischen denen offensichtlich Beziehungen bestehen (die Heiratsverbindungen gehen einher mit wirtschaftlichen Leistungen, und die Sprache spielt in alle Ebenen hinein). Man kann also durchaus untersuchen, ob zwischen ihnen Homologien bestehen und welches die formalen Charakterzüge jeder für sich genommenen Form sind, ob Umwandlungen möglich sind, die den Übergang von einer Ebene auf die andere erlauben" (Lévi-Strauss 1967, S. 97). Unser letztes Ziel wird dabei sein, die Regeln herauszuarbeiten, „die auf alle Arten von ‚Tauschspielen' anwendbar sind, ob diese nun im Bereich der Natur oder in dem der Kultur vor sich gehen" (Lévi-Strauss 1967, S. 322).

Wir verstehen jetzt auch, was Lévi-Strauss damit meint, daß die Heirats- und Verwandtschaftsregeln, die Regeln des ökonomischen Austauschs und die Sprachregeln gewisse Analogien aufweisen, daß man bei der Erforschung dieser verschiedenen Systeme derselben Methode verpflichtet ist, und daß die Wissenschaften, die sich mit diesen Phänomenen beschäftigen, sich lediglich dadurch unterscheiden, daß sie innerhalb einer gemeinsamen Welt verschiedene strategische Ebenen als Forschungsgegenstände gewählt haben.

Damit sind wir bei unserem Bemühen, die Lévi-Straussche Auffassung von der Kultur zu verstehen, einige Schritte weitergekommen. Aber ein wichtiges Element fehlt uns noch. Wir verstehen jetzt einigermaßen, daß die Kultur einerseits aus verschiedenen Tauschformen, die gleichzeitig auch verschieden Formen oder Weisen der Kommunikation sind, und andererseits, oder wie Lévi-Strauss schreibt, „vor allem – aus **Regeln**, die auf alle Arten von ‚Tauschspielen' anwendbar sind" (Lévi-Strauss 1967, S. 322), besteht. Was uns aber noch fehlt, ist das Verständnis dessen, was Lévi-Strauss mit dem Ausdruck **Tauschspiele** genauer bezeichnen will. Dabei liefert das Verständnis für diesen Begriff, wie wir gleich sehen werden, das letzte Element, das wir benötigen, wenn wir von der Ebene des Konkreten auf die Ebene der abstrakten Modelle überwechseln wollen.

Wieso bezeichnet Lévi-Strauss die Heiratsregeln, die Regeln des wirtschaftlichen Austauschs und die Sprachregeln als Tauschspiele? Was ist aber zunächst einmal überhaupt ein **Spiel**? Wenn wir an Spiele denken, so denken wir gewöhnlich an verschiedene Gesellschaftsspiele wie „Monopoli", „Mensch ärgere dich nicht", „Skat", „Bridge", „Schach", „Mühle", usw. oder an verschiedene sportliche Kampfspiele, wie Eishockey, Fußball, Tennis usw. Aber woraus bestehen diese Spiele? Nach den beiden Begründern der Spieltheorie J. v. Neumann und O. Morgenstern bestehen Spiele aus einem Komplex von Regeln, die sie beschreiben: „Das Spiel besteht in der Gesamtheit der Regeln die es beschreiben" (J. v. Neumann und O. Morgenstern, Theorie der Spiele, Würzburg 1962; zitiert nach Lévi-Strauss 1967, S. 324). Wir sehen also: Durch die Beschreibung der Regeln des Austauschs von Frauen, der Regeln des Austauschs von Gütern und Dienstleistungen und der Regeln des Austauschs von Mitteilungen beschreiben wir Tausch-, oder um auch die andere Seite dieses Phänomens zu nennen, Kommunikationsspiele.

Obwohl sich ein Spiel, wie wir gesehen haben, durch die Summe seiner Regeln beschreiben läßt, die es beschreiben, so haben doch Spiele Eigenschaften, die man noch untersuchen muß. Die wichtigste Eigenschaft von Spielen ist die, daß die Mitglieder des Spiels durch das Spiel auf verschiedene Ränge verteilt werden. Durch die meisten Gesellschafts- und Kampfspiele werden die Spieler dieser Spiele auf nur zwei Ränge verteilt: auf den des Siegers und auf den des Verlierers. Aber bereits beim „Mensch ärgere dich nicht“ werden die Spieler durch das Spiel auf sechs Ränge verteilt (soweit das Spiel zu sechst und zu Ende gespielt wird): auf den des Siegers, auf den des Verlierers und die übrigen Mitspieler auf die verbleibenden Ränge 2. bis 5.

Man kann diesen Sachverhalt auch so ausdrücken, daß diese Spiele die Eigenschaft besitzen, daß durch das Spiel eine Rangordnung (oder einfach eine **Ordnung**) unter den Mitspielern entsteht. Diese Eigenschaft besitzen auch die von Lévi-Strauss behandelten drei Austausch- oder Kommunikationsspiele. Auch durch diese Spiele werden die Mitspieler auf verschiedene Ränge verteilt. So werden durch das Heirats- und Verwandtschaftsspiel die Mitspieler auf verschiedene Verwandtschaftsgrade, durch das Wirtschaftsspiel auf verschiedene ökonomische Schichten und durch das Informationsspiel auf verschiedene Bildungsschichten verteilt.

Es sei hier noch ein nach Lévi-Strauss grundlegender Unterschied zwischen den sogenannten Gesellschaftsspielen und den tatsächlichen großen gesellschaftlichen Austausch- und Kommunikationsspielen erwähnt. Während erstere den Sinn haben, unter den Mitspielern (die als gleich postuliert werden) möglichst große Unterschiede herzustellen, haben letztere, zumindest in den von Lévi-Strauss untersuchten primitiven Gesellschaften, den Sinn, trotz der tatsächlichen Unterschiede zwischen den Mitgliedern einen Ausgleich herzustellen. Letztere sind wenn man die Ersteren als Maßstab nimmt, nach Lévi-Strauss **„rückwärtsgehende Spiele“** (Lévi-Strauss 1967, S. 324).

Dieser Unterschied bedeutet nach Lévi-Strauss aber keineswegs, daß man diese Spiele nicht mit denselben Methoden untersuchen und erklären kann. Denn vom formalen Standpunkt betrachtet, sind beide Spiele gleich: es sind eben beides „Spiele“. Eines haben nach Lévi-Strauss aber beide Spiele gemeinsam: Sind einmal die Regeln aufgestellt, so wird jedes Individuum und jede Gruppe versuchen, **„das Spiel auf die gleiche Weise zu spielen**, das heißt, seine eigenen Vorteile auf Kosten des anderen zu steigern. Auf der Ebene der Heirat erhält man z.B. mehrere Frauen oder eine beneidenswertere Frau aufgrund ästhetischer, sozialer oder wirtschaftlicher Kriterien“ (Lévi-Strauss 1967, S. 324), auf der Ebene der Güter und Dienste wertvollere oder nützlichere Dinge und auf der Ebene des Informationsspiels wertvollere oder eben angenehmere Informationen.

Damit haben wir aber die Grenze zwischen dem Konkreten und dem Abstrakten bereits überschritten. Denn die Beschreibungen dieser Austausch- und Kommunikationsspiele durch die Regeln und Eigenschaften dieser Spiele sind **abstrakte Modelle** und nicht die Realität des Konkreten. Den Schlüssel zu diesem Übergang lieferte uns Lévi-Strauss mit seiner spezifischen Konzeption von Gesellschaft und Kultur. Diese Konzeption besagt, daß die Gesellschaft aus Individuen und Gruppen besteht, die miteinander in Tauschverkehr stehen und daß die Kultur einerseits aus den verschiedenen Formen des Tauschs/der Kommunikation und andererseits aus den Regeln, die dieser Austausch/ diese Kommunikation als Spiele beschreiben, besteht.

Wie läßt sich nun das **Verhältnis des Konkreten zum Abstrakten** charakterisieren? Zunächst einmal dadurch, daß das Konkrete weit **reicher** als das Abstrakte ist. Der Übergang von den konkreten Formen und Beziehungen zu den nach diesen Formen und Beziehungen konstruierten Modelle wird durch eine inhaltliche Verarmung begleitet. Was wir damit meinen, daß läßt sich anhand von verschiedenen sportlichen Kampfspielen leicht veranschaulichen.

Nehmen wir als Beispiel das Fußballspiel und betrachten wir einen Fußballenthusiasten, der, um das Schlagerspiel der Saison zwischen Bayern München und Real Madrid zu erleben von Würzburg nach Madrid reist. Er verfolgt dort das Spiel mit großer Begeisterung, freut sich über die gelungenen Aktionen, ärgert sich über ungenützte Chancen, bangt und leidet mit seiner Mannschaft, wenn diese in Rückstand gerät und empfindet große Freude, wenn der Ausgleich endlich erzielt wurde. Siegt eine Mannschaft, so reist er tief befriedigt und mit dem Gefühl, ein großartiges und spannendes Spiel erlebt zu haben, in seine Heimatstadt zurück. Vom Standpunkt des abstrakten Modells gesehen, sind aber all diese großartigen Aktionen und vertane Chancen, die Begeisterung der Zuschauer usw. irrelevant: vom Standpunkt des abstrakten Modells besteht das Fußballspiel in der Gesamtheit der Regeln, die es beschreiben. Wir stehen vor der gleichen Situation, wenn wir die tatsächlichen gesellschaftlichen Austausch- und Kommunikationsspiele betrachten. So kann natürlich auch das abstrakte Modell des Heiratsspiels dieses Spiel niemals so erfassen, wie es von den Beteiligten erlebt wird.

Man kann sogar weitergehen und behaupten, daß die Beteiligten, solange sie voll in diesem Spiel gefangen sind, wenig Interesse für unsere abstrakten Spielmodelle aufbringen würden. Es würde sie weder interessieren, noch ihnen viel helfen, die von ihrem Standpunkt gesehen vielleicht banalen Regeln dieses Spiels, welches sie mit so viel Begeisterung spielen, zu erfahren.

Lévi-Strauss behauptet nun, daß die Regeln des Spiels (deren Summe vom Standpunkt des Modells das Spiel ausmachen) den Mitspielern während sie spielen **nicht bewußt** sind. Man könnte hier einwenden, daß das vielleicht auf die Mitspieler des Heiratsspiels, denen die Regeln dieses Spiels nicht bekannt sind, aber nicht z.B. auf Fußballspieler, die die Regeln ihres Spiels sehr wohl kennen, zutreffen kann. Dieser Einwand ist nach Lévi-Strauss falsch. Es geht bei dieser Behauptung nicht darum, ob man die Regeln eines Spiels kennt oder nicht, sondern darum, ob die Regeln den Spielern während des Spiels bewußt sind. Was Lévi-Strauss meint, läßt sich am besten anhand einer angeregten Diskussion unter gebildeten Leuten veranschaulichen. Wir können davon ausgehen, daß die grammatikalischen und syntaktischen Regeln ihrer Sprache allen Beteiligten bekannt sind. Aber während sie sprechen, sind ihnen diese Regeln nicht bewußt, obwohl ihre Sätze, die sie aussprechen, von diesen Regeln geformt werden. Diese während des Spiels unbewußten Regeln können allerdings den Spielern, die diese Regeln kennen, in den Fällen wo jemand diese Regeln verletzt, bewußt werden.

Wir können also sagen, und das ist ein weiteres Charakteristikum des Verhältnisses zwischen dem Konkreten und dem Abstrakten, daß von den Spielern auf der Ebene des Konkreten die abstrakten Modelle, während von den Modellbauern auf der Ebene des Abstrakten die Erlebnisse der Spieler ausgeblendet werden.

Wir verstehen jetzt, warum Lévi-Strauss meint, daß eine konkrete Gesellschaft unvergleichlich reicher ist als das nach ihr konstruierte Modell, und das dieses Modell nur „ein ganz partieller Ausdruck des totalen sozialen Phänomens" (Lévi-Strauss 1967, S. 349) ist. Was wir mit unseren Modellen nach Lévi-Strauss versuchen, ist „die einzig festen – und immer partiellen – Elemente freizulegen, die einen Vergleich und eine Klassifikation zulassen“ (Lévi-Strauss 1967, S. 356). Daher werden wir niemals in der Lage sein, mit Hilfe von Modellen **konkrete Gesellschaften als ganze zu rekonstruieren**, „ich denke nur“, meint Lévi-Strauss, „daß diese helfen können, jene zu erkennen und zu klassifizieren“ (Lévi-Strauss 1967, S. 349).

Vom wissenschaftlichen Standpunkt betrachtet, haben die Modelle, auch wenn diese meist ärmer als die konkreten sozialen Phänomene sind, einen großen Vorteil. Sie sind aus den einzig festen Elementen gebildet, die einer wissenschaftlichen Erforschung zugänglich sind.

Wir müssen, bevor wir die Beschreibung dieses ersten Schrittes, den Übergang von den konkreten Phänomenen zu den abstrakten Modellen abschließen, noch etwas nachtragen. Wir müssen hier darauf hinweisen, daß sich im Bereich der Kultur, neben den bereits erwähnten drei Ebenen des Austauschs, noch zusätzliche Ebenen ausmachen lassen, die der strukturalen Erforschung zugänglich sind. **Die Entdeckung und Isolierung solcher Ebenen** ist nach Lévi-Strauss eine wichtige wissenschaftliche Aufgabe: „Der wissenschaftliche Fortschritt besteht also nicht nur in der Entdeckung von Konstanten, die für jede Ebene charakteristisch sind“ (die Entdeckung solcher Konstanten oder strukturalen Prinzipien kann als das eigentliche Ziel struktureller Forschungen betrachtet werden. d.V.), „sondern auch in der Isolierung noch nicht gekennzeichneter Ebenen, wo die Untersuchung gegebener Phänomene einen strategischen Wert bekommt“ (Lévi-Strauss 1967, S. 308).

Welche diese Ebenen sind und ob sich die Isolierung bestimmter Ebenen vom Standpunkt ihrer strukturalen Erforschung als strategisch richtig erweist, das läßt sich nicht von vornherein bestimmen. Die Bestätigung liefert nur die strukturale Analyse selbst, indem die zuvor isolierten Ebenen sich tatsächlich zu einer Struktur verbinden lassen.

In Frage kommen hier letztlich alle Ausdrucksformen, deren Gesamtheit die Kultur einer Gesellschaft ausmacht. Diese Gesamtheit manifestiert sich in unzähligen Bereichen: in der Mode, in den Tischsitten, in den Höflichkeitsformen, in den Mythen, in den Ritualen, in der Kunst und in der politischen Ideologie. Selbst die Isolierung auf den ersten Blick sehr nebensächlich erscheinender Ausdrucksformen können sich nach Lévi-Strauss im nachhinein als besonders wichtig und als richtig erweisen (vgl. Lévi-Strauss 1967, S. 100).

Einen vom strukturalen Standpunkt sehr wichtigen Bereich bilden nach Lévi-Strauss die von den Mitgliedern der von uns untersuchten Gesellschaften selbst gelieferten Interpretationen ihrer eigenen Gesellschaften. Diese **selbstgemachten Interpretationen und Theorien** sind nach Lévi-Strauss für uns aus mehreren Gründen wichtig: Erstens gehören diese Theorien zu der Kultur der von uns untersuchten Gesellschaften. Sie sind Bestandteile dieser Kulturen. Zweitens sind diese Theorien manchmal richtig. Und drittens, wenn es sich herausstellt, daß diese Theorien falsch sind, oder zumindest Irrtümer enthalten (was nach Lévi-Strauss meistens der Fall ist) so liefern uns gerade diese Irrtümer für das Verständnis dieser Gesellschaften wichtige Hinweise: Die Tendenz und die Art dieser Fehlinterpretationen und Irrtümer, die diese Theorien enthalten, sind nicht zufälliger Natur. Sie sind für die betreffenden Gesellschaften vielmehr sehr bezeichnend: Das Verhältnis der gelebten, und der von den Mitgliedern dieser Gesellschaften erfundenen Modelle ihrer Gesellschaften ist nach Lévi-Strauss ein für strukturale Forschungen sehr bedeutendes Untersuchungsfeld.

Wir haben damit bereits einige wichtige Merkmale der Lévi-Straussschen strukturalistischen Konzeption und Methode kennengelernt. Wir wissen jetzt, wie man bei der Erforschung der konkreten Phänomene des gesellschaftlichen Lebens vorgehen muß, wir kennen jetzt auch den Weg der von diesen konkreten Formen hinführt zu den abstrakten Modellen mittels derer der Strukturalist die konkreten Formen erforscht und wir haben schließlich auch gesehen, in welchem Verhältnis diese beiden Ebenen zueinander stehen.

Ein wesentlicher Schritt der Lévi-Straussschen Konzeption fehlt uns allerdings noch. Der Übergang von den einzelnen Modellen zu der Struktur.

2.3 Modell und Struktur

Betrachten wir aber zunächst, was Lévi-Strauss unter einer **Struktur** versteht. „Wir glauben", schreibt Lévi-Strauss, „daß Modelle, wenn sie den Namen Struktur verdienen sollen, vier Bedingungen unbedingt erfüllen müssen. Erstens zeigt eine Struktur **Systemcharakter**. Sie besteht aus Elementen, die so angeordnet sind, daß die Veränderung eines von ihnen eine Veränderung aller übrigen nach sich zieht. Zweitens gehört jedes Modell zu einer **Gruppe von Umwandlungen**, deren jede einem Modell der selben Familie entspricht, so daß das Ganze dieser Umwandlungen eine **Gruppe von Modellen** bildet. Drittens erlauben die eben genannten Eigenschaften vorauszusagen, wie das Modell bei einer Veränderung eines seiner Elemente **reagieren** wird. Und letztlich muß das Modell so gebaut sein, daß es allen **festgestellten Tatsachen** Rechnung tragen kann" (Lévi-Strauss 1967, S. 301f.).

Die erste Bedingung besagt, daß unsere Modelle den Charakter eines **Systems** haben sollten. Diese Bedingung wird von unseren Austausch- oder Kommunikationsmodellen erfüllt. Sie sind als Modelle von Spielen oder einfacher als Spiele konzipiert. Die Elemente des Spiels sind die einzelnen Regeln, deren Gesamtheit das Spiel ausmacht. Diese Gesamtheit wird aber nicht durch eine wahllos oder zufällig erfolgte Aneinanderreihung von Regeln gebildet. Die einzelnen Regeln stehen untereinander in festen Beziehungen. Die Gesamtheit dieser Beziehungen bildet ein charakteristisches Beziehungsbündel oder ein System. Verändert man eine Regel, so verändert sich daher das ganze System. Das Spiel erhält einen ganz neuen Charakter oder genauer gesagt, es ist jetzt ein anderes Spiel.

Betrachten wir hier das Fußballspiel und ersetzen wir eine seiner Regeln durch eine andere, so z.B. die Regel, daß der Ball getreten, durch die Regel, daß der Ball geworfen werden soll: Wir sehen das Spiel ist kein Fußballspiel mehr, sondern ein ganz anderes Spiel. Man könnte hier einwenden, daß dieses Beispiel manipuliert ist, denn was hier verändert wurde, ist die vielleicht wichtigste oder zentralste Regel dieses Spiels, welche diesem Spiel seinen typischen Charakter verleiht. Zugegeben, dieses Beispiel wurde nicht zufällig, sondern bewußt und gezielt gewählt, weil dieses Beispiel das Gemeinte besonders deutlich veranschaulicht. Das ändert aber nichts an der grundlegenden Tatsache, daß durch die Veränderung auch nur eines seiner Regeln das Spiel als ganzes verändert wird und in ein neues Spiel umgewandelt wird, nur fallen manche dieser Veränderungen weniger dramatisch aus, als in unserem Beispiel.

Die zweite Bedingung, die Lévi-Strauss anführt, besagt, daß ein Modell nur dann den Namen Struktur verdient, wenn dieses Modell zu einer **Modellfamilie** gehört, deren einzelne Modelle als wohldefinierte **Umwandlungen** oder **Transformationen** von Modellen der selben Modellfamilie gebildet werden können.

Wir müssen uns mit dieser zweiten Bedingung etwas ausführlicher beschäftigen. Was uns zunächst auffällt, ist, daß während die erste Bedingung sich auf ein einzelnes Modell bezieht, das Modell soll den Charakter oder die Eigenschaft eines Systems haben, bezieht sich diese zweite Bedingung auf eine besondere Gruppe oder Gesamtheit von Modellen, und verlangt, daß nun auch diese, aus einzelnen besonderen Modellen gebildete **Gruppe als ganzes** den Charakter oder die Eigenschaft eines **Systems** haben soll. Es handelt sich hier also genaugenommen um ein **System von Systemen**.

Wenn wir nun weiter davon ausgehen, daß unsere Modelle als Spielmodelle oder einfach als Spiele konzipiert sind, so müssen wir berücksichtigen, daß die Elemente der hier gemeinten Systeme von Systemen nicht mehr die einzelnen Regeln eines bestimmten Spiels, sondern vielmehr die einzelnen Spiele selbst sind. Das hier gemeinte System besteht also aus der Gesamtheit einer besonderen Gruppe von Spielen. Die geforderte Systemeigenschaft bedeutet nun, daß es sich dabei nicht um eine Gruppe von wahllos oder zufällig aneinandergereihten Spielen handeln darf, sondern um Spiele, zwischen denen feste Beziehungen bestehen, deren Gesamtheit ein geordnetes Beziehungsbündel bzw. ein System ergibt.

Bei einem solchen **System von Spielen** können nun tatsächlich alle Spiele des Systems als wohldefinierte Umwandlungen oder Transformationen von Spielen desselben Systems gebildet werden. Man kann ein solchermaßen gebildetes System am Beispiel einer besonderen Gruppe von Spielen, die man als Mannschaftsballspiele bezeichnen kann, veranschaulichen. Wir wählen als Ausgangspunkt wieder das Fußballspiel. Wir verändern nun die Regeln dieses Spiels dahingehend, daß der Ball nicht mehr getreten sondern geworfen werden soll. Durch die Veränderung erhalten wir ein neues Spiel des selben Systems namens Handballspiel (erste Umwandlung). Wir verändern nun die Regeln dieses Spiels dahingehend, daß der Ball nicht mehr geworfen, sondern mit einem Stock geschlagen werden soll. Durch diese Veränderung erhalten wir ein neues Spiel des selben Systems namens Hockey (zweite Umwandlung). Wir verändern nun dieses Spiel dahingehend, daß das Spiel nicht mehr auf Rasen sondern auf Eis gespielt werden soll. Durch diese Umwandlung erhalten wir ein weiteres Spiel des selben Systems namens Eishockey (dritte Umwandlung). Nun könnten wir das Spiel vom Eis wieder auf das Trockene legen, die Tore etwas verkleinern und in die Höhe verlegen, so erhalten wir wieder ein neues Spiel (vierte Umwandlung) usw.

Damit ist das System zwar noch nicht vollständig beschrieben, die hier durchgeführten Transformationen sollten aber zur Veranschaulichung des Gemeinten genügen (die Vervollständigung des Systems sei der Phantasie des Lesers anvertraut).

Liegt nun ein solches System von Spielen vor und ist dieses System vollständig beschrieben, so ist auch die dritte der von Lévi-Strauss genannten Bedingungen erfüllt. Wir können dann tatsächlich ohne weiteres „voraussagen, wie das Modell (z.B. das Fußballspiel d.V.) bei einer Veränderung eines seiner Elemente reagieren wird“ (Lévi-Strauss 1967, S. 302).

Die letzte der von Lévi-Strauss angeführten Bedingungen besagt, daß das Modell so gebaut sein muß, „daß es allen festgestellten Tatsachen Rechnung tragen kann“ (Lévi-Strauss 1967, S. 302). Diese Bedingung kann und soll natürlich nicht bedeuten, daß wir in der Lage sein sollten, mit Hilfe unserer Modelle die konkreten Phänomene, nach denen diese Modelle gebaut wurden, vollständig zu rekonstruieren. Das wäre, wie wir gesehen haben, ein unmögliches Verlangen. Gemeint ist hier lediglich, daß das Modell den von unseren Forschungsinteressen **definierten Aspekten** der Realität, diesen aber in allen Einzelheiten Rechnung tragen sollte (vgl. Lévi-Strauss 1967, S. 302).

Zusammenfassend können wir also feststellen: Lévi-Strauss bezeichnet mit dem Begriff Struktur Modelle, die diese vier Bedingungen erfüllen. Manchmal bezeichnet er mit diesem Begriff tatsächlich einzelne Modelle, die diese vier Bedingungen erfüllen, aber mindestens genauso häufig auch das System, welches durch die Gesamtheit von solchen Modellen gebildet wird. Damit der Leser unserer Ausführungen nun immer genau weiß, welchen Begriffsinhalt wir meinen, schlagen wir eine etwas differenziertere Sprachregelung vor: Wir bezeichnen mit **Modell**, Element oder Bestandteil **einer Struktur** Modelle von denen wir wissen oder auch annehmen, daß sie diese vier Bedingungen **erfüllen** und wir bezeichnen mit **Struktur das System**, welches durch die **Gesamtheit von** solchen **Modellen** gebildet wird.

Die vier von Lévi-Strauss angeführten Bedingungen sind hier für uns von recht unterschiedlicher Bedeutung. So können wir hier die von der vierten Bedingung aufgeworfene Frage, ob und inwieweit bestimmte Modelle allen relevanten Tatsachen Rechnung tragen, von vornherein ausklammern. Diese Frage läßt sich nur auf Grundlage eines sehr gründlichen Studiums der Faktenlage beantworten. Das dritte Kriterium können wir gleichfalls vernachlässigen. Die hier geforderte Eigenschaft der Prognostizierbarkeit der Reaktionen des Modells, ist, sofern das Modell die beiden ersten Bedingungen erfüllt, auch gegeben. Wie wir gesehen haben, kann diese Eigenschaft aus den beiden ersten Bedingungen abgeleitet werden. Wir werden schließlich auch die erste Bedingung vernachlässigen. Wir werden annehmen, daß unsere als Spiele konzipierten Modelle, die durch diese Bedingung geforderte Systemeigenschaft besitzen. Im Zentrum unseres Interesses steht die zweite Bedingung. Die Frage, die durch dieses Kriterium aufgeworfen wird, läßt sich auf zweierlei Arten formulieren: 1. Ist ein von uns betrachtetes spezielles Modell ein **Element** (Bestandteil oder Modell) einer **Struktur**? 2. Bilden eine Gruppe von uns betrachteten **Modelle als Ganzes eine Struktur**? Wir sind damit nach der Darstellung und Diskussion des Lévi-Straussschen Strukturbegriffs wieder zu unserer ursprünglichen Frage zurückgekehrt: Wie gelangen wir **von den einzelnen Modellen zu der Struktur**?

Wir können diese Frage nach Lévi-Strauss folgendermaßen beantworten: Durch die Anwendung eines Verfahrens, welches von Lévi-Strauss mit **„Experimentieren an den Modellen“** (Lévi-Strauss 1967, S. 302) bezeichnet wird. „Unter ‚Experimentieren an den Modellen‘ verstehe ich“, schreibt Lévi-Strauss, „alle Verfahren, die die Möglichkeit bieten, zu erfahren, wei ein gegebenes Modell auf Veränderungen reagiert oder wie Modelle gleichen oder unterschiedlichen Typs miteinander verglichen werden können“ (Lévi-Strauss 1967, S. 302).

Was Lévi-Strauss hier meint, ist folgendes: Nachdem wir 1. die konkreten Formen des gesellschaftlichen Zusammenlebens in einer möglichst großen Zahl von

Gesellschaften erforscht haben, nachdem wir 2. innerhalb der von uns erforschten Kulturen bestimmte Ebenen (gemeint sind hier die drei behandelten Ebenen des Austauschs (der Kommunikation, die Ebene der selbst erfundenen Interpretationen, usw.) isoliert haben und nachdem wir 3. auf dieser Grundlage unsere Modelle aufgestellt haben, müssen wir uns nun nach Lévi-Strauss mit diesen Modellen selbst beschäftigen. Wir analysieren unsere Modelle, wir versuchen, ihre formalen Eigenschaften herauszufinden. Wir verändern einzelne ihrer Elemente damit wir erkennen, wie sie als Systeme reagieren. Wir isolieren weiters, nach den konkreten Formen derselben Ebene und daher thematisch zusammenhängende, Modellgruppen. Wir versuchen herauszufinden, ob die einzelnen Modelle dieser Gruppe als Umwandlungen anderer Modelle derselben Gruppe gebildet werden können. Wenn wir herausfinden, daß einzelne theoretisch mögliche, aber in der Realität noch nicht beobachtete Umwandlungen noch fehlen, so beschreiben wir diese und vervollständigen unsere Gruppe durch sie. Ergibt die so vervollständigte Gruppe tatsächlich eine Struktur, so haben wir nach Lévi-Strauss guten Grund, anzunehmen, daß wir zu diesen, von uns theoretisch abgeleiteten Umwandlungen auch noch die entsprechenden konkreten Formen finden werden.

Obwohl sich das hier angedeutete Verfahren erschöpfend beschreiben läßt, so hängt doch in der Realität tatsächlich vieles von der Intuition und vom Glück des einzelnen Forschers ab. Denn ob wir bei der Isolierung der verschiedenen Ebenen die Schnitte (vom Standpunkt der Struktur) richtig gelegt haben, oder ob nicht vielleicht diese Schnitte ganz anders hätten gelegt werden müssen, das sind nach Lévi-Strauss Fragen, die sich nicht apriorisch entscheiden lassen. „Allzu bewußt sind wir uns der Unmöglichkeit“ schreibt Lévi-Strauss „von vornherein zu wissen, wo und auf welchem Niveau der Beobachtung die Strukturanalyse Erfolg hat“ (Lévi-Strauss 1967, S. 350).

Die Bestätigung für die richtige Vorgangsweise liefert hier tatsächlich nur der Erfolg. Die Frage, die wir eingangs gestellt haben, ist damit beantwortet. Wir wissen jetzt, zumindest im Prinzip, wie man von den einzelnen Modellen zu der Struktur gelangt.

2.4 Die unbewußten Prinzipien des menschlichen Geistes

Auf welchen Ebenen oder in welchen Bereichen waren nun die strukturalen Forschungen tatsächlich erfolgreich? Die wohl größten Erfolge zeitigten die strukturalen Analysen bei der Erforschung der menschlichen **Sprache**. Diese Forschungen zeigten, daß die nach den empirischen Gegenständen (gemeint sind hier die einzelnen Sprachen) dieses Gegenstandsbereichs gebildeten Modelle tatsächlich eine Struktur bilden. Damit wurde bewiesen: Allen Sprachen der Welt liegen dieselben Gesetze zugrunde (vgl. Lévi-Strauss 1967, S. 97).

Dieser, bei der Erforschung der menschlichen Sprache mit so viel Erfolg angewandte strukturale Methode, wurde nun von Lévi-Strauss auch bei der Erforschung von anderen Bereichen des gesellschaftlichen Lebens angewandt.

Seine Forschungen auf dem Gebiet der **Heirats- und Verwandtschaftssysteme** haben gezeigt, daß auch diese Systeme, gleich den verschiedenen Sprachsystemen, gemeinsam eine Struktur bilden. Hinter der Verschiedenheit kann man also auch hier das Allgemeine, d.h. die Struktur erkennen. Es liegen also auch allen Heirats- und Verwandtschaftssystemen dieselben Gesetze zugrunde (vgl. Lévi-Strauss 1967, S. 62f., sowie 1981).

Weiters konnte Lévi-Strauss zeigen, daß mit dieser Struktur weitere Strukturen korrespondieren: Die Struktur der Haltungen, womit bestimmte Aspekte von Rollenbeziehungen zwischen Verwandten gemeint sind (vgl. Lévi-Strauss 1967, S. 55f.), und die Struktur der Benennungen, womit die sprachlichen Unterscheidungen, die man für die Beziehungen der verschiedenen Typen von Verwandten benützt, gemeint sind (vgl. Lévi-Strauss 1967, S. 87f.).

In seinem großen dreibändigen Werk Mythologica (Lévi-Strauss 1971-1975) beweist Lévi-Strauss, daß die strukturale Analyse auch auf dem Gebiet der Mythenforschung mit Erfolg angewendet werden kann. Seine Untersuchungen zeigen, daß die nach den **Mythen** der primitiven Gesellschaften gebauten Modelle als Umwandlungen oder Transformationen anderer Mythenmodelle gebildet werden und daß diese Modelle insgesamt eine Struktur bilden. Damit hat er gezeigt: allen diesen Mythen liegen dieselben Gesetze zugrunde. Lévi-Strauss hat sich auch recht ausführlich mit den Zusammenhängen, die zwischen den einzelnen Strukturebenen bestehen, beschäftigt. Wenn auch diese Untersuchungen mehr punktueller Natur sind, so zeigt sich aber auch hier die Tendenz, daß die nach diesen Beziehungen konstruierten Modelle sich eines Tages zu einem besonderen Strukturtyp (**Struktur der Strukturen**) vereinen lassen. Damit ist aber von Lévi-Strauss keineswegs eine Art Harmonie oder vollkommene Ordnung gemeint: „Ich postuliere", schreibt Lévi-Strauss, „keine prästabilierte Harmonie zwischen den verschiedenen Strukturebenen. Sie können – und tun es oft – vollständig im Gegensatz zueinander stehen, aber die Modalitäten, nach denen sie einander widersprechen, gehören alle derselben Gruppe an" (Lévi-Strauss 1967, S. 359).

Will Lévi-Strauss damit letztlich behaupten, daß in einer Gesellschaft **alles strukturiert** ist? Lévi-Strauss würde auf diese Frage mit einem glatten Nein antworten: „Wir wissen", schreibt Lévi-Strauss, „daß eine konkrete Gesellschaft sich niemals auf ihre Struktur oder vielmehr auf ihre Strukturen (denn es gibt deren viele, auf verschiedenen Ebenen, die selbst wieder, wenigstens teilweise ‚strukturiert' sind) reduzieren läßt. Ich habe 1949 in einer Kritik an dieser primären Form des Strukturalismus, den man Funktionalismus nennt, geschrieben: Zu sagen, eine Gesellschaft funktioniere, ist eine Banalität; aber zu sagen, alles in einer Gesellschaft funktioniere, ist eine Absurdität" (Lévi-Strauss 1967, S. 351). Es ist nach Lévi-Strauss vielmehr so, daß viele Gesellschaften Formen des gesellschaftlichen Lebens verwirklichen, die vom Standpunkt der Struktur **Deformationen** aufweisen. Und es ist, wie Lévi-Strauss es anhand mehrerer Beispiele aufweisen kann, die Funktion der von der betreffenden Gesellschaft selbst entworfenen Theorie ihres eigenen gesellschaftlichen Lebens (Religion, Ideologien, Mythen, usw.) diese Deformationen und Widersprüche durch bewußte und unbewußte „Umwege und Künstlichkeiten" ... „zu lösen oder jedenfalls zu verschleiern" (Lévi-Strauss 1967, S. 360).

Die vielleicht wichtigste Frage, die man in diesem Zusammenhang stellen kann und stellen muß, haben wir für den Schluß aufbewahrt: **Warum gibt es** überhaupt **Strukturen?** Oder präziserer: Was sind das für Gesetze und Prinzipien, die bewirken, daß die verschiedenen Gesellschaften Formen des gesellschaftlichen Lebens verwirklichen, die diesen Gesetzen und Prinzipien genügen? Das ist natürlich eine spannende Frage.

Es handelt sich bei diesen Gesetzen und Prinzipien nach Lévi-Strauss um die **unbewußten Gesetze und Prinzipien des menschlichen Geistes**. Es sind diese unbewußten Prinzipien des menschlichen Geistes, die sich durch die Strukturen offenbaren. Es sind diese für immer und für alle gleichen Prinzipien des menschlichen Geistes, die bewirken, daß die Menschen, „die alten und die modernen, die primitiven und die zivilisierten" (Lévi-Strauss 1967, S. 35) im Grunde (vom Standpunkt der Struktur) immer dieselben Formen verwirklichen. Diese unbewußten Gesetze des menschlichen Geistes sind in den langen Zeiträumen des gesellschaftlichen Zusammenlebens unbewußt erworbene, genetisch fixierte und weiter vererbte Prinzipien (man bedenke hier, daß die Entwicklung der menschlichen Sprache und aller anderen Formen der Kultur die Gesellschaft voraussetzt. Tatsächlich lebte der Vorfahre des Menschen in Gesellschaften oder in Gruppen, bevor er ein Mensch, das heißt ein kulturelles Wesen war). Die realen Formen des menschlichen Zusammenlebens, die wir beobachten, sind der Ausdruck, wie die Menschen diese angeborenen und unbewußten Prinzipien je nach den spezifischen Umweltbedingungen, innerer und äußerer Zwänge und gesellschaftliche Ereignisse auf ihre spezifischen Weise verwirklichen. Wir müssen uns „die sozialen Strukturen als Objekte vorstellen", schreibt Lévi-Strauss, „die unabhängig von dem Bewußtsein existieren" (Lévi-Strauss 1967, S. 136). Und da die Strukturen nicht bewußt sind, müssen wir sie dort suchen, wo sie durch bewußte Manipulationen am wenigsten verzerrt oder deformiert, d.h. in möglichst reiner Form in Erscheinung treten können. Die für strukturale Forschungen geeigneten Bereiche, sind daher jene, die einer bewußten Gestaltung weniger zugänglich sind, und wo wir daher natürlich gewachsene, ursprüngliche Formen finden können.

Diese Bedingungen werden von den menschlichen Sprachen auf exemplarische Weise erfüllt. Sie liefern für uns natürlich gewachsene und kaum bewußt manipulierte Studienobjekte. Weitere Bereiche, die diese Bedingungen erfüllen, finden wir in den Formen des Zusammenlebens in primitiven Gesellschaften. Ihre natürlich gewachsenen Heiratsregeln, Verwandtschaftssysteme und soziale Organisationen sind daher für strukturale Forschungen ähnlich geeignete Studienobjekte, wie die menschlichen Sprachen. Das selbe trifft aber auch auf die Mythen dieser Gesellschaften zu. So war es daher kein Zufall, daß die strukturalen Forschungen gerade in diesen Bereichen von Erfolg gekrönt waren.

3. Beispiele: Die Struktur der Heirat und der Verwandtschaft

Wir wollen den Leser in diesem Abschnitt mit einer besonderen Struktur bekannt machen. Diese Struktur konnte erst entdeckt werden, nachdem die drei verschiedenen Ebenen Heiratssysteme, Verwandtschaftssysteme und die Abstammungsregeln, die zuvor getrennt untersucht worden waren, von Lévi-Strauss als eine Gesamtheit aufgefasst wurden. Wir wählen diese Struktur zu unserem Beispiel, weil diese Struktur nach Lévi-Strauss die grundlegendste aller gesellschaftlichen Strukturen ist. Das unbewußte Prinzip, welches sich durch diese Struktur offenbart, ist nach ihm das Fundament auf dem die Gesellschaft entstand und auf dem die Gesellschaft ruht. Das Werk, in dem Lévi-Strauss diese Struktur beschreibt (Lévi-Strauss 1981), umfaßt rund siebenhundert Seiten.

Wir werden uns hier auf das Wesentlichste beschränken. Insbesondere werden wir auf die Beschreibung der konkreten sozialen Phänomene, welche das Ausgangsmaterial der strukturalen Forschungen bilden, verzichten. Wir werden auf der Ebene der Modelle einsteigen, die Transformationen oder Umwandlungen der Modelle dieser Struktur verfolgen und dann das unbewußte Prinzip, welches sich durch diese Struktur enthüllt, angeben.

Das einfachste Modell dieser Struktur, die Teilung einer Gesellschaft in zwei **exogame Hälften** mag folgendes rein fiktives Beispiel veranschaulichen:

Stellen wir uns vor, daß

1. die Gebiete der beiden benachbarten österreichischen Bundesländer Vorarlberg und Tirol von zwei verschiedenen, aber etwa gleich großen Stämmen, von den Hämmerle und von den Hofer bewohnt werden,
2. alle Hämmerle in Vorarlberg und alle Hofer in Tirol wohnen,
3. die Häuptlinge dieser beiden Stämme beschließen, des seit mehreren Generationen währenden Krieges überdrüssig, für immer Frieden zu schließen,
4. die Häuptlinge als sichtbares Zeichen dieses ihres Willens vereinbaren, ihre Kinder miteinander zu verheiraten,
5. die Häuptlinge ihren Untertanen befehlen, diesem Beispiel zu folgen, d.h. sie befehlen: alle Hämmerle sollen Hofer und alle Hofer sollen Hämmerle heiraten,
6. die Häuptlinge vereinbaren, daß die Kinder eines Hämmerle-Mannes mit einer Hofer-Frau Hämmerle und daß die Kinder eines Hofer-Mannes mit einer Hämmerle-Frau Hofer heißen sollen,
7. die Häuptlinge vereinbaren, daß neugegründete Familien, bestehend aus einem Hämmerle-Mann und einer Hofer-Frau, in Vorarlberg und Familien bestehend aus einem Hofer-Mann und einer Hämmerle-Frau, in Tirol leben sollen.

Auf Grund der von den zwei Häuptlingen getroffenen Regelungen entsteht eine **patrilinear** und **patrilokal** organisierte Gesellschaft, welche aus **zwei exogamen Hälften** besteht. Die **patrilineare Organisaiton** bedeutet, daß die Zugehörigkeit zu den beiden Gruppen oder Hälften vom Vater auf die Kinder vererbt wird. Die **patrilokale Organisaiton** bedeutet, daß verheiratete Paare am Wohnsitz des Vaters des Ehemannes wohnen und die **Exogamieregel** bedeutet, daß die Mitglieder der beiden Gruppen oder Hälften nur Mitglieder der jeweils anderen Gruppe oder Hälfte heiraten dürfen. Eine solche Gesellschaft wird, da sie gleichzeitig patrilinear wie patrilokal ist, auch als **symmetrisch** bezeichnet. Symmetrisch würden wir auch eine sowohl matrilineare, wie auch matrilokale Gesellschaft bezeichnen. Gesellschaften, die entweder patrilinear und matrilokal, oder matrilinear und patrilokal organisiert sind, nennt man dagegen **asymmetrisch**.

Kehren wir jetzt zurück zu unserem Beispiel und betrachten wir was auf Grund der von den beiden Häuptlingen getroffenen Bestimmungen geschieht. Wie man sofort sieht, werden auf Grund der Exogamieregel bald alle Hämmerle und alle Hofer miteinander verwandt sein, die patrilineare und patrilokale Organisaiton bewirkt aber, daß in Vorarlberg weiterhin nur Hämmerle und in Tirol weiterhin nur Hofer wohnen werden. Hätten die beiden Häuptlinge anstatt der patrilineare und patrilokale eine matrilineare und matrilokale Organisaitonsweise gewählt, würden die geschilderten Ergebnisse übrigens dieselben sein.

Die in unserem Beispiel getroffenen Regelungen bedeuten für einen heiratswilligen jungen Hofer-Mann, daß für ihn alle heiratsfähigen Hofer-Töchter in Tirol tabu sind. Sie kommen für ihn als Heiratspartnerinnen nicht in Frage. Will er für sich eine Frau suchen, so muß er sich eine heiratsfähige Hämmerle-Tochter in Vorarlberg suchen. Dasselbe trifft natürlich auch für einen heiratswilligen Hämmerle-Mann zu.

Wurden nun während mehrerer Generationen zwischen den Hofer und den Hämmerle verwandtschaftliche Beziehungen geknüpft, so wird es interessant sein zu fragen, zwischen welchen näheren Verwandtschaftsgraden dieses System die Heirat erlaubt und zwischen welchen es sie verbietet.

Beginnen wir mit den nächsten Verwandten, so ist es klar, daß für einen jungen Hofer-Mann seine Schwestern in einem solchen System keine möglichen Heiratspartnerinnen sind. Seine Schwestern sind ja wie er selbst Hofer. Den nächsten Kreis von weiblichen Verwandten bilden für einen jungen Mann seine Kusinen. Wir können hier vier Typen unterscheiden:

1. Tochter der Schwester der Mutter (matrilaterale Parallelkusine)
2. Tochter des Bruders des Vaters (patrilaterale Parallelkusine)
3. Tochter des Bruders der Mutter (matrilaterale Kreuzkusine)
4. Tochter der Schwester des Vaters (patrilaterale Kreuzkusine).

Untersuchen wir die möglichen Heiratsverbindungen vom Standpunkt eines jungen Hofer-Mannes: Betrachten wir die Elterngeneration, so entstammt dieser Mann aus der Verbindung eines Hofer-Mannes mit einer Hämmerle-Frau. die Schwester seiner Mutter (Typ 1) ist eine Hämmerle, die nach der Heirat mit einem Hofer-Mann in Tirol lebt. Die Tochter, die aus dieser Verbindung entstand ist eine Hofer: Kusinen von Typ 1 kommen für einen jungen Hofer-Mann als Heiratskandidatinnen also nicht in Frage.

Der Bruder des Vaters (Typ 2) ist ein Hofer, der nach der Heirat mit einer Hämmerle-Frau in Tirol lebt. Die Tochter, die aus dieser Verbindung entstand, ist eine Hofer. Kusinen von Typ 2 kommen für unseren jungen Mann (Hofer) als Heiratskandidatinnen auch nicht in Frage.

Der Bruder der Mutter (Typ 3) ist ein Hämmerle, der nach seiner Heirat mit einer Hofer-Frau in Vorarlberg lebt. Die Tochter, die aus dieser Verbindung entstand, ist eine Hämmerle. Kusinen von Typ 3 sind für einen jungen Hofer-Mann mögliche Heiratskandidatinnen.

Die Schwester des Vaters (Typ 4) ist eine Hofer, die nach ihrer Heirat mit einem Hämmerle-Mann in Vorarlberg lebt. Die Tochter, die aus dieser Verbindung entstand, ist eine Hämmerle. Kusinen von Typ 4 sind für einen jungen Hofer-Mann auch mögliche Heiratskandidatinnen.

Kennzeichnen wir Männer mit △, Frauen mit ○, Heiratsverbindungen mit =, Geschwisterpaare mit ┌───┐ und die Abstammungsrichtung mit —, so erhalten wir für die vier Typen von Kusinen folgende Schemata:

Typ 1: Tochter der Schwester der Mutter

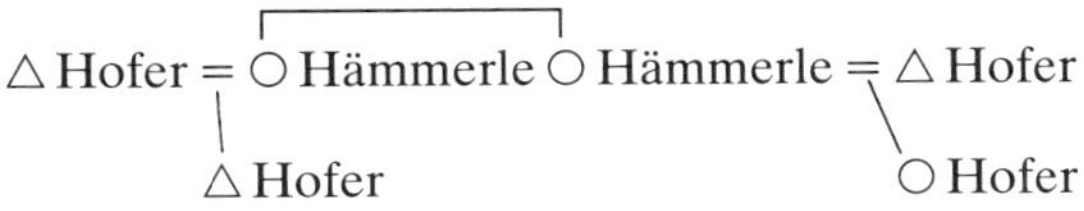

Typ 2: Tochter des Bruders des Vaters

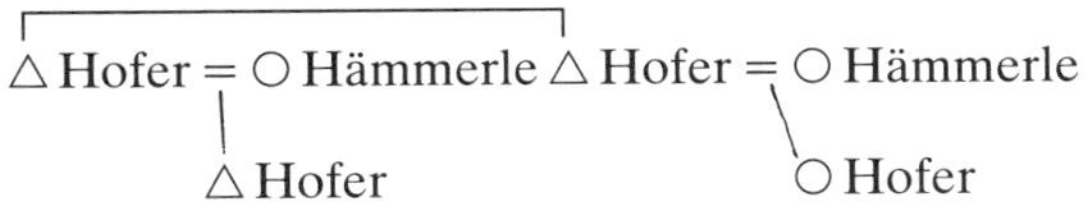

Typ 3: Tochter des Bruders der Mutter

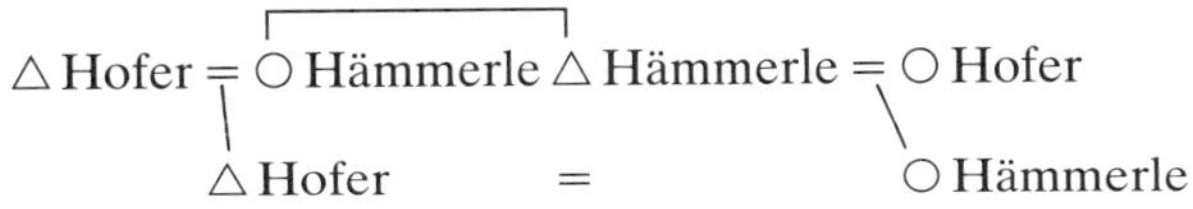

Typ 4: Tochter der Schwester des Vaters

Wie wir sehen, sind für einen jungen Hofer-Mann die Kusinen von Typ 1 und 2 keine möglichen, die Kusinen von Typ 3 und 4 dagegen mögliche Heiratskandidatinnen.

Kusinen von Typ 1 und 2, also Tochter der **Schwester** der **Mutter** und Tochter des **Bruders** des **Vaters** werden auch als Parallelkusinen, Kusinen von Typ 3 und 4, also Tochter des **Bruders** der **Mutter** und Tochter der **Schwester** des **Vaters** auch als **Kreuzkusinen** bezeichnet. Im ersten Fall ist das Geschwisterpaar in der Elterngeneration von gleichem, im zweiten Fall von unterschiedlichem Geschlecht. Parallelkusinen sind also in dem von uns untersuchten Modell keine, Kreuzkusinen dagegen mögliche Heiratspartnerinnen.

Dieses Ergebnis ist insoweit bemerkenswert, da der Grad der Blutsverwandtschaft zwischen Parallel- und Kreuzkusinen derselbe ist. Daß die Kreuzkusinen als Heiratspartnerinnen erlaubt, die Parallelkusinen dagegen als Heiratspartnerinnen verboten sind, kann daher nicht auf das biologische Merkmal der Blutsverwandtschaft, sondern nur auf das soziale System der Normen zurückgeführt werden.

Wir haben bisher untersucht, welche Typen von Kusinen ein Mann in einem System mit zwei exogamen Hälften heiraten und welche Typen von Kusinen er nicht heiraten darf. Die von uns festgestellte Möglichkeit der Kreuzkusinenheirat ist aber in vielen Gesellschaften nicht nur erlaubt, sondern vielmehr ein positives Gebot. In solchen Gesellschaften ist für einen jungen Mann seine Kreuzkusine die Frau, die er heiraten soll. Systeme, die die Heirat mit der Kreuzkusine positiv vorschreiben (Präferenzheiratssysteme) trifft man nun sowohl in Gesellschaften, die das System der exogamen Hälften kennen, wie auch in solchen, die das System der exogamen Hälften nicht kennen. Ob die **Präferenzheirat** in einem System mit zwei exogamen Hälften, oder ohne exogamen Hälften praktiziert wird (die Norm ist), immer sind es die Kreuzkusinen und nicht die Prallelkusinen, die als Heiratspartnerinnen vorgeschrieben werden.

Man hat diese Tatsache vielfach dadurch zu erklären versucht, daß man behauptete, daß Gesellschaften, die heute die Präferenzheirat mit der Kreuzkusine praktizieren, aber das System der exogamen Hälften nicht kennen, früher auch das System der exogamen Hälften gekannt hätten. Das System der Präferenzheirat mit der Kreuzkusine sei einfach ein Überbleibsel des Systems der exogamen Hälften. Diese historische Erklärung ist insoweit recht unbefriedigend, da es sich hier um Gesellschaften handelt, die keine Geschichte haben (genauer, deren Geschichte wir nicht kennen). Diese Hypothese läßt sich daher weder verifizieren noch falsifizieren. Lévi-Strauss schlägt für diese Tatsache, wie wir später sehen werden, eine ganz andere Erklärung vor, eine Erklärung, die ganz ohne solche geschichtliche Hypothesen auskommt. Für Lévi-Strauss sind das System der exogamen Hälften und die Präferenzheirat mit der Kreuzkusine zwei unterschiedliche Mittel, die dieselbe soziale Funktion erfüllen: Die Knüpfung verwandtschaftlicher Beziehungen zwischen zwei (oder mehrerer) Gruppen von Menschen. Während beim System der exogamen Hälften dieses Ergebnis durch ein **generelles Verbot** (Mitglieder der eigenen Gruppe oder Hälfte dürfen nicht geheiratet werden) erzielt wird, wird dasselbe Ergebnis beim System der präferentiellen Kreuzkusinenheirat durch ein **positives Gebot** erzielt.

Wir müssen jetzt noch auf eine besondere Form der Kreuzkusinenheirat, auf die Heirat mit der **bilteralen Kreuzkusine** aufmerksam machen. Was bedeutet zunächst einmal die Aussage, meine Frau ist meine bilaterale Kreuzkusine? Wir werden diese Frage mit Hilfe nachstehenden Schemas beantworten:

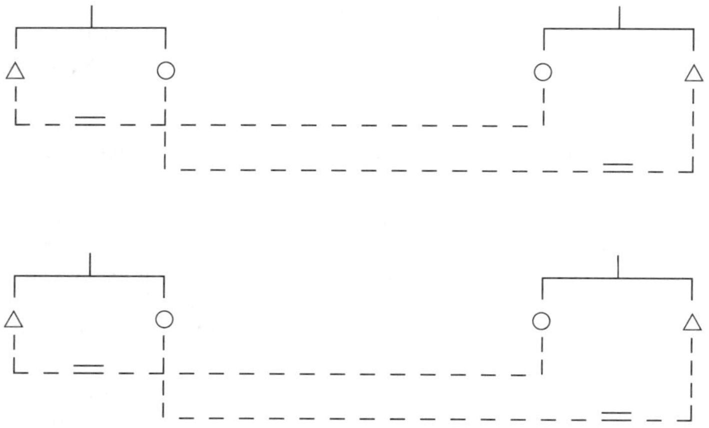

Betrachtet man den Mann links in der zweiten Generation in unserem Schema, so ist seine Frau die Tochter der Schwester seines Vaters und gleichzeitig auch die Tochter des Bruders seiner Mutter, also sowohl seine patrilaterale wie auch seine matrilaterale, d.h. seine bilaterale Kreuzkusine.

Wie wir anhand obigen Schemas leicht erkennen können, kommt dieser Typus der Kreuzkusinenheirat dadurch zustande, daß die Männer zweier Familien über Generationen ihre Schwestern untereinander austauschen. Wird in einer Gesellschaft die bilaterale Kreuzkusinenheirat als Regel vorgeschrieben, so werden dadurch zwei Gruppen aufs Engste miteinander verknüpft. Hinsichtlich unseres Beispils können wir feststellen, daß in diesem System die bilaterale Kreuzkusinenheirat durchaus zulässig ist.

Das System der zwei exogamen Hälften und das System der Präferenzheirat mit der Kreuzkusine sind weit verbreitete Phänomene. Man findet diese Organisationsformen in Nord- und Südamerika, in Australien in Asien und auch in Afrika. Man kann auf Grund dieser Tatsache annehmen, daß es sich hier um Grundformen des Heiratens handelt, die, soweit die dafür notwendigen Bedingungen erfüllt sind, immer und unabhängig voneinander auftreten. Die Präferenzheirat mit der Kreuzkusine trifft man gemeinsam, aber auch ohne dem System der exogamen Hälften an. Besonders häufig kann man nach Lévi-Strauss das System der Präferenzheirat mit der Kreuzkusine gerade dort antreffen, wo das System der exogamen Hälften nicht praktiziert wird.

Kehren wir jetzt zurück zu unserem Beispiel und stellen wir uns vor, daß einige Generationen später über die beiden Stämme zwei Häuptlinge herrschen, die mit den Resultaten der Regeln, die ihre Ahnen ausgedacht hatten nicht recht zufrieden sind, denn trotz aller familiären Verbundenheit leben beide Stämme rein nominell betrachtet, immer noch getrennt: In Vorarlberg leben nur Hämmerle und in Tirol nur Hofer.

Stellen wir uns nun vor, daß die beiden Häuptlinge vereinbaren, die alte Regel, nach der die Frauen nach der Heirat zu ihren Männern ziehen müssen, aufzuheben und stattdessen vereinbaren, daß in Zukunft nach der Heirat die Männer zu ihren Frauen ziehen sollen. Die nun geltenden Regeln konstituieren das **Modell einer patrilinearen und matrilokalen**, d.h. **asymmetrisch organisierten Gesellschaft mit zwei exogamen Hälften**.

Wie man sich leicht vorstellen kann, würden sich die beiden Stämme auf Grund dieses Systems nicht nur familiär sondern auch in **regionaler Hinsicht vermischen**. Bald würden in Tirol genausoviel Hämmerle wie Hofer und in Vorarlberg genausoviel Hofer wie Hämmerle leben. Wäre dieser Zustand einmal erreicht, so können wir annehmen, daß die Hämmerle und Hofer in Vorarlberg und die Hofer und Hämmerle in Tirol immer häufiger untereinander heiraten würden. Es würden auf diese Weise die familiären Bande, die im alten System zwischen den beiden Gebieten bestanden, mit der Zeit, ganz aufhören zu existieren. Schließlich würden die Hämmerle und Hofer in Vorarlberg und die Hofer und Hämmerle in Tirol zwei voneinander **getrennte Gesellschaften** bilden.

Nehmen wir an, daß einige Generationen später zwei Häuptlinge, mit den Resultaten dieser Regeln unzufrieden, untereinander vereinbaren, daß in Zukunft bei allen Heiratsverbindungen, nicht nur die patrilineare Abstammung, sondern auch das matrilineare lokale Prinzip Berücksichtigung finden soll: d.h., alle ihre Untertanen sollen zwei Namen tragen: an erster Stelle den Stammesnamen, der vom Vater auf seine Kinder vererbt wird, an zweiter Stelle eine Herkunftsbezeichnung, die von der Mutter auf ihre Kinder vererbt wird; heiraten schließlich sollen nur Personen dürfen, die sowohl unterschiedliche Stammesnamen als auch unterschiedliche Herkunftsbezeichnungen tragen.

Es gibt also insgesamt vier Namen:

1. Hofer aus Tirol
2. Hämmerle aus Vorarlberg
3. Hofer aus Vorarlberg
4. Hämmerle aus Tirol

Zulässig sind nur Heiratsverbindungen zwischen

1. Hofer aus Tirol und Hämmerle aus Vorarlberg

und

2. Hofer aus Vorarlberg und Hämmerle aus Tirol,

denn nur bei diesen Verbindungen sind beide Namen der Eheleute verschieden. Die Kinder, die aus diesen Verbindungen entstehen, tragen folgende Namen:

Heiratet ein Mann	eine Frau	so heißen die Kinder
Hofer aus Tirol	Hämmerle aus Vlbg.	Hofer aus Vorarlberg
Hofer aus Vlbg.	Hämmerle aus Tirol	Hofer aus Tirol
Hämmerle aus Vlbg.	Hofer aus Tirol	Hämmerle aus Tirol
Hämmerle aus Tirol	Hofer aus Vlbg.	Hämmerle aus Vlbg.

Statt des Systems von zwei exogamen Hälften erhalten wir auf diese Weise ein System von vier Sektionen:

Hofer aus Tirol	Hämmerle aus Vorarlberg
Hofer aus Vorarlberg	Hämmerle aus Tirol

Bedingt durch die neue Regelung werden in Zukunft durch die Heiratsverbindungen nicht nur die Hämmerle und Hofer in Tirol und Vorarlberg, sondern auch wieder die **Einwohner Tirols** und die **Einwohner Vorarlbergs** miteinander vereint.

Kehren wir jetzt zurück zu unserem ursprünglichen Modell, also zu dem Modell einer patrilinear und patrilokal organisierten Gesellschaft mit zwei exogamen Hälften und stellen wir uns vor, daß die beiden Häuptlinge jetzt einen dritten Stamm, deren Mitglieder den Stammesnamen Schulze tragen und dessen Stammesgebiet nördlich ihrer Stammesgebiete, also im heutigen Bayern liegt, in ihrem Bunde aufnehmen wollen. Wie könnten sie das bewerkstelligen? Wie sollten die Heiratsregeln jetzt lauten?

Symbolisiert man die Richtung der Zirkulation der Frauen mit „→", so kann das System des Frauentausches im Rahmen des bisherigen Zweierbundes folgendermaßen dargestellt werden:

(Hämmerle) ⇄ (Hofer)

Die Hämmerle treten ihre Frauen an die Hofer und die Hofer ihre Frauen an die Hämmerle ab. Es ist klar, daß dieses System des Frauentausches nur unter zwei beteiligten Gruppen praktiziert werden kann. Dasselbe gilt wie wir bereits ausgeführt haben auch für Systeme der Präferenzheirat mit der bilateralen Kreuzkusine, aber auch für Systeme, die die Wahl zwischen der Heirat mit der patrilateralen und der matrilateralen Kreuzkusine freistellen.

Solche Systeme werden von Lévi Strauss aus diesem Grunde auch als Systeme des **eingeschränkten Tausches** bezeichnet.

Sollen nicht nur zwei sondern wie in unserem Beispiel drei Gruppen durch ein Heiratssystem miteinander verknüpft werden, so könnten die drei beteiligten Gruppen etwa folgendes Modell verwirklichen.

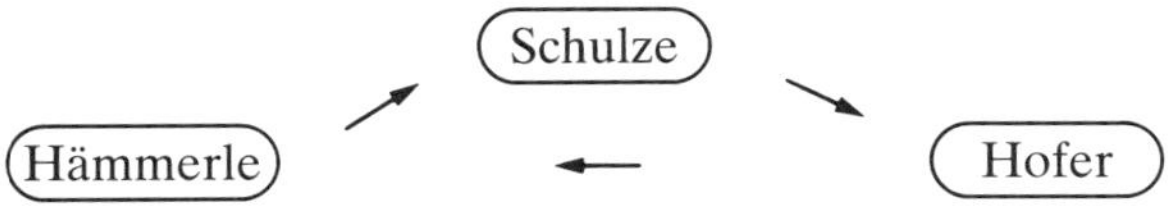

Die Hämmerle treten ihre Frauen an die Schulze, die Schulze an die Hofer und die Hofer wiederum an die Hämmerle ab. Die Frauen zirkulieren in diesem System in der Uhrzeigerrichtung.

Stellen wir uns wieder die Frage, zwischen welchen näheren Verwandtschaftsgraden dieses System die Heirat erlaubt und zwischen welchen es sie verbietet?

Es sei nur vollständigkeitshalber erwähnt, daß ein junger Mann seine Schwester natürlich auch in diesem System nicht heiraten darf. Wie steht es aber hier mit seinen Parallelkusinen? Untersuchen wir diese Frage vom Standpunkt eines jungen Hofer-Mannes: Die Schwester seiner Mutter ist, wie seine Mutter auch, eine Schulze, die nach der Heirat mit einem Hofer-Mann in Tirol lebt. Die Tochter, die aus dieser Verbindung entstammt, die matrilaterale Parallelkusine des jungen Mannes ist daher eine Hofer, die er nicht heiraten darf. Die Tochter des Bruders seines Vaters, seine patrilaterale Parallelkusine ist natürlich auch eine Hofer, die er daher auch nicht heiraten darf. Wie steht es nun mit seinen Kreuzkusinen? Darf er in diesem System diese heiraten? Der Bruder seiner Mutter ist eine Schulze, der eine Hämmerle geheiratet hat. Die Tochter, die aus dieser Verbindung entstand, seine matrilaterale Kreuzkusine, ist eine Schulze, die daher für unseren jungen Mann eine potentielle Heiratspartnerin darstellt. Die Schwester seines Vaters schließlich hat einen Hämmerle-Mann geheiratet. Die Tochter, die aus dieser Verbindung entstand, ist daher eine Hämmerle, die nur einen jungen Schulze-Mann heiraten darf. Seine patrilaterale Kreuzkusine kommt daher für unseren jungen Hofer-Mann als Heiratspartnerin auch nicht in Frage. In diesem System darf von den vier Typen von Kusinen nur die **matrilaterale Kreuzkusine** geheiratet werden. Die Frage nach den bilateralen Kreuzkusinen erübrigt sich, da in einem solchen System solche gar nicht existieren. Auf der Ebene der Präferenzheirat entspricht dieses System dem System der Präferenzheirat mit der matrilateralen Kreuzkusine. Dieses Sysem kann im Prinzip zwischen beliebig vielen Gruppen praktiziert werden, weshalb dieses System von Lévi-Strauss auch als ein System des **verallgemeinerten Tauschs** bezeichnet wird.

Ein weiteres System des verallgemeinerten Tauschs stellt nach Lévi-Strauss das System der **Präferenzheirat** mit der **patrilateralen Kreuzkusine** dar. Wie würde nun ein System mit drei exogamen Gruppen in dem die Heirat mit der patrilateralen Kreuzkusine erlaubt, die Heirat mit der matrilateralen Kreuzkusine dagegen verboten ist, aussehen? Man würde vermuten, daß wir ein ähnliches Modell wie in unserem letzten Beispiel erhalten würden, nur würden die Frauen diesmal nicht in Uhrzeigerrichtung, sondern in entgegengesetzter Richtung zirkulieren.

Diese Vermutung ist aber falsch. Das Modell eines Heiratssystems mit drei exogamen Gruppen in dem die Heirat mit der patrilateralen Kreuzkusine zulässig ist, sieht folgendermaßen aus:

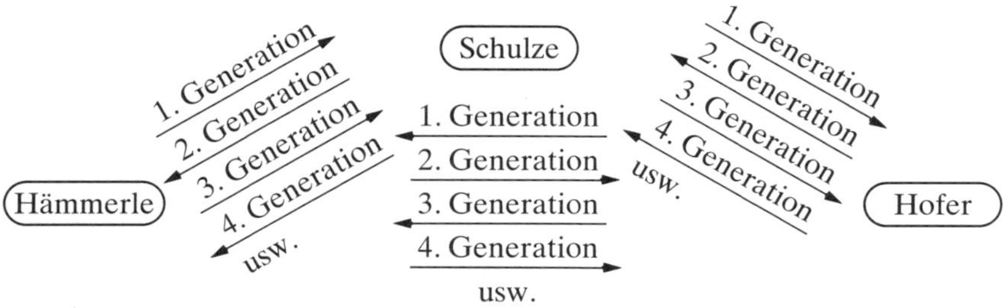

Erläutern wir dieses Modell wieder anhand eines jungen Hofer-Mannes. Die Schwester seines Vaters hatte einen Hämmerle-Mann geheiratet (1. Generation). Der junge Mann heiratet die Tochter, die aus dieser Verbindung entstammt, also seine patrilaterale Kreuzkusine (2. Generation). Seine Tochter heiratet wiederum einen Hämmerle-Mann (3. Generation) und sein Enkel wieder deren Tochter, also seine patrilaterale Kreuzkusine (4. Generation), usw.

Wie man sieht, unterscheiden sich diese beiden Systeme beträchtlich. Während bei der matrilaterialen Kreuzkusinenheirat die Frauen zirkulieren, werden sie bei der patrilateralen Kreuzkusinenheirat zwischen je zwei Gruppen ausgetauscht, wobei in der ersten Generation eine Frau abgetreten, in der darauf folgenden Generation von derselben Gruppe eine Frau empfangen wird usw. Da auch das System der patrilateralen Kreuzkusinenheirat im Prinzip zwischen beliebig vielen Gruppen praktiziert werden kann, wird auch dieses System als ein System des verallgemeinerten Tauschs bezeichnet.

Untersucht man die Eigenschaften dieser beiden Systeme, so kann man feststellen, daß durch die matrilaterale Kreuzkusinenheirat die drei beteiligten Gruppen fester aneinandergeknüpft werden als im patrilateralen Fall. Es ist den einzelnen Gruppen recht schwierig, sich aus dieser Verbindung zu lösen. Bei der patrilateralen Kreuzkusinenheirat können sich dagegen zwei Gruppen relativ leicht aus dieser Verbindung lösen, da sie letztlich sowieso untereinander heiraten. Sie können daher relativ leicht zu dem System des eingeschränkten, d.h. bilateralen Tauschs zurückkehren. Aus diesem Grunde wird von Lévi-Strauss die matrilaterale Kreuzkusinenheirat als die vollkommenere, die patrilaterale Kreuzkusinenheirat als die weniger vollkommene Form des verallgemeinerten Tauschs betrachtet. Die matrilaterale Form der Kreuzkusinenheirat ist gleichzeitig auch die gewagtere oder risikoreichere Form: Man tritt die Frauen der eigenen Gruppe an eine zweite Gruppe ab, im Vertrauen darauf, daß diese zweite Gruppe ihre Frauen an eine dritte Gruppe abtreten wird, von der man schließlich erwartet, daß sie ihre Frauen an die eigenen Gruppen abtreten werden.

Die patrilaterale Form der Kreuzkusinenheirat ist dagegen weniger risikoreich aber auch engherziger: Man tritt die Frauen der eigenen Gruppe an eine andere Gruppe ab, von der man erwartet, in der nächsten Generation genausoviele Frauen auch zu empfangen. Das Risiko welches man bei der matrilateralen Kreuzkusinenheirat eingeht, wird umso größer, je größer die Zahl der Gruppen ist, welche sich bei diesem System beteiligen. Bei der patrilaterialen Krezkusinenheirat ist das Risiko, welches man auf sich nimmt, immer kleiner als beim matrilateralen Fall, hier wird aber mit der Zahl der an diesem System beteiligten Gruppen immer wahrscheinlicher, daß sich das System auflöst, und daß die in diesem System beteiligten Gruppen paarweise zu dem System des bilateralen Tauschs zurückkehren.

Gesellschaften, in denen beim matrilateralen Tausch eine relativ große Zahl von Gruppen beteiligt sind, versuchen das Risiko, welches dieses System verbirgt, dadurch zu kompensieren, daß sie dieses System mit einem System von **Brautgeschenken** verknüpfen: Man tritt die Frauen der eigenen Gruppe an eine zweite Gruppe ab, verlangt aber, daß diese Gruppe für die empfangenen Frauen eine Gegenleistung erbringt. Man muß in einem solchen System natürlich auch bereit sein für die Frauen, die man selbst empfängt, eine Gegenleistung zu erbringen. Zirkulieren in einem solchen System die Frauen in Uhrzeigerrichtung, so zirkulieren die Brautgeschenke in entgegengesetzter Richtung: Die Frauen und die Brautgeschenke bilden in einem solchen System zwei Ströme, die in entgegengesetzter Richtung fließen.

Nehmen wir nun an, daß die drei Gruppen, die Hämmerle, die Schulze und die Hofer sich auf ein solches System einigen: Sie verwirklichen damit das Modell einer patrilinearen und patrilokalen Gesellschaft mit drei exogamen Gruppen in dem die Frauen in Uhrzeigerrichtung und die Brautgeschenke in entgegengesetzter Richtung zirkulieren. Gesellschaften, deren Heiratssysteme nach diesem Modell des verallgemeinerten Tauschs konstruiert sind, sind in der Realität häufig anzutreffen. Solche Systeme können, soweit die Brautgeschenke nicht nur symbolischen Charakter haben, sondern von beträchtlicher Höhe sind, nur dann störungsfrei funktionieren, wenn die beteiligten Gruppen etwa gleich vermögend sind.

Nehmen wir nun, um das zu zeigen, an, daß einer der drei beteiligten Gruppen z.B. die Schulze, warum auch immer, ärmer als die beiden anderen Gruppen sind. In diesem Fall würden die Schulze-Söhne, da sie die aufwendigen Brautgeschenke häufig nicht aufbringen könnten, vielfach ledig bleiben. Andererseits wrüden die Hämmerle auf ihren Töchtern sitzenbleiben. Bedingt durch diese Störung könnten die beiden anderen Gruppen sich veranlaßt sehen, die Schulze aus ihrem Bunde auszuschließen, und zurückzukehren zu dem weniger risikoreicheren System des bilateralen Tauschs. Um die **Risiken**, die das **System des verallgemeinerten Tauschs** in sich birgt zu vermeiden, können Gesellschaften auch noch einen ganz anderen Weg einschlagen: Abschaffung des Systems der exogamen Gruppen, und Untersagung der Heirat zwischen näheren Verwandten (wobei der Grad der verbotenen Verwandtschaftsgrade enger oder weiter definiert werden kann). In einem solchen System sind für jeden Mann außer seinen nächsten Verwandten alle Frauen mögliche Heiratspartnerinnen. Die Herstellung verwandschaftlicher Beziehungen zwischen den in einem solchen System beteiligten Familien und Gruppen wird damit dem Zufall, oder genauer den unsichtbaren Kräften des Marktes überantwortet. Das Modell, welches wir damit skizziert haben, ist, was der Leser bereits bemerkt haben wird, das Modell des Heiratsspiels unserer eigenen industriellen Gesellschaften.

Wir haben damit einige Modelle oder Transformationen dieser Struktur angeführt. Für ein erstes Kennenlernen mögen diese hier dargestellten Beispiele genügen. Fragen wir uns nun, was ist all diesen Beispielen gemeinsam? Wie lautet das unbewußte Prinzip oder Gesetz, welches sich durch diese Struktur offenbart?

Das Gesetz, welches sich durch diese Struktur offenbart, ist **das Gesetz des reziproken Tauschs**. (Der Leser wird jetzt möglicherweise enttäuscht sein, wahrscheinlich hat er etwas Großartigeres erwartet – aber warum sollten die unbewußten Prinzipien des menschlichen Geistes nicht einfache Prinzipien sein?)

Das Gesetz des reziproken Tauschs läßt sich in **zwei Sätzen** formulieren. Der zweite Satz dieses Gesetzes besagt in einfachster Formulierung, daß man dafür was man hergibt, etwas Gleichartiges (manchmal etwas Gleichwertiges) zurückverlangen darf. Der Satz besagt aber nicht, und das ist in unserem Zusammenhang wichtig, daß man immer von dem, dem man etwas hergegeben hat, etwas zurückverlangen darf. Der erste Satz dieses Gesetzes besagt nun, daß man etwas hergeben muß, daß man sich sozusagen nicht sich selbst genügen darf.

Die allgemeine Form, in der sich dieses Gesetz offenbart, ist das **Inzestverbot**. Auf dieses Verbot trifft man in allen Gesellschaften, in früheren wie in den heutigen, in primitiven wie in unseren. Das Inzestverbot kann daher als eine „anthropologische Konstante" (Oppitz 1975, S. 104) bezeichnet werden.

In seiner für uns interessanten Fassung besagt dieses Verbot, daß die Männer die Frauen, die mit ihnen blutsverwandt sind, nicht heiraten dürfen (wobei der Kreis der blutsverwandten Frauen, auf die dieses Verbot sich erstreckt, je nach Gesellschaft mal enger, mal weiter definiert wird).

Positiv gewendet besagt diese Regel gleichzeitig, daß sie auf die Frauen der eigenen Gruppe verzichten, und diese anderen Männern abtreten müssen. So gesehen ist das Inzestverbot gleichzeitig ein **Gebot des Hergeben-Müssens**. Gleichzeitig bedeutet diese Regel, daß die Familien einer Gesellschaft sich nicht sich selbst genügen und damit sich anderen Familien verschließen dürfen. „Denn das Verbot des Inzests", schreibt Lévi-Strauss, „stellt nur den Grundsatz auf, daß die Familien (welche Vorstellung sich jede Gesellschaft auch davon macht) sich lediglich miteinander verbinden können und nicht jede auf eigene Rechnung mit sich selbst" (Lévi-Strauss 1985, S. 93).

Das Gesetz, welches sich durch das Inzestverbot offenbart, ist nach Lévi-Strauss ein zutiefst soziologisches. Zwar bedient sich dieses Gesetz (auf dieser Ebene) des natürlichen Faktums der Blutsverwandtschaft, aber dieses natürliche Faktum ist nur das Mittel, dessen sich das Gesetz bedient, um auf dieser natürlichen Grundlage ein soziologisches System der Allianzen hervorzubringen, welches die Gesellschaft ist. „Nichts wäre also falscher, als die Familie auf ihre natürliche Grundlage zu reduzieren. Weder der Fortpflanzungstrieb noch der Muttertrieb, weder die affektiven Bindungen zwischen Mann und Frau, zwischen Vater und Kindern noch die Kombination aller dieser Faktoren erklären sie hinlänglich. So bedeutsam diese Elemente auch sein mögen, sie vermöchten doch aus sich allein heraus keine Familie ins Leben zu rufen, und das aus einem sehr einfachen Grund: in allen menschlichen Gesellschaften ist die absolute Bedingung zur Schaffung einer neuen Familie die vorgängige Existenz zweier anderer Familien, die bereit sind, die eine einen Mann, die andere eine Frau aufzubieten, aus deren Ehe dann eine dritte Familie entsteht, und so endlos fort. Mit anderen Worten, was den Menschen vom Tier unterscheidet, ist, daß eine Familie in der Menschheit nicht existieren könnte, wenn es nicht zuvor eine Gesellschaft gegeben hätte:

eine Vielzahl von Familien, die die Existenz anderer Verbindungen als der der Blutsverwandtschaft anerkennen und einräumen, daß der natürliche Prozeß der Filiation seinen Lauf nur als in den sozialen Prozeß der Allianz integriert nehmen kann" (Lévi-Strauss 1985, S. 93).

Mit Hilfe des Gesetzes des reziproken Tausches kann nun die bereits erwähnte Tatsache, daß in präferentiellen Heiratssystemen die Kreuzkusinen, aber nicht die Parallelkusinen als Heiratspartnerinnen vorgeschrieben werden, schlüssig erklärt werden. Kurz zusammengefaßt lautet die Erklärung, daß es in einem System mit nur zwei Familien nach dem Gesetz des reziproken Tauschs, ein Mann nur von der Familie eine Frau fordern kann, die seiner Familie eine Frau schuldet, d.h. an der seine eigene Familie in der Generation seiner Eltern eine Frau abgetreten hat. Und abgetreten hat seine Familie in der Generation seiner Eltern die Mütter seiner Kreuzkusinen (die Schwestern seines Vaters, die die Brüder seiner Mutter geheiratet haben). Die Mütter seiner Parallelkusinen (die Schwestern seiner Mutter, die die Brüder seines Vaters geheiratet haben) sind dagegen von der anderen Familie abgetretene Frauen, deren Töchter (seine Parallelkusinen) den Männern der anderen Familie zustehen.

Die hier gegebene Erklärung läßt sich anhand folgenden Schemas veranschaulichen.

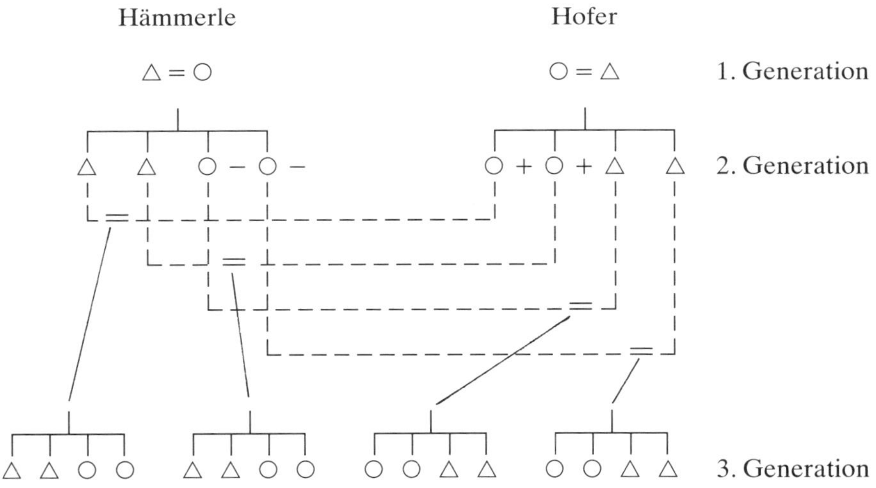

Wir sehen in der ersten Generation zwei Männer, einen Hämmerle-Mann und einen Hofer-Mann, die ihre Schwestern ausgetauscht haben. Aus diesen beiden Familien entstammen in der zweiten Generation insgesamt acht Kinder, je Familie zwei Söhne und zwei Töchter, wobei die Hämmerle-Söhne und die Hofer-Söhne wiederum untereinander ihre Schwestern ausgetauscht haben. Aus diesen Verbindungen entstehen in der dritten Generation insgesamt sechzehn Kinder. Betrachten wir nun die Verwandtschaftsbeziehungen in der dritten Generation aus dem Blickwinkel des jungen Hämmerle-Mannes ganz links (in der dritten Generation), gehen wir von links nach rechts vor, so folgen nach ihm sein Bruder und seine beiden Schwestern, anschließend seine beiden bilateralen Parallelvettern, seine beiden bilateralen Parallelkusinen, anschließend auf der rechten (Hofer) Seite siene beiden bilateralen Kreuzkusinen, seine bilateralen Kreuzvettern, wieder zwei bilaterale Kreuzkusinen und zum Abschluß wieder zwei bilaterale Kreuzvettern.

Betrachtet aus dem Standpunkt der Hämmerle-Familie sind die beiden patrilateralen Tanten des jungen Hämmerle-Mannes (ganz links in der dritten Generation) abgetretene Frauen. Wir haben diese beiden Frauen (links in der zweiten Generation) daher mit einem Minuszeichen versehen. Die beiden Hofer-Frauen rechts in der zweiten Generation sind für die Hämmerle wiederum erworbene Frauen. Sie erhalten entsprechend Pluszeichen. Wie wir sehen sind die Töchter der in der zweiten Generation für die Hämmerle verlorenen Frauen die Kreuzkusinen des jungen Hämmerle-Mannes (links in der dritten Generation), die er nach dem Gesetz des reziproken Tausches jetzt für sich beanspruchen kann. Seine beiden Parallelkusinen sind dagegen die Töchter der in der zweiten Generation von seiner Familie gewonnenen Frauen, die nach dem Gesetz des reziproken Tausches jetzt den Hofer-Söhnen, deren Kreuzkusinen sie sind, zustehen (vgl. Lévi-Strauss 1981, S. 208ff.). Die **präferentielle Kreuzkusinenheirat** kann, wie wir vorgeführt haben, systemimmanent aus dem **Gesetz der Struktur der Heirat** und der Verwandtschaft selbst abgeleitet werden. Lévi-Strauss hat damit gezeigt, daß **soziale Normen** durch **soziale Gesetze** erklärt werden können.

4. Weiterentwicklung und Wirkungsgeschichte

Die Erfolge, die mit Hilfe der strukturalen Forschungen erzielt wurden, haben in intellektuellen Kreisen insbesondere in Frankreich eine gewaltige Wirkung ausgelöst. Die Begriffe Struktur, Strukturalismus, strukturale Methode waren plötzlich in aller Munde. Man benützte diese Begriffe in den 50er- und 60er-Jahren bei jeder passenden und unpassenden Gelegenheit. Man sprach von strukturaler Philosophie, von strukturaler Kunst-, Literatur-, Film- und Theaterkritik, man „entdeckte“ Emile Durkheim und Karl Marx als Strukturalisten.

Seither ist es um den Strukturalismus etwas stiller geworden. Man entdeckt ihn, in mehr oder weniger reinen Formen, in den Arbeiten vieler Anthropologen und Soziologen. Erwähnt sei hier der bekannte französische Soziologe Raymond Boudon, der die strukturale Methode bei seinen Analysen der konkreten Formen des gesellschaftlichen Lebens moderner Gesellschaften mit viel Erfolg anwendet. Von deutschem Sprachraum betrachtet sieht es allerdings immer noch so aus, als wäre der Strukturalismus eine primär französische Angelegenheit, eine spezifisch französische Art des systemtheoretischen Denkens. Die Verwandtschaft des Strukturalismus mit der Systemtheorie ist offenkundig. So ist es auch nicht weiter verwunderlich, daß sich der Strukturalist, wenn er sich mit den Arbeiten von Talcott Parsons oder Niklas Luhmann beschäftigt, irgendwie auf heimatlichem Boden fühlt.

Ausgewählte Originalliteratur:

Lévi-Strauss, Claude: Das Ende des Totemismus. Frankfurt/Main: Suhrkamp Verlag, 1965.
Lévi-Strauss, Claude: Strukturale Anthropologie I. Frankfurt/Main: Suhrkamp Verlag, 1967.
Lévi-Strauss, Claude: Das Wilde Denken. Frankfurt/Main: Suhrkamp Verlag 1968.
Lévi-Strauss, Claude: Mythologica, 3 Bde. Frankfurt/Main: Suhrkamp Verlag, 1971-1975.
Lévi-Strauss, Claude: Rasse und Geschichte. Frankfurt/Main: Suhrkamp Verlag, 1972.
Lévi-Strauss, Claude: Strukturale Anthropologie II. Frankfurt/Main: Suhrkamp Verlag, 1975.
Lévi-Strauss, Claude: Der Weg der Masken. Frankfurt/Main: Insel Verlag, 1977.
Lévi-Strauss, Claude: Traurige Tropen. Frankfurt/Main: Suhrkamp Verlag, 1978.
Lévi-Strauss, Claude: Die elementaren Strukturen der Verwandtschaft. Frankfurt/Main: Suhrkamp Verlag 1981.
Lévi-Strauss, Claude: Der Blick aus der Ferne. München: Wilhelm Fink Verlag, 1985.
Lévi-Strauss, Claude: Die eifersüchtige Töpferin. Nördlingen: Greno Verlagsgesellschaft, 1987.

Ausgewählte Sekundärliteratur

Oppitz, Michael: Notwendige Beziehungen – Abriß der strukturalen Anthropologie. Frankfurt/Main: Suhrkamp Verlag, 1975.
Sperber, Dan: Der Strukturalismus in der Anthropologie. in: Francois Wahl: Einführung in den Strukturalismus. Frankfurt/Main: Suhrkamp Verlag, 1973, S. 181-258.
Boudon, Raymond: Strukturalismus – Methode und Kritik. Düsseldorf: Bertelsmann Verlag, 1973.

Kapitel 7: Handlungstheoretische Systemtheorie: Talcott Parsons

(Helmut Staubmann)

1. Problemlage und Erkenntnisinteresse

Die explizite Formulierung einer Systemtheorie kann, verglichen mit den anderen in diesem Buch besprochenen Modellen, nur auf eine sehr kurze geschichtliche Entwicklung zurückblicken. Ein markantes Datum ist das Jahr 1954 in dem die „Society for General Systems Research", die mit inzwischen zu Klassikern der Systemtheorie gewordenen Namen wie Ludwig von Bertalanffy, Kenneth Boulding, Anatol Rapoport, etc. verbunden ist, gegründet wurde. In ihrem Jahrbuch „General Systems" wurden die ersten grundlegenden Arbeiten zu einer Allgemeinen Systemtheorie publiziert.

Gleichzeitig gibt es eine lange Tradition wissenschaftlichen und philosophischen Denkens, die der Entstehung der Systemtheorie vorausging und diese vorbereitet hat. Das holistische (ganzheitliche) Denken könnte hier als ein Element genannt werden, das bis in die antike Philosophie („Das Ganze ist vor seinen Teilen" bzw. lautet die häufig anzutreffende Übersetzung dieses Satzes von Aristoteles: „Das Ganze ist mehr als die Summe seiner Teile") zurückzuverfolgen ist. Es ist aber eine Reihe von wissenschaftlichen Entwicklungen in einigen Spezialdisziplinen in der ersten Hälfte unseres Jahrhunderts gewesen, die unmittelbar den Anstoß zur Entstehung der Systemtheorie gab: die Quantenphysik, die Begründung der Kybernetik durch Norbert Wiener, die Mathematisierung der Informationstheorie durch Shannon und Weaver, die Entwicklung der Spieltheorie durch Neumann und Morgenstern, um nur einige Beispiele anzuführen. Wichtige Anstöße kamen in der Folge vor allem aus der Biologie und der Computerwissenschaft.

Ein Grundgedanke bei der Zusammenführung so inhaltlich verschiedener Wissensbereiche, die quasi zu einem take off wissenschaftlichen Denkens führte, bestand darin, daß sich allgemeine Aussagen über als Systeme interpretierte Gegenstandsbereiche, deren Strukturen und Prozesse formulieren lassen und zwar jeweils auf verschiedenen Abstraktions- bzw. Spezifikationsebenen (Theorie allgemeiner Systeme, Theorie lebender Systeme, Theorie sozialer Systeme, etc.).

Für die Soziologie wird oft beklagt, daß ihr Beitrag zur Systemtheorie recht gering war. Etwa in den fünfziger Jahren wurden aber die ersten Versuche unternommen systemtheoretische Konzepte und Begriffe in die soziologische Theorie aufzunehmen. Diese Bemühungen konnten an soziologischen Theorietraditionen anknüpfen, in denen, wenn auch in anderer Terminologie, Grundvorstellungen systemtheoretischen Denkens bereits vorhanden waren. Es sind dies vor allem Denker, die die Eigenständigkeit und Berechtigung einer genuin soziologischen Spezialdisziplin (in Abgrenzung zu reduktionistischen Strömungen) vertraten. Die bekanntesten Namen sind Emile Durkheim in Frankreich und Max Weber in Deutschland. In vielen Punkten finden sich Parallelen im Strukturalismus, dessen Begriff „Struktur" anfänglich synonym mit „System" verwendet wurde. Kurz, es gab in der Soziologie eine Reihe von Anknüpfungspunkten, die die Anwendung systemtheoretischer Konzepte erleichterten. Die Abstraktheit der Systemtheorie und ihr offensichtlicher Ertrag für wissenschaftliches Denken führten in der Folge dazu, daß sehr verschiedene traditionelle Modelle der Soziologie systemtheoretisch reformuliert wurden – das Spektrum reicht von technizistisch-mechanistisch gehaltenen kybernetischen Ansätzen über materialistische bis zu phänomenologischen Systemtheorien.

Die Darstellung hier beschränkt sich auf eine Einführung in die handlungstheoretische Systemtheorie, wie sie von Talcott Parsons (1902-1979) als Hauptvertreter und Begründer der soziologischen Systemtheorie entworfen wurde, dessen Werk für lange Zeit zum Kristallisationspunkt der Auseinandersetzung über die Sinnhaftigkeit und Brauchbarkeit der Systemtheorie in der Soziologie wurde. Ein eigener Beitrag dieses Buches widmet sich der Darstellung der Luhmannschen Version einer soziologischen Systemtheorie, die in vielen Punkten an den Parsonsschen Theorieentwurf anknüpft (siehe Kapitel 9).

Parsons gilt in der ersten Phase seines Werkes als Begründer und Hauptvertreter der **strukturfunktionalistischen** Handlungstheorie (Die unterschiedlichen Bezeichnungen ein und derselben Theorie mögen für einen Anfänger verwirrend sein. Sie benennen zwar verschiedene Schwerpunkte der Theorie werden aber in der Regel synonym verwendet). Ziel seiner Arbeit war es, eine einheitliche Theorie des menschlichen Handelns zu schaffen. Er vertrat die Auffassung, daß die sehr verschiedenen konzipierten Theorien der bedeutendsten Sozialwissenschafter (Soziologen, Ökonomen, Sozialpsychologen) seiner Zeit Gemeinsamkeiten aufweisen, deren Zusammenfassung zu einer „General Theory of Action" führe (**Konvergenzthese**). In seinem ersten großen Werk „The Structure of Social Action" versuchte Parsons diese These anhand der Auseinandersetzung mit Alfred Marshall, Vilfredo Pareto, Emile Durkheim und Max Weber zu belegen. (Von ähnlich großer Bedeutung wie die hier genannten Namen wurde die Auseinandersetzung mit der psychoanalytischen Theorie Sigmund Freuds).

Ältere Handlungsmodelle waren für Parsons deshalb problematisch, weil sie einseitig entweder nur konditionale Voraussetzungen des Handelns als Erklärungsmuster zuließen wie im Falle des Positivismus und Materialismus oder nur subjektiv-ideelle Zielvorstellungen wie Werte, Utopien, religiöse Vorstellungen etc. für die Erklärung des menschlichen Handelns als maßgeblich akzeptierten, wie im Falle des Idealismus. Die Konvergenz von Theorien, die aus so gegensätzlichen Denktraditionen stammten, kam für Parsons dadurch zustande, daß die in der positivistischen Tradition stehenden Marshall, Pareto und Durkheim zunehmend ideelle Faktoren berücksichtigten und Weber eine Vermittlung der idealistischen Tradition mit materialistischen Konzepten etwa im Sinne von differenziert zu betrachtenden Wechselwirkungen zwischen technologisch-ökonomischen und religiös-ideellen Faktoren, anstrebte. Anschaulich kommt dieses Grundanliegen in dem Satz Max Webers zum Ausdruck, den Parsons als Motto seiner Arbeit „The Structure of Social Action" vorstellte: „Jede denkende Besinnung auf die letzten Elemente sinnvollen menschlichen Handelns ist zunächst gebunden an die Kategorien ‚Zweck' und ‚Mittel'". Parsons konnte aus der Auseinandersetzung mit diesen Theorien schlußfolgern, daß sie, abgesehen von terminologischen Unterschieden in den wesentlichen Punkten übereinstimmten und damit eine qualitativ neue sozialwissenschaftliche Theorieentwicklung einleiteten, die in eine Allgemeine Theorie des Handelns als Grundlagentheorie aller spezieller Sozialwissenschaften (Soziologie, Politikwissenschaft, Ökonomie, Kulturwissenschaft, etc.) mündete.

2. Grundbegriffe und Hauptaussagen

2.1 Handlung – Funktion – Struktur – System

Der **Handlungsbegriff** wurde das erste Mal systematisch bei Max Weber als Grundkategorie der Soziologie ausgearbeitet. Weber verstand Soziologie als „... eine Wissenschaft, welche soziales Handeln deutend verstehen und dadurch in seinem Ablauf und seinen Wirkungen ursächlich erklären will"; wobei er Handeln definierte als „... ein menschliches Verhalten (einerlei ob äußeres oder inneres Tun, Unterlassen oder Dulden) ..., wenn und insofern als der oder die Handelnden mit ihm einen subjektiven *Sinn* verbinden" (Die Zitate sind den „Soziologischen Grundbegriffen", einem einleitenden Kapitel zu einem umfangreichen Band über „Wirtschaft und Gesellschaft" entnommen.). Diese Auffassung von Handeln grenzte sich in erster Linie ab vom Verhaltensbegriff, wie er in der etwa zur gleichen Zeit entstehenden behavioristischen Theorie (vgl. das Kapitel Verhaltenstheorie) zu Grunde gelegt wurde. Im Bemühen um eine wissenschaftlich – nach einem für den Bereich der Natur bereits sehr erfolgreichen Wissenschaftsmodell – geführte Auseinandersetzung mit sozialen Phänomenen, die bislang eher philosophischen Spekulationen und moralisierenden Stellungnahmen vorbehalten geblieben war, hatten sich die Verhaltenstheoretiker auf beobachtbare Verhaltensabläufe, die einem experimentell-kausal erfaßbaren Reiz-Reaktions-Schema entsprachen, beschränkt. Die wichtigsten Implikationen und Folgerungen des Handlungsbegriffs, wie er durch Max Weber in die Soziologie eingeführt wurde, waren die folgenden: Methodologisch ging es nun nicht mehr in erster Linie um kausale Verhaltenserklärung, sondern um Verstehen des Sinnes, den Personen mit ihrem Verhalten verbinden. Erst dieses Verstehen ermöglicht einen Aufschluß darüber, warum Personen ein bestimmtes Verhalten zeigen. Man denke an die Bedeutung dieser methodischen Forderung in der ethnologischen Forschung, bei der Erklärung und Beschreibung ritueller Handlungen in fremden Kulturen etc. Eine weitere Folgerung bestand in der Trennung des (physisch konstatierbaren, quasi filmisch festhaltbaren) Verhaltensablaufes und einer „Steuerungsinstanz", die sich als Verhaltensprogramm interpretieren läßt. Sinn, Werte, Normen, etc. sind in der Lage das Verhalten von Menschen im Sinne der Vorgabe von mehr oder weniger komplexen Verhaltensmustern zu steuern. Die in diesem Kontext sich stellenden Fragen über Entstehung und Wandel derartiger Verhaltensprogramme, einer Hierarchie von Kontrollinstanzen und konditionalen Voraussetzungen des Handelns, der Verankerung und Verhaltenswirksamkeit in Individuen (Internalisierung) etc. wurden zu zentralen Problemstellungen in der Parsonsschen Handlungstheorie.

Neben diesem Handlungsbegriff ist der Begriff der **Funktion** als Teil der Bezeichnung dieses Typus von Handlungstheorie: Strukturfunktionalismus von grundlegender Bedeutung. Ideengeschichtlich löste der Funktionsbegriff das alte traditionelle Denken in Substanzen und zwischen diesen wirkenden kausalen Beziehungen ab. In der Mathematik und den Naturwissenschaften wurde diese Entwicklung schon bedeutend früher vollzogen. Die Übernahme des Funktionsbegriffes in den Sozialwissenschaften wurde im frühen 20. Jahrhundert vor allem im Bereich der Ethnologie und Kulturanthropologie geleistet. Eine wissenschaftliche Theorie der Kultur (so der Titel eines Werkes von Bronislaw Malinowski, dessen Schüler Parsons an der London School of Economics war) sollte soziale Phänomene in Hinblick auf ihren Beitrag (ihre Funktion) zum Bestand der Gesellschaft aufdecken. Man unterscheidet zwischen latenten (unbewußten, „objektiven“) und manifesten (bewußten) Funktionen von Handlungen oder Handlungsfeldern. Luhmann weist darauf hin, daß das Denken in Funktionen, verglichen mit dem alten Kausalitätsbegriff, das „Auch Anders Möglich Sein“ von sozialen Phänomenen und Prozessen stärker betont. Für funktionale Bestandsvoraussetzungen von Gesellschaft und gesellschaftlichen Teilbereichen sind immer funktionale Äquivalente in verschiedenen Gesellschaften tatsächlich feststellbar oder zumindest denkbar. In diesem Sinne erfülle die Soziologie eine Aufklärungsfunktion. Gleichzeitig nimmt diese Sichtweise Elemente des systemtheoretisch zentralen Begriffes der Kontingenz vorweg (vgl. das Kapitel über N. Luhmann).

Der dritte, vorweg zu klärende Begriff der **Struktur** leitet direkt in die Systemtheorie über. „Struktur“, „Gestalt“ (vgl. „Gestaltswahrnehmung“ in der Wahrnehmungspsychologie) oder „System“ werden häufig synonym verwendet. Ein System im Sinne eines ganzheitlichen Zusammenhanges kann nur dort entstehen (synthetische Systeme) oder durch Abstraktion gedanklich gebildet (analytische Systeme) werden, wo sich etwas von seiner Umwelt abgrenzt oder abgrenzbar ist. Um eine System-Umweltgrenze zu erreichen und zu stabilisieren – bei der Bildung von Begriffen spricht man analog von definieren (lat. abgrenzen) – müssen Systeme Strukturen aufbauen. Der Begriff der Struktur bezieht sich dabei „... auf diejenigen Systemelemente, die von kurzfristigen Schwankungen im Verhältnis System – Umwelt unabhängig sind. Der Strukturbegriff bezeichnet also Systemmerkmale, die in einem bestimmten Rahmen im Vergleich mit anderen Elementen als Konstanten gelten können“ (Parsons 1976, S. 167f.). Als Beispiel aus dem sozialwissenschaftlichen Bereich könnte man die Rolle der Verfassung für das Funktionieren eines Staates anführen. Bei der Bildung sozialer Systeme müssen also Strukturen entwickelt werden. Diese Strukturen sind in sozialen Systemen im wesentlichen Erwartungsstrukturen, die durch Institutionalisierung gesamtgesellschaftlich verankert werden (Beispiel: Bildungsinstitutionen, Ehe als Institution), aber auch kurzfristig in kleineren sozialen Einheiten („Vereinbarung“, „Abmachung“) durch Kommunikation gebildet und natürlich wieder aufgelöst werden können.

Mit dieser Fassung des Strukturbegriffes können wir nun ein **System** definieren als „... einen ganzheitlichen Zusammenhang von Teilen, deren Beziehungen untereinander quantitativ intensiver und qualitativ produktiver sind als ihre Beziehungen zu anderen Elementen. Diese Unterschiedlichkeit der Beziehungen konstituiert eine Systemgrenze, die System und Umwelt des Systems trennt“ (Willke 1982, S. 149).

2.2 Handlungssysteme im Bezugsahmen des Handelns

Mit dieser Vorklärung des Systembegriffes sowie einiger zentraler handlungstheoretischer Begriffe können wir uns nun mit der Frage des Aufbaus von Systemen des Handelns (und des Erlebens – dieser explizite Zusatz wurde zwar erst von Luhmann eingeführt, ist aber implizit bereits im Begriff des Handelns bei Parsons enthalten –) befassen. Wodurch unterscheiden sich Handlunssysteme von anderen Systemen? Einleitend haben wir festgestellt, daß es Systembildungen auf unterschiedlichen Abstraktions- und Spezifikationsebenen gibt. Was ist nun das Spezifikum von Handlungssystemen? Um diese Frage zu beantworten kategorisiert Parsons Systeme nach unterschiedlichen Stufen der Evolution, die untereinander durch eine Hierarchie von kybernetischen Kontrollbeziehungen bzw. in umgekehrter Richtung durch Stufen von konditionalen Voraussetzungen – jedes System auf einer bestimmten Entwicklungsstufe verwendet Elemente der unteren Stufen zum eigenen Aufbau – gekennzeichnet sind (vgl. Abb. 3). Die unterste Ebene von Systembildungen, die in der menschlichen Lebenswelt vorkommt, bilden **physikalisch-chemische Systeme**. Diese Welt der anorganischen Systeme wird überlagert durch die Entstehung des Lebens, die Herausbildung **biologischer Systeme**. Etwas vereinfacht ausgedrückt können Erklärungen des Verhaltens von Systemen der untersten Ebene durch das Aufdecken kausaler Zusammenhänge vorgenommen werden. Im Bereich der biologischen Systeme werden Verhaltensabläufe zum überwiegenden Teil durch Prozesse gesteuert, die sich im Laufe der Evolution herausbilden und für ein bestimmtes Lebewesen als angeboren gelten.

Der entscheidende Schritt für die Herausbildung von **Handlungssystemen** besteht nun darin, daß es zu einer „Interdependenz-Unterbrechung" durch ein Fehlen von ausreichenden „innate organizers" (angeborenen Steuerungsfunktionen) für menschliches Verhalten kommt. (Die individuelle Plastizität gilt natürlich grundsätzlich für Lebewesen, auch auf niedriger Stufe der Evolution, aber in einem bedeutend geringerem Maße).

Menschliches Verhalten ist in diesem Sinne „offen", „frei", kurz weder physikalisch-chemisch noch biologisch hinreichend determiniert. Das ist in gewissem Sinne trivial, aber in wesentlichen Bereichen wissenschaftlicher Auseinandersetzung mit dem Menschen keineswegs allgemein anerkannt. So wird in der Medizin immer noch in erster Linie über chemische Eingriffe (Pharmaka) versucht, „Verhaltensstörungen" zu ändern. Wie ist nun vor diesem Hintergrund der Offenheit menschlichen Verhaltens soziale Ordnung möglich: Soziale Ordnung im Sinne einer Abstimmung, Vorhersehbarkeit, Gleichzeitigkeit von Handeln und Erleben, wie wir sie ja tatsächlich auf äußerst komplexe und im Hinblick auf ihre Nichtdeterminiertheit eigentlich unwahrscheinliche Weise in unserer Gesellschaft vorfinden? Das ist eine der Ausgangsfragen, die sich Parsons gestellt hat. Die grundsätzliche Antwort besteht darin, daß durch Kommunikation und Interaktion mehr oder weniger verfestigte Strukturen in Form von Sinn, Normen, Werten, Kognitionen usw. aufgebaut werden, an denen sich Handelnde orientieren, die durch Mechanismen sozialer Kontrolle in Interaktionen zur Einhaltung eingefordert (institutionalisiert) werden, oder über Lernprozesse internalisiert und damit als Teil der Persönlichkeit direkt handlungsrelevant werden.

Die physikalisch-chemischen Systeme und die biologischen Systeme gehören zur Umwelt von Handlungssystemen. Sie stellen gleichsam den empirischen Teil der Situation dar, innerhalb deren Handlungen möglich sind. Eine weitere Ebene der Systembildung, die ebenfalls zur Umwelt von Handlungssystemen gehört, bezeichnet Parsons als **telische Systeme** (telos, gr. = Ziel). Aus der Sicht von Handelnden stellen sie eine nicht-empirische oder über-empirische (transzendente) Realität dar, die Frage nach dem *warum* von Handlungen aufwirft und Gegenstand metaphysischer, z.B. religiöser Überlegungen werden kann. Aber kommen wir zurück zur Frage, wie Systeme des Handelns gebildet werden.

Parsons entwickelt sein Handlungsmodell fast axiomatisch-deduktiv aus einigen wenigen grundlegenden Begriffen und Annahmen, die er als **Bezugsrahmen des**

Handelns (action frame of reference) bezeichnet. Die Keimzelle der gesamten Theorie besteht in der in Analogie zur biologischen Evolutionstheorie entwickelten Denkfigur eines Handelnden (Aktor), einer Umwelt (der Situation des Aktors) und einem zwischen diesen wirkenden Relationsmodus. Praktisch die gesamte Theorie wird nun durch Dekomposition dieser drei Begriffe entfaltet. In Abb. 1 sind die im Bezugsrahmen des Handelns definierten basalen Elemente der Handlungstheorie in ihrer gegenseitigen Abhängigkeit dargestellt.

Das Verhältnis zwischen Aktor und Situation ist wie bereits ausgeführt durch das Fehlen einer determinierenden Triebstruktur und damit durch relative Unabhängigkeit charakterisiert. Die Beziehung wird an Stelle dessen durch Orientierungsweisen (Relationsmodi) strukturiert. Parsons unterscheidet drei solcher Orientierungsweisen:

– Der **kognitive Relationsmodus:** Kognitionen werden handlungsrelevant, indem sich der Aktor in einem System von Existenz-Aussagen, seiner Auffassung von Wirklichkeit, ein Bild von den Bedingungen, Möglichkeiten und Hemmnissen für Handlungen, kurz dem So-Sein seiner Umwelt macht.

– Der **teleologisch-evaluative Relationsmodus:** Die teleologische Ausrichtung von Handlungen verweist darauf, was aus der Sicht des Aktors sein soll. Ihm liegt die Orientierung an normativen Mustern zugrunde.

– Der **affektiv-kathektische Relationsmodus:** Darunter ist die Handlungsrelevanz gefühlsmäßiger Bindungen in Form von Liebe, Wertschätzung, Haß, solidarischen Gefühlen etc. (Sigmund Freud hatte von der Kathexis als gefühlsmäßiger Besetzung von Objekten gesprochen) zu verstehen.

Der Begriff der **Situation** meint in der Theorie des Handelns nicht alle von einem (fiktiven) Beobachter feststellbaren Situationsfaktoren (einer Situation „an sich"), sondern alle Objekte der Orientierung *des Aktors*. Die Situation eines Aktors ist also die Umwelt, sofern sie von ihm wahrgenommen wird (dies muß nicht notwendig bewußt erfolgen) und daher Bedeutung für ihn erlangt.

Die weitere Unterteilung der Objekte der Situation nimmt Parsons über Modalitäten von Objekten vor, worunter diejenigen Aspekte von Objekten verstanden werden, die für einen Handelnden von Bedeutung sind. Die Klassifikation erfolgt also nicht über Eigenschaften der Objekte an sich, sondern in ihrer Beziehung zum Handelnden. Grundsätzlich lassen sich die Objekte der Orientierung in soziale und nicht soziale Objekte unterteilen. Das Unterscheidungskriterium liegt im Begriff der Interaktion, der gegenseitigen Orientierung und damit der Herausbildung komplementärer Erwartungsstrukturen.

In der Interaktion zwischen mehreren Aktoren entstehen **soziale Systeme**. Soziale Systeme sind Handlungssysteme, in denen die Interaktion organisiert und strukturiert wird, die sich damit aus einer eigenen Problemlage heraus konstituieren und keinesfalls als Summenphänomene einer Reihe individueller Akteure aufgefaßt werden können. Zwei Grundbegriffe der Soziologie haben für die Beschreibung sozialer Systeme besondere Bedeutung. In den sozialen **Rollen** werden die Rechte und Pflichten, die Verhaltenserwartungen an den Inhaber einer bestimmten Position eines sozialen Systems festgelegt. **Institutionen** sind durch Mechanismen sozialer Kontrolle festgeschriebene Regelungssysteme.

Nicht soziale Objekte (für den Handelnden instrumentell bedeutende Mittel, Bedingungen, Zielobjekte, Hemmnisse, Symbole, etc.) können in physikalisch-chemische und kulturelle Objekte unterteilt werden. Die physikalisch-chemischen Objekte bilden den Bereich, der im Alltagsverständnis als Natur bezeichnet wird. **Kulturelle Objekte** unterscheiden sich davon durch die Möglichkeit der Internalisierbarkeit im motivationalen Orientierungssystem einer Persönlichkeit und damit Transmittierbarkeit zwischen Individuen, Gruppen und Generationen. Grundsätzlich sind kulturelle Objekte aber den Aktoren äußerlich und werden von diesen wie alle anderen Objekte als instrumentelle Mittel, Bedingungen oder Hemmnisse von möglichen Handlungen erlebt.

Ein Merkmal der jeweiligen Kulturmuster besteht in ihrer Organisation (Integration) in spezifisch strukturierte Systeme. Diese **Kultursysteme** sind nach dem jeweiligen dominanten Orientierungsmodus kategorisierbar in **kognitive Systeme** (Ideen- und Glaubenssysteme), **expressive Symbolsysteme** (Formen, Stile, Kunst) und **Systeme der Wertorientierung**.

Jeder dieser Typen von Kulturmustern kann als eine Lösungsmöglichkeit eines bestimmten Orientierungsproblems angesehen werden – Ideen-Systeme (Theorien, Mythen, Ideologien etc.) bieten Lösungen kognitiver Probleme, Systeme expressiver Symbole stellen Lösungen des Problems dar wie man in „angemessener" Weise Gefühle ausdrückt bzw. eine Situation gefühlsmäßig wahrnimmt (erlebt) und Systeme der Wertorientierung sind Lösungsmuster für Probleme der Bewertung im Sinne der Abschätzung von Handlungskonsequenzen, sowohl für einzelne Persönlichkeiten als auch für soziale Systeme.

Systeme der Wertorientierung können wiederum entsprechend den grundlegenden Orientierungsweisen in drei Bereiche unterteilt werden. Der kognitive Modus umfaßt jene Wertmaßstäbe, die die Gültigkeit kognitiver Urteile sowie die Relevanz der ausgewählten Beobachtungsdaten und Erkenntnisobjekte festlegen. Der „appriciative-aesthetic" Modus umfaßt jene kulturellen Wertmaßstäbe, die festlegen, welche Objekte auf welche Weise gefühlsmäßige Bedeutung erlangen sollen oder dürfen. Der Terminus „appriciative-aesthetic" ist eine Wortschöpfung Parsons und deshalb schwer übersetzbar. Seine Bedeutung sollte aber aus dem Kontext klar werden: es geht um jene kulturellen Stadards, die der Orientierung des Handelnden bei der Einstellung zu und Wahl von Objekten mit kathektischer Bedeutung dienen. Das Spektrum reicht von Normen über die „richtige" Partnerwahl bis hin zu Normen über „guten Geschmack" bei Musikpräferenzen oder Bekleidungsvorschriften. Im ethisch-moralischen Modus der Wertorientierung sind Kriterien für die Abschätzung und Bewertung von Handlungen und Handlungskonsequenzen umfaßt. Evaluation (Bewertung, Abschätzung) betrifft das Problem der Integration von Elementen eines Handlungssystems. Parsons nennt es scherzhaft das „you can't eat your cake and have it"-Problem. Für dieses Problem der Folgenabschätzung von Handlungen existieren nun ebenfalls kulturelle Standards, an denen sich ein Handelnder orientieren kann.

Der letzte noch zu klärende Begriff im Bezugsrahmen des Handelns ist das **Persönlichkeitssystem**. Darunter kann man diejenige Handlungsmuster verstehen, die man im weitesten Sinne als Charakter einer Person bezeichnet. Diese Musterbildung in der motivationalen Orientierung einer Person läßt sich ebenfalls auf den Dimensionen kognitiv, kathektisch und evaluativ lokalisieren. Die oben ausgeführten Kultursysteme und Modi der Wertorientierung können durch Internalisierung Teil der motivationalen Orientierung der Persönlichkeit werden. Es können aber auch durchaus divergierende Musterbildungen zustande kommen.

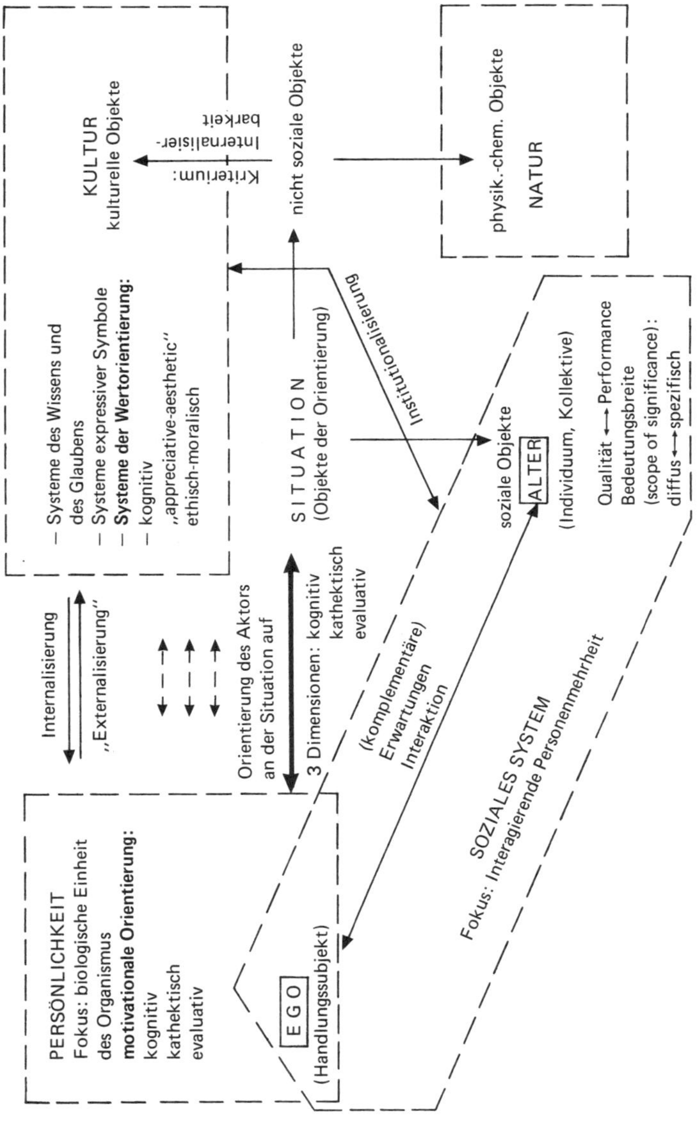

Abb. 1: Der Bezugsrahmen des Handelns

Damit sind die wichtigsten Grundbegriffe der allgemeinen Theorie des Handelns definiert und in ihren gegenseitigen Abhängigkeiten dargestellt. Weitere handlungstheorethische Konzepte lassen sich aus dem beschriebenen Bezugsrahmen herleiten. Eines der wichtigsten Konzepte sind die **Mustervariablen (Pattern Variables)** die Parsons selbst mehrmals in konkreten soziologischen Untersuchungen verwendet hat. Mit den Mustervariablen hat Parsons eine Integration und Verbindung bedeutender soziologischer Theorien zu seinem Bezugsrahmen des Handelns hergestellt. Beginnen wir mit der Ableitung der Mustervariablen aus dem Bezugsrahmen des Handelns. Die Orientierung des Aktors an der Situation verläuft über die drei ausgeführten Relationsmodi. Damit ist aber nicht automatisch die Bedeutung der Situation für den Handelnden festgelegt. Der Handelnde muß vielmehr eine Reihe von grundlegenden Entscheidungen treffen, die sich auf die Frage, welchem Orientierungsmodus ein Primat zukommen soll, bezieht. Aus dem Bezugsrahmen des Handelns lassen sich fünf dichotome Entscheidungsalternativen ableiten, deren Kombinationen die spezifischen Orientierungen und Orientierungssysteme charakterisieren.

Bei den Pattern Variables handelt es sich um folgende fünf Dichotomien:

1. **Affektivität – Affektive Neutralität:** basierend auf dem Entscheidungsdilemma, ob eine Handlung gewählt werden soll, die unmittelbare Impulse befriedigt oder ob aufgrund evaluativer Überlegungen die unmittelbare Befriedigung zurückgestellt werden soll wie im Fall „disziplinierten" Verhaltens.
2. **Selbst-Orientierung – Kollektiv-Orientierung:** Entscheidungsnotwendigkeit, ob eine Handlung den privaten Interessen des Aktors oder kollektiven Zielen dienen soll.
3. **Universalismus – Partikularismus:** Entscheidung zwischen der Bedeutung von Objekten aufgrund ihrer vor allem in kognitiver Hinsicht Subsumierbarkeit unter generellen Gesichtspunkten oder einer spezifischen Bedeutsamkeit für den Handelnden.

Die beiden nächsten Mustervariablen beziehen sich ausschließlich auf Entscheidungen für die Einstellung zu sozialen Objekten:

4. **Ascription** (Zuschreibung) – **Achievement** (Eigenleistung): Der Handelnde beurteilt soziale Objekte entweder aufgrund bestimmter zugeschriebener Eigenschaften wie Mitgliedschaft, Abstammung, Besitz, kurz dem So-sein, der **Qualität**; oder er beurteilt sie aufgrund ihres Tuns, ihrer **„Performance"**.
5. **Spezifität – Diffusheit:** Dieser Dichotomie liegt eine Entscheidung nach dem Kriterium zugrunde, ob EGO gegenüber ALTER Verpflichtung in Bezug auf genau eingegrenzte **spezifische** Beziehungen wie zwischen Berufsrollen oder in Bezug auf umfassende **– diffuse –** Beziehungen wie es in Eltern- Kind- oder Freundschaftsbeziehungen der Fall ist, eingeht.

Diese Pattern Variables sind im Bezugsrahmen des Handelns auf vier Ebenen lokalisierbar. Einmal auf der konkreten Ebene des Handelns eines Aktors. Weiters werden durch die Pattern Variables die „habits of choice" einer Persönlichkeit charakterisiert, im Sozialsystem die Rechte und Pflichten von Mitgliedern festgelegt und im Kultursystem charakterisieren sie Wertmuster im Sinne von Handlungsanweisungen, welche Seite des jeweiligen Dilemmas in einer gegebenen Situation gewählt werden sollte.

Beispiel: Analyse der akademischen Berufe

Parsons selbst hat die Pattern Variables für seine Theorieentwicklung als sehr bedeutend und zentral eingeschätzt. Mit diesem Instrumentarium der Boabachtung und Beschreibung sozialer Phänomene und Prozesse war Parsons in der Lage, wichtige soziologische Theorieteile, wie Ferdinand Tönnies Gemeinschaft und Gesellschaft, und Theoriekontroversen, wie die Debatte um Sozialismus und Kapitalismus zum Teil in die allgemeine Handlungstheorie zu integrieren und zum Teil einen beträchtlichen Schritt darüber hinaus zu tun. Als erster Anwendungsbereich der Pattern Variables diente die Beschreibung von sozialen Systemen, insbesondere von Berufsrollen. Parsons hatte sich längere Zeit mit dem amerikanischen Gesundheitswesen und mit akademischen Berufen im allgemeinen beschäftigt. Einige Grundgedanken dieser Arbeiten seien hier als Illustration der Pattern Variables angeführt.

Auf den ersten Blick scheint es so zu sein, daß die Berufsrollen der Akademiker und insbesondere der Ärzte quer zu soziostrukturellen Charakteristika der modernen Gesellschaft liegen. „Denn nach der nahezu durchgängigen Auffassung besteht der beherrschende Grundton des modernen Wirtschaftssystems darin, daß es der Verfolgung des Eigeninteresses weitgehend freien Lauf läßt. ‚Erwerbsgesellschaft‘ oder ‚gewinnorientiertes System‘ sind die beiden gängigsten Kurzformeln, durch die es gekennzeichnet wird. Nach dieser Interpretation zeichnen sich jedoch die akademischen Berufe – im Gegensatz zum wirtschaftlichen Bereich – durch ‚Uneigennützigkeit‘ (Kollektivorientierung, Anm. H.St.) aus. Man betrachtet den Angehörigen der akademischen Berufe nicht als jemanden, der seinen persönlichen Gewinn verfolgt, sondern als jemanden, der seinen Patienten, seinen Klienten oder auch so unpersönlichen Werten wie dem Fortschritt der Wissenschaft einen Dienst leistet. So kommt es, daß die akademischen Berufe in diesem Zusammenhang als atypisch, ja einigen sogar als bloßes Überbleibsel der mittelalterlichen Zünfte erscheinen“ (Parsons 1964, S. 161f.). Die akademischen Berufe sind also atypischer Weise durch Kollektiv-Orientierung im Sinne der Pattern Variables gekennzeichnet. In wichtigen anderen Punkten sind diese Berufsrollen jedoch der modernen Berufsstruktur, wie wir sie in der modernen Wirtschaft und Bürokratie vorfinden, ähnlich. Dazu gehört die funktionale Spezifität: „Die Vertreter der akademischen Berufe üben nämlich in unserer Gesellschaft Autorität aus, und zwar in einem sehr wichtigen Sinne. Wir sprechen zum Beispiel davon, daß der Arzt ‚Verordnungen‘ ausstellt, wenn wir auch wissen, daß die einzige ‚Strafe‘, die ihre Nichtbefolgung nach sich zieht, eine mögliche Schädigung der eigenen Gesundheit des Patienten ist. Der Anwalt erteilt zwar im allgemeinen nur ‚Ratschläge‘, aber wenn der Klient genauso gut wüßte, was er tun soll, braucht er keinen Anwalt zu konsultieren. Diese Autorität hat eine sehr eigenartige soziale Struktur. Sie ist als solche nicht begründet in einem allgemein höheren Status, etwa wie die Autorität, die in den Südstaaten jeder Weiße jedem Neger gegenüber anzunehmen tendiert. Sie ist auch nicht ein Ausdruck größerer ‚Weisheit‘ oder eines höheren moralischen Charakters. Vielmehr beruht sie auf einer überlegenen ‚fachlichen Kompetenz‘. Der Vertreter eines akademischen Berufes übt oft Autorität aus über Menschen, die ihm in bezug auf ihren sozialen Status, ihre intellektuellen Kenntnisse oder in moralischer Hinsicht überlegen sind bzw. als überlegen gelten.“ (Parsons 1964, S. 165) Es sind also nicht wie in traditionellen Gesellschaften aufgrund angeborener Eigenschaften zugeschriebene Fähigkeiten (Ascription), die die Autorität eines Akademikers begründen, sondern seine erworbenen Kompetenzen (Achievement). „Dies ist deshalb möglich, weil sein Autoritätsbereich auf eine bestimmte, technisch definierte Sphäre begrenzt ist. Der Arzt ist ex definitione nur in Dingen, die die Gesundheit betreffen, kompetenter als sein Patient; der Professor ist kraft seines Status dem Studenten nur in jenen Dingen überlegen, die in sein spezielles Fachgebiet fallen... Die fachliche Kompetenz, die zu den wichtigsten Bestimmungsmerkmalen von Status und Rolle in den akademischen Berufen gehört, ist immer auf ein bestimmtes ‚Feld' von Kenntnissen und Fähigkeiten beschränkt. Wie schwierig es im einzelnen Falle auch manchmal sein mag, die genauen Grenzen eines derartigen Feldes abzustecken, so stellt diese Spezifität der Funktion doch einen der wesentlichen Grundzüge im Muster der akademischen Berufe dar." (Parsons 1964, S. 165f.). Ein weiteres wichtiges Merkmal ist der Universalismus: „Beispielsweise mag ein Spezialist für Herzkrankheiten vor die Entscheidung gestellt sein, ob eine bestimmte Person, die ihn konsultiert, in eine relativ dauerhafte Beziehung zu ihm als sein Patient treten soll. Was die beruflich-fachliche Seite der Entscheidung betrifft, so fragt sich nicht, *wer* der Patient ist, sondern *was* ihm fehlt. Die Grundlage für die Entscheidung ist ‚universalistisch', nämlich die Überlegung, ob der Patient Symptome hat, die eine Herzkrankheit anzeigen. Wessen Sohn, Mann oder Freund er ist, ist in diesem Zusammenhang unerheblich. Wenn ein Arzt zu stark in Anspruch genommen ist, um alle neuen Patienten anzunehmen, die sich an ihn wenden, so können besondere Erwägungen bei der Auswahl natürlich eine Rolle spielen: er mag etwa dem Freund eines Verwandten den Vorzug geben. Doch dies ist nicht das Prinzip, nach dem die Arzt-Patienten-Beziehung strukturiert ist" (Parsons 1964, S. 170).

Dieses Beispiel zeigt, wie die Pattern Variables zur Beschreibung von Berufsrollen im Rahmen eines allgemeinen Orientierungssystems angewendet werden können. Es lassen sich aber auch allgemeine Handlungssysteme, Kultursysteme und Persönlichkeitssysteme damit beschreiben. Von entscheidender Bedeutung für die weitere Theorieentwicklung wurde die Anwendung und Verknüpfung mit einem von Robert Bales entwickelten Beobachtungsschema der Interaktion in Kleingruppen. Diese Synthese führte zu einem Vier-Funktionen Paradigma, dem AGIL-Schema, in dem gleichzeitig systemtheoretische Überlegungen verstärkt eine Rolle spielten.

2.3 Das AGIL-Schema und die Subsysteme des Handlungssystems

Als Ergebnis dieser Synthese entstand das sogenannte AGIL-Schema an dem Parsons bis zu seinen letzten großen Studien festgehalten hat. Für den Aufbau von Systemen des Handelns müssen vier Grundfunktionen erfüllt sein. Parsons gewinnt diese Grundfunktionen durch die Überkreuzung zweier Dimensionen, die beide für Systembildungen im allgemeinen gelten und sich direkt aus der Definition von Systemen ableiten lassen. Durch Strukturaufbau heben sich Systeme von einer Umwelt ab. Nur wenn es dem System gelingt eine Systemgrenze aufrecht zu erhalten, kann es als System fortbestehen. Durch diese Abgrenzung entsteht eine intern-extern Dimension, die es erlaubt, Prozesse einem System selbst, seiner Umwelt, sowie intern oder extern motivierten input-output Beziehungen zuzuordnen. Diese, bildlich ausgedrückt, räumliche Achse (innen – außen) läßt sich ergänzen durch den Zeitbezug von Systemen. In der Zeitdimension betrachtet gibt es Eigenschaften und Prozesse von Systemen, die durch ihren unmittelbaren Gegenwartsbezug bzw. einen längeren Zeithorizont, der Relevanz erwartbarer zukünftiger Zustände, bestimmt sind. Für die Bezeichnung der Zeitachse im System des Handelns werden in Anlehnung an wirtschaftliche Prozesse üblicherweise die Termini „instrumentell“ und „konsumatorisch“ verwendet. Konsumatorische Systemkomponenten beziehen sich auf Ziele, die ihrerseits nur durch den Einsatz von Mitteln (Instrumenten) erreicht werden können. (In der Wirtschaft dient der Einsatz von Produktionsmitteln instrumentell dem Ziel, die Versorgung mit Gütern, den Kosum sicherzustellen. Oder ein anderes Beispiel: Musikalisches Handeln erfordert die Beherrschung eines Instrumentes. Das Einüben wäre in unserem Sinne als instrumentell zu bezeichnen, die Konzertaufführung wäre konsumatorisch bzw. expressiv – ein ebenfalls gelegentlich verwendeter aus der Psychologie entlehnter Terminus.

Überkreuzt man die „räumlichen“ und „zeitlichen“ Dimensionen, so ergeben sich vier Grundfunktionen, die in der Parsonsschen Theorie bei einem Systemaufbau und -bestand erfüllt sein müssen: Adaption, Zielerreichung (Goal Attainment), Integration und Strukturerhaltung (Latent Pattern Maintenance), kurz: das AGIL-Schema (vgl. Abb. 2). Versuchen wir nun dieses AGIL-Modell im Zusammenhang mit den im „action frame of reference“ definierten Systemen des Handelns zu klären.

	Instrumentell (Mittel)	Konsumatorisch (Expressiv) (Ziele, Zwecke)
Intern	L Latente Strukturerhaltung (Latent Pattern-Maintenance & Reorganisation)	I Integration
Extern	A Adaption	G Zielerreichung (Goal-Attainment)

Abb. 2: Das Parsonssche AGIL-Schema

Systemkomponenten, die sich auf die intern-instrumentelle Grundfunktion beziehen, werden der **„latenten Strukturerhaltung“ (L)** zugerechnet. Damit sind Vorgänge gemeint, die im System angelegte und seine Strukturen (Aufbau, Identität) formenden Bildungsprozesse erhalten (vgl. Jensen 1983, S. 112-115). Das Wort latent bedeutet (in Anspielung an die Latenzphase bei der psychischen Entwicklung), daß es sich dabei nicht um offen erkennbare Prozesse handelt, sondern um Wirkungen einer Dynamik in den tiefen Systemschichten, die im Hinblick auf langfristige Entwicklungsprozesse eine prägende Kraft ausstrahlen. Im Handlunssystem wird diese Funktion in Anlehnung an die Definition von Handlung durch „Sinn“ erfüllt. Die Gesamtheit von sinnstiftenden Regeln und ihrer Symbolik, die einem Handlungszusammenhang seine Bedeutung geben, bildet ein Subsystem des Handlungssystems, das wir bereits im action frame of reference als **kulturelles System** bezeichnet haben.

Die zweite Grundfunktion, die durch die Kombination intern-konsumatorisch entsteht, nämlich **Integration (I)**, stellt die Einheit des Systems, das aus einer Vielzahl von differenzierten Komponenten besteht, her. Im Handlungssystem geht es dabei um die Koordination und Steuerung von Interaktionen, wobei der soziologische Grundbegriff der sozialen Rolle am treffendsten diesen Sachverhalt zum Ausdruck bringt. In den Rollen wird festgelegt, wer welche Aufgaben im Rahmen eines Kollektivs auf Grund einer bestimmten Position zu übernehmen hat. Man denke etwa an Berufsrollen im Rahmen eines Betriebes. Dieses Subsystem des Handlungssystems entspricht damit dem **sozialen System**.

Die extern-konsumatorische Grundfunktion **(Goal Attainment) (G)** bezeichnet Zielrelationen zwischen einem System und seiner Umwelt. Im Rahmen des Handlungssystems wird diese Funktion durch das **psychische Subsystem** erfüllt. Es geht dabei, im Sinne des im action frame of reference definierten Persönlichkeitssystems, um erlernte Muster, die als Kontrolle für seelische Antriebskräfte, der Motivdynamik von Personen im Handlungssystem entwickelt werden.

Letztlich ergibt sich die Funktion der **Adaption (A)** durch die Kombination instrumentell-extern. Diese wird von Komponenten erfüllt, die zwischen System und Umwelt im Sinne längerfristiger Interessen des Systems vermitteln (Standardbeispiel: Technik als instrumentelle Notwendigkeit, um bestimmte Ziele zu erreichen). Im Handlungssystem ordnet Parsons diese Grundfunktion dem **behavioralen System**, den Musterbildungen für Körperabläufe, zu. Im action frame of reference scheint dieser Terminus noch nicht auf, inhaltlich kann man es als eine Facette des Persönlichkeitssystems sehen. Als klassisch gewordenes Standardwerk für Entwicklung und Wandel des psychischen und des behavioralen Subsystems kann die Arbeit von Norbert Elias über den Prozeß der abendländischen Zivilisation angeführt werden. Er zeigte wie sich an der Spitze der höfischen Gesellschaft Verhaltensmuster ausbildeten, die die Äußerung von Emotionen in bestimmten Situationen regelten, Tisch- und Eßsitten normierten etc., die in der Folge von unteren sozialen Schichten übernommen wurden und so heute allgemein verbindliche Umgangsformen darstellen. (Elias, Norbert: Über den Prozeß der Zivilisation, soziogenetische und psychogenetische Untersuchungen. 2 Bde.) Um Mißverständnissen vorzubeugen sei noch einmal darauf hingewiesen, daß sowohl das psychische als auch das behaviorale System nicht identisch mit Psyche bzw. Körper eines Individuums sind, sondern daß es dabei um Subsysteme des Handlungssystems geht, d.h. um diejenigen Musterbildungen, die unabhängig von „konkreten" Individuen existieren.

Die Grundidee des weiteren Aufbaus des Handlungssystems bei Parsons besteht darin, daß die nunmehr über das AGIL-Schema gewonnenen Subsysteme sich auf Grundlage dieses Schemas weiter differenzieren lassen. Dies gilt für alle vier nun erläuterten Subsysteme. Als Beispiel wollen wir das Sozialsystem herausgreifen.

Innerhalb des Handlungssystems kommt dem Sozialsystem eine integrative Funktion zu, d.h. grundsätzlich geht es um jenen Bereich, der die Abstimmung, das Aufeinander bezogen sein von differenzierten Teilen, in unserem Falle von sozialen Positionen, regelt. Betrachtet man nun nur dieses Subsystem, so muß es in der Theorie von Parsons wiederum die vier Grundfunktionen erfüllen, da diese ja fast definitionsgemäß Prämissen jeder Systembildung – also auch der Subsystembildung – darstellen. Der **L-Funktion** des Sozialsystems wird von Parsons ein Bereich zugeordnet, dem er den Namen **kulturelles Treuhandsystem** gibt. Dabei wird ein aus der Ökonomie bekannter Begriff verallgemeinert und auf Kultur übertragen. Gemeint sind also Regelungen und Erwartungen, die sich auf Perso-

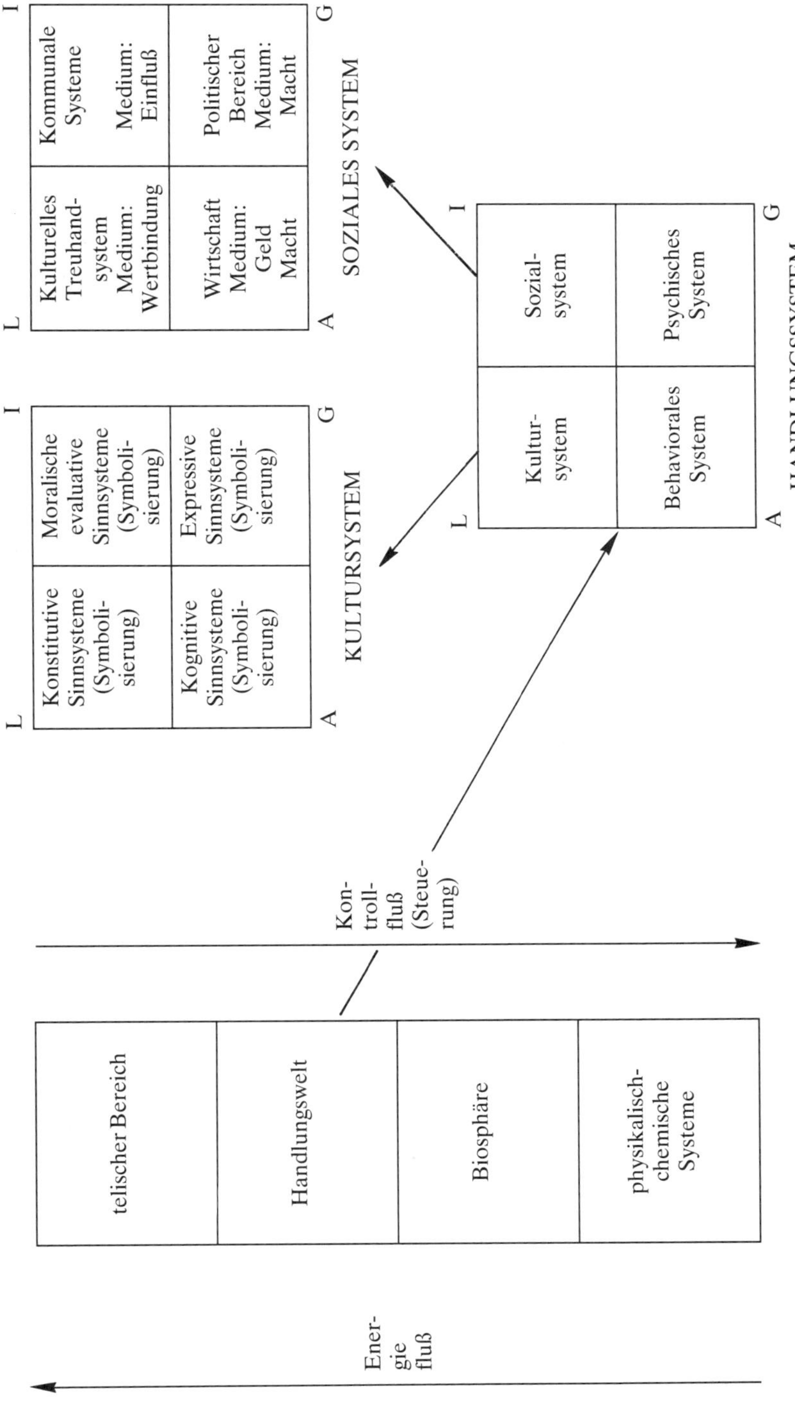

Abb. 3: Umwelten und Subsysteme des Handlungssystems

nen und soziale Einheiten beziehen, die für „Sinnsysteme“ zuständig sind – Priester für den Glauben, Lehrer für die Bildung, Wissenschafter für Wahrheit, Gerichtshöfe für Rechtssprechung, etc. Die **G-Funktion** des Sozialsystems ergibt sich aus der Übersetzung der Funktion der Persönlichkeit durch den Begriff des Interesses auf integrative Probleme. Zur Durchsetzung und Abstimmung von Einzelinteressen und kollektiven Interessen kommt es zur Ausbildung spezifischer sozialer Einheiten: Parteien, Verbände, kurz im weitesten Sinne eines **politischen Subsystems**. Zur Erreichung der in diesem Bereich konstituierten Ziele bedarf es adaptiver Voraussetzungen (**A-Funktion**), die im **ökonomisch-technischen Subsystem** des Sozialsystems erfüllt werden. Letztlich kommt dem **gesellschaftlichen Gemeinwesen** die **I-Funktion** im Sozialsystem zu, das die Aufgabe hat, differenzierte soziale Einheiten aufeinander abzustimmen – zu integrieren.

Die Bildung von Subsystemen, wie sie nun beispielhaft für das gesamte Handlungssystem und für das Sozialsystem dargestellt wurde, ist grundsätzlich analytisch konzipiert, d.h. es geht nicht um in der Realität vorfindbare, sondern um gedanklich gebildete Systeme, die Elemente der Realität zusammenfassen. Als Beispiel nehme man das „politische“ Subsystem in dem oben beschriebenen Sinne einer kleinen sozialen Einheit, etwa einer Diskussionsrunde. Man wird dabei keinen „real“ abgrenzbaren, ausdifferenzierten Bereich der Interessenabstimmung und Entscheidungsfindung ausmachen können. Trotzdem ist es einsichtig, daß Prozesse in einem solchen sozialen System diesem Problem und dessen Handhabung zugerechnet werden können.

2.3 Die Theorie der symbolischen Medien

Wenn es also auch bei der Differenzierung des Handlungssystems um analytische Subsysteme geht, so hat Parsons doch eine Evolutionstheorie von Systemen des Handelns auf Grundlage der Idee einer realen Systemdifferenzierung vertreten. Evolution wird dieser Vorstellung entsprechend durch Anpassungserfordernisse an die Umwelt in Gang gesetzt. Eine bessere Anpassung an die Umwelt und damit ein evolutionärer Vorteil wird durch Spezialisierung einzelner Systemteile für spezifische Umweltprobleme und -erfordernisse erreicht. Als klassisches Beispiel kann man hier auf die Arbeitsteilung und die damit gewonnene ungeheure Entfaltung der Produktivität hinweisen. Ähnlich werden in nichtökonomischen Teilbereichen funktionsspezifische Subsysteme ausgebildet, z.B. Systeme, die auf Erziehung, Recht, Wissenschaft, Politik etc. spezialisiert sind. Das Grundmuster der Evolution ist also demnach die Differenzierung. Mit dieser Systemdifferenzierung rückt ein Problem in den Vordergrund, nämlich: Wie können solchermaßen differenzierte Teile ihre Gesamtheit, ihre Identität bewahren. Adam Smith hat in der Wirtschaft von einer unsichtbaren Hand gesprochen, die bewirkt, daß trotz extremer Differenzierung Tauschprozesse (über Märkte) im großen und ganzen funktionieren. Parsons hat in Analogie zum Geld und zur Sprache ein allgemeines Medienkonzept entwickelt, wobei unter Medien Symbolsysteme zu verstehen sind, mit deren Hilfe Prozesse in äußerst komplexen, differenzierten Handlungssystemen gesteuert werden. Als weitere bedeutende Analogie hatte Parsons dabei biologische Informationsprozesse vor Augen, in dem Sinne, als durch Hormone, Enzyme und neuronale Prozesse das Verhalten komplexer Organismen koordiniert und kontrolliert wird.

„Läßt man alle komplizierten Gedanken beiseite, so sind Medien im Sinne der Alltagserfahrung Mittel, um im Handeln bestimmte Absichten deutlich zu machen und durchzusetzen. Der einfachste und vernünftigste Weg dazu ist, daß man seinem Handlungspartner mitteilt, was man bietet und was man möchte. ... Reicht dazu die Umgangssprache nicht völlig aus? Nicht ganz – Medien sind *Sondersprachen*, deren Formen und Inhalte mit besonderen Einrichtungen abgesichert sind, die ihnen größere Sicherheit und bestimmte Garantien verleihen" (Jensen 1980, S. 11f.). Parsons hat für jedes Subsystem des Handlungssystems derartige symbolische Austauschmedien konzipiert. Greifen wir nur die Gruppe der Medien des Sozialsystems (**Interaktionsmedien**) heraus. Es sind dies die Medien **Geld** (Wirtschaft), **Macht** (Politik), **Einfluß** (Gemeinwesen) und **Wertbindung** (Kulturelles Treuhandsystem).

Am einsichtigsten ist das Medienkonzept wahrscheinlich im Bereich der Wirtschaft. Dadurch, daß wir mit dem Funktionieren dieses Mediums gut vertraut sind, kann es als Modell zum Verständnis des Funktionierens der anderen Medien dienen. Man kann **Geld** als eine Art Sprache interpretieren, mit der über Besitzrechte (Eigentum) kommuniziert werden kann. Wesentlich dabei ist, daß es lediglich symbolisch ist. Münzen, Schecks, Kreditkarten, etc. haben selbst keinen Gebrauchswert, sondern sie sind als kulturelle Objekte lediglich Träger von Bedeutungen, deren Funktion in der Kontrolle von Tauschprozessen „intrinsisch wertvoller" oder „realer" Güter besteht. Zwei Charakteristika, die für alle symbolischen Medien gelten, sind für das Geld besonders transparent. Eine Konsequenz der Entwicklung symbolischer Medien besteht darin, daß ein höheres Maß an Handlungsspielraum und damit Flexibilität von Handlungen von Individuen oder Kollektiven möglich wird. So war es in älteren Gesellschaften bedeutend mühsamer, den adäquaten Tauschpartner zu finden, als es in einer modernen Geldwirtschaft der Fall ist. Ein weiteres Charakteristikum liegt in der Möglichkeit, das Gesamtvolumen der Medien zu erweitern oder zu verringern. Was etwa am Beispiel des Geldwesens durch Kreditmöglichkeiten eine Flexibilisierung in der Zeitdimension bedeutet. Diese Freiheitsräume bergen aber auch Instabilitäten in sich, die für das Geld die bekannten Phänomene von Inflation und Deflation erzeugen. Parsons zeigt, daß diese Erscheinungen äquivalent auch bei den anderen Medien zu beobachten sind.

Analog zur Funktion des Geldes in der Wirtschaft ist **Macht** im politischen Subsystem als ein zirkulierendes Medium zu verstehen: „Macht ist die generalisierte Fähigkeit zur Sicherung des Einhaltens bindender Verpflichtungen der Einheiten einer kollektiven Organisation; dabei wird vorausgesetzt, daß die Verpflichtungen durch ihren Bezug auf kollektive Ziele und Zwecke legitimiert sind, und daß bei Widerstand mit dem Einsatz negativer Sanktionen zu rechnen ist ..." (Parsons 1980, S. 70) Zwei Elemente dieser Definition sind für das Verständnis von Macht als Medium von besonderer Bedeutung. Mit dem Begriff der Generalisierung ist die Ablösung der Macht von der bloßen Gewalt als Mittel zur Durchsetzung betont. D.h. erst wenn die Fähigkeit, Einverständnis für kollektiv bindende Entscheidungen sicher zu stellen, nicht unmittelbar an Sanktionen gebunden ist, kann man von Macht als symbolischem Medium sprechen. Ein weiterer wichtiger Punkt liegt in der Legitimität der Macht. Damit ist der Tauschaspekt des Mediums angesprochen. Wenn jemand die Entscheidungsvollmacht einer Person oder sozialen Einheit (z.B. einer Regierung) anerkennt, kann er im Gegenzug erwarten, daß sich die anderen an die festgelegten Verpflichtungen halten, in dem

Sinne, wie es im Treueeid für den König von Aragonien zum Ausdruck kam: „Wir, die wir so gut sind wie Du, schwören Dir, der Du nicht besser bist als wir, daß wir Dich als unseren König und souveränen Herrn anerkennen, unter der Bedingung, daß Du alle unsere Freiheiten und Gesetze beachtest; wenn nicht, nicht." Das ist eigentlich erst ein Grundprinzip der Demokratie, dessen durchgehende Realisierung sich wie die anderen Medien erst in entwickelten, modernen Gesellschaften durchsetzt.

Die Grundgedanken bei den Medienkonzepten Einfluß und Wertbindung sind schwieriger nachzuvollziehen. Man muß sich dazu die jeweiligen Subsysteme in Erinnerung rufen. Das gesellschaftliche Gemeinwesen basiert auf der Integration differenzierter gesellschaftlicher Positionen. Auf Grundlage der Differenzierung entwickeln sich Zuständigkeiten im Rahmen des Sozialsystems, z.B. Expertentum, kraft deren Intentionen, Entwürfe, Warnungen, etc. ernstgenommen und handlungsrelevant werden. Schreibt ein Musikkritiker eine positive Rezension über eine neu erschienene Schallplatte, so wird ein höherer Absatz zu verzeichnen sein. Steht der Bau eines Kraftwerkes zur Diskussion, so werden Expertengutachten als Entscheidungsgrundlage eingeholt. – Ein Beispiel, das eine Parallele dieses Mediums zum Geld veranschaulicht: Werden zu viele Gefälligkeitsgutachten erstellt, dann inflationiert das Medium quasi, es verliert an „Kaufkraft" (Durchsetzungsvermögen). **Einfluß** ist also ein Mittel der Meinungsbildung oder Überzeugung in dem Intentionen nachvollzogen und als richtig befunden werden. Der Aspekt der Generalisierung liegt hier darin, daß nicht an den Tatsachen die Richtigkeit der Aussagen überprüft zu werden braucht, sondern Vertrauen und Glaubwürdigkeit (Prestige, Reputation) an deren Stelle tritt.

Schließlich hat Parsons ein Medium, das im kulturellen Treuhandsystem zirkuliert, sowie Austauschprozesse mit den anderen Subsystemen regelt, beschrieben: die moralische Bindung an Werte und Normen im Sinne einer *„generalisierten Fähigkeit und einem glaubwürdigen Versprechen, die Implementation von Werten zu bewirken"*. (Parsons 1980, S. 203). Das Medium **Wertbindung** basiert darauf, daß im Sozialisationsprozeß gemeinsame Werte und Normen internalisiert werden, deren Mißachtung persönlichkeitsinterne Sanktionen wie Schuldgefühle erzeugen. Diese internen Sanktionen können in der Kommunikation durch Ermahnungen, Appelle oder moralische Mißbilligung aktiviert werden. (Apell an die Menschlichkeit bei einem Spendenaufruf für Notleidende). Generalisiert ist dieses Medium deshalb, weil es allgemeine, abstrakte Werte sind, die noch nicht festlegen, wie in konkreten Situationen gehandelt werden soll. So legen die Werte wissenschaftlicher Rationalität für einen Wissenschafter nicht fest, was und wie konkret geforscht werden soll und welche Schlüsse daraus zu ziehen sind. Wie im Falle des Geldes und der anderen beschriebenen Medien bringt dies Flexibilität und höhere Freiheitsgrade mit sich aber auch Instabilitäten und damit Unsicherheiten, die sich in inflationären und deflationären Prozessen ausdrükken. Als Inflation könnte man hier einen Verlust von Glaubwürdigkeit bezeichnen, der dadurch zustande kommt, daß zuviele Verpflichtungen eingegangen werden, sodaß deren Einhaltung nicht gewährleistet ist. Den Prototyp der Deflation für das Medium Wertbindung stellt der Fundamentalismus (gleichgültig ob primär religiös, ideologisch oder politisch) als starres System von Vorschriften für richtiges Verhalten dar.

3. Wirkungsgeschichte und Weiterentwicklung

Parsons galt schon zu Lebzeiten als ein Klassiker der soziologischen Theorie und bis in die sechziger Jahre als herausragende und bestimmende Erscheinung in der amerikanischen Soziologie. Diese breite Anerkennung der Bedeutung seines Werkes steht in einem auffallenden Widerspruch zur tatsächlich vollzogenen Rezeption. Es mag als ein Ausdruck davon angesehen werden, daß seine Hauptwerke bis heute nicht in deutschen Übersetzungen vorliegen, sodaß schon aus diesem Grund der Zugang nur wenigen „Insidern" vorbehalten blieb. Lange Zeit blieb das Parsonsbild durch vordergründige ideologische Auseinandersetzungen geprägt, indem ihm Vernachlässigung von Konflikten und sozialem Wandel in seinen soziologischen Analysen als Ausdruck eines Interesses an der Stabilisierung bestehender Verhältnisse unterstellt wurde. In den letzten Jahren kann aber so etwas wie eine Parsons Renaissance festgestellt werden. In den Vereinigten Staaten hat sich um Jeffrey C. Alexander eine Schule entwickelt, die sich selbst als **Neofunktionalismus** bezeichnet, und explizit versucht, am Werk Parsons anzuknüpfen und es fortzuführen. Darüberhinaus läßt sich in einigen Spezialdisziplinen der Soziologie eine verstärkte Rezeption Parsonsscher Arbeiten feststellen, z.B. in der Wirtschaftssoziologie, der Medizinsoziologie, der Sozialisationsforschung etc. Ein entscheidender Einfluß läßt sich auch auf das Werk von Niklas Luhmann feststellen, das in einem eigenen Beitrag dieses Buches behandelt wird.

Einführende Literatur:

Jensen, Stefan: Talcott Parsons, Eine Einführung. Stuttgart: B.G. Teubner, 1980.
Jensen, Stefan: Systemtheorie. Stuttgart: Verlag W. Kohlhammer, 1983.
Wilke, Helmut: Systemtheorie, Eine Einführung in die Grundprobleme. Stuttgart; New York: UTB, 1982.

Ausgewählte Originalliteratur:

Parsons, Talcott: The Structure of Social Action, New York: The Free Press, 1937, 2 Bde.
Parsons, Talcott: The Social System. Glencoe, I11.: Free Press, 1951.
Parsons, Talcott: Pattern Variables Revisited: A Response to Robert Dubin, in: American Sociological Review 25, 1960, S. 467-483.
Parsons, Talcott: Beiträge zur soziologischen Theorie. Neuwied-Berlin: Luchterhand, 1964. (Herausgegeben und eingeleitet von Dietrich Rüschemeyer)
Parsons, Talcott: Sozialstruktur und Persönlichkeit. Frankfurt: Europäische Verlagsanstalt, 1968.
Parsons, Talcott: Das System moderner Gesellschaften. München: Juventa, 1972.
Parsons, Talcott: Gesellschaften, Evolutionäre und komparative Perspektiven. Frankfurt/Main: Suhrkamp, 1975.
Parsons, Talcott: Die Entstehung der Theorie des sozialen Systems, Ein Bericht zur Person. in: Parsons Talcott; Shils Edward; Lazarsfeld Paul F.: Soziologie autobiographisch. Stuttgart: DTV; 1975, S. 1-68.
Parsons, Talcott: Zur Theorie sozialer Systeme. Opladen: Westdeutscher Verlag, 1976. (Herausgegeben und eingeleitet von Stefan Jensen)
Parsons, Talcott: Action Theory and the Human Condition. New York – London: The Free Press, 1978. (Enthält ein Gesamtverzeichnis der Schriften von T. Parsons)
Parsons, Talcott: Zur Theorie der sozialen Interaktionsmedien. Opladen: Westdeutscher Verlag, 1980. (Herausgegeben und eingeleitet von Stefan Jensen)
Parsons, Talcott: Aktor, Situation und normative Muster. Ein Essay zur Theorie sozialen Handelns; Frankfurt: Suhrkamp, 1986. (Herausgegeben und eingeleitet von Harald Wenzel)
Parsons, Talcott; Shils, Edward: Value, Motives and Systems of Action. in: Dies. (Hg): Toward a General Theory of Action. New York: Harper & Row, 1951, S. 45-275.
Parsons, Talcott; Platt, Gerald M.: The American University. Cambridge; Mass.: Harvard University Press, 1973.

Kapitel 8: Konflikttheorie: Ralf Dahrendorf

(Heinz-Jürgen Niedenzu)

Die hier vorzustellende Variante eines konflikttheoretischen Zugriffes auf gesellschaftliche Wirklichkeit ist von Ralf Dahrendorf (geb. 1929) in einem monographischen Werk („Soziale Klassen und Klassenkonflikt", 1957 bzw. in überarbeiteter Form: „Class and Class Conflict in Industrial Society", 1959) sowie in der Folge in verschiedenen Aufsätzen, Aufsatzsammlungen und Vorträgen entwikkelt worden, wobei die theoretische Aufarbeitung in mancherlei Hinsicht fragmentarisch geblieben ist (vgl. etwa Dahrendorf 1972, S. 19f.). Während die Resonanz in der deutschsprachigen Soziologie eher gering und bescheiden zu veranschlagen ist, so haben seine Ausarbeitungen hingegen wichtige Akzente und Impulse sowohl im angelsächsischen Bereich wie auch im italienisch-iberisch-lateinamerikanischen Raum gesetzt (vgl. Dahrendorf 1985). In diesen Kulturbereichen ist Dahrendorf in gewisser Weise zum „Klassiker" geworden. Die Gründe für diese Einschätzung sind unterschiedlicher Art. Im angelsächsischen Raum stellten seine Überlegungen wichtige Anstöße für die damals aktuelle Beschäftigung und Auseinandersetzung mit der Systemtheorie von T. Parsons dar. Zum anderen wurde (bei anderer gesellschaftlicher und wissenschaftlicher Umgangsweise mit dem Thema „Konflikt" als etwa im deutschsprachigen Raum) u.a. auch durch Dahrendorfs Beiträge die Auseinandersetzung mit Marx und dem Thema „gesellschaftliche (Gruppen-)Konflikte" wieder salonfähig und attraktiv gemacht. Ein Grund dafür liegt wohl auch im methodischen Ansatz von Dahrendorf, der versucht, gesamtgesellschaftliche Entwicklungen in erfahrungswissenschaftlicher Perspektive im Sinne des kritischen Rationalismus von Popper zu analysieren. Im lateinamerikanischen Raum ermöglichte sein Ansatz die Aufarbeitung konfliktträchtiger politisch-gesellschaftlicher Verhältnisse im Rahmen eines „Marxismus ohne Marx".

Im Folgenden soll nun versucht werden, die Kerngedanken und die Hauptaussagen der Dahrendorfschen Konflikttheorie in einem systematisierten Zusammenhang darzustellen, ohne auf konkurrierende konflikttheoretische Ansätze noch auf Klassiker (etwa Simmel) einzugehen (vgl. dazu überblicksweise Krysmanski 1971; Bühl 1972).

1. Ausgangslage

Jeder makrosoziologisch orientierte Theorieansatz steht vor dem Problem, zwei grundlegenden Aspekten menschlicher Vergesellschaftungssysteme Rechnung tragen zu müssen: Zum einen stellen soziale Systeme relativ dauerhafte Strukturzusammenhänge dar (Problemkreis der Stabilität gesellschaftlicher Strukturbildungen), zum anderen sind diese aber sowohl in Teilbereichen als auch als Gesamtzusammenhang anpassungsfähig wie auch veränderbar (Problemkreis des Wandels von gesellschaftlichen Strukturbildungen). Entsprechend dieser allgemeinen Problemstellung unterscheidet Dahrendorf, gemäß dem jeweils vorrangigen Gesichtspunkt, idealtypischerweise zwischen **zwei Grundorientierungen soziologischer Gesellschaftstheorie** (vgl. etwa Dahrendorf 1969, S. 108ff.; 1972, S. 11):

a) die erkenntnisleitende Frage, die eher auf die Struktur gesellschaftlichen Zusammenlebens abzielt, könnte etwa lauten: „Was hält Gesellschaft zusammen?" – Hier steht das **Problem der Ordnung** im Vordergrund, also die Frage, wie Gesellschaft sich als ein relativ stabiles System kontituiert und über die Zeit erhält. Anders ausgedrückt geht es primär um das Problem der Integration und der Koordination/Kooperation von Handlungen und Handlungszielen gesellschaftlicher Akteure, sowohl als individuell handelnde wie auch als in sozialen Einheiten kollektiv handelnde betrachtet. Entsprechend dieser theoretischen Annäherung an das Phänomen „Gesellschaft" sind integrationsbezogene Begriffe wie Normen, Werte, Rollen, Institutionen, Subsysteme etc. von zentraler Bedeutung für die Interpretation. – Ein dieser Fragrichtung entsprechender Ansatz ist für Dahrendorf die strukturell-funktionale Theorie von Parsons.

b) Steht im Gegensatz zu der vorgestellten Position jedoch das **Problem des Wandels** im Vordergrund, so läßt sich die erkenntnisleitende Frage wie folgt formulieren: „Was sind die Triebkräfte gesellschaftlicher Entwicklung?" – Hier geht es also um den Prozeß, die Veränderung einer gegebenen Struktur, oder, ursachenbezogen gefragt, um die Reaktion von Gesellschaften auf endogen (innerhalb des gesellschaftlichen Strukturzusammenhanges) oder exogen (außerhalb des gesellschaftlichen Strukturzusammenhanges) verursachte Gefährdungen des status quo. Endogene Risiken für die Stabilität eines Gesellschaftssystems wären etwa der Prozeß der Arbeitsteilung, funktionale Differenzierung, abweichendes Verhalten, Mobilität, Konflikte zwischen Einzelnen und/oder Gruppen, etc., exogene Gefährdungen Kriege, Naturkatastrophen, etc. Bei dieser Zugangsweise wird Gesellschaft als ein dynamischer, potentiell konfliktträchtiger sozialer Verband interpretiert, der sich in einem permanenten Veränderungsprozeß befindet. – Als einen typischen Ansatz in dieser Richtung nennt Dahrendorf die marxistische Gesellschaftstheorie.

Nach Dahrendorf kann Gesellschaftstheorie also von zwei unterschiedlichen heuristischen (erkenntnisleitenden) Standpunkten aus betrieben werden, ohne daß sich diese beiden theoretisch möglichen Problemzugänge kontradiktorisch zueinander verhalten müssen. Beide lassen sich als gleich gültige Erkenntnismodelle, die unterschiedliche Aspekte betonen, begreifen. Daraus folgt aber, daß sich mit der ungleichen Akzentsetzung (Struktur vs. Prozeß) nicht von vorneherein ein allumfassender Erklärungsanspruch verbinden läßt; allerdings strukturiert die erkenntnisleitende Problemstellung die Analyse des jeweiligen Problemfeldes: „Beide Theorien können weitgehend mit den gleichen Kategorien arbeiten; doch betonen sie verschiedene Aspekte. Während für die Integrationstheorie die Gesellschaft einer Ellipse, einer alle Elemente umschließenden, abgerundeten Einheit ähnelt, sieht die Konflikttheorie die Gesellschaft eher als Hyperbel, die zwar die gleichen Brennpunkte hat, aber in mehrere Richtungen hin offen ist und als Spannungsfeld zu bestimmender Kräfte erscheint" (Dahrendorf 1969, S. 113).

2. Verortung, Stellenwert und Anspruch der Konflikttheorie

Für Dahrendorf ist die Erklärung des Sozialen Wandels vornehmstes Arbeitsziel aller makrosoziologischer Theoriebildung (vgl. etwa Dahrendorf 1969, S. 114; 1972, S. 73). Untersucht man nun vorliegende Theorieansätze in Hinblick auf diese zugrunde gelegte Perspektive, so kommt man nach Dahrendorf zu dem Ergebnis, daß es keine Theorie gibt, die dem Prozeß des sozialen Wandels unter allen relevanten Gesichtspunkten gerecht wird. Vor dem Hintergrund der eingangs vorgestellten möglichen Grundorientierungen einer Gesellschaftsanalyse ist dieses Manko unterschiedlich begründbar: im 1. Fall theorieimmanent, d.h. aufgrund der erkenntnisleitenden Fragestellung, im 2. Fall aufgrund bestimmter Annahmen und inhaltlicher Begründungen des sozialen Wandels im Lichte empirischer Überprüfungen. Diese generelle Einschätzung fußt exemplarisch zum einen auf der Kritik des Parsonsschen Modells, zum anderen auf der kritischen Überprüfung der Marxschen Theorie des Klassenkampfes und der daraus ableitbaren Entwicklungsprognosen, wobei Dahrendorf wie folgt argumentiert:

Parsons betreffend bemängelt Dahrendorf im besonderen, daß der Gedanke der Ordnung und Integration zu sehr in den Vordergrund getreten sei. Gesellschaft erscheine mithin als ein sich mehr oder weniger im Gleichgewicht befindliches soziales System. Systemerhaltung werde zur Zielgröße, auf die alle sich innerhalb des Systems abspielenden Handlungen und Prozesse ausgerichtet sind bzw. eingepegelt werden. Voraussetzungen und damit auch Grundannahmen für ein solches „System im (relativen) Gleichgewicht" sind auf der strukturellen Ebene relative Stabilität der einzelnen Systemelemente und eine entsprechende relative Konfliktlosigkeit zwischen ihnen, die positive Funktionalität der Elemente in bezug auf das Ganze sowie, auf der Ebene der Werte, ein normativer Grundkonsensus der Systemakteure über die Grundwerte des Systems. Bei einer solchen Betrachtungsweise erscheinen soziale Prozesse wie etwa Konflikte und abweichendes Verhalten eher als außergewöhnliche, quasi pathologische Erscheinungen, da sie dysfunktional sind für die Gleichgewichtserhaltung des Systems, also des gesellschaftlichen Ordnungsgefüges. Sozialer Wandel könne in dieser Perspektive nur schwer als integrales Moment jedes sozialen Systems begriffen werden (vgl. etwa Dahrendorf 1972, S. 28ff.).

Diese Kritik trifft die Marxsche Gesellschaftstheorie wohl nicht, die Probleme stellen sich für Dahrendorf vielmehr auf einer anderen Ebene (vgl. Dahrendorf 1974, S. 277ff.; vgl. auch Dahrendorf 1957). Motor gesellschaftlicher Entwicklung, und das heißt ja sozialen Wandels, sind für Marx die Konflikte zwischen antagonistischen Interessengruppen, den Klassen, die sich aufgrund der Eigentumsverhältnisse diametral gegenüberstehen. Alle gesellschaftlichen Herrschaftsverhältnisse sind letzten Endes ableitbar aus den Produktionsverhältnissen. Dahrendorf hält die Theorie der Notwendigkeit des Klassenkampfes für falsifiziert: Zum postulierten Klassenkampf im Marxschen Sinne ist es nicht gekommen, vielmehr haben sich die Klassengrenzen verwischt, nicht zuletzt aufgrund zunehmender Mobilitätschancen in der modernen Industriegesellschaft. Diese Entwicklung ist u.a. gekennzeichnet worden als „Institutionalisierung des Klassengegensatzes" (Geiger) oder auch als „Nivellierung der Klassengesellschaft" (Schelsky).

Seinen eigenen Ansatz versteht Dahrendorf nun als Gegenposition zur strukturell-funktionalen Theorie und als modifizierte Aufarbeitung bzw. Fortführung

Marxscher Überlegungen. – Die Grundannahmen einer konflikttheoretischen Betrachtungsweise stehen im Gegensatz zu Parsons (vgl. Dahrendorf 1965, S. 209f.): auf der strukturellen Ebene wird die grundsätzliche Instabilität der Systemelemente vorausgesetzt. Diese stehen untereinander in einer konfliktträchtigen Beziehung, und alle leisten einen Beitrag zur kontinuierlichen Veränderung der Gesellschaft. Der Annahme des normativen Grundkonsensus stellt Dahrendorf die Behauptung gegenüber, daß sich jede Gesellschaft durch den Zwang erhält, den einige ihrer Mitglieder über andere ausüben. – Den Marxschen Grundgedanken, daß der Konflikt zwischen gesellschaftlichen Gruppierungen ein Erklärungsmodell für sozialen Wandel abgibt, hält Dahrendorf für theoretisch fruchtbar, modifiziert ihn aber insofern, als daß der strukturelle Ausgangspunkt für die mögliche Gruppenkonstituierung anders angesetzt wird:

Herrschaftsverhältnisse werden zu konfliktverursachenden Faktoren erklärt, ohne daß diese kausal aus Produktionsverhältnissen (Eigentumsverhältnissen) abgeleitet werden. Auf diese Art und Weise werden Klassenkonflikte anders definiert und erhalten dementsprechend auch einen anderen Stellenwert im Prozeß sozialen Wandels, wie noch im einzelnen dazulegen sein wird.

Damit ergibt sich der **Anspruch des konflikttheoretischen Modells: der Ansatz soll generell in der Lage sein, Teilbereiche endogen verursachten sozialen Wandels erklären zu können, insofern diese mit den Konflikten zwischen gesellschaftlichen Gruppen zusammenhängen und sich diese Gruppen aus gesellschaftlichen Strukturverhältnissen herausbilden**.

3. Universalien: Zwang – Herrschaft – Konflikt

Indirekt ist es bereits angeklungen, daß Konflikt und Wandel für jedes soziale System einen systemimmanenten Charakter haben. Von Dahrendorf wird nämlich behauptet, daß **Konflikte**, unabhängig von der je spezifischen Gesellschaftsform, **eine soziale Grundtatsache** für das menschliche Zusammenleben darstellen. Die Begründung dafür ist nur noch anthropologisch möglich und hat einen quasi axiomatischen Status: Ähnlich dem Menschenbild von Hobbes („Der Mensch ist des Menschen Wolf") wird angenommen, daß der Mensch bzw. die menschliche Natur nicht apriori sozial ist. Damit wird das Verhältnis zwischen Menschen aber als ein prinzipiell konfliktäres angenommen. Notwendige Voraussetzung für ein gesellschaftliches Zusammenleben ist folglich die Schaffung sozialen Verhaltens, und da dieses nicht als natürliche Verhaltensweise vorgegeben ist, kann es nur erzwungen werden (vgl. etwa Dahrendorf 1965, S. 110). Aus diesen Annahmen folgt für Dahrendorf, daß jede Gesellschaft als ein je spezifischer Verband sozialer Akteure die notwendige integrative Leistung ausschließlich auf der Basis von Zwang erbringt, den Menschen auf Menschen zwecks Herstellung eines handlungsfähigen Kollektivs ausüben. Sozialstrukturell gesehen sind also alle denkbaren Gesellschaftsformen gleichzeitig auch herrschaftlich konstruierte Formen. Der **Universalität von Zwang bzw. Herrschaft** als deren strukturellen Äquivalent (vgl. zu dieser These Dahrendorf 1974, Kap. 14) entspricht auf der Handlungsebene die Universalität des Konfliktes als permanent ablaufender Prozeß der Infragestellung der aus herrschaftlichen Strukturen ableitbaren Phänomene sozialer Ungleichheit, womit die Allgegenwart des Phänomens sozialer Schichtung gemeint ist (vgl. etwa Dahrendorf 1966), durch welches Lebenschancen gesteuert werden. **Konflikte werden also begriffen als sozialen Systemen immanente, strukturell erzeugte Faktoren,** die den Wandel ganzer Gesellschaften mitbestimmen, somit funktional positiv für den historischen Prozeß sind (vgl. Dahrendorf 1974, S. 272).

4. Zum Konfliktbegriff und dem Erklärungsbereich der Konflikttheorie

Konflikte sind eine Alltagserfahrung für jeden Menschen. Wir streiten uns mit Nachbarn, wir geraten in Rollenkonflikte, wir konkurrieren um Positionen, nehmen an Konflikten zwischen Gruppen teil, rivalisieren aus Eifersucht und führen Krieg. Es ist offensichtlich, daß die genannten Konflikte sowohl unterschiedliche Ursachen als auch unterschiedliche Auswirkungen auf das gesellschaftliche Leben, damit auch auf den sozialen Wandel, haben. Unter Berücksichtigung des Anspruchs von Dahrendorf, daß die Rolle von Konflikten nur in Bezug auf endogen verursachten sozialen Wandel untersucht werden soll, zum anderen Konflikte als Grundtatsache menschlichen Zusammenlebens, als strukturimmanent , gesehen werden, ergibt sich der **potentielle Gegenstandsbereich des konflikttheoretischen Ansatzes** (vgl. Dahrendorf 1972, S. 23ff.): Die Menge möglicher Konflikte wird eingeschränkt auf **soziale Konflikte**, also auf Konflikte, die sich systematisch aus den sozialen Strukturen einer Gesellschaft ableiten lassen, oder anders ausgedrückt: Soziale Konflikte sind strukturell erzeugte Gegensatzbeziehungen zwischen Elementen einer Gesellschaft als existierender Grundgesamtheit. Für die Bestimmung des Konfliktes ist es unerheblich, ob die Gegensätzlichkeit eine objektiv beschreibbare, „latent" gegebene ist (Ebene der Strukturanalyse) oder ob sie sich als subjektiv verarbeitete, „manifest" gegebene kennzeichnen läßt (Ebene der Handlungsanalyse). Der Bewußtseinsgrad über den potentiellen oder realen Konflikt spielt also definitorisch keine Rolle beim Konfliktbegriff, denn die Allgegenwart von derartigen Konflikten ergibt sich aus der anthropologischen Argumentation. Ohne daß soziale Konflikte manifest werden müßten, sind sie latent in jedem sozialen Strukturzusammenhang mitgegeben. Wichtig in diesem Zusammenhang ist die **Annahme** von Dahrendorf, **daß Konflikte sich grundsätzlich dichotomisieren**, also ausgetragen werden zwischen immer nur zwei sich gegenüberstehenden Elementen. Für den Fall mehrerer Konfliktparteien bedeutet das also dichotomisierende Koalitionsbildung bei interner Differenzierung der jeweiligen Konflikt(Koalitons-)partei.

Individualpsychologisch verursachte Konflikte werden somit aus dem Erklärungsbereich des Ansatzes augeschlossen, ebenso wie intergesellschaftliche Konflikte. Letztere wären allerdings potentiell einbeziehbar, wenn man von festen, strukturierten Beziehungen zwischen Gesellschaften ausgehen würde. Unabhängig von dieser Frage können sich soziale Konflikte auf verschiedenen Ebenen abspielen, mit unterschiedlicher Bedeutung für den Prozeß gesellschaftlichen Wandels. Sicherlich macht es in dieser Hinsicht einen großen Unterschied, ob man Interrollenkonflikte untersucht oder den Konflikt zwischen sich antagonistisch gegenüber stehenden gesellschaftlichen Klassen. Um also den möglichen Erklärungsbereich weiter zu ordnen, schlägt Dahrendorf vor, **soziale Konflikte auf zwei Dimensionen zu unterscheiden**, nämlich der **Dimension „Umfang sozialer Einheiten"** und der **Dimension „Rangverhältnis innerhalb und zwischen diesen**

Rang der Beteiligten / Soziale Einheit	1. Gleicher contra Gleichen	2. Übergeordneter contra Untergeordneten	3. Ganzes contra Teil
A. Rollen	Patienten c. Kassen (in Artzrolle) Familienrolle c. Berufsrolle	Herkunftsfamilie c. eigene Familie (als Rollen) Berufsrolle c. Vereinsrolle	Sozialpersönlichkeit c. Familienrolle Soldatenrolle c. Gehorsamsverpflichtung
B. Gruppen	Fußball-Abt. c. Leichtathletik-Abt. (i. Sportclub) Jungen c. Mädchen (i. Schulklasse)	Vorstand c. Mitglieder (i. Verein) Vater c. Kinder (i. Familie)	Altbelegschaft c. Neuling (i. Betriebsabt.) Familie c. „verlorenen Sohn“
C. Sektoren	Firma A c. Firma B Luftwaffe c. Heer	Unternehmensverbände c. Gewerkschaften Monopolist c. Außenseiter	Kath. Kirche c. „Altkatholiken“ Bayern c. „Zugereiste“
D. Gesellschaften	Protestanten c. Katholiken Flamen c. Wallonen	Regierungspartei c. Opposition Freie c. Sklaven	Staat c. kriminelle Bande Staat c. ethnische Minderheit
E. Übergesellschaftl. Verbindungen	Westen c. Osten Indien c. Pakistan	Sowjetunion c. Ungarn Deutschland c. Polen	UN c. Kongo OEEC c. Frankreich

Abb. 1 (aus: Dahrendorf 1972, S. 27)

Einheiten". Entsprechend diesem Klassifizierungsvorschlag ergibt sich dann ein Einordnungsschema (vgl. Abb. 1 auf S. 162).

An dieser Stelle schränkt Dahrendorf den **Erklärungsanspruch** seines Ansatzes weiter ein: Die Konflikttheorie soll vor allem in der Lage sein, Konflikte der Art „D2" zu erklären. Es geht also um Konflikte zwischen gesellschaftlichen Gruppen, zwischen denen ein Rangunterschied besteht. Analytisch sind sämtliche Gesellschaftsmitglieder einer der beiden Konfliktparteien zuordnenbar, da Dahrendorf davon ausgeht, daß bei allen hier betrachteten Konflikten eine Dichotomisierung stattfindet. Prinzipiell hält er den Erklärungsbereich aber auch auf Konflikte der Art „B2" und „C2" ausweitbar, sofern das Moment des Rangunterschiedes zwischen Gruppen/Mitgliedern auf diesen Ebenen sozialer Einheiten gegeben ist. Im Falle des Bereiches B2 ist die Sache auf den ersten Blick allerdings etwas problematisch, da ja z.B. Väter und Kinder eher soziale Kategorien und weniger organisierte antagonistische Gruppierungen, wie bei C2 und D2, darstellen. Andererseits ist der von Dahrendorf verwendete, von Weber übernommene Herrschaftsbegriff (vgl. dazu Pkt. 5) auch auf Familienstrukturen und -beziehungen anwendbar. Verallgemeinert läßt sich somit festhalten, daß der **konflikttheoretische Ansatz auf Gruppenkonflikte abzielt, bei denen das Moment der Über-/Unterordnung gegeben ist**.

Genaugenommen handelt es sich damit bei der Konflikttheorie um eine „Herrschafts-Organisations-Theorie": Auf alle anderen Möglichkeiten sozialer Konflikte ist sie nicht unmittelbar anwendbar, entweder, weil das Moment des die streitenden Parteien verbindenden Herrschaftsverbandes fehlt oder aber die Organisation der streitenden Parteien in dauerhafter Form nicht denkbar ist (vgl. Dahrendorf 1972, S. 16). Für diese Konflikte müssen zur Erklärung andere Strukturfaktoren als das das Herrschaftsverbandes herangezogen werden.

Desweiteren schränkt Dahrendorf den **Erklärungsbereich** seiner Theorie auf **industrielle Gesellschaften** ein, wo ein manifester Konflikt der Art „D2" (klassischerweise als Klassenkonflikt bezeichnet) auftreten kann. Kennzeichnend für die moderne Gesellschaft ist in seiner Perspektive die inhaltliche Umorientierung bei den potentiellen Konfliktgegenständen: politisch-soziale Auswirkungen bestehender Macht- und Herrschaftsverhältnisse treten als Konfliktstoff immer mehr in den Vordergrund gesellschaftlicher Auseinandersetzungen auf Kosten des klassischen Konflikts um Fragen der Eigentumsverhältnisse und deren gesellschaftlichen Auswirkungen (vgl. Dahrendorf 1957; 1972, S. 73ff.). Beide Bereiche aber sind natürlich von großer gesellschaftlicher Relevanz, so daß man von einem (mindestens) doppelten System der Machtverteilung sprechen kann. Im Gegensatz zu Marx besteht für Dahrendorf keine Kausalität zwischen beiden Sphären, sondern parallele Besetzungen von Herrschaftspositionen sind allein eine Frage von empirischer Relevanz.

Ganz generell gesehen aber geht es bei sozialen Konflikten immer um Lebenschancen (zum Begriff der Lebenschancen vgl. Dahrendorf 1979, insbes. S. 64ff.): Gerade bei Klassenkonflikten ist es sehr deutlich, daß die Möglichkeiten der Einen (der „Beherrschten", der „Abhängigen") durch die Entscheidungen Anderer (der „Herrscher") entscheidend vorstrukturiert werden. Daß eine derartige Bewertung nicht nur eine theoriegeleitete Einschätzung gegebener Verhältnisse ist, sondern auch von erheblicher praktischer, damit sozialer Relevanz ist, haben industriesoziologische Untersuchungen aufgezeigt: Nach wie vor lassen sich dichotome Gesellschaftsbilder bei großen Gruppen feststellen, die die Gesellschaft in Gegensatzmustern begreifen (etwa Herrscher vs. Beherrschte, Reiche vs. Arme, oben vs. unten, Arbeitgeber vs. Arbeitnehmer).

5. Herrschaft als strukturelle Ausgangslage sozialer Konflikte

Auch wenn die genannten Gruppenkonflikte sicherlich einen unterschiedlichen Status haben für die gesellschaftliche Dynamik, also den Prozeß sozialen Wandels, so läßt sich ihre gemeinsame Behandlung theoretisch rechtfertigen aufgrund der vorgestellten Ausgangsaxiome: Unabhängig vom Umfang der jeweiligen sozialen Einheit sind Rangunterschiede Manifestationen von sozialer Ungleichheit, und diese ist immer rückführbar auf das Grundverhältnis, unter dem Menschen miteinander agieren, dem Zwang. Egal, ob wir Konflikte zwischen Rangverschiedenen als Konflikte aufgrund der Ungleichheit von Parteien bezüglich von Prestige und Einkommen betrachten, oder Konflikte zwischen Kapital und Arbeit, oder Konflikte zwischen Elite und Nicht- Elite, immer sind die Ungleichheiten für Dahrendorf ableitbar aus der ungleichen Verteilung legitimierbarer Macht.

Die damit zugrunde gelegte Herrschaftsstruktur begründet eine prinzipielle Dichotomie von Autoritätspositionen. Innerhalb von Herrschaftsverbänden sind die gesellschaftlichen Positionen somit als nominal verteilte gedacht und nicht als kontinuierliche Abstufungen; solche Kontinua können nur innerhalb der beiden Positionsaggregate auftreten.

Konflikte, für die ein Anspruch auf Erklärung besteht, lassen sich mithin, unabhängig von ihrer konkreten Erscheinungsform, immer rückführen auf das **Grundschema der bipolaren Auseinandersetzung zwischen Herrschern und Beherrschten**.

Unter **Herrschaft** versteht Dahrendorf mit Weber „die Chance, für einen Befehl bestimmten Inhalts bei angebbaren Personen Gehorsam zu finden". Die Aussage dieser Definition läßt sich nach fünf Aspekten aufschlüsseln:

„(1) Herrschaft bezeichnet ein Verhältnis der Über- und Unterordnung zwischen je zwei Einzelnen bzw. Mengen.

(2) Vom übergeordneten Teil (Einzelner, Menge) wird erwartet, daß er das Verhalten des untergeordneten Teils durch Befehle, Anordnungen, Warnungen, Verbote kontrolliert.

(3) Diese Erwartung knüpft sich an soziale Positionen prinzipiell unabhängig vom Charakter ihrer Träger. Herrschaft bezeichnet insofern ein institutionalisiertes Verhältnis zwischen Einzelnen bzw. Mengen.

(4) Herrschaft ist stets auf „bestimmte Inhalte" und „angebbare Personen" begrenzt; sie ist (im Gegensatz zur Macht) niemals absolute Kontrolle über andere.

(5) Die Nichtbefolgung von Vorschriften auf Grund von Herrschaft wird sanktioniert; ein Rechtssystem (bzw. ein System quasi- rechtlicher Normen) wacht über die Effektivität der Herrschaft". (Dahrendorf 1972, S. 33).

In diesem Sinne sind also, je nach unterschiedener Ebene, sowohl Minister, Unternehmer als auch Parteisekretär in einem formalen Sinne Träger von Herrschaftspositionen. In allen Fällen lassen sich auf der jeweiligen Ebene herrschaftliche Beziehungen finden, manifest geworden als Positionen, deren Träger legitimerweise anderen Positionsträgern innerhalb derselben Einheit unter- bzw. übergeordnet sind. Konflikte zwischen diesen Positionsaggregaten sind also Konflikte aufgrund von Herrschaftsverhältnissen, wobei eben diese Verhältnisse die Gruppenzugehörigkeit vorstrukturieren. In diesem Sinne „erzeugt" die Struktur aus sich selbst heraus die Konfliktparteien, die, in einem formalen Sinne, miteinander um die Aufrechterhaltung bzw. die Änderung des status quo ringen. Inwieweit diese latente Dichotomie, dieser latent vorgegebene Konflikt manifest wird, ist eine Frage empirischer Bedingungen, auf die noch eingegangen werden wird.

Anzumerken ist noch, daß es eine lange Auseinandersetzung gegeben hat, inwieweit auch frühe Gesellschaften sich als Herrschaftsverbände beschreiben lassen. Dahrendorf nimmt das ja an, indem er Herrschaft als universelles Phänomen axiomatisch voraussetzt. Um dieses auch für einfache Gesellschaften nachweisen zu können, versucht er in einem später veröffentlichten Aufsatz (vgl. Dahrendorf 1974, S. 315ff.) den Begriff der Herrschaft, analytisch detaillierter als bei Weber, nach verschiedenen Aspekten aufzugliedern, wobei er sich an die Herrschaftsdefinition von Locke hält, der schreibt:

„Political power, then, I take to be a right of making laws with penalties of death, and consequently all less penalties, for the regulating and preserving of property, and of employing the force of the community in the execution of such laws, and in the public good". (zit. nach: Dahrendorf 1974, S. 332).

Nach dieser Definition beinhaltet Herrschaft die Befugnis der Normerzwingung (Jurisdiktion), der Normanwendung (Exekutive) und der Normsetzung (Legislative). Entsprechend dieser Parzellierung herrschaftlicher Befugnisse konstatiert Dahrendorf auch für einfache Gesellschaften das Vorhandensein von herrschaftlichen Beziehungen, wobei allerdings Herrschaft um bestimmte herrschaftliche Funktionen verkürzt sein mag. So kann es Gesellschaften geben mit vorwiegend normerhaltenden, normerzwingenden Institutionen, ohne daß Institutionen für die übrigen Funktionen vorhanden wären. Solche Gesellschaften etikettiert er als „vergangenheitsbezogene Sozialverbände" (vgl. Dahrendorf 1974, S. 333).

6. „Klassenkonflikte" und sozialer Wandel: Die Dahrendorfsche Klassentheorie

Eingangs haben wir bereits erwähnt, daß Dahrendorf die Marxsche Klassentheorie als obsolet ablehnt. Während Marx versucht hat, den gesellschaftlichen Strukturwandel als Resultat des Grundkonfliktes zwischen zwei sich antagonistisch gegenüberstehenden Klassen zu interpretieren, die sich auf Grund der Eigentumsverhältnisse bilden, weist Dahrendorf diese Theorie als monokausal und empirisch falsifiziert zurück:

„Die Herrschafts- oder Autoritätsstruktur sowohl ganzer Gesellschaften als auch einzelner institutioneller Bereiche innerhalb von Gesellschaften (z.B. der Industrie) ist im Sinne der hier vertretenen Theorie der Bestimmungsgrund von Klassenbildung und Klassenkonflikt. Die spezifische Art sozialen Strukturwandels, die von sozialen Klassen durch Klassenkonflikt hervorgerufen wird, beruht auf der differentiellen Verteilung der Autoritätspositionen in Gesellschaften und ihren institutionellen Bereichen. Die Kontrolle der Produktionsmittel ist nur ein Sonderfall der Herrschaft, ihre Verknüpfung mit juristischem Privateigentum ein prinzipiell zufälliges Phänomen der industrialisierten Gesellschaften Europas. Klassen sind weder an Privateigentum noch an die Industrie oder die Wirtschaft überhaupt gebunden, sondern als Strukturelement und strukturverändernder Faktor so allgemein wie ihr Bestimmungsgrund, die Herrschaft und ihre Verteilung selbst" (Dahrendorf 1957, S. 138).

Für Dahrendorf stellt sich die **moderne Industriegesellschaft als eine pluralistische Herrschaftsstruktur** dar, wo auf verschiedenen Ebenen verschiedene Herrschaftspositionen nebeneinander bestehen, ohne daß sich die verschiedenen herrschaftlichen Bereiche auf einen strukturierenden Basisbereich zurückführen lassen würden: Ein Minister beispielsweise steht in einer (theoretisch) unabhängigen Herrschaftsposition innerhalb des politischen Bereiches, wobei sich seine Stellung nicht kausal aus einer Herrschaftsposition etwa innerhalb des wirtschaftlichen Bereiches ableiten läßt.

Wenn wir bisher, innerhalb des Erklärungsbereiches des konflikttheoretischen Ansatzes, von Konfliktparteien gesprochen haben, so könnten wir für die Bereiche B.2, C.2 und D.2 auch den Terminus **„Klassen"** im Dahrendorfschen Sinne verwenden:

„Klassen sind Gruppierungen der Träger von Positionen gleicher Autorität in Herrschaftsverbänden. Sie verbinden die, die in einem solchen Verband Anteil an legitimer Macht haben, gegenüber denen, die von der Autorität auf Grund ihrer Positionen ausgeschlossen sind. Wie die Verteilung der Herrschaft zeigt auch die Struktur der Klassen prinzipiell ein Bild der Dichotomie. Der Parallelismus zwischen Klassenstruktur und Schichtungshierarchie ist allenfalls ein sekundäres empirisches Merkmal der Klassen, insofern Herrschaft häufig ein hohes Maß sozialer Entschädigungen mit sich bringt. Dieser Zusammenhang ist jedoch ebenso wenig im Klassenbegriff schon gegeben wie der mit wirtschaftlichen, insbesondere Produktionsverhältnissen. Wo immer es Herrschaft gibt, gibt es vielmehr nach unserer Definition auch Klassen und Klassenkonflikte" (Dahrendorf 1957, S. 145).

Kriterium der Klassenbildung, und damit für eine Klassentheorie im Dahrendorfschen Sinne, ist der Anteil oder der Ausschluß von Herrschaftspositionen, wobei zusätzlich gefordert wird, daß sich die auf diese Art und Weise konstituierenden Klassen als grundsätzlich im Konflikt miteinander stehend begreifen lassen. In der konkreten Gesellschaftsanalyse wird der Begriff der Klasse jeweils ersetzt: strukturell lassen sich auf Boden der Klassentheorie Quasi-Gruppen identifizieren, während die entsprechenden Handlungskollektive als Interessengruppen bezeichnet werden. Dazu aber später.

Wie kann nun Klassenkampf Strukturwandel herbeiführen? Sozialer Wandel läßt sich analytisch sowohl auf der strukturell-organisatorischen als auch auf der kulturell-normativen Ebene beschreiben, die natürlich einen interdependenten Zusammenhang darstellen. Auf Klassenkonflikte rückführbar wären etwa der totale oder partielle Austausch der Inhaber der positiven Autoritätspositionen (der „Herrscher"), aber das ist keine conditio sine qua non: Strukturwandel ist auch denkbar ohne personellen Austausch, etwa durch Wahl von Inhalten im demokratischen Wahlprozeß. Auf der kulturell-normativen Ebene ist Strukturwandel beschreibbar als Wandel gesellschaftlicher Werte, entsprechend den materiellen Interessen der jeweiligen Herrschenden (angewendet auf die moderne Industriegesellschaft: vgl. Dahrendorf 1978).

Die bisherige Diskussion zusammenfassend ergibt sich somit folgendes Muster: Sozialer Wandel kann exogen (Krieg, Diffusion, Akkulturation etc.) oder endogen (Institutionalisierung des Klassengegensatzes, soziale Konflikte, Rollendifferenzierung, Arbeitsteilung etc.) bzw. als Wirkungszusammenhang von exogenen und endogenen Faktoren erklärt werden. **Über die Rolle von sozialen Konflikten kann nur ein Teil endogen verursachten Strukturwandels erklärt werden. Klassenkonflikte ihrerseits stellen einen Teilbereich von sozialen Konflikten dar**, wo der Konfliktgegenstand, formal gesehen, die Legitimität von Herrschaftsverhältnissen ist. Der konflikttheoretische Ansatz beschreibt also Klassenkonflikte unter dem Aspekt ihrer Bedeutung für den endogen zu erklärenden Strukturwandel. Insofern kann die **Dahrendorfsche Klassentheorie als ein Sonderfall einer allgemeinen Theorie des Konflikts** (die bisher nicht vorliegt) begriffen werden.

7. Die Bildung von Konfliktgruppen

Alle bisherigen Erläuterungen waren in ihrer Aussagekraft auf einen Sonderfall sozialer Konflikte, auf „Klassenkonflikte", beschränkt. Die gemeinsame Behandlung ergab sich aus der Tatsache, daß sich ein gemeinsamer struktureller Hintergrund als Erklärungsparadigma für diese Art sozialer Konflikte konstruieren läßt, nämlich herrschaftliche Beziehungen zwischen Menschen bzw. Gruppen von Menschen entsprechend den Positionen, die sie innerhalb der Struktur einnehmen. Alle folgenden Überlegungen zum Prozeß der Entfaltung von Konflikten, der Variationen und der Regelung von Konflikten hält Dahrendorf demhingegen prinzipiell auf alle Formen sozialer Konflikte für anwendbar.

Der **Prozeß der Bildung von Konfliktgruppen** läßt sich analytisch in **drei Phasen** zerlegen: die **strukturelle Ausgangslage**, die **Bewußtwerdung latenter Interessen** und schließlich die **Phase ausgebildeter Konflikte** (vgl. Dahrendorf 1972, S. 35f.).

In der 1. Phase werden die Grundbedingungen für den Konflikt gelegt, d.h. es lassen sich idealtypisch die **potentiellen Konfliktgruppen** unterscheiden, die mit dem Terminus **„Quasi-Gruppen"** bezeichnet werden. Diese stellen **Aggregate sämtlicher Träger von sozialen Positionen mit gleichen latenten Interessen** dar, die aber nicht organisiert sind. Unter latenten Interessen versteht Dahrendorf „alle positionsbedingten Verhaltensorientierungen (Rollen-Erwartungen), die eine Gegensatzbeziehung zwischen zwei Aggregaten von Positionen begründen, ohne den Trägern der Positionen notwendig bewußt zu sein" (Dahrendorf 1957, S. 204).

Genaugenommen haben wir es hier also mit einer reinen, „objektiven", Strukturbeschreibung zu tun: Entsprechend ihrer jeweiligen Position in einem angebbaren Strukturzusammenhang von Positionen werden die Positionsinhaber einer Gruppe zugeordnet.

Die Aggregate sozialer Positionen können nach dem für die jeweilige Art des sozialen Konflikts relevanten Strukturmerkmals, bei Klassenkonflikten also auf Grund des Strukturmerkmals „Herrschaftsbeziehung", gebildet werden. Das

Unterscheidungskriterium sind die durch die jeweiligen Positionen vorgegebenen „objektiv“ beschreibbaren Interessen, die sog. latenten Interessen. Die Argumentation geht also davon aus, daß Positionen (die „Struktur“) einen Verhaltensdruck („Rollenerwartungen“) auf die Positionsinhaber ausüben, ohne daß sich diese darüber bewußt sein müssen. Nimmt jemand beispielsweise die Position eines Lohnarbeiters ein, die der Position des Besitzers der Produktionsmittel entgegengesetzt ist, so wird von ihm erwartet, daß er die industriellen Herrschaftsverhältnisse überwinden will. In diesem Sinne bilden sämtliche Lohnarbeiter eine Quasi-Gruppe aufgrund dieses positionell gegebenen latenten Interesses der Strukturüberwindung, ohne daß dieses gemeinsame Interesse den Arbeitern bewußt sein muß noch verhaltensrelevant sein muß. Umgekehrt gilt entsprechendes für die Quasi-Gruppe der Produktionsmittelbesitzer. Ebenso lassen sich Flamen als eine Quasi-Gruppe innerhalb der belgischen Gesellschaft bezeichnen bezüglich des latenten Interesses der allgegenwärtigen Konkurrenz mit den Wallonen um politischen Einfluß oder politische Ämter, unabhängig davon, ob sich bei jedem Flamen ein flämisches Bewußtsein findet. Quasi-Gruppen sind, als theoretisch gebildete fiktive Gruppen, strukturell beschreibbar, ähnlich dem Marxschen Begriff der „Klasse an sich“.

Ob nun diese fiktiven Gruppen zu realen Gruppen werden, damit zu handlungsfähigen Kollektiven, setzt als 2. Phase die **Bewußtwerdung der latenten Interessen** voraus. Diese Artikulierung gemeinsamer, latent immer bereits gegebener, Interessen kann nur erfolgreich sein, wenn bestimmte organisatorische Bedingungen gegeben sind.

Am wesentlichsten sind hierbei soziale Bedingungen. Dazu gehören etwa die Möglichkeit der systematischen Rekrutierung von Menschen zu Quasi-Gruppen und die damit einhergehende systematische, dauerhafte Generierung von latenten Interessen. Erst auf dieser Basis können sich aus Quasi-Gruppen permanente Interessengruppen entwickeln. Eine weitere soziale Voraussetzung wäre die Möglichkeit von Kommunikation zwischen den Mitgliedern der Quasi-Gruppe, damit es überhaupt zu Gruppenbildung kommen kann.

Neben diese sozialen Bedingungen treten technische und politische Einflußfaktoren. Technische Voraussetzungen für dauerhafte Interessengruppenbildung wären etwa Erarbeitung eines Programmes und gemeinsamer Normen, die Bildung einer Führungsgruppe, materielle Ressourcen etc.; eine wichtige politische Einflußgröße wäre etwa die Koalitionsfreiheit, also die legale Möglichkeit des Aufbaus und der Existenz von Interessengruppen. Sind diese Organisationsbedingungen gegeben, dann können wir von **Interessengruppen als organisierten Aggregaten von Personen mit gleichen manifesten Interessen** sprechen. Unter manifesten Interessen versteht Dahrendorf alle bewußten Verhaltensorientierungen, die eine Gegensatzbeziehung zwischen zwei Gruppen von Personen begründen.

Die 3. Etappe liegt dann in den **ausgebildeten Konflikten** selbst, wobei die beiden **Konfliktparteien eine organisatorische Identität** aufweisen.

Das vorgestellte Ablaufmodell der Konfliktentfaltung ist in einer Hinsicht einzuschränken. Unabhängig von der allgemeinen Annahme, daß Konflikt eine soziale Grundtatsache ist, muß dieser latent immer gegebene Konflikt nicht automatisch seine Manifestation in einem Konflikt zwischen Gruppen finden, auch nicht in Herrschaftsverbänden. Neben den genannten Bedingungen für die Bildung von Interessengruppen muß auch die soziale Notwendigkeit zu eben dieser Bildung berücksichtigt werden: Dahrendorf nimmt an, daß Antagonismen sich nur dann in Gruppenkonflikten ausdrücken, wenn die Chance alternativer Befriedigungen, insbesondere jene individueller Befriedigung etwa durch Mobilität, nicht gegeben ist. Die Bildung von Interessengruppen als strukturierte Interessen vieler Einzelner ist damit kein automatisch ablaufender Prozeß. Als These formuliert: „Der Klassenkonflikt ist jene Form des Streites, die notwendig wird, wenn Menschen in großer Zahl ihre Interessen durch individuelle Bemühungen nicht befriedigen können“ (Dahrendorf 1972, S. 89f.).

8. Dimension der Variabilität sozialer Konflikte

Es ist offensichtlich, daß Konflikte sich sehr unterschiedlich äußern können. Innerbetriebliche Konflikte beispielsweise können die Form von Diskussionen, Arbeitsverweigerung, mangelnden Arbeitseinsatz, Streik, Werksbesetzung u.ä.m. annehmen. Dahrendorf versucht nun, die **Variationsmöglichkeiten auf zwei unabhängig voneinander variierenden Dimensionen** zu beschreiben, nämlich nach **„Intensität von Konflikten“** und nach **„Gewaltsamkeit von Konflikten“** (vgl. Dahrendorf 1972, S. 37ff.). Mit der „Intensität von Konflikten“ ist die soziale Relevanz gemeint, die diesem Konflikt zukommt. Deren gesellschaftliche Bedeutung ist erschließbar aus dem Grad der Teilnahme der potentiell vom Konfliktgegenstand Betroffenen (der fiktiven Quasi-Gruppe) an dieser Auseinandersetzung. In industriellen Konflikten wäre etwa der Grad der Zustimmung zum Streik im Rahmen einer Urabstimmung ein Indiz für die Intensität des Konfliktes. Je nach der Streikbereitschaft wird ein Streik ein unterschiedliches Gewicht haben in der Auseinandersetzung zwischen Kapitalseite und Arbeitnehmerseite.

Unabhängig von der sozialen Bedeutung kann der Konflikt verschiedene Ausprägungen erfahren. Die Palette möglicher Ausdrucksformen auf der Dimension „Gewaltsamkeit von Konflikten“ reicht von Diskussion bis Krieg. Nun spielen sich Konflikte aber nicht im luftleeren Raum ab, sondern innerhalb gegebener gesellschaftlicher Verhältnisse, die folglich die möglichen Variationen auf beiden Dimensionen beeinflussen. In der modernen Industriegesellschaft mit einer hochdifferenzierten Berufsstruktur kann man z.B. durch Mobilität Konflikten aus dem Weg gehen. Ein häufiger Wechsel in der Belegschaft kann ein Indiz sein für einen Konflikt der, latent vorgegeben, auch latent bleibt. Genauso können organisatorische Bedingungen Konfliktvariationen beeinflussen: politische Nichtanerkennung gewerkschaftlicher Organisationsformen schließt sicherlich einige mögliche friedliche Formen der Konfliktaustragung auf der Dimension „Gewaltsamkeit“ von vorneherein aus, etwa Diskussionen mit Arbeiterdelegierten oder Arbeitsniederlegung als legitimes, anerkanntes Druckmittel. Schließlich können sich verschiedene Konfliktbereiche überlagern, etwa politische, wirtschaftliche oder auch religiöse (Belgien; Nordirland), was Auswirkungen hat auf die Intensität: Ein Konflikt in einem Teilbereich kann immer auch interpretiert werden als ein „Kampf ums Ganze“, mit entsprechenden Mobilisierungschancen.

9. Konfliktregelung

In seinen Ausgangsaxiomen ist Dahrendorf bekanntlich davon ausgegangen, daß Konflikte allgegenwärtige Phänomene menschlicher Gesellschaften sind, daß soziale Konflikte sich systematisch aus den gesellschaftlichen Strukturverhältnissen heraus ableiten lassen und daß Konflikte funktional und damit eine Triebkraft für den Prozeß des sozialen Wandels sind. Ungeachtet dieser grundsätzlichen Funktion von Konflikten stellen diese aber auch immer potentiell disruptive, systemgefährdende Kräfte dar, so daß sich die Frage stellt: Wie lassen sich Konflikte regeln, so daß der Prozeß sozialen Wandels möglichst reibungslos vonstatten geht? (vgl. zum Folgenden Dahrendorf 1972, S. 40ff.).

Eine Methode wäre, **Konflikte gewaltsam zu unterdrücken**. Diese Möglichkeit muß aber unwirksam bleiben, da weder die Konfliktursache noch der Konfliktgegenstand damit aus der Welt geschaffen würde. Die einzige Folge dieser Vorgehensweise wäre, daß sich der Konflikt nicht weiter manifestieren kann, damit an potentieller Virulenz gewinnen würde.

Eine andere Möglichkeit wäre die sog. **Lösung von Konflikten**. Darunter versteht Dahrendorf den Versuch der Beseitigung von Gegensätzen von der Wurzel her. Diese Methode beansprucht mithin Konflikte so lösen zu können, daß die Konfliktgegenstände als solche nicht wieder auftauchen. Der Einwand gegen diesen Ansatz geht dahin, daß der dahinterliegende Konflikt nicht beseitigbar ist, da die Gegensätze systematisch mit den sozialen Strukturen zusammenhängen. Aktuelle Konfliktgegenstände lassen sich aus der Welt schaffen, nicht aber die zugrundeliegende Gegensatzbeziehung.

Die einzig erfolgsversprechende Möglichkeit, Konflikte so fruchtbar wie möglich für den Prozeß sozialen Wandels zu machen, diesen in gewisser Weise damit auch steuern zu können, ist für Dahrendorf die sog. **Regelung von Konflikten**. Grundsätzlich bedeutet das die Anerkennung der (strukturell gegebenen) Konflikte, und deren Regelung meint dann den Versuch der Konfliktkanalisierung im Sinne von kreativer Ausnutzung für den gesellschaftlichen Strukturwandel. Um auf diese Weise mit Konflikten umgehen zu können, sind vier Voraussetzungen erforderlich (vgl. Dahrendorf 1972, S. 41f.):

1. Anerkennung der Berechtigung der Konfliktgegensätze als etwas Normales. Damit ist intendiert, daß Konflikte nicht als pathologische Abweichungen von irgendwelchen Zielgrößen interpretiert werden und daß die Konfliktgegner sich gegenseitig als strukturell vorgegebene Parteien mit unterschiedlichen Zielen und Interessen verstehen.

2. Konfliktregelung kann sich alleine auf die Regelung der Konfliktformen beziehen und nicht auf die Konfliktursachen.

3. Konfliktregelung ist umso effektiver, je besser die gegensätzlichen Standpunkte jeweils kanalisiert und organisiert werden, etwa in Parteien, Gewerkschaften, Verbänden etc.

4. Es müssen Spielregeln der Konfliktaustragung gefunden werden, wobei die Konfliktgegner als grundsätzlich gleichwertig betrachtet werden. Für die Konfliktregelung ist es auch unabdingbare Notwendigkeit, daß alle Konfliktgegenstände verbindlich über die Konfliktparteien kanalisiert werden.

Diese für Dahrendorf einzig denkbare produktive Umgangsmöglichkeit mit Konflikten läßt sich somit wie folgt zusammenfassen:

„Es ist noch einmal zu betonen, daß Konflikte durch ihre Regelung nicht verschwinden. Wo es Gesellschaft gibt, gibt es auch Konflikte. Die Formen der Regelung haben jedoch Auswirkungen auf die Gewaltsamkeit von Konflikten. Der geregelte Konflikt ist gewissermaßen entschärft: Obwohl er unverändert besteht und außerordentlich intensiv sein kann, vollzieht er sich in Formen, die sich mit einer kontinuierlich sich wandelnden Sozialstruktur vertragen" (Dahrendorf 1972, S. 43).

10. Fallbeispiel

Dahrendorf hat in einer frühen Abhandlung (Dahrendorf 1972, Kap. 3 – Manifeste und latente Interessen, zuerst veröffentlicht 1955) eine konflikttheoretische Analyse einer Lohnverhandlungsrunde zwischen englischen Metallarbeiter-Gewerkschaften und dem Unternehmerverband Metall im Sommer 1952 versucht. Dabei ging es ihm besonders darum, den zentralen Begriff des Interesses von sozialen Gruppen bzw. von Quasi-Gruppen anhand der Sitzungsprotokolle herauszuarbeiten.

Die Situation läßt sich wie folgt skizzieren: Wir haben es mit einem Konflikt der Art C 2, also einem Konflikt zwischen Rangungleichen zu tun, wobei wir entsprechend der Dahrendorfschen Terminologie die Konfliktparteien als Klassen bezeichnen können. Daß eine Verhandlung zwischen der übergeordneten und der untergeordneten Gruppe stattfindet, weist auf eine „Institutionalisierung des Klassengegensatzes" (Geiger) hin, d.h. es gibt einen von beiden Seiten akzeptierten Konfliktregelungsmechanismus, der sich auf Lohnfragen und damit die Tarifauseinandersetzung bezieht sowie die sich gegenüberstehenden Gruppen „definiert".

Aus den protokollierten vorgetragenen Argumenten der miteinander verhandelnden Konfliktparteien zieht Dahrendorf den Schluß, daß beide Gruppen das gemeinsame Interesse haben, daß die Unternehmen profitabel arbeiten sollen, wobei der Rahmen (kapitalistische Produktionsweise) nicht zur Debatte steht. Der Interessengegensatz bezieht sich auf dieser Ebene der geäußerten Argumente (manifeste Interessen) nur auf die Frage nach der (jeweils unterschiedlich eingeschätzten) „richtigen" Strategie zur Erreichung des (gemeinsamen) Zieles. Ein Interessenkonflikt im Sinne von Marx, also Kapital vs. Arbeit, zeigt sich auf dieser Ebene nicht, da die Struktur und das Wertsystem der bestehenden Gesellschaft nicht in Frage gestellt wird. Die manifesten Interessen stellen sich also dar als die kollektiv formulierten, bewußten und artikulierten Interessen der jeweils organisierten Gruppe.

Demgegenüber haben latente Interessen „... einen quasi-objektiven Charakter, insofern sie sich eben aus der objektiven, d.h. wirtschaftlich-sozialen Situation von ‚Massen' deduzieren, durch direkte Befragung der betroffenen Personen aber nicht ermitteln lassen" (Dahrendorf 1972, S. 59). Diese latenten Interessen begreift Dahrendorf als halbbewußte, oft diffuse Gefühle, die durchaus real sind, aber noch keine klare Artikulation gefunden haben. Hinzu kommt, daß diese latenten Interessen definitorisch an Aggregate von Menschen, an Quasi-Gruppen gebunden werden, sie nicht allein organisierten Gruppen gemeinsam sind (in unserem Beispiel also etwa das Aggregat aller Metallarbeiter, welches man als eine Quasi-Gruppe bezeichnen kann, und nicht nur die gewerkschaftlich organisierten Metallarbeiter). Seine Fallstudie betreffend weist Dahrendorf anhand bestimmter Redewendungen und Formulierungen im Rahmen der Lohnverhandlungen nach, daß solche latente Interessen im Spiel sind und daß diese damit einen Hinweis daraufhin geben, daß das marxistische Paradigma des Klassenkampfes mit sich antagonistisch gegenüberstehenden Klassen nach wie vor im Vorbewußten, im Nicht-direkt-Artikulierten, präsent ist.

Ausgewählte Originalliteratur:

Dahrendorf, Ralf: Soziale Klassen und Klassenkonflikt. Stuttgart: Enke Verlag, 1957.

Dahrendorf, Ralf: Zu einer Theorie des sozialen Konflikts. In: Zapf W. (Hg.): Theorien des sozialen Wandels. Köln; Berlin: Kiepenheuer & Witsch, 1969, S. 108-123 (erste Veröffentlichung als Zeitschriftenartikel 1958).

Dahrendorf, Ralf: Gesellschaft und Freiheit. München 1965.

Dahrendorf, Ralf: Über den Ursprung der Ungleichheit unter den Menschen. Tübingen: Mohr, 1966.

Dahrendorf, Ralf: Pfade aus Utopia. München: Piper, 1974 (3. Aufl.) (Erstausgabe 1967).

Dahrendorf, Ralf: Konflikt und Freiheit. München: Piper, 1972.

Dahrendorf, Ralf: Struktur und Fortschritt: Die Grenzen der Fruchtbarkeit sozialer Konflikte. In: Molden, O. (Hg.): Konflikt und Ordnung. Europäisches Forum Alpbach 1977. Wien; München; Zürich; Innsbruck: Molden, 1978, S. 25-31.

Dahrendorf, Ralf: Lebenschancen. Frankfurt: Suhrkamp, 1979.

Dahrendorf, Ralf: Soziale Klassen und Klassenkonflikt: Zur Entwicklung und Wirkung eines Theoriestücks. In: Zeitschrift für Soziologie (ZfS), Jg. 14, Heft 3, Juni 1985, S. 236-240.

Ausgewählte Sekundärliteratur:

Bühl, Walter L. (Hg.): Konflikt und Konfliktstrategie. München: Nymphenburger Verlagshandlung, 1972.

Henecka, Hans Peter: Grundkurs Soziologie. Opladen: Leske und Buderich, 1985 (UTB 1323), S. 132ff.

Kiss, Gabor: Einführung in die soziologische Theorie II. Opladen: Westdeutscher Verlag, 1975 (2. überarbeitete und erweiterte Auflage), Kapitel X.

Krysmanski, Hans Jürgen: Soziologie des Konflikts. Reinbeck b. Hamburg: Rowohlt, 1971.

Kapitel 9:
Sozialsysteme als selbstreferentielle Systeme: Niklas Luhmann

(Helmut Staubmann)

1. Problemlage und Erkenntnisinteresse

„Soziologische Aufklärung“ war das Thema der Antrittsvorlesung von Niklas Luhmann (geb. 1927) und er hat es als Titel seiner bislang vier Bände umfassenden Sammlung von Aufsätzen gewählt. Das Anliegen, das damit zum Ausdruck gebracht wird, besteht nicht darin, der Soziologie einen Platz in der Gesellschaft zuzuweisen auf den sie zurückgreifen kann, wenn sie wissen will „wie die Dinge wirklich liegen“, wie ihre Probleme zu lösen sind, wie die Zukunft aussehen wird, oder wie eine bessere Zukunft zu erreichen ist. Es geht – und damit sind wir schon in der Theorie-eigenen Sprache Luhmanns – „um die Erweiterung des menschlichen Vermögens, die Komplexität der Welt zu erfassen und zu reduzieren“ (Luhmann 1970, S. 67). Es ist in diesem Sinne ein schlichteres Anliegen als es andere soziologische Theorien und Schulen für sich beanspruchen. Gleichzeitig erhöht diese Eingrenzung die Ansprüche für die eigentliche Aufgabe: eine hochkomplexe Theorie zu bauen, mit deren Hilfe die soziale Welt besser beobachtet werden kann.

Überschaut man das bisherige Werk Luhmanns, dann fällt neben der hohen Abstraktionslage der Theorie vor allem die Vielfalt der Themen und Bereiche auf, mit denen er sich beschäftigt hat. Es liegen umfangreiche Arbeiten vor zur Soziologie des Rechts, der Politik, der Erziehung, der Wirtschaft, der Organisation und Verwaltung, zur Wissenssoziologie und zur Soziologie intimer Beziehungen, etc. Mehr als in anderen Theorien stellt sich damit für eine knappe Einführung das Problem der Auswahl und verstärkt gilt hier, daß es sich nicht um eine leicht verständliche Einführung in *das* Werk handeln kann, sondern lediglich um eine Brücke für den, der eine weitergehende Beschäftigung mit der Originalliteratur anstrebt.

Luhmann selbst hat sein 1984 erschienenes Buch: „Soziale Systeme. Grundriß einer allgemeinen Theorie“ als sein eigentliches Hauptwerk bezeichnet. Darin wird der Versuch unternommen, neuere Entwicklungen in der allgemeinen Systemtheorie in die soziologische Theoriebildung einzuarbeiten mit dem Ziel, damit eine fachuniversale Theorie zu schaffen. In der Entwicklung des Denkens in Systemen konstatiert Luhmann drei Phasen, in denen jeweils unterschiedliche Paradigmen – um einen durch den Wissenschaftstheoretiker Th. Kuhn geprägten Begriff zu verwenden – existieren. Die erste Phase war durch das Paradigma von Teil und Ganzem charakterisiert. Eine Ganzheit (ein System) ist mehr als die Summe seiner Teile in dem Sinne, als durch eine spezifische Art der Vernetzung von Teilen emergente (qualitativ neue) Eigenschaften entstehen. In der Soziologie hat Emile Durkheim in diesem Sinne davon gesprochen, daß die Dichte der Bevölkerung entscheidende Bedeutung für die Entstehung von neuen sozialen Tatsachen (Normen, Umgangsformen, Sitten) hat. Man denke nur an den durch die Entstehung von städtischen Agglomerationen verursachten sozialen Wandel.

– In einer zweiten Phase war das Paradigma von System und Umwelt vorherrschend. Dies entspricht inhaltlich dem Systembegriff wie er im Beitrag dieses Buches über Talcott Parsons eingeführt wurde. Die Vorstellung der Konstituierung von Systemen durch Abgrenzung aus einer Umwelt hatte das Augenmerk neben der Frage der Strukturbildung von Systemen vor allem darauf gelenkt, wie sich Beziehungen und Austauschprozesse zwischen System und Umwelt bzw. Systemen in der Umwelt vermitteln. Damit wurden Begriffe wie input und output für die Analyse offener Systeme, und soziale Systeme sind zweifelsfrei als solche zu sehen, zentral. – In der neueren Systemtheorie zeichnet sich nun eine Theorie autopoietischer oder selbstreferentieller Systeme ab. Die Anstöße dazu kamen vor allem aus Erkenntnissen aus der Biologie und der biologischen Evolution. Die Namen mit denen diese Neuformulierung verknüpft sind, sind vor allem die chilenischen Neurophysiologen Humberto R. Maturana und Francesco J. Varela, die in den sechziger Jahren die ersten diesbezüglichen Arbeiten veröffentlichten. Es wurde bald erkannt, daß Konzepten wie Autopoiesis, Selbstorganisation und Selbstreferenz weit über die biologische Forschung hinaus Bedeutung zukommt. Neben der allgemeinen Systemtheorie ist vor allem die Erkenntnistheorie zu nennen, die auf die Entwicklungen reagiert hat. Die erkenntnistheoretische Position des Konstruktivismus und die sogenannte evolutionäre Erkenntnistheorie, die sich auf das neue Paradigma beziehen, haben mittlerweile bedeutende Anhänger gefunden. Für die Soziologie haben wir im Werk Luhmanns den Versuch vor uns, die Soziologie an diese Entwicklung anzuschließen.

2. Grundbegriffe und Hauptaussagen

2.1 Selbstreferentielle Systeme

Was sind die Grundgedanken des neuen Paradigmas autopoietischer Systeme? Auf den einfachsten Nenner gebracht versteht man unter autopoietischen Systemen solche, die die Fähigkeit besitzen, sich selbst herzustellen (griechisch: autos = selbst, poiein = machen). Maturana definierte autopoietische Systeme als eine spezielle Klasse von Systemen folgendermaßen: „Jedes Element dieser Klasse ist ein dynamisches System, das als Netzwerk von Prozessen der Produktion seiner eigenen Bestandteile definiert ist; diese Bestandteile wirken zum einen durch ihre Interaktionen in rekursiver Weise an der ständigen Erzeugung und Verwirklichung eben des Netzwerkes von Prozessen der Produktion mit, das sie selbst produziert hat, und konstruieren zum anderen dieses Netzwerk von Prozessen der Produktion von Bestandteilen als eine Einheit in einem Raum, den sie (die Bestandteile) dadurch definieren, daß sie seine Grenzen verwirklichen." (H.R. Maturana: Erkennen: Die Organisation und Verkörperung von Wirklichkeit. Braunschweig-Wiesbaden: Vieweg 1985, S. 280).

Wir werden uns im weiteren an folgende Terminologie halten: die so definierten Systeme beziehen sich bei der Konstitution ihrer Elemente, ihrer Operationen und ihrer Strukturen auf sich selbst. Man kann sie daher generell als **selbstreferentielle Systeme** bezeichnen. Spezifiziert man Selbstreferenz im Hinblick auf die elementaren Einheiten eines Systems, d.h. auf die Produktion und Reproduktion der Elemente, aus denen ein System besteht aus einem Netzwerk eben dieser Elemente selbst, dann spricht man von **Autopoiesis**, bzw. autopoietischen Systemen.

Selbstreferenz gibt es aber auch auf der Ebene der Strukturbildung von Systemen. Sie soll im weiteren als **Selbstorganisation** bezeichnet werden.

Aus diesen grundlegenden Bestimmungen lassen sich zwei Charakteristika ableiten, die in der Luhmannschen Theorie eine durchgehende Bedeutung spielen: Da wir es im nun definierten Sinne mit Systemen zu tun haben, die quasi selbst bestimmen aus welchen Elementen sie sich aufbauen und zu welchen Strukturen diese vernetzt werden, kann eine Systemtheorie nicht wie bei Parsons analytisch konzipiert werden. D.h. es geht nicht nur um gedankliche Abstraktionen und daraus folgende Systembildungen, sondern um **reale Systeme**. Diese Prämisse spielt etwa eine Rolle bei der Bestimmung der letzten, unteilbaren Elemente (Atome, Individuen) eines Systems. Analytisch gesehen gibt es solche Letzt-Elemente nicht bzw. müssen sie willkürlich postuliert werden, da man sie immer weiter aufspalten bzw. analysieren kann (z.B. Atome in Atomteilchen, soziale Rollen in einzelne Verhaltensmuster). Die Theorie selbstreferentieller Systeme bezieht sich dagegen auf die durch die beobachteten Systeme selbst als letzte Einheiten konstituierten Elemente.

Eine weitere Folgerung besteht darin, daß selbstreferentielle Systeme in ihrem selbstbezüglichen Aufbau und ihrer Reproduktion als **geschlossene Systeme** gesehen werden müssen. Selbstreferentielle Geschlossenheit bedeutet aber nicht, daß derartige Systeme keinen Umweltkontakt herstellen können im Sinne eines Solipsismus (philosophische Strömung, die die Realität ausschließlich als Konstrukt eines Subjektes interpretiert) oder Autismus (psychologischer Begriff, der die Unfähigkeit zur Kommunikation und damit zur Herstellung von Umweltkontakt bezeichnet). „In jedem Fall geht es darum, daß die Systemdynamik auf Umwelt angewiesen bleibt und ohne Umwelt zum Erliegen käme, aber nicht durch bestimmte Faktoren der Umwelt oder durch bestimmte andere Systeme dirigiert werden kann. In anderer Formulierung kann man auch sagen, daß die ‚Resonanz' eines selbstreferentiellen Systems von internen Strukturen und von seinen momentanen Zuständen abhängt. Unter ‚Autonomie' des Systems ist folglich nicht seine relative Isolierung oder seine Unabhängigkeit von der Umwelt zu verstehen, sondern die Selbstregulierung seiner Abhängigkeiten und seiner Unabhängigkeiten" (Luhmann 1986b, S. 14).

Bevor diese abstrakten Gedanken zur Analyse konkreter Systeme angewandt werden können, müssen noch zwei, für die Luhmannsche Systemtheorie grundlegende Begriffe eingeführt werden: Komplexität und Kontingenz. Bei der Definition autopoietisch- selbstreferentieller Systeme sind die Begriffe Elemente und Interaktionen (Relationen) zwischen diesen Elementen vorgekommen. Komplexität und Kontingenz dienen der näheren Charakterisierung dieser Sachverhalte. Bei Systemen, die aus einer Vielzahl von Elementen bestehen, ist es unmöglich, daß jedes Element mit jedem in Beziehung gesetzt werden kann. Schon in kleinen Diskussionsrunden etwa ist es nicht möglich, daß jeder mit jedem (gleichzeitig) spricht. Das zwingt das System, die möglichen Verknüpfungen zwischen den Elementen zu beschränken. Um bei unserem Beispiel zu bleiben: Es könnte zweckmäßig sein, einen Diskussionsleiter zu bestimmen, der die Wortmeldungen organisiert, oder eine Tagesordnung festzusetzen. Aus systemtheoretischer Sicht bedeutet dies: es werden Selektionen von Beziehungen oder Muster der Selektion von Beziehungen festgelegt und andere an sich mögliche Relationen damit zumindest vorläufig ausgeschlossen. Genau dieser Sachverhalt wird durch den Begriff der **Komplexität** gekennzeichnet. „Als komplex wollen wir eine zusammenhängende Menge von Elementen bezeichnen, wenn auf Grund immanenter Beschränkungen der Verknüpfungskapazität der Elemente nicht mehr jedes Element jederzeit mit jedem anderen verknüpft sein kann" (Luhmann 1984, S. 46).

Gleichzeitig ist offensichtlich, daß es für die Selektion der Beziehungen der Elemente eines Systems nicht nur *eine* Möglichkeit gibt. Sie sind für den Beobachter eines Systems anders denkbar und sie sind für das System selbst auch anders bestimmbar. Das erklärt die Verschiedenartigkeit von Systemen, die aus beinahe identischen Elementen bestehen. Z.B. gibt es sehr unterschiedliche Kulturen obwohl die konstitutiven Voraussetzungen der beteiligten Menschen praktisch gleich sind. Daran schließt sich der Begriff der **Kontingenz** an. Der Kontingenzbegriff verweist auf eine lange philosophische Tradition. Die auf Aristoteles und die mittelalterliche Philosophie zurückgreifende Fassung des Kontingenzbegriffes bezeichnet als kontingent etwas „was weder notwendig noch unmöglich ist, was also so wie es ist, sein kann, aber auch anders möglich ist." Dieser Gedanke taucht an vielen Stellen im Luhmannschen Werk wieder auf: mit Hilfe der funktionalen Methode führt uns die Wissenschaft Vorhandenes als kontingent vor oder läßt sich die Funktion der Kunst bestimmen im Hinblick einer bestimmten Art der Schaffung des Bewußtseins der Kontingenz gegenüber der normalen Realitätssicht und beide erregen damit Erstaunen, Überraschung, Bewunderung oder einfach Ärgernis bei denen, die das Auch-Anders-Möglich-Sein nicht schätzen. Der Begriff der Kontingenz taucht auch auf an theoretisch zentraler Stelle für den Aufbau sozialer Systeme, mit dem sich der nächste Abschnitt beschäftigt.

2.2 Sozialsysteme als selbstreferentielle Systeme

Mit der Darstellung einiger wichtiger Grundbegriffe der Theorie autopoietischer Systeme stellt sich nun die Frage der Übertragbarkeit oder Anwendbarkeit auf soziale Phänomene. Über die Beantwortung dieser Frage wird nach wie vor eine wissenschaftliche Kontroverse geführt. Luhmanns Theorievorschlag zeigt die Möglichkeiten auf, die in einer Synthese von traditionellen soziologischen Theoriesträngen mit der Theorie selbstreferentieller Systeme liegen.

Soziale Systeme wollen wir vorwegnehmend definieren als **Systeme sinnhafter Kommunikationen**. Im Anschluß an die Ausführungen über autopoietische Systeme im allgemeinen muß als erstes anhand dieser Definition geklärt werden, aus welchen Elementen soziale Systeme bestehen, wie diese als Einheiten konstituiert werden und wie sich die Elemente sozialer Systeme zu Strukturen organisieren. Gleich die ersten Überlegungen nach der Möglichkeit oder genauer nach den Bedingungen der Möglichkeit sinnhafter Kommunikation oder sozialen Handelns, führt uns zu einer von Luhmann immer wieder betonten Eigenart seiner Theorietechnik. Man darf nicht vom Alltagsverhältnis ausgehen, in dem wir die Welt als normalen Ablauf empfinden und Erklärungen erst dann notwendig erscheinen, wenn wir auf Überraschendes, Abweichendes, Unwahrscheinliches stoßen. Es gibt in der Geschichte des Denkens Beispiele, die uns das Gegenteil nahelegen. Z.B. die Frage, die Thomas Hobbes gestellt hat: Wie ist soziale Ordnung überhaupt möglich?, die durch Parsons aufgegriffen wurde und lange Zeit *die* Frage der Soziologie darstellte, oder die Evolutionstheorie, die das uns Selbstverständliche als extrem unwahrscheinlich erklärt und dann Begründungen für das Unwahrscheinliche gibt, oder noch ein Beispiel: man geht in die nächste

Bar, bestellt ein Bier und legt dafür einen kleinen Betrag aus, ein alltäglicher, an sich normaler Vorgang, der aber aus etwas Distanz betrachtet, etwa durch Vergleich verschiedener Gesellschaften, ein äußerst unwahrscheinliches Ereignis darstellt. – Wie kommt nun Kommunikation oder soziales Handeln zustande? Wie ist es überhaupt möglich, daß EGO versteht was ALTER meint, oder gar dessen Intentionen aufgreift und danach handelt? In der traditionellen Soziologie hat man dafür eine gemeinsame Kultur vorausgesetzt, gemeinsame Symbolsysteme, durch Sozialisation übertragene Verhaltenserwartungen (es gehört zur Berufsrolle des Barkeepers das bestellte Bier zu bringen). Unbefriedigend an diesen Lösungen ist, daß etwas vorausgesetzt wird, was eigentlich erst erklärt werden müßte.

Versetzen wir uns in einem Gedankenexperiment an einen kulturlosen Ausgangspunkt beim Aufeinandertreffen zweier Menschen, dann stößt man auf eine Problemlage, die Luhmann mit dem Begriff **doppelte Kontingenz** bezeichnet. Situationen, die als doppelt kontingent charakterisiert werden können, entstehen dadurch, daß zwei Systeme aufeinandertreffen, die jedes für sich ein hohes Maß an Komplexität aufweisen und daher gegenseitig in ihrem Verhalten nicht berechenbar sind. „Die Grundsituation der doppelten Kontingenz ist dann einfach: Zwei black boxes bekommen es, auf Grund welcher Zufälle immer, miteinander zu tun. Jedes bestimmt ihr eigenes Verhalten durch komplexe selbstreferentielle Operationen innerhalb ihrer Grenzen“ (Luhmann 1984, S. 156). Für dieses Zusammentreffen ist nun nicht entscheidend, daß sie mit der Zeit lernen, sich gegenseitig zu durchschauen, sich in ihrem Verhalten zu prognostizieren und damit in die Lage versetzt werden, sich gegenseitig zu steuern. „Sie bleiben getrennt, sie verschmelzen nicht, sie verstehen einander nicht besser als zuvor; sie konzentrieren sich auf das, was sie im anderen als System-in-einer-Umwelt, als Input und Output beobachten können, und lernen jeweils selbstreferentiell in ihrer je eigenen Beobachterperspektive. Das, was sie beobachten, können sie durch eigenes Handeln zu beeinflussen versuchen, und am feedback können sie wiederum lernen. Auf diese Weise kann eine emergente Ordnung zustandekommen, die *bedingt ist* durch die Komplexität der sie ermöglichenden Systeme, die *aber nicht davon abhängt, daß diese Komplexität auch berechnet, auch kontrolliert werden kann*. Wir nennen diese emergente Ordnung soziales System“ (Luhmann 1984, S. 157). Entscheidend ist, daß durch die Problemlage der doppelten Kontingenz ein neuer selbstreferentieller Zirkel entsteht, der eine neue Einheit in sich birgt, die sich nicht auf eines der beiden Systeme reduzieren läßt und in etwa folgendermaßen formuliert werden kann: „Ich tue, was Du willst, wenn Du tust, was ich will“ oder „Ich lasse mich von Dir nicht bestimmen, wenn Du Dich nicht von mir bestimmen läßt“ (Luhmann 1984, S. 166f.).

- Kommunikation

Die kleinste Einheit, die auf dieser Basis entsteht, bezeichnen wir als **Kommunikation**. Aus der beschriebenen Problemlage heraus ist bereits klar, daß sich dieser Kommunikationsbegriff nicht mit der herkömmlichen Metapher des Übertragens einer Information mit Hilfe von Symbolen von einem Absender zu einem Empfänger deckt. Kommunikation wird durch Luhmann als emergente Einheit definiert, die zustande kommt, wenn drei Selektionen zu einer Synthese gebracht werden: Information, Mitteilung und Verstehen.

Information ist eine Selektion in dem Sinne als von einer Vielzahl von Möglichkeiten etwas ausgewählt und damit anderes ausgeschlossen wird. Wir werden darauf im Zusammenhang mit der Klärung des Sinnbegriffes zurückkommen. Zur Äußerung der Information muß ALTER ein Mitteilungsverhalten wählen. Erst die Differenz von Information und Mitteilung läßt für EGO das Verhalten von ALTER als Kommunikationsofferte im Unterschied zu bloßen informativen Ereignissen begreifen. Die dritte Selektion betrifft die Annahme einer Erfolgserwartung, des Verstehens als Teil der Kommunikation durch EGO. An diesem Punkt läßt sich die Deutung von Kommunikation als autopoietischen Prozeß anschließen. Da Verstehen einen notwendigen Bestandteil von Kommunikation darstellt, muß das Verstehen in den folgenden Kommunikationen mitgeprüft werden, so daß eine Einzelkommunikation als Element nur in einem Kommunikationsprozeß rekursiv, die bestehenden Elemente benutzend, konstituiert werden kann.

Mit dem Verstehen wird der Kommunikationsakt abgeschlossen. Eine vierte Art der Selektion schließt sich unmittelbar an: das Annehmen bzw. Ablehnen der Kommunikation als Prämisse des Verhaltens durch EGO. EGO versteht zwar was ALTER meint (und damit ist die Kommunikation gelungen) aber er sieht es anders, oder er sieht es zwar gleich, zieht aber keine oder andere Konsequenzen. „Rauchen kann Ihre Gesundheit gefährden“ liest und versteht der Raucher, während er sich eine Zigarette anzündet. Hält man sich diese Ablehnungsmöglichkeiten, Unsicherheiten und Instabilitäten vor Augen, die allen Kommunikations- und Interaktionsprozessen innewohnt, dann ist man beim oben beschriebenen Ausgangspunkt einer Theorie angelangt: die Möglichkeit von erfolgreicher und folgenreicher Kommunikation erscheint dann eigentlich als unwahrscheinlich. Es ist unwahrscheinlich, daß ALTER überhaupt versteht was EGO meint, daß weiters die Kommunikation den Adressaten erreicht und, falls das geschieht, daß sie auch angenommen und befolgt wird. „Die immanenten Unwahrscheinlichkeiten des Kommunikationsprozesses und die Art, wie sie überwunden und in Wahrscheinlichkeiten transformiert werden, regeln zugleich den Aufbau sozialer Systeme. Man hat den Prozeß soziokultureller Evolution zu begreifen als Umformung und Erweiterung der Chancen für aussichtsreiche Kommunikation, als Konsolidierung von Erwartungen, um die herum die Gesellschaft dann ihre sozialen Systeme bildet; und es liegt auf der Hand, daß dies nicht einfach ein Wachstumsprozeß ist, sondern ein selektiver Prozeß, der bestimmt, welche Arten sozialer Systeme möglich werden, wie Gesellschaft sich gegen bloße Interaktion absetzt und was als zu unwahrscheinlich ausgeschlossen wird“ (Luhmann 1984, S. 219).

Luhmann bezeichnet diejenigen evolutionären Errungenschaften, die die Unwahrscheinlichkeiten der Kommunikation in Wahrscheinlichkeiten transformieren, als **Medien**. Er knüpft dabei an die Theorie der symbolischen Medien von Talcott Parsons an (vgl. das Kapitel über Handlungstheoretische Systemtheorie). Das Medium, das Verstehen von Kommunikation über einem gemeinsamen Wahrnehmungskontext hinaus ermöglicht, ist die **Sprache**. Die immense Erweiterung der Kapazität zur Erreichung von Adressaten konnte durch die Entwicklung von **Verbreitungsmedien** wie Schrift, Buchdruck, Funk erreicht werden. Die weitreichenden Folgen dieser Einrichtungen auf die Inhalte der Kommunikation selbst – man hat von einer Mutation der kulturellen Kommunikation durch die Entwicklung des Buchdruckes und heute wiederum durch die Entwicklung von elektronischen Medien gesprochen – kann durch eine Vielzahl von Studien der Kommunikationsforschung belegt werden. Die Verbreitungsmedien ermöglichen Kommunikationen, die nicht mehr an die Bedingungen der Anwesenheit geknüpft sind. Durch das Herausziehen der Kommunikation aus dem direkten Druck gegenseitiger sozialer Kontrollen unter Anwesenden (vgl. die „Überredungskunst" als Form der Rhetorik, die diesen Sachverhalt benutzt hatte, und mit der Entwicklung der Verbreitungsmedien an Bedeutung verlieren mußte) wird die Ablehnung der Kommunikation erleichtert und damit die Unwahrscheinlichkeit der Annahme erhöht.

An dieses Problem schließen die **symbolisch generalisierten Kommunikationsmedien** an. Wenn die Überredungskunst, um bei dem Beispiel zu bleiben, nicht wirksam eingesetzt werden kann, müssen andere Formen gesucht werden, die die Annahme eines Kommunikationsvorschlages (einer Selektion) motivieren. Das könnte durch Anbieten von Geld, durch Androhung von Gewalt (Macht), durch den Appell an gemeinsame Werte und Vorstellungen, durch das Einsichtigmachen der Richtigkeit (Wahrheit) des Vorschlages etc. geschehen. All diese Beispiele beziehen sich auf für moderne Gesellschaften tatsächlich relevante Kommunikationsmedien, deren Funktion es in der Sprache von Luhmann ist, durch symbolische Generalisierung eine Selektion mit einer Motivation zu verknüpfen: „Als symbolisch generalisiert wollen wir Medien bezeichnen, die Generalisierungen verwenden, um den Zusammenhang von Selektion und Motivation zu symbolisieren, das heißt: als Einheit darzustellen. Wichtige Beispiele sind: Wahrheit, Liebe, Eigentum/Geld, Macht/Recht; in Ansätzen auch religiöser Glaube, Kunst und heute vielleicht zivilisatorisch standardisierte ‚Grundwerte'. Auf sehr verschiedene Weise und für sehr verschiedene Interaktionskonstellationen geht es in all diesen Fällen darum, die Selektion der Kommunikation so zu konditionieren, daß sie zugleich als Motivationsmittel wirken, also die Befolgung des Selektionsvorschlages hinreichend sicherstellen kann." (Luhmann 1984, S. 222) Im Zusammenhang mit der These der Ausdifferenzierung der Gesellschaft in funktionsspezifische Subsysteme werden wir einige der angeführten symbolisch generalisierten Kommunikationsmedien aufgreifen und näher ausführen.

- Handeln und Erleben

Mit dieser kommunikationstheoretischen Fundierung der Theorie sozialer Systeme setzt sich Luhmann von der üblichen handlungstheoretischen Fundierung ab. Im Anschluß an den nun dargestellten Begriff der Kommunikation müssen wir nun – um später darauf zurückgreifen zu können – versuchen zu klären, welche Bedeutung dem Handlungsbegriff im Rahmen der Theorie selbstreferentieller sozialer Systeme bei Luhmann zukommt. Eine umfassende Klärung würde theoretischer Voraussetzungen bedürfen, die uns im Rahmen einer kurzen Einführung nicht zur Verfügung stehen. Die folgenden Ausführungen sollten aber doch einen Eindruck vom Lösungsvorschlag Luhmanns vermitteln.

Zunächst einmal sollte man sich in Erinnerung rufen, daß Kommunikation die emergente Einheit dreier Selektionen darstellt: von Information, Mitteilung und Verstehen. Damit ist klargestellt, daß Kommunikation nicht identisch mit Handlung sein kann. Die Vorstellung, daß soziale Prozesse aus Handlungen bestehen, stellt eine Vereinfachung dar, eine Komplexitätsreduktion, die aber entscheidende Vorteile in sich birgt: **Handlungen** sind direkt beobachtbar und damit „... einfacher zu erkennen und zu behandeln als Kommunikationen" (Luhmann 1984, S. 232). Sie sind einzelnen Perosnen zurechenbar und können damit unter Verantwortung gestellt werden. Durch Handlungen erst sind soziale Prozesse an eine zeitliche Abfolge gebunden, die im Unterschied zur Kommunikation nicht mehr reversibel gemacht werden kann. Diese Vereinfachung, die in der Verwendung des Handlungsbegriffes liegt, machen sich nun die sozialen Systeme selbst zunutze. Sie beobachten und beschreiben sich selbst als Handlungssysteme. (Selbstbeobachtung und Selbstbeschreibung sind Begriffe, die Luhmann damit aus der allgemeinen Systemtheorie in die Theorie sozialer Systeme übernimmt.) Lassen wir Luhmann selbst zur Frage der Unterscheidung von Kommunikation und Handlung zu Wort kommen: „Ich sehe das Problem darin, daß Kommunikation und Handlung in der Tat nicht zu trennen (wohl aber zu unterscheiden) sind und daß sie ein Verhältnis bilden, das als Reduktion eigener Komplexität zu begreifen ist. Der elementare, Soziales als besondere Realität konstituierende Prozeß ist ein Kommunikationsprozeß. Dieser Prozeß muß aber, um sich selbst steuern zu können, auf Handlungen reduziert, in Handlungen dekomponiert werden. Soziale Systeme werden demnach nicht aus Handlungen aufgebaut, so als ob diese Handlungen auf Grund der organisch-psychischen Konstitution des Menschen produziert werden und für sich bestehen könnten; sie werden in Handlungen zerlegt und gewinnen durch diese Reduktion Anschlußgrundlagen für weitere Kommunikationsverläufe" (Luhmann 1984, S. 193).

Erleben ist in gewisser Weise komplementär zum Begriff des Handelns zu verstehen. Werden Handlungen durch Zurechnungsprozesse von Selektionen zu Systemen (z.B. Individuen) konstituiert, so werden beim Erleben die Selektionen der Umwelt zugerechnet. Das hat Konsequenzen für die weiteren Operationen (z.B. Handlungen), da damit klargestellt ist, daß sie sich an externen Ursachen zu orientieren haben.

- Sinn

Soziale Systeme haben wir eingangs als Systeme **sinn**hafter Kommunikationen definiert. Bei der Beschreibung von Kommunikationen als „Elementarteilchen" sozialer Systeme und damit als Basis deren Autopoiesis haben wir einen Grundbegriff der Luhmannschen Soziologie eigentlich bereits vorausgesetzt, dessen Klärung nun nachgeholt werden muß: den Begriff **Sinn**. Es wäre naheliegend, hier einfach eine Definition von Sinn anzuschließen. Das stößt aber auf erhebliche Schwierigkeiten. Sinn ist zwar ein zentraler Begriff in den meisten soziologischen Modellen – in besonderer Weise sind die Namen Max Weber und Alfred Schütz mit ihm verknüpft – er wird aber ganz unterschiedlich in den jeweiligen Theoriekontext eingebunden. Nähern wir uns dem Problem aus dem Alltagsverständnis heraus indem wir das Beispiel des Mannes wieder aufgreifen, der in die Bar geht um sich ein Bier zu bestellen. Wahrscheinlich hat jeder, der sich das Beispiel vor Augen hält, gleichzeitig viele Assoziationen: „Warum ausgerechnet ein Bier im Beispiel? – habe ich nicht zufällig jemanden eingeladen, der möglicherweise ein Bier möchte, aber keines ist im Hause – und wie ist es mit der Sauna in der Fernsehwerbung für ein bestimmtes Bier (dessen Marke in unserem Kontext besser nicht angeführt wird) – heute wohl schon zu spät – ärgerlich auch, daß es ein Mann sein mußte – da werden unbewußt geschlechtsspezifische Verhaltensweisen festgeschrieben – typisch für ein Beispiel aus einem Beitrag über Systemtheorie ...". Solche oder auch ganz andere Assoziationen mögen einem Leser „in den Sinn" kommen. Mit diesem Beispiel sollte die folgende Beschreibung von Sinn hinreichend illustriert sein: „Das Phänomen Sinn erscheint in der Form eines Überschusses von Verweisungen auf weitere Möglichkeiten des Erlebens und Handelns. Etwas steht im Blickpunkt, im Zentrum der Intention, und anderes wird marginal angedeutet als Horizont für ein Und-so-weiter des Erlebens und Handelns. Alles, was intendiert wird, hält in dieser Form die Welt im ganzen sich offen, garantiert also immer auch die Aktualität der Welt in der Form der Zugänglichkeit. Die Verweisung selbst aktualisiert sich als Standpunkt der Wirklichkeit, aber sie bezieht nicht nur Wirkliches (bzw. präsumtiv Wirkliches) ein, sondern auch Mögliches (konditional Wirkliches) und Negatives (Unwirkliches, Unmögliches)" (Luhmann 1984, S. 93). Der Überschuß von Verweisungen auf andere Möglichkeiten ist aber nur *ein* Charakteristikum von Sinn. Ein Weiteres schließt sich daran an: es können nicht alle Möglichkeiten aufgegriffen werden in der Form, daß sie zum Gegenstand weiterer Überlegungen oder Kommunikationen gemacht oder gar realisiert werden. „Also *zwingt* die Sinnform durch ihre Verweisungsstruktur den nächsten Schritt zur *Selektion*" (Luhmann 1984, S. 94).

Mit diesen Überlegungen läßt sich die Funktion von Sinn dadurch bestimmen, daß hohe Komplexität vergegenwärtigt wird und im Falle sozialer Systeme für Kommunikationen verfügbar gehalten wird: „Sinn bewirkt dabei einerseits: daß diese Operationen Komplexität nicht vernichten können, sondern sie mit der Verwendung von Sinn fortlaufend regenerieren. Der Vollzug der Operationen führt nicht dazu, daß die Welt schrumpft; man kann nur *in der Welt* lernen, sich als System mit einer Auswahl aus möglichen Strukturen einzurichten. Andererseits reformuliert jeder Sinn den in aller Komplexität implizierten Selektionszwang, und jeder bestimmte Sinn qualifiziert sich dadurch, daß er bestimmte Anschlußmöglichkeiten nahelegt und andere unwahrscheinlich oder schwierig oder weitläufig macht oder (vorläufig) ausschließt" (Luhmann 1984, S. 94).

Für Sinn lassen sich auch wesentliche Charakteristika von Selbstreferenz anführen: Keine einzelne Sinnintention kann für sich selbst existieren, sondern bedarf eines Netzwerkes rekursiv prozessierender Elemente zur Reproduktion im Sinne der oben beschriebenen Verweisungsstruktur. Ein weiteres selbstreferentielles Kennzeichen von Sinn ist die operative Geschlossenheit der Systembildung. Sinn kann nur auf Sinn verweisen. Auch Negationen von Sinn können nur wiederum durch Sinn erfolgen. Sinnlosigkeit ist für Sinnsysteme unmöglich, das was als solches bezeichnet wird, hat selbst wiederum Sinn. Nicht Sinnhaftes kann von sinnverarbeitenden Systemen also nicht erfahren werden. Mit der Feststellung der operativen Geschlossenheit stellt sich die Frage des Verhältnisses zu einer Umwelt oder noch schwieriger zwischen zwei operativ geschlossenen Systemen, also die Frage der Öffnung und des Umweltkontaktes von sinnverarbeitenden Systemen.

Der Schlüssel zum Verständnis der Antwort auf diese Frage liegt darin, daß im Prozessieren von Sinn eine Unterscheidung konstituiert wird, die bereits beschrieben wurde: ein Gegenstand der Intention, etwas aktual Gegebenes und der Überschuß von Verweisungen auf andere Möglichkeiten, kurz zusammengefaßt: Gegebenes und Mögliches. Diese Differenz ist der Ausgangspunkt der sinnspezifischen Informationsverarbeitung. Jede Informationsverarbeitung basiert auf einer (ausschließlich als systemintern zu verstehenden) Unterscheidung (Distinktion) und einer Bezeichnung (Indikation), einer Zuordnung zu einer der beiden Seiten der Unterscheidung. Nehmen wir als Beispiel die Unterscheidung schön und häßlich. Es ist offensichtlich, daß diese Unterscheidung keine Unterscheidung der Welt an sich ist, sondern eine eines beobachtenden Systems, etwa eines Besuchers einer Galerie. Aufgrund (ebenfalls systeminterner) Kriterien ordnet dieser Besucher ein Bild einer Ausprägung seiner „zweiwertigen Variablen" zu. Mit der Erstellung einer Differenz und einer Zuordnungsvorschrift gewinnt ein System die Möglichkeit die Außenwelt als Informationen einzuholen, sie zu „sehen". Die Urdifferenz von Sinnsystemen, die für Informationsverarbeitung genutzt werden kann ist die Differenz von Gegebenem und Möglichem. Aus ihr differenziert sich ein komplexes System weiterer Differenzen. „Diese Grunddifferenz, die in allem Sinnerleben zwangsläufig reproduziert wird, gibt allem Erleben Informationswert. Im Fortgang des Sinngebrauchs stellt sich heraus, daß dies und nicht das der Fall ist; daß man so und nicht anders weitererlebt, kommuniziert, handelt; daß die Verfolgung bestimmter weiterer Möglichkeiten sich bewährt oder nicht bewährt. Es ist die Grunddifferenz von Aktualität und Möglichkeitshorizont, die es ermöglicht, Differenzen zwischen den offenen Möglichkeiten zu redifferenzieren; sie zu erfassen, zu typisieren, zu schematisieren und der dann folgenden Aktualisierung Informationswert abzugewinnen. Identitäten wie Worte, Typen, Begriffe werden auf dieser Grundlage eingeführt, um Differenzen zu organisieren. Sie dienen als Sonde, um abzutasten, was sich im Unterschied zu anderem bewährt; und dann natürlich: um Bewährtes festzuhalten und zu reproduzieren" (Luhmann 1984, S. 111f.).

Zusammenfassend läßt sich formulieren, daß Sinn ein Prozessieren von Information nach Maßgabe von Differenzen ermöglicht, von Differenzen, die nicht in der Welt vorgegeben sind, sondern autopoietisch aus Sinn selbst produziert werden. Festzuhalten ist auch, daß eine Information nicht einfach als Input von einer Außenwelt in ein System verstanden werden kann, sondern als ein Ereignis durch das ein Systemzustand selbstreferentiell verändert wird. Sie ist eine „... Selektion aus einem Möglichkeitsbereich, den das System selbst entwirft und für relevant hält ..." (Luhmann 1984, S. 104), obwohl sie für das System selbst als Selektion der Umwelt erscheinen mag, die einfach „erlebt" und nicht „erhandelt" werden muß.

- Struktur

Kommen wir noch einmal zur Definition von sozialen Systemen zurück. Soziale Systeme sind **Systeme** sinnhafter Kommunikationen. Mit der Klärung der Begriffe Kommunikationen als Elementareinheiten und von Sinn als ein selbstreferentielles Medium des Prozessierens nach Maßgabe von Differenzen bleibt noch die Frage offen, wie daraus Systeme entstehen oder in der Sprache von Luhmann formuliert: wie können elementare Kommunikationsereignisse auf der Basis von Sinn „sich überhaupt zu Prozessen mit geordneter, ausdifferenzierter Selektivität formieren" (Luhmann 1984, S. 224). Das führt uns zum Begriff der Struktur und damit zur Frage der Selbstorganisation sozialer Systeme.

Aus den bisherigen Ausführungen sollte bereits klar sein, daß Strukturen in der Luhmannschen Theorie keine Voraussetzung für die Erklärung sozialer Phänomene darstellen, daß diese Theorie in diesem Sinn nicht **strukturatistisch** ist (vgl. vor allem die Kapitel über C. Lévy-Strauss und T. Parsons). Eine Handlung kann letztlich nicht umfassend erklärt werden durch Verweis auf eine kulturelle Prägung, also auf vorgegebene Strukturen. Die Theorie setzt abstrakter an und bezieht die Struktur in die Erklärung selbst ein. Weiters ist aber mit den bisherigen Ausführungen nur dargestellt, daß sich Kommunikation autopoietisch an Kommunikation (und Handlung an Handlung) anschließt aber dies könnte völlig beliebig (entropisch) geschehen. Dies entspricht natürlich keineswegs unserer Erfahrung. Gespräche, wie immer sprunghaft und unkoordiniert sie verlaufen, zentrieren sich doch zu bestimmten Themen. Handlungen sind in unserer Gesellschaft auf äußerst komplexe Weise geordnet. Soziale Systeme weisen unserer Erfahrung nach also ein hohes Maß an Ordnung (Negentropie) auf. Elemente schließen sich nicht beliebig an andere Elemente an. Die Einschränkung, präziser: die Selektion der Einschränkung der in einem System zugelassenen Relationen zwischen Elementen wird durch den Begriff der **Struktur** bezeichnet.

Man kann nun diesen Strukturbegriff auf Kommunikationen hin spezifizieren. Die Einschränkung von anschließbaren Kommunikationen wird durch Themen vorgegeben. Themen sind Sinnreduktionen, die Kommunikationsbeiträge als „sinnvoll" kennzeichnen und damit ermöglichen, und andere ausschließen. Die Gesamtheit von Themenvorräten einer Gesellschaft, also die Gesamtheit von Strukturen kommunikativer Prozesse stellt die **Kultur** dar. Die für die Erhaltung als wertvoll erachteten Teile der Kultur bezeichnet Luhmann als **Semantiken**. Ein Beispiel wäre die für unsere Gesellschaft typische Semantik der Liebe als Passion für die Gestaltung intimer Beziehungen, d.h. jener kulturellen Vorschriften, die festlegen, welche Gefühle man auf welche Weise im Zusammenhang mit intimen Handeln und Erleben ausdrücken, erwarten, einfordern oder als unakzeptabel unterdrücken und ablehnen kann.

Wenn man den Strukturbegriff nicht auf Kommunikationen hin spezifiziert sondern auf Handlungen, also auf die Frage, wie Handlungen in ihrer Vernetzung eingeschränkt werden, stößt man auf den Begriff der **Erwartung**. In der traditionellen Soziologie hatte dieser Begriff eine Bedeutung für die Definition von Normen und Normenkomplexen. Eine Rolle kann definiert werden als ein Bündel von Verhaltenserwartungen an den Inhaber einer Position. Daran knüpft eine systemtheoretische Interpretation Luhmanns an. Erwartungen bedeuten eine Einschränkung eines Möglichkeitsspielraumes, wobei Einschränkungen nicht einseitig als Einschränkungen des Verhaltens verstanden werden sollten, sondern als Einschränkungen des Erwartens selbst. Der Enttäuschungsfall kann auch zu einem Lernprozeß führen, der darin besteht, die entsprechenden Konsequenzen zu ziehen und die Erwartungen umzustellen.

- Umwelten sozialer Systeme

Soziale Systeme haben wir argumentiert, sind selbstreferentielle Systeme, die ihre Elemente und Strukturen selbst produzieren. Somit können sie als operativ geschlossene Systeme bezeichnet werden und es muß nun der Frage nachgegangen werden in welchem Verhältnis soziale Systeme zu ihrer Umwelt stehen, wie diese Umwelt beschaffen ist und wie Kontakte zwischen System und Umwelt hergestellt werden können. Obwohl soziale Systeme selbstreferentielle Systeme sind, kann daraus nicht gefolgert werden, daß ihre Umwelt lediglich eine bedeutungslose Restkategorie darstellt. Im Gegenteil, ein System kann seine Identität nur in Differenz zur Umwelt entwickeln und damit wird sein Verhältnis zur Umwelt konstitutiv für die Systembildung. Ein wichtiger theoretischer Ausgangspunkt für die weiteren Überlegungen besteht darin, daß die Umwelt eines Systems immer um vieles komplexer ist, als das System selbst. Bei der autopoietischen Konstitution der emergenten Elemente eines Systems wird die Komplexität des „Materials“, aus denen diese Elemente gebaut sind, für das System vorausgesetzt. Das System arbeitet nunmehr mit seinen Elementen weiter und „beachtet die die Elementbildung ermöglichende Komplexität nicht weiter“ und macht sie dadurch zur Umwelt des Systems. Man kann sich diesen Sachverhalt vielleicht am besten am Beispiel des Handhabens von allopoietischen (fremdproduzierten) Systemen verdeutlichen, z.B. im Umgang mit einem Computer. Wenn jemand einen Computer auf der Ebene eines Programmes benutzt, dann kann er das ohne zu wissen, wie das Programm geschrieben wurde, obwohl dieses die Bedingung der Möglichkeit der Programmanwendung bleibt und keineswegs irrelevant wird. Man kann diesen Gedanken mit beliebigen Ebenen des Umgangs mit Computern durchspielen. Der Unterschied zu selbstreferentiellen Systemen besteht lediglich darin, daß der Computer seine „Emergenzebenen“ nicht selbst erzeugt hat und auch nicht selbst anwendet. Bei der Systembildung entsteht also notwendig und gleichzeitig eine Umwelt des Systems, deren unfaßbare Komplexität zwar benutzt, aber auf der Ebene der Elementbildung vorerst einmal ausgeblendet wird. Auf diesem Stand der Entwicklung ist die Umwelt noch amorph, sie ist „lediglich“ all das, was nicht System ist. Die Differenzierung der Umwelt für ein System hängt nunmehr zusammen mit der Differenzierung und Strukturbildung des Systems selbst. Auf eine amorph bleibende Umwelt könnte ein System nicht reagieren. Es wäre blind der Umwelt ausgeliefert. Ein System muß seine Umwelt differenziert erfahren, um damit Informationen einholen und verarbeiten zu können. Wie dies im Falle soziale Systeme geschieht, haben wir in Grundzügen bei der Klärung der Eigentümlichkeiten von Sinn bereits ausgeführt: durch den Aufbau von systeminternen Differenzschemata, von Distinktionen, deren Handhabung das soziale System in die Lage versetzt, seine Umwelt (und sich selbst) zu beobachten. Je differenzierter und komplexer die Differenzschemata, desto differenzierter kann ein System seine Umwelt sehen.

Wie stellt sich nun die Umwelt des sozialen Systems dar? Sie ist selbst kein umfasssendes System im Sinne einer operationsfähigen Einheit, enthält aber eine Vielzahl von (auch autopoietischen) Systemen (z.B. biologische und psychische Systeme), die für das soziale System von unterschiedlicher Bedeutung sind. Der Aufbau eines sozialen Systems, wie er in der Luhmannschen Theorie rekonstruiert wird, geht von Kommunikationen als elementare Einheiten aus. Man kann einer solchen Theorie den Vorwurf machen, und er wurde auch schon oft erhoben, daß sie eine inhumane Theorie ist, weil sie eine Gesellschaft ohne Menschen entwirft. Das Alltagsverständnis und traditionelle aber durchaus noch vertretene soziologische Theorien legen es nahe, Subjekte oder Individuen (Individuum bedeutet von der lat. Wortwurzel her Unteilbares) als kleinste unteilbare Elemente sozialer Systeme zu sehen. In der Luhmannschen Theorie gehören aber konkrete Menschen, deren organische und psychische Eigenschaften, wie schon in der Handlungstheorie Parsons, zur Umwelt des Sozialsystems. Damit ist keineswegs gesagt, daß Menschen an sich und für soziale Systeme unwichtig sind, im Gegenteil, die Theorie selbstreferentieller Systeme erlaubt eine sehr viel differenziertere und damit angemessenere Sichtweise des Verhältnisses organischer, psychischer und sozialer Systeme und deren Bedeutung füreinander.

Organische, psychische und soziale Systeme beeinflussen sich gegenseitig in ihrem Aufbau. Dafür ist ein Konsens leicht herstellbar. Schwieriger wird es bei der

Frage, wie das geschieht. Aus der Sicht der selbstreferentiellen Systemtheorie handelt es sich dabei um Beziehungen zwischen autopoietischen Systemen.

Luhmann benutzt den Begriff der **Interpenetration** dafür, wenn Systeme gegenseitig ihre eigene Komplexität zum Aufbau des jeweils anderen Systems zur Verfügung stellen und damit wechselseitig auf ihre Strukturbildung Einfluß nehmen. Sie verschmelzen dabei nicht. Im Falle psychischer und sozialer Systeme benutzen sie zwar das selbe Medium, nämlich Sinn, folgen aber bei den dadurch konstituierten Elementen ihrer jeweiligen autopoietischen Eigenlogik, ihrer eigenen Selektivität und Anschlußfähigkeit. Die Autonomie der beteiligten Systeme geht also durch Interpenetration nicht verloren und sie bleiben füreinander Umwelten. Eine erste Veranschaulichung dieser abstrakten Gedanken läßt sich dadurch gewinnen, daß man sich den empirisch vielfach nachgewiesenen Zusammenhang zwischen der Komplexität psychischer und sozialer Systeme vor Augen hält. Menschen mit simplen und damit starren (z.B. autoritären) Charakterzügen können sich in komplexen und damit felxibleren (freieren) Gesellschaften schwer zurechtfinden. Entsprechend finden sich in sozialen Systemen, die auf psychische Systeme mit geringer Komplexität angewiesen sind, starre Strukturen. Das gilt sowohl für den makrosozialen Bereich, wie Studien über den autoritären Charakter in autoritären Gesellschaften zeigen, als auch für den mikrosozialen Bereich, wie Arbeitsgruppen oder Familien. Moderne komplexe Gesellschaften setzen komplexe psychische Systeme voraus und umgekehrt, sodaß man von einer gemeinsamen Entwicklung (Koevolution) von psychischen und sozialen Systemen sprechen kann. Aber damit sind wir nur wieder bei der Ausgangsfrage angelangt, wie die Verbindungsfähigkeit verschiedener Arten von Autopoiesis hergestellt werden kann, also wie ein System die Komplexität eines anderen für den eigenen Aufbau benutzen kann.

Die Antwort für soziale und psychische Systeme liegt im gemeinsamen Medium „Sinn“ und dessen Verwendbarkeit durch binäre Schematisierungen. Durch sinnhafte binäre Schematisierungen wird ermöglicht, daß beide Systeme dasselbe Differenzschema verwenden können, um Informationen zu verarbeiten, die sich aus komplexen Operationen des jeweils anderen Systems ergeben. Ein Beispiel dafür sind Normen, die Handlungen unter den binären Schematismus von Konformität und Devianz bringen. Aus der Sicht des sozialen Systems wird die eine Handlung bedingende Komplexität eines psychischen Systems auf eine der beiden Ausprägungen reduziert und damit für weitere eigene Anschlüsse verfügbar gemacht. Aus der Sicht eines psychischen Systems bedeutet dies, daß sich sehr komplexe soziale Sachverhalte auf das Schema Normbefolgung und Abweichung bringen lassen, sich z.B. Erfolg und Mißerfolg, Akzeptanz und Ablehnung durch das Normschema strukturieren. Soziale und psychische Systeme, die nur mit diesem Schema operieren könnten, wären, wie man sich leicht vorstellen kann, äußerst eingeschränkt. Als weiteres spezielles Beispiel führt Luhmann die Moral an, durch die die Komplexität von Beziehungen auf den binären Schematismus Achtung/Mißachtung gebracht werden kann.

Einen speziellen Bereich von Interpenetration, der für die Soziologie grundbegrifflichen Charakter hat und für den sich ein breiter angewandter Forschungszweig etablieren konnte, stellt die Sozialisation dar. Im Lichte der Theorie selbstreferentieller Systeme und mit Hilfe des Begriffs der Interpenetration ergeben sich nunmehr Fragen und Antworten, die die traditionelle Sozialisationstheorie in grundlegenden Punkten revidieren.

Sozialisation läßt sich nun definieren, als jener Vorgang, „... *der das psychische System und das dadurch kontrollierte Körperverhalten des Menschen durch Interpenetration formt.*" (Luhmann 1984, S. 326). Ähnlich wie die traditionelle Kommunikationstheorie arbeitet auch die traditionelle Sozialisationstheorie mit der mechanistischen Metapher der Übertragung. Sinn- und Verhaltensmuster einer Gesellschaft, kurz Kultur werden in diesem Sinne von einer Generation auf die nächste Generation weitergegeben. Diese Vorstellung entspricht wohl teilweise der Erfahrung und ist auch nicht ganz falsch, aber sie greift zu kurz. Erklärt kann damit praktisch nur gelungene Sozialisation werden. Zur Erklärung abweichenden Verhaltens müssen Zusatztheorien eingeführt werden, und noch schwieriger ist im Rahmen dieser Konzeption die Tatsache zu verarbeiten, daß gerade gelungene Sozialisation, wenn man darunter nur die erfolgreiche Übertragung von kulturellen Mustern und entsprechend angepaßtes Verhalten versteht, unglückliche – wenn man will „neurotische " – Menschen hervorbringt. Mit Hilfe des Begriffs der Interpenetration läßt sich nunmehr in Bezug auf Sozialisation festhalten:

Psychische Systeme folgen ihrer eigenen Autopoiesis und Selbstorganisation, damit muß die Sozialisation grundsätzlich als Selbstsozialisation begriffen werden. Psychische Systeme können sich aber die Komplexität der sozialen Systeme durch Differenzschemata verfügbar machen, die sie „... *der Umwelt zuordnen und auf sich beziehen* können – zum Beispiel: Zuwendung oder Abwendung einer Bezugsperson, Verstehen oder Nichtverstehen, Konformität oder Abweichung, Erfolg oder Mißerfolg ... . Im Differenzschema liegt eine Vorentscheidung über die danach möglichen Optionen; und schon diese Vorentscheidung, nicht erst die Option hat weittragende Bedeutung für den Sozialisationsprozeß. Eine nur über Zuwendung/Abwendung konditionierte Sozialisation muß, bei aller Liebe!, sehr armselig ausfallen und zwangsläufig dazu führen, daß Freiheit und Selbständigkeit wenn überhaupt, nur über Auslösung von Abwendung erreicht werden können" (Luhmann 1984, S. 327f.).

Das bedeutet also, daß die Informationsverarbeitung – und für Sozialisation ist dafür der Aufbau von Erwartungen von großer Bedeutung – wesentlich schon durch die verwendeten Differenzschemata bestimmt ist und natürlich auch dadurch, „... wlecher Wert des Schemas zur dominierenden Erfahrung wird – ob zum Beispiel die Erfahrung des Verstehenkönnens oder die Erfahrung des Nichtverstehenkönnens, ob die in Vorerfahrungen gegründete Hoffnung auf Erfolg oder die Furcht vor Mißerfolg, ob die Möglichkeit, Zuwendung provozieren zu können, oder die Erfahrung einer vom eigenen Verhalten unabhängigen, also nicht disponiblen Abwendung. Jedes Schema, für sich genommen, steigert die Wahrscheinlichkeit einer Akkumulation von Sozialisierungserfahrungen auf entweder der einen oder der anderen Linie. Wenn das so ist, muß es für den Sozialisationsprozeß von erheblicher Bedeutung sein, daß nicht nur ein einziges Schema den Gesamtprozeß dominiert" (Luhmann, 1984, S. 329).

Wenn ein soziales System die Sozialisation der beteiligten psychischen Systeme formal festlegt und organisiert, spricht man von **Erziehung**. Mit Hilfe des nunmehr skizzierten Sozialisationsbegriffes lassen sich die diesbezüglichen Bemühungen des sozialen Systems, das im Falle der modernen Gesellschaft dafür ein eigenes Subsystem geschaffen hat, besser beobachten.

2.3 Die Gesellschaft und ihre Subsysteme

Während die Differenzierung der Umwelt eines selbstreferentiellen Systems durch dessen Fähigkeit zur Beobachtung ermöglicht und limitiert wird, ist die interne Differenzierung direkt an die autopoietische Reproduktion gebunden. Reproduktion bedeutet nicht einfach Kopie des Bestehenden, sondern laufende Neukonstituierung und damit auch Reproduktion der Reproduktionsmöglichkeiten. Sie muß zwar den autopoietischen Bedingungen der Anschlußfähigkeit innerhalb des Gesamtsystems genügen, kann aber innovative Möglichkeiten eröffnen, eigene System/Umwelt Differenzen bilden und damit Systeme in Systemen hervorbringen. Einige Charakteristika von Systemdifferenzierung durch Subsystembildung lassen sich damit vorweg anführen: die Subsystembildung verläuft autokatalytisch, sie bedingt sich selbst, oder anders ausgedrückt, nicht das Gesamtsystem differenziert sich aus, sondern das Subsystem. Weiters sind ausdifferenzierte Subsysteme selbst autopoietisch geschlossene Systeme in Systemen, und damit füreinander Umwelten, die gegenseitig Anpassungsprozesse (Interpenetration) in Gang setzen. Es gibt einfache Sozialsysteme, wie z.B. Interaktionssysteme unter Anwesenden, die sich nicht weiter ausdifferenzieren. Luhmann hat sich in seinem Werk aber in erster Linie mit den umfassenden Sozialsystemen befaßt, mit **Gesellschaften** und insbesondere mit der modernen Weltgesellschaft, ihren Entstehungsbedingungen und ihrem hochkomplexen Aufbau.

Moderne Gesellschaften sind, im Unterschied zu früheren, segmentär oder hierarchisch gegliederten Gesellschaften, gekennzeichnet durch eine funktionale Differenzierung, d.h. durch eine Vielzahl von Subsystemen, die jeweils unterschiedliche Funktionen erfüllen. Um der Frage nach den Entstehungsbedingungen, dem Aufbau, der Funktion von Subsystemen und den sich daraus ergebenden Konsequenzen für das Gesamtsytem nachgehen zu können, sollte man sich zuvor noch einmal die Definition von sozialen Systemen in Erinnerung rufen. Soziale Systeme sind Systeme sinnhafter Kommunikationen. Gesellschaft ist daher als das umfassendste Sozialsystem die Gesamtheit aller sinnhaft aufeinander bezogenen Kommunikationen und weist demnach keine *soziale* Umwelt auf, kann also nicht mit etwas in seiner Umwelt kommunizieren.

Wir haben die Klärung sozialer Systeme auf drei Begriffe reduziert und damit in drei Theorieteilen vorgestellt: Kommunikation, Sinn und Struktur. Zum Verständnis der funktionalen Differenzierung der modernen Gesellschaft werden wir nun aus jedem dieser Theorieteile ein Konzept herausgreifen und diese miteinander verbinden:

Kommunikationsmedien, binäre Codierung und Semantik. Symbolisch generalisierte Kommunikationsmedien bilden sich in Anschluß an das Problem, die Annahmebereitschaft für Kommunikation – indem mit der Kommunikation ein Motiv für die Annahme mitgeliefert wird – zu erhöhen und damit an sich unwahrscheinliche Kommunikationen Erfolg zu verschaffen. „Die erfolgreichste/folgenreichste Kommunikation wird in der heutigen Gesellschaft über solche Kommunikationsmedien abgewickelt, und entsprechend werden die Chancen zur Bildung sozialer Systeme auf die entsprechenden Funktionen hindirigiert" (Luhmann 1984, S. 222). Kommunikationsmedien sind dabei an die Möglichkeiten von Sinn gebunden und durch Sinn, haben wir bereits ausgeführt, werden Differenzen konstituiert. Bei der Ausbildung funktionsspezifischer Subsysteme lassen sich nun „Leitdifferenzen" ausmachen, die Luhmann als **binäre Codes** bezeichnet. Die jeweiligen binären Codes stellen die Leitdifferenzen dar, um die herum sich die subsystemspezifischen Semantiken, die strukturellen Vorgaben für Kommunikationen bilden. Bevor wir anhand der Beschreibung einiger konkreter Subsysteme diese sehr abstrakten Gedanken versuchen zu veranschaulichen, sollen nun zusammenfassend die für unseren Zusammenhang wichtigsten Implikationen der Ausbildung subsystemspezifischer Semantiken durch binäre Codes aufgeführt werden:

- Codierungen bedeuten grundsätzlich die Möglichkeit der Duplikation. Beispielsweise ermöglicht die Sprache die Duplikation aller Aussagemöglichkeiten in eine Ja- und eine Nein-Fassung. Damit erscheint „auf dem Bildschirm der Kommunikation" alles als kontingent.
- Der Code selbst kann nicht gleichzeitig das Kriterium der Selektion sein. Kriterien für die Richtigkeit der Zuordnung von Code-Werten bezeichnet Luhmann als **Programme** (für den Code wahr-unwahr haben sich Kriterien des Forschungsprozesses etabliert, wie Gültigkeit, Zuverlässigkeit, Repräsentativität, logische Widerspruchsfreiheit, etc., deren Gesamtheit als Programm die Zuordnung von wahr oder unwahr zu einer Aussage rechtfertigt). Durch das Auseinanderziehen von Code und Programm gewinnt ein geschlossenes System Offenheit in Form von Information. Alle weitere Informationsverarbeitung schließt an die Leitdifferenz an durch Erzeugung von Differenzen aus Differenzen. Weiters ermöglicht das Auseinanderziehen von Code und Programm den Einschluß – von auf der Ebene des Codes selbst ausgeschlossener – dritter Möglichkeiten (wenn eine Aussage nicht wahr ist, kann sie nur unwahr aber nicht etwa schön oder häßlich sein. Aber Schönheit und Häßlichkeit kann zum Gegenstand wissenschaftlicher z.B. kunstsoziologischer Forschung werden).
- Jeder binäre Code ist grundsätzlich auf alle Gegenstandsbereiche anwendbar, allerdings nur sofern Kommunikationen einen Gegenstandsbereich für einen Code auswählen (alles kann wahr oder unwahr, schön oder häßlich sein, aber nichts ist an sich wahr oder unwahr, schön oder häßlich).

Am Beispiel der Sprache sind diese Eigenschaften binärer Codes leicht nachvollziehbar. Die Ausdifferenzierung von Code-spezifischen sprachlichen Semantiken tritt bereits im griechischen Altertum zu Tage und dürfte den Anstoß gegeben haben zur Differenzierung der gesellschaftlichen Operationen selbst, die allerdings erst viel später erfolgte. Eine bedeutende Rolle dafür kommt der Erfindung von Schrift und Buckdruck zu. Erste wichtige Ansätze zur funktionalen Gliederung der Gesellschaft finden sich im Übergang zur Neuzeit. Die wesentlichen Entwicklungen haben sich aber erst im späten 18. und im 19. Jahrhundert durchgesetzt.

Wenn gesellschaftliche Funktionssysteme durch binäre Codes ausdifferenziert werden, bedeutet dies, daß sie einerseits autonom gegenüber anderen Subsystemen und dem Gesamtsystem werden, weil nur sie die entsprechenden Leitdifferenzen benutzen. So kann politische Opportunität, Rechtmäßigkeit, Wirtschaftlichkeit, Schönheit, etc. nicht zum Kriterium von Wahrheit und vice versa werden, nur das jeweilige Funktionssystem bestimmt seine Programme. Gleichzeitig aber verstärkt gerade die funktionale Spezifität die wechselseitige Abhängigkeit, da die einzelnen Subsysteme verstärkt auf die Funktionen der anderen angewiesen sind, also z.B. die Universität nur vor dem Hintergrund einer im Großen und Ganzen funktionierenden Wirtschaft, einem politischen System, einem Rechtssystem etc. überhaupt existieren kann. Anders formuliert: Für ihre Funktion sind die jeweiligen Subsysteme autonom, aber um ihre Funktion überhaupt wahrnehmen zu können, sind sie auf die anderen Funktionssysteme angewiesen. Autonomie und Abhängigkeit stehen in einem gegenseitigen Steigerungsverhältnis. Dieser Sachverhalt kann als Widerspruch erscheinen und daran lassen sich dann unentscheidbare ideologische Auseinandersetzungen über die Autonomie der Wissenschaft, der Kunst (l'art pour l'art), der Religion, etc. anschließen.

Luhmann beschreibt vor dem Hintergrund der skizzierten Theorie die wichtigsten Kommunikationsbereiche der modernen Gesellschaft als differenzierte, operativ geschlossene Funktionssysteme. Er hat dies zum Teil sehr umfassend, zum Teil in Ansätzen ausgearbeitet für Wirtschaft, Recht, Politik, Religion, Wissenschaft, Erziehung, Kunst und intime Beziehungen. Anhand eines Beispieles soll nun in Grundzügen dargestellt werden, welche Perspektiven sich dabei ergeben.

- Wirtschaft

Wirtschaftliches Handeln und auf Wirtschaft bezogene Kommunikation finden sich in allen Gesellschaften. Das ergibt sich aus der für jede Gesellschaft sich stellenden Problemlage heraus, Vorsorge für notwendige Güter zu treffen und die Zugriffsmöglichkeiten auf Güter, deren Verteilung, zu regulieren. Die Ausdifferenzierung der Wirtschaft als ein autonomes gesellschaftliches Subsystem beginnt mit der Etablierung eines symbolisch generalisierten Kommunikationsmediums, mit der Entwicklung des **Geldes**. Geld ist ein Kommunikationsmedium im oben beschriebenen Sinn, also ein Symbol, mit dessen Hilfe die Wahrscheinlichkeit einer an sich unwahrscheinlichen Abnahmebereitschaft für Kommunikationen erhöht werden kann: Man sucht Arbeit die man eigentlich gar nicht leisten will, man gibt Sachen her, die man noch brauchen würde, weil dafür Geld geboten wird. Für den Produzenten wird die Unwahrscheinlichkeit der Nachfrage, für den Konsumenten die Unwahrscheinlichkeit ein gewünschtes Produkt zu erhalten beseitigt, oder zumindest soweit reduziert, daß entsprechende Bemühungen als sinnvoll erscheinen und ermutigt werden. Ein weiterer gesamtgesellschaftlich wichtiger Effekt des Geldes liegt darin, daß es den Zugriff auf knappe Güter für ebenfalls interessierte Dritte als legitim erscheinen läßt. Damit wird die Konfliktträchtigkeit von Verteilungsproblemen erheblich gemildert und das politische System entlastet. Entscheidend für die weitere Analyse bleibt aber, daß das Kommunikationsmedium Geld eine Selektion mit einer Motivation verbindet. Hat sich die Erfahrung der diesbezüglichen Leistungsfähigkeit einmal durchgesetzt, werden andere Formen der Motivation zurückgedrängt. Die Verrichtung von Arbeit oder die Abgabe von Gütern aufgrund von moralischen, religiösen, solidarischen (nachbarschaftlichen) Verpflichtungen verliert damit an Bedeutung. An dieser Konsequenz des Geldes (Ausblendung normativer Überlegungen, Kontextverlust – es ist egal, wer zahlt, woher er das Geld hat, Warencharakter der menschlichen Beziehungen) wurde und wird Kritik geübt. Luhmann faßt diese Erscheinungen des Geldes unter den Begriff des Diabolischen zusammen. Als Gegenbegriff zu symbolisch im ursprünglichen Wortsinn „verbindend" – bedeutet diabolisch „trennend". Geld verbindet und trennt in diesem Sinne gleichzeitig. Geld begünstigt mit anderen Worten die Ausbildung spezifischer ökonomischer Kriterien und damit die Einheit wirtschaftlicher Operationen und schließt damit gleichzeitig Anderes aus ihrem Bereich aus. Damit leitet Geld die Ausdifferenzierung eines autonomen gesellschaftlichen Subsystems ein.

Als Teil der Gesellschaft ist die Wirtschaft an selbstreferentielle Operationen in Form von Kommunikationen gebunden, als autonomes Subsystem konstituiert sie ihren eigenen Typus von Kommunikationen und damit ihre eigene Autopoiesis. „Die Wirtschaft gewinnt ihre Einheit als autopoietisches, sich selbst produzierendes und reproduzierendes System dadurch, daß sie eine eigene Typik von Elementen verwendet, die nur in der Wirtschaft vorkommen und nur in ihr, das heißt nur in rekursivem Bezug auf andere Elemente desselben Systems ihre Einheit gewinnen. der ‚unit act' der Wirtschaft ist die *Zahlung*. Zahlungen haben alle Eigenschaften eines autopoietischen Elements: Sie sind nur aufgrund von Zahlungen möglich und haben im rekursiven Zusammenhang der Autopoiesis der Wirtschaft keinen anderen Sinn, als Zahlungen zu ermöglichen" (Luhmann 1988, S. 52). Präziser müßte man auch unterlassene Zahlungen zu den kommunikativen Letztelementen der Wirtschaft zählen. „Auch der Entschluß, keinen neuen Wagen zu kaufen, weil die Wagen zu teuer geworden sind, ist ein Elementarereignis im Wirtschaftssystem; und dies auch dann, wenn er in der puren Unterlassung steckenbleibt und nicht mit einer anderweitigen Disposition über die entsprechende Geldsumme verbunden wird. Zu fordern ist allerdings – und die Abgrenzung bereitet Schwierigkeiten, wie man aus einer weitläufigen Diskussion über Unterlassungen weiß –, daß die Zahlung als Wunsch, als Erwartung, als Verpflichtung irgendwie nahegelegen hatte und trotzdem unterbleibt. Zahlungen und Nichtzahlung sind durch einen Schematismus gekoppelte Ereignisse, das eine impliziert immer über die Negation das andere. Wer zahlt, kann eben sein Geld nicht behalten, und wer es behält, kann nicht zahlen, so daß *immer eine Mitorientierung am Gegenteil mitläuft*" (Luhmann 1988, S. 53). Damit ist der binäre Code des Wirtschaftssystems als **Zahlen/Nichtzahlen** bestimmt und **Wirtschaft** kann nunmehr definiert werden als die Gesamtheit derjeniger Operationen, die über Geldzahlungen, also über den Code Zahlen/Nichtzahlen abgewikkelt werden.

Auf der Ebene ihres Codes ist die Wirtschaft ein geschlossenes autopoietisches System. Die Kriterien der Richtigkeit der Operationen, in Anschluß an die oben dargestellte Theorie die Öffnung des Codes durch Programmierung, sieht Luhmann durch die Sprache der **Preise** gegeben. Preise konditionieren und programmieren Zahlungen. „Der Code ist Voraussetzung dafür, daß das System aus Ereignissen, nämlich aus Zahlungsereignissen, bestehen kann. Für sich genommen sind solche Zahlungsereignisse jedoch sinnleer, wenn nicht Gründe beschafft werden können, die den Vollzug motivieren. Man will etwa bestimmte Bedürfnisse befriedigen oder man will seine Position in bezug auf die Möglichkeit künftiger Zahhlungen verbessern. In dieser Hinsicht muß das System lernfähig gehalten werden können, das heißt auf Veränderungen in sich selbst und in seiner Umwelt reagieren können. Hierfür müssen Kriterien richtigen Verhaltens, müssen Programme geschaffen werden. Bedürfnisse lassen sich aber nicht direkt programmieren. Sie fallen an, sie fallen auf, sind aber für das System Umweltgegebenheiten. Das System bleibt auf eine Regulierung der systeminternen Operationen angewiesen, also auf eine Programmierung der Zahlungen selbst. Dies geschieht durch die *Preise*. Anhand von Preisen kann man sehr rasch beurteilen, ob Zahlungen richtig sind oder nicht" (Luhmann 1986, S. 104).

Die Darstellung hier muß sich mit diesen knappen Ausführungen über Medium, Code und Programmierung des gesellschaftlichen Subsystems Wirtschaft begnügen und mit dem Hinweis, daß an diesem Thema Interessierte in der Originalliteratur ausgearbeitete Studien über zentrale Themen der Ökonomie wie Markt, Kapital und Arbeit, Knappheit, Organisation, Entscheidungsverhalten, Steuerungsmöglichkeiten etc. aus der Perspektive der Theorie selbstreferentieller Sozialsysteme finden.

3. Beispiel: Zur ökologischen Gefährdung der modernen Gesellschaft

Niklas Luhmann hat seine Theorie selbstreferentieller sozialer Systeme und seine darauf basierende Gesellschaftstheorie auf ein sehr aktuelles Thema angewandt, nämlich auf die Frage der ökologischen Gefährdungen. Die Leitfrage, der er in dieser Studie nachgeht, lautet: Kann die moderne Gesellschaft sich auf ökologische Gefährdungen einstellen? Wie der Leser, der bis hierher der Argumentation gefolgt ist schon ahnen wird, antwortet Luhmann auf diese von ihm selbst vorgegebene Frage nicht mit einem klaren ja (oder nein), auch nicht mit einem: im Grunde genommen ja (oder nein) oder: ja, wenn ... Er formuliert die Leitfrage mit Hilfe des Begriffs der Resonanz um. Mit diesem Begriff finden wir wieder einen Anknüpfungspunkt an die oben vorgestellte Theorie. **Resonanz** bedeutet die Reaktionsfähigkeit eines Systems auf Umweltereignisse, die nur begründet sein kann in der systemeigenen Struktur. Soziale Systeme, haben wir gesehen, basieren auf geschlossener autopoietischer Operationsweise. Umweltoffenheit und damit Fähigkeit zu Resonanz wird durch Differenzschemata erzeugt, wobei die Richtigkeit der Operationen durch Programme gesteuert wird. Komplexe, funktional differenzierte Gesellschaften haben funktionsspezifische Codes und Programme ausgebildet und Luhmann untersucht die Resonanzfähigkeit der wichtigsten Teilsysteme: Wirtschaft, Recht, Wissenschaft, Politik, Religion, Erziehung. Die moderne Gesellschaft kann also nicht als Ganzes auf die Umwelt reagieren, sondern nur durch ihre Teilsysteme. Luhmann führt anhand der Analyse dieser Teilsysteme seine Grundthese aus: daß sowohl zuviel als auch zuwenig Resonanz erzeugt wird. Was die Wirtschaft betrifft, ist die Informationsverarbeitung in erster Linie an Preise gebunden. „Durch diese Sprache wird vorweg alles gefiltert, was in der Wirtschaft geschieht, wenn die Preise sich ändern, bzw. nicht ändern. Auf Störungen, die sich nicht in dieser Sprache ausdrücken lassen, kann die Wirtschaft nicht reagieren – jedenfalls nicht mit der intakten Struktur eines ausdifferenzieren Funktionssystems der Gesellschaft ... Diese strukturelle Beschränkung auf Preise ist aber nicht nur ein Nachteil, nicht nur ein Verzicht auf andere Möglichkeiten; sie *garantiert* zugleich, daß das Problem, *wenn* es in Preisen ausgedrückt werden kann, *im System auch bearbeitet werden muß*“ (Luhmann 1986, S. 122f.).

So wie die Wirtschaft hochselektiv ihre Umwelt wahrnimmt, so können die anderen gesellschaftlichen Teilsysteme nur mit Hilfe ihres Codes und ihrer Programme Umwelteinflüsse wahrnehmen und auf sie reagieren. Die Wahrnehmungsweise und Reagibilität der modernen Gesellschaft wird zwar durch die einzelnen Subsysteme selektiv gefiltert und spezifisch verarbeitet, es können aber gesamtgesellschaftliche Effekte entstehen indem Interaktionseffekte zwischen den Subsystemen auftreten, die die Resonanz sowohl dämpfen als auch bis zur Unkontrollierbarkeit aufschaukeln können. „Die gesamtgesellschaftliche Resonanz ... ist nicht einfach eine Summe der teilsystemspezifischen Resonanzen. Die Teilsysteme sind auch wechselseitig füreinander Umwelt. Sie bedingen und stören sich auch wechselseitig. Daher kann es zu einem Prozeß des Aufschaukelns von Störungen kommen, wenn ein Teilsystem auf Umweltveränderungen reagiert und damit die gesellschaftsinterne Umwelt anderer Teilsysteme verändert. So mögen von einem Knapperwerden der Ressourcen nicht nur ökonomische Probleme, etwa Preissteigerungen, ausgehen, sondern auch politische Probleme oder auch eine Forcierung bestimmter wissenschaftlicher Forschungen auf Kosten anderer; oder eine hohe politische Empfindlichkeit für Umweltfragen mag der Wirschaft zusätzliche Kosten aufbürden, mag Arbeitsplätze kosten, was wiederum in der Politik zu einem Problem wird; und die gleiche politische Resonanzfähigkeit mag eine neue Welle in der ‚Normenflut' auslösen, die die spezifisch juristischen Weisen der Handhabung von Rechtsfragen überfordert und wiederum ins politische System zurückbrandet, das dann schizophren zu operieren beginnt, nämlich Entrechtlichung fordert und Verrechtlichung erzeugt" (Luhmann 1986, S. 98). Aus gesamtgesellschaftlicher Perspektive sind neben derartigen Interaktionseffekten zwischen den Subsystemen zwei weitere Konsequenzen bemerkenswert. Durch die Ausdifferenzierung von Funktionssystemen wird die in älteren Gesellschaften gegebene Mehrfachabsicherung von Funktionen (Redundanz) aufgegeben. Sollte die Wirtschaft für ihre Funktion scheitern, kann kein anderes Teilsystem einspringen. Der Zusammenbruch eines Teilsystems hätte damit fatale Folgen für das Gesamtsystem. Weiters läßt sich am Beispiel der Ökologie-Problematik sehr anschaulich der Bedeutungsverlust der Moral als Integrationsinstrument vor Augen führen. Die einzelnen Codes haben sich, wie am Beispiel der Wirtschaft ausgeführt, gerade gegen Moral ausdifferenziert und können daher für moralische Appelle wenig Resonanz aufbringen.

Kehren wir zur Ausgangsfrage zurück. Wie müßte die Gesellschaft reagieren, wenn sie einen drohenden ökologischen Zusammenbruch vermeiden wollte? Ökologische Rationalität wäre demnach zu erreichen, „... wenn die Gesellschaft die Rückwirkungen ihrer Auswirkungen auf die Umwelt auf sich selbst in Rechnung stellen könnte". Das müßte im wesentlichen funktionsspezifisch geschehen, also z.B. in der Wirtschaft durch die Sprache der Preise. Aber wird sie das auch tun? Die Antwort muß offen bleiben, denn – um ein Zitat von Luhmann abzuwandeln – eines hat die Soziologie mit der Meteorologie gemeinsam: sie kann beobachten und analysieren, sie kann strukturelle Eigentümlichkeiten begreifen und beschreiben, aber sie kann kaum prognostizieren.

4. Wirkungsgeschichte und Weiterentwicklung

Eine Geschichte soziologischer Theoriebildung, in der von Wirkung und Weiterentwicklung des Luhmannschen Theorievorschlages berichtet werden könnte, liegt bedingt durch deren Aktualität nur in Ansätzen vor. Man kann aber feststellen, daß die Theorie selbstreferentieller Systeme in der Luhmannschen Version in den verschiedensten Bereichen große Resonanz, wenn man diesen Terminus aufgreifen will, ausgelöst hat. Das gilt für die allgemeine soziologische Theorie und für Spezialdisziplinen wie Wirtschaftssoziologie, Rechtssoziologie, Erziehungssoziologie etc., aber durchaus auch weit über die Soziologie hinaus für diejenigen Wissenschaften, mit denen Luhmann sich aus der Perspektive seiner Theorie beschäftigt hat. So liegen Publikationen vor, die sich mit wirtschafts-, recht-, politik-, religionswissenschaftlichen etc. Konsequenzen beschäftigen. Von Bedeutung für das Luhmann-Bild ist die Auseinandersetzung mit der Kritischen Theorie, vertreten durch Jürgen Habermas geworden, (vgl. Kapitel 10 dieses Buches) als dessen großer Gegenspieler Luhmann angesehen wird. Über diese wissenschaftliche Bedeutung hinaus hat das Aufgreifen aktueller gesellschaftlicher und politischer Fragen zu einer nicht unbeträchtlichen Medien- und Öffentlichkeitswirksamkeit geführt. Trotz der Abstraktheit und den damit verbundenen Schwierigkeiten des Zugangs zur Luhmannschen Theorie hat sie eine nicht mehr zu umgehende Bedeutung erlangen können; auch wenn für ein tiefergreifenderes Verständnis auf einer breiten Basis – wie Luhmann es selbst einmal ausgedrückt hat – noch mit einer langen Sickerzeit zu rechnen ist.

Einführende Literatur

Baecker, Dirk; Stanitzek, Georg (Hg.): Niklas Luhmann: Archimedes und wir, Interviews. Berlin: Merve Verlag, 1987.

Kiss, Gabor: Grundzüge und Entwicklung der Luhmannschen Systemtheorie. Stuttgart: Ferdinand Enke Verlag, 1986.

Willke, Helmut: Systemtheorie, Eine Einführung in die Grundprobleme. Stuttgart-New York: UTB 1982.

Ausgewählte Originalliteratur

Luhmann, Niklas: Soziologische Aufklärung, 4 Bde., Opladen: Westdt. Verlag, 1970/1975/1981a/1987.

Luhmann, Niklas: Sinn als Grundbegriff der Soziologie. in: Habermas, Jürgen; Luhmann, Niklas: Theorie der Gesellschaft oder Sozialtechnologie – Was leistet die Systemforschung? Frankfurt/Main: Suhrkamp, 1971, S. 25-100.

Luhmann, Niklas: Gesellschaftsstruktur und Semantik, Studien zur Wissenssoziologie der modernen Gesellschaft, 2 Bde. Frankfurt/Main: Suhrkamp, 1980/1981b.

Luhmann, Niklas: Ausdifferenzierung des Rechts, Beiträge zur Rechtssoziologie und Rechtstheorie. Frankfurt/Main: Suhrkamp, 1981c.

Luhmann, Niklas: Liebe als Passion, Zur Codierung von Intimität. Frankfurt/Main: Suhrkamp 1982.

Luhmann, Niklas: Soziale Systeme, Grundriß einer allgemeinen Theorie. Frankfurt/Main: Suhrkamp, 1984.

Luhmann, Niklas: Ökologische Kommunikation, Kann die moderne Gesellschaft sich auf ökologische Gefährdung einstellen. Opladen: Westdt. Verlag, 1986a.

Luhmann, Niklas: Die soziologische Beobachtung des Rechts. Frankfurt/Main: Alfred Metzner, 1986b.

Luhmann, Niklas: Das Kunstwerk und die Selbstreproduktion der Kunst, in: Gumbrecht, Hans Ulrich; Pfeiffer, K. Ludwig (Hg.): Stil, Geschichten und Funktionen eines kulturwissenschaftlichen Diskurselementes. Frankfurt/Main: Suhrkamp, 1986c, S. 620-672.

Luhmann, Niklas: Die Wirtschaft der Gesellschaft. Frankfurt/Main: Suhrkamp, 1988.

Luhmann, Niklas; Schorr, Karl-Eberhard: Reflexionsprobleme im Erziehungssystem. Stuttgart: Klett-Cotta, 1979.

Ausgewählte Sekundärliteratur

Baecker, Dirk; Markowitz, Jürgen; Stichweh, Rudolf; Tyrell, Hartmann; Wilke Helmut (Hg.): Theorie als Passion, Niklas Luhmann zum 60. Geburtstag. Frankfurt/Main: Suhrkamp, 1987. (Enthält ein Gesamtverzeichnis der Schriften von N. Luhmann)

Haferkamp, Hans; Schmid Michael (Hg.): Sinn, Kommunikation und soziale Differenzierung, Beiträge zu Luhmanns Theorie sozialer Systeme. Frankfurt/Main: Suhrkamp, 1987.

Unverferth, Hans-Jürgen (Hg.): System und Selbstproduktion: Zur Erschließung eines neuen Pradigmas in den Sozialwissenschaften. Frankfurt: Peter Lang 1986.

Welker, Michael (Hg.): Theologie und funktionale Systemtheorie, Luhmanns Religionssoziologie in theologischer Diskussion. Frankfurt/Main, 1985.

Kapitel 10: Kritische Theorie: Jürgen Habermas

(Max Preglau)

1. Problemlage und Erkenntnisinteresse

Wie dem Marxismus so liegt auch der Kritischen Theorie eine „philosophisch-kritische“ (im Gegensatz zu einer „empirisch-nomologischen“ bzw. „empirisch-analytischen“) Wissenschaftauffassung zugrunde: Wissenschaft hat dieser Auffassung zufolge nicht nur die Aufgabe, Realität zu beschreiben, zu typisieren und zu erklären, sie kommt nicht darum herum, die Realität auch wertend zu interpretieren.

Grundlage dieser Bewertung ist im Falle der Kritischen Theorie die Idee der Emanzipation der Menschheit, der Verwirklichung der Ideale der Freiheit, Gleichheit und Brüderlichkeit des Menschen, wie sie von den Philosphen der Aufklärung erstmals formuliert und von der französischen Revolution erstmals als politische Leitlinien proklamiert wurden. Dementsprechend richtet sich die Aufmerksamkeit und das Interesse der Kritischen Theorie einerseits auf Zustände bzw. Merkmale von Gesellschaften, die die Verwirklichung dieser Ideale verhindern und andererseits auf Veränderungstendenzen innerhalb der Gesellschaft, die eine Verwirklichung dieser Ideale versprechen.

Die Kritische Theorie entstand in den 30-er Jahren im Deutschland der Weimarer Republik. Ihr Zentrum war das „Institut für Sozialforschung“ in Frankfurt (daher auch die Bezeichnung der Kritischen Theorie als „Frankfurter Schule“). Ihre frühe Entwicklung war in erster Linie mit den Namen Theodor W. Adorno (1903-1969), Max Horkheimer (1895-1973) und Herbert Marcuse (1898-1979) verbunden. Ihre ursprüngliche Absicht war es, den Marxismus aus seiner dogmatischen Erstarrung, aus seiner Festschreibung als „marxistisch-leninistische Weltanschauung“ durch die Führung des Sowjet-Staates und die Kommunistische Internationale, zu befreien und auf der Grundlage empirischer Sozialforschung weiterzuentwickeln.

Die weitere geschichtliche Entwicklung – die Machtergreifung durch den Faschismus – zwang die Vertreter der Frankfurter Schule jedoch nicht nur, zunächst nach Frankreich (Paris) und dann in die USA (New York) zu emigrieren, sondern veranlaßte sie auch dazu, ihr ursprüngliches Forschungsprogramm aufzugeben: An die Stelle eines im Hinblick auf die Chancen einer Emanzipation relativ optimistischen empirischen Marxismus trat eine „reine“ Geschichtsphilosophie mit einem sehr pessimistischen Grundton, eine Geschichtsphilosophie, derzufolge der historische Prozeß nicht zu Freiheit, Gleichheit und Brüderlichkeit der Menschen, sondern zur „total verwalteten Welt“ und zum „Untergang des Individuums“ führt. Horkheimer und Adorno haben diese Position auch nach dem zweiten Weltkrieg und nach ihrer Rückkehr in die BRD im wesentlichen beibehalten (Zur Geschichte der Frühen Kritischen Theorie vgl. etwa Dubiel 1978, Jay 1976 oder Wiggershausen 1986).

Einen Versuch, die Kritische Theorie wiederum aus ihrem „Schmollwinkel“ der „reinen“ Philosophie zu befreien und an die empirische Sozialwissenschaft anzuschließen, aber auch aus dem Schatten des Pessimismus der frühen Kritischen Theorie zu treten, hat in der Nachkriegszeit der bundesdeutsche Soziologe und Philosoph Jürgen Habermas (geboren 1929) unternommen. Seine Theorie ist wohl der wichtigste und einflußreichste Beitrag zur Erneuerung der Kritischen Theorie und soll deshalb im folgenden vorgestellt werden.

Die Ausgangslage dieses Erneuerungsversuchs stellt sich – aus der Sicht von Habermas – folgendermaßen dar: Zentrale Teile des Marxismus müssen, angesichts des Ausbleibens der vorhergesagten Revolution in den entwickelten kapitalistischen Ländern und angesichts des Scheiterns der Revolution in den „real-sozialistischen" Ländern, als widerlegt betrachtet werden – eine Kritische Theorie, die unbesehen an den Marxismus anknüpfte, wäre daher nicht mehr zeitgemäß. Demgegenüber enthalten die modernen soziologischen Theorien eine Menge brauchbarer Elemente für die Analyse der Gegenwartsgesellschaft, sind jedoch mehrheitlich der vorherrschenden empirisch-analytischen Wissenschaftsauffassung verpflichtet und enthalten sich – jedenfalls vordergründig – der Wertung; sie sind also zeitgemäß, aber nicht mehr kritisch.

Um zu einer Kritischen Theorie auf dem Niveau der Erkenntnis der modernen Soziologie zu gelangen, hat Habermas folgende Strategie eingeschlagen:

(1) Infragestellung des Monopolanspruchs der vorherrschenden empirisch-analytischen Wissenschaftsauffassung und Rechtfertigung einer philosophisch-kritischen Wissenschaftsauffassung.

(2) Kritische Rezeption moderner soziologischer Theorien und Versuch ihrer Verbindung zu einem Ansatz, der eine kritische Diagnose der Gegenwart erlaubt.

(3) Kritische Gegenwartsdiagnose auf Grundlage des erarbeiteten Ansatzes.

2. Hauptaussagen

In diesem Abschnitt sollen die wichtigsten Aussagen der Kritischen Theorie von J. Habermas, gegliedert nach den drei genannten strategischen Zielsetzungen, dargestellt werden.

2.1 Rechtfertigung einer philosophisch-kritischen Wissenschaftsauffassung

Habermas verfolgt beim Versuch der Rechtfertigung einer philosophisch-kritischen Wissenschaft gewissermaßen eine „Doppelstrategie":

(1) einerseits versucht er nachzuweisen, daß *jeder* Wissenschaft – also auch einer „empirisch-nomologischen" – ein Interesse zugrundeliegt, daß also die Idee der „interessenfreien Wissenschaft" im allgemeinen und der „Wertfreiheit" der empirisch-analytischen Wissenschaften im besonderen eine Fiktion ist;

(2) andererseits versucht er zu zeigen, daß es eine **Pluralität möglicher Erkenntnisinteressen** und entsprechend eine **Pluralität wissenschaftlicher Verfahren** gibt, die sich keineswegs auf das Muster empirisch-analytischer Wissenschaften reduzieren lassen und trotzdem legitimerweise ihren Platz innerhalb der Wissenschaften beanspruchen können – darunter auch die philosophisch-kritischen Wissenschaften.

Die Entscheidung zwischen einer empirisch-analytischen und einer philosophisch-kritischen Wissenschaft ist also für Habermas keine Frage des „Werten-Wollens“ oder „nicht-Werten-Wollens“, sondern eine Frage der Wahl zwischen unterschiedlichen Wertbezügen bzw. Erkenntnisinteressen. Wenn dem aber so ist, „... wenn die erkenntnisleitenden Interessen ... nicht suspendiert werden können, dann“ – folgert Habermas – „müssen diese unter Kontrolle gebracht, als objektive Interessen aus dem gesellschaftlichen Zusammenhang kritisiert oder legitimiert werden, es sei denn, man wolle Rationalisierung an der Schwelle empirisch-analytischer Verfahren stillstellen“ (Habermas 1972a, S. 190f.).

zu (1): Das „erkenntnisleitende Interesse“ der empirisch-analytischen Wissenschaften

In einer wissenschaftstheoretischen Auseinandersetzung mit dem Kritischen Rationalismus von Popper, der wohl einflußreichsten zeitgenössischen Formulierung des empirisch-analytischen Wissenschaftsverständnisses – einer Auseinandersetzung, die unter dem Titel „Positivismusstreit“ bekann geworden ist – hat Habermas versucht nachzuweisen, daß den empirisch-analytischen Wissenschaften ein **„technisches Erkenntnisinteresse“** zugrunde liegt: Sie bilden Wirklichkeit keineswegs so ab wie sie ist, sondern interpretieren sie unter einem bestimmten interessenbedingten selektiven Gesichtspunkt, nämlich unter dem Gesichtspunkt möglicher technischer Verfügung: „... erfahrungswissenschaftliche Theorien (erschließen) die Wirklichkeit unter dem leitenden Interesse an der möglichen informativen Sicherung und Erweiterung erfolgskontrollierten Handelns“ (Habermas 1972b, S. 244).

Dabei ist es nach Habermas nicht entscheidend, ob der einzelne Wissenschafter selbst an der Lösung technischer Probleme interessiert ist, entscheidend vielmehr ist, daß bereits die methodologischen Verfahrensregeln die Verfolgung dieses Interesses sicherstellen. So ist etwa die methodologische Forderung, nach kausalen Beziehungen zwischen Variablen zu suchen, in Verbindung mit der Forderung, diese Variablen operational zu definieren, d.h. durch Angabe der Handlungen, die für die Herstellung bzw. Feststellung der durch die Variablen bezeichneten Phänomene erforderlich sind, nur dann sinnvoll, wenn ich wissen will, durch welche Handlungen ich einen bestimmten Effekt erzielen kann, also im Hinblick auf mögliche technische oder zweckrationale Handlungen. Aus dieser Sicht erscheint empirisch-nomologische Wissenschaft als Experimentierfeld für instrumentales Handeln.

Die **Notwendigkeit und Legitimität** dieser Wissenschaft sowie des ihr zugrundeliegenden Erkenntnisinteresses ergibt sich nach Habermas daraus, daß **das Überleben der Gattung Mensch u.a. auch von der Lösung technischer Probleme abhängig** ist: Von Natur aus im Hinblick auf seine Körperkraft, seine sensorischen und motorischen Fähigkeiten und seine Fähigkeit zur Anpassung an wechselnde Umweltbedingungen ein „Mängelwesen“ (A. Gehlen), ist der Mensch gezwungen, technische Fertigkeiten, technisches Wissen und technische Hilfsmittel zu entwickeln. Notwendigkeit und Legitimität technisch interessierter Wissenschaft liegen also begründet in der „... organischen Ausstattung einer Gattung, die genötigt ist, ihr Leben durch zweckrationales Handeln zu reproduzieren“ (Habermas 1973, S. 171).

So angebracht dieser Wissenschaftstypus in den Naturwissenschaften sei, so problematisch sei seine Anwendung im Bereich der Sozialwissenschaften: Eine „positivistische", empirisch-analytische Sozialwissenschaft produziere nämlich notwendig einen Typus von Wissen, der zur Lenkung menschlichen Verhaltens, zur Manipulation von Menschen eingesetzt werden könne. Ein Beispiel für eine solche „Außenlenkung" bzw. Manipulation ist die kommerzielle und politische Werbung, die tiefsitzende häufig unbewußte Wünsche oder Ängste anspricht, um Kunden bzw. Wähler auf diesem Umweg der „geheimen Verführung" für Produkte bzw. politische Vorhaben zu mobilisieren, die auf dem direkten Weg der sachlichen Argumentation nicht an den Mann bzw. die Frau zu bringen wären.

Zu (2): Die „erkenntnisleitenden Interessen" der hermeneutischen und philosophisch-kritischen Wissenschaften.

Habermas hat des weiteren versucht zu zeigen, daß es neben diesem Interesse an technischer Verfügung noch andere ihrerseits notwendige und legitime Menschheitsinteressen und an der Erfüllung dieser Interessen orientierte wissenschaftliche Verfahrensweisen gibt, die sich nicht auf das Muster empirisch-nomologischer Wissenschaften reduzieren lassen.

Habermas nennt hier zunächst das sogenannte **„praktische Erkenntnisinteresse"** (Habermas 1973, S. 222), das Interesse an der Herstellung und Aufrechterhaltung sozialer oder intersubjektiver Beziehungen, an der Verständigung mit anderen Subjekten. Dieses Erkenntnisinteresse liege den „hermeneutischen" oder „verstehenden" Wissenschaften zugrunde. Solche hermeneutischen Wissenschaften sind v.a. die **Geisteswissenschaften** – etwa die Geschichtswissenschaften –, aber etwa auch die sogenannte **„verstehende Soziologie"**. Sie widmen sich der Aufgabe der Interpretation gesprochener oder geschriebener Texte. Dabei gehe es nicht, wie bei den empirisch-analytischen Wissenschaften, darum, Dinge und Ereignisse zu **erklären**, also um die Entdeckung gesetzmäßiger Beziehungen zwischen Ursache und Wirkung, deren Kenntnis es uns erlaubt, Realität im Sinne unserer Ziele zu manipulieren, sondern darum, den Sinn des Ausgesprochenen oder Niedergeschriebenen deutend zu **verstehen**, also die Absichten oder Intentionen des Autors zu erfassen, um diese für das zukünftige Handeln zu berücksichtigen bzw. um einvernehmlich handeln zu können. Dabei wird der Autor als zurechnungsfähiger, gleichberechtigter Kommunikationspartner anerkannt. Jeder Verständigungsversuch zwichen Subjekten im Alltag läuft nach diesem Modell ab. Analog dazu versuchen die hermeneutischen bzw. verstehenden Wissenschaften, uns fremde Kulturen, Gruppen, und vergangene Epochen verständlich zu machen und sorgen damit dafür, daß unsere Verbindungen zum Fremden und Vergangenen nicht abreißen und die Bewältigung der Zukunft in relativer Übereinstimmung mit der Vergangenheit und dem Fremden möglich wird. Sie sind m.a.W. Teil des intersubjektiven und interkulturellen Kommunikationsprozesses.

Die **Notwendigkeit und Legitimität** dieses Typus von Wissenschaft ist nach Habermas darin begründet, daß **das Zusammenleben der Menschen vom Bestehen eines zumindest minimalen intersubjektiven Einverständnisses abhängt**: Dem „instinktarmen" Lebewesen Mensch sagen keine angeborenen Verhaltensprogramme, was er tun soll und wie das Zusammenleben zu funktionieren hat, er ist daher gezwungen, die zwischenmenschlichen Regeln des Verhaltens selbst aufzustellen und sich dabei mit seinen Artgenossen abzustimmen („natürliche Hermeneutik der Lebenswelt"). „Das hermeneutische Verstehen ... bannt die Gefahren des Kommunikationsabbruchs in beiden Richtungen: sowohl in der Vertikale der eigenen individuellen Lebensgeschichte und der kollektiven Überlieferung, der man zugehört, als auch in der Horizontale der Vermittlung zwischen Überlieferungen verschiedener Individuen, Gruppen und Kulturen. Wenn diese Kommunikationsströme abreißen und die Intersubjektivität der Verständigung entweder erstarrt oder zerfällt, wird eine Bedingung des Überlebens zerstört, die so elementar ist wie die komplementäre Bedingung des Erfolgs instrumentalen Handelns: nämlich die Möglichkeit zwangsloser Einigung und gewaltloser Anerkennung" (Habermas 1973, S. 221f.).

Schließlich nennt Habermas noch ein drittes Erkenntnisinteresse: das **„emanzipatorische Erkenntnisinteresse"** (Habermas 1973, S. 244), das Interesse an der Herstellung und Aufrechterhaltung unverzerrter Kommunikation bzw. an der Überwindung von Kommunikationstörungen. Damit ist nicht etwa die fehlende Bereitschaft zur Verständigung, sondern die mangelnde Fähigkeit zur Verständigung, deren Ursache in dem Umstand zu suchen ist, daß das Medium der Verständigung, die Sprache, deformiert ist und daher seine Mitteilungsfunktion nicht mehr erfüllen kann. Im Falle des Vorliegens solcher Kommunikationstörungen ist eine Verständigung mit den Mitteln der hermeneutischen Textauslegung nicht mehr möglich. Man denke in diesem Zusammenhang beispielsweise an sogenannte „Freud'sche Fehlleistungen" wie das Sich-Versprechen, bei denen man, unabsichtlich und ohne es zu merken, unverständliche Worte oder Wendungen gebraucht („es hat den Anschwein" statt: „es hat den Anschein"), oder an schwerwiegendere Fälle psychischer Störungen (hartnäckige, quälende, unangebrachte Zwangsvorstellungen und Verhaltenszwänge), deren eigentliche Bedeutung sowohl dem Kranken als auch seinen Interaktionspartnern verborgen bleibt, und die weder durch bewußte Anstrengung noch durch gutes Zureden zum Verschwinden gebracht werden können.

Hier liegt Habermas zufolge nun das Aufgabengebiet der philosophisch-kritischen Wissenschaften, die darauf abzielen, diese Kommunikationsstörungen zu beheben und dadurch die Wiederaufnahme der Verständigung zu ermöglichen.

Das Modell für eine solche philosophisch-kritische Wissenschaft liefert für Habermas die **Psychoanalyse** von Freud. Psychoanalyse beschäftigt sich mit Störungen des „inneren Dialogs", ist also „Kritische Theorie des Subjekts". Die methodische Besonderheit dieser Wissenschaft liege in einer dialektischen **Verbindung von „kausalem Erklären" und „Sinnverstehen":** Sie führt diese innere Kommunikationsstörung auf frühkindliche Erfahrungen der Unterdrückung zurück, die zu einer „Verdrängung" von Wünschen und Vorstellungen aus dem sprachlich organisierten Bewußtsein, zu ihrer Abschiebung ins „Unbewußte" mit der Folge führen, daß das bewußte Ich die Kontrolle über diese Wünsche und Vorstellungen verliert und nicht mehr „Herr im eigenen Haus" ist. Insofern betreibt Psychoanalyse kausale Verhaltenserklärung. Damit begnügt sie sich aber nicht, sie zielt darüber hinaus darauf ab, diese innere Kommunikationsstörung zu beheben, indem sie das Unbewußte durch „Erinnern, Wiederholen und Durcharbeiten" (Freud) der frühkindlichen Unterdrückungserfahrung in seiner Bedeutung entschlüsselt und wiederum ins (sprachlich organisierte) Bewußtsein hebt und dadurch das bewußte Ich wieder in die Lage versetzt, „Herr im eigenen Haus" zu sein. Psychoanalyse betreibt also auch deutendes Verstehen und dieses Verstehen ist Bedingung der Aufhebung der Kommunikationsstörung (vgl. Habermas 1973, S. 262ff.).

In einer analogen Weise beschäftigt sich **Kritische Gesellschaftstheorie** mit Störungen des zwischenmenschlichen Dialogs. Sie führt solche Störungen des zwischenmenschlichen Dialogs, die sich in hartnäckigen Interessengegensätzen und sozialen Kämpfen manifestieren, auf die bestehenden gesellschaftlichen Herrschaftsverhältnisse und die damit verbundene Ausgrenzung, Unterdrückung und Entmündigung der Beherrschten und deren Interessen durch die Herrschenden zurück. Sie versucht die Überwindung solcher Interessengegensätze und Konflikte vorzubereiten, indem sie ihre Ursache – den repressiven Charakter der gesellschaftlichen Ordnung – benennt, und die unterdrückten Bedürfnisse und Interessen der Beherrschten zur Sprache und damit den Konfliktparteien zu Bewußtsein bringt (vgl. Habermas 1973 S. 332ff.).

Wie läßt sich nun dieses „emanzipatorische Erkenntnisinteresse" an der Herstellung und Aufrechterhaltung unverzerrter Kommunikation rechtfertigen? Habermas meint – darin liegt eine Parallele zum „Symbolischen Interaktionismus" von G.H. Mead –, daß die **Idee der unverzerrten, „herrschaftsfreien" Kommunikation, anders ausgedrückt: die Idee der Mündigkeit, der menschlichen Gattung, die ja zur sprachlichen Verständigung fähig und auf diese angewiesen ist, denknotwendig als wünschenswerter Zustand vorgegeben sei:** „Das Interesse an Mündigkeit schwebt nicht bloß vor, es kann apriori eingesehen werden. Das, was uns aus Natur heraushebt, ist nämlich der einzige Sachverhalt, den wir der menschlichen Natur nach kennen können: die Sprache. Mit ihrer Struktur ist Mündigkeit für uns gesetzt. Mit dem ersten Satz ist die Intention eines allgemeinen und ungezwungenen Konsensus unmißverständlich ausgesprochen. Mündigkeit ist die einzige Idee, deren wir im Sinne der philosophischen Tradition mächtig sind" (Habermas 1968, S. 163).

In späteren Arbeiten hat Habermas in Form einer Analyse sprachlicher Kommunikationsprozesse zu zeigen versucht, daß diese Idee der Mündigkeit bzw. der „herrschaftsfreien Kommunikation" für jedes Gespräch, das wir führen, grundlegend ist: Wir können, so Habermas, gar nicht kommunizieren, ohne zu unterstellen, daß wir unverzerrt kommunizieren, auch wenn dies faktisch gar nicht der Fall ist. Andernfalls könnten wir das, was gesagt wird, gar nicht ernst nehmen; müßten wir ständig daran zweifeln, ob wir das, was wir sagen, auch wirklich meinen, und ob wir überhaupt wissen, was wir sagen. Freie Selbstbestimmung des Menschen und die Erzielung eines ungezwungenen Einverständnisses zwischen Menschen wären dann nicht mehr möglich. „Der Vorgriff auf die ideale (= herrschaftsfreie, M.P.) Sprechsituation hat für jede mögliche Kommunikation die Bedeutung eines konstitutiven Scheins" (Habermas 1971, S. 141). Daraus folgt aber auch, daß wir ein **Interesse an der (Wieder-)Herstellung unverzerrter Kommunikation** haben, ein Interesse, aus dem bloßen Schein ein wirkliches Sein zu machen.

Den Analysen des Zusammenhangs zwischen Erkenntnistypen und menschlichen Interessen entnimmt Habermas nun die Kriterien für die **Beurteilung der unterschiedlichen methodologischen Positionen in der Soziologie**. Aus seiner Sicht verfehlt eine empirisch-analytisch verfahrende Soziologie – etwa die Verhaltenstheorie – unser Interesse an der Gesellschaft: Dem technischen Interesse verpflichtet, vermag sie nur Informationen zu liefern, die der besseren Manipulation, also der besseren Beherrschbarkeit von Menschen durch Menschen, dienen und vermag daher nichts zur Befreiung von Herrschaft beizutragen.

Aber auch eine (phänomenologische oder interaktionistische) verstehende Soziologie genügt nicht zur Aufschlüsselung eines Gegenstandsbereiches, der auch Merkmale enthält, die sich dem hermeneutischen Verstehen entziehen (unterdrückte, dem sprachlich organisierten Bewußtsein und der sprachlichen Verständigung nicht zugängliche Bedürfnisse, Interessen und Vorstellungen von Individuen und Gruppen). Es geht ja der Kritischen Theorie gerade darum, jene zunächst unverständlichen Phänomene zu entschlüsseln, ins öffentliche Bewußtsein zu heben und dadurch einer rationalen Bearbeitung zugänglich zu machen.

Unbefriedigend sei auch eine systemtheoretisch-funktionalistische Soziologie: diese stelle zwar mit dem Begriff der „Funktion", der nicht nur beabsichtigte „manifeste", sondern auch unbeabsichtigte „latente" Handlungsfolgen umfaßt, und mit dem Bezugsproblem „Systemerhaltung" einen Deutungsrahmen bereit, der es erlaubt, soziale Tatbestände auch unabhängig vom sprachlich artikulierbaren Selbstverständnis von Individuen und Gruppen als sinnvoll (als funktional für die Bestandserhaltung) zu interpretieren, sie verliere jedoch, indem sie ausschließlich das Problem der Systemerhaltung in den Mittelpunkt stellt, das Problem der Emanzipation der Handelnden und der „Humanisierung" der Gesellschaft aus den Augen.

Dieses emanzipatorische Vorhaben scheint Habermas nur innerhalb einer Theorie realisierbar, die Elemente der verstehenden Soziologie und der funktionalistischen Systemtheorie miteinander verbindet (vgl. dazu: Habermas 1970 sowie den folgenden Abschnitt 2.2).

Mit seiner These vom Zusammenhang von Erkenntnis und Interesse und von der Pluralität der Erkenntnisinteressen und der ihnen entsprechenden Wissenschaftstypen geht es Habermas natürlich nicht nur um die Wissenschaft, sondern auch und vor allem um die **Praxis des menschlichen Zusammenlebens**. Er möchte nicht nur bewußtseinsbildend und verändernd in den Wissenschaftsbetrieb eingreifen, indem er den Monopolanspruch der empirisch-analytischen Wissenschaften in Frage stellt, er möchte auch die Gesellschaft vor den praktischen Folgen eines solchen Monopols bewahren: vor der Gefahr, daß die Menschen immer mehr zum Objekt der Manipulation durch Sozialtechniker werden, anstatt sich von gesellschaftlichen Zwängen zu emanzipieren und über gesellschaftliche Normen und Ziele zu kommunizieren. In den Worten von Habermas: es geht darum „... die Spaltung des Bewußtseins und die Aufspaltung der Menschen in zwei Klassen – in Sozialingenieure und Insassen geschlossener Anstalten" (Habermas 1974, S. 333f.) – zu verhindern.

2.2 Entwicklung einer kritischen Gesellschaftstheorie

Habermas hat seinen Entwurf einer kritischen Gesellschaftstheorie auf Grundlage einer sehr eingehenden und subtilen Auseinandersetzung mit klassischen und modernen soziologischen Theorien entwickelt. Wir finden in seiner Theorie Gedanken von Marx, Horkheimer, Adorno und Marcuse ebenso wie Gedanken von Weber, Mead, Durkheim, Schütz, Parsons und Luhmann. Seine Theorie läßt sich wohl am besten als Versuch einer Synthese dieser Theorien in einem umfassenden gesellschaftstheoretischen Ansatz charakterisieren, wobei natürlich in der wissenschaftlichen Diskussion unterschiedliche Meinungen darüber bestehen, ob diese Synthese gelungen ist.

Habermas' theoretischer Ansatz beruht auf zwei Säulen: einer handlungstheoretischen in der Tradition der „verstehenden Soziologie" (1) und einer systemtheoretischen (2). Auf diesen beiden Säulen entwickelt er seinen Gesellschaftsbegriff (3) sowie seine Theorie sozialer Evolution (4).

(1) Handlungstheorie:

In seiner Handlungstheorie versucht Habermas, jenen Aspekten der sozialen Wirklichkeit gerecht zu werden, die sich als Produkt sinnhafter, verstehbarer Handlungen von Individuen auffassen lassen. Dabei geht Habermas von zwei Grundtypen aus: Arbeit und Interaktion bzw. zweckrationales Handeln und kommunikatives Handeln.

Unter **„Arbeit"** oder **„zweckrationalem Handeln"** versteht Habermas instrumentales Handeln, das sich nach technischen Regeln richtet und auf empirischem Wissen beruht (z.B. Einschalten einer Berieselungsanlage durch Andrehen eines Wasserhahns im Wissen um die Bedeutung von Wasserzufuhr für den Wachstumsprozeß des Rasens), aber auch das Verhalten rationaler Wahl, der Entscheidung zwischen Verhaltensalternativen nach Maßgabe einer Präferenzordnung (z.B.: Ich kaufe Ware A und nicht Ware B, weil mir deren Konsum mehr Freude bereitet), sowie strategisches Handeln, d.h. rationales Entscheidungsverhalten unter Berücksichtigung des Verhaltens mindestens eines Gegenspielers in einer Wettbewerbssituation (z.B. ein Unternehmer setzt seine Preise unter Berücksichtigung der Preispolitik seiner Konkurrenz fest).

Arbeit oder zweckrationals Handeln ist grundlegend **monologisch**, d.h. die Situationsdeutungen und Handlungspläne, an denen es sich orientiert werden egozentrisch, ohne Abstimmung mit anderen Handelnden, entworfen. Die technischen Regeln und das empirische Wissen, auf dem es beruht, sind das Resultat früherer Erfahrungen im Arbeitsprozeß selbst, oder – heute im zunehmenden Maße – das Resultat empirisch-analytischer Wissenschaft, die wir oben ja schon als „Experimentierfeld für instrumentales Handeln" gekennzeichnet haben. Dieses instrumentale Handeln schließt auch die Verwendung von ihrerseits auf empirisch-analytischem Wissen beruhenden **(Produktions-)Techniken** ein.

Instrumentales Handeln dient in erster Linie der **Beherrschung der Natur** bzw. der **materiellen Reproduktion der Menschheit**. **Fortschritt** in der Dimension instrumentalen Handelns findet statt im Sinne einer **Ausdehnung der Herrschaft des Menschen über die Natur** sowie in Form einer zunehmenden **Übertragung von Arbeitsfunktionen an die Technik** (vgl. Habermas 1968a, S. 62).

Die Begriffe „instrumentales Handeln" und „Technik" sind die Habermassche Version der Begriffe „Arbeit" und „Produktivkräfte" bei Marx (vgl. dazu das Kapitel über Marx).

„Interaktion" bzw. **„kommunikatives Handeln"** zeichnet sich gegenüber dem zweckrationalen Handeln dadurch aus, daß es grundsätzlich dialogisch ist, d.h. die Situationsdeutungen und Handlungspläne, an denen es sich orientiert, werden nicht egozentrisch entworfen, sondern über Akte der Verständigung mit anderen Handelnden koordiniert (vgl. Habermas 1968a, S. 62f.). In einer späteren Arbeit unterscheidet Habermas **drei reine Typen kommunikativen Handelns bzw. symbolisch vermittelter Interaktion:**

• **1. Konversation**, beispielsweise ein Gespräch zweier Gärtner über die heurige Obsternte: Hier bezieht sich das zugrundeliegende Einverständnis auf die Wahrheit von Aussagen über die objektive Welt. Wird dieses in Frage gestellt, kann die Konversation mit anderen Mitteln, nämlich in der reflexiven Form eines **theoretischen Diskurses**, fortgesetzt werden, der der Kritik und Begründung von Wahrheitsansprüchen dient.

• **2. normreguliertes Handeln**, z.B. Schüler und Lehrer orientieren sich in einer Unterrichtsstunde an den jeweils geltenden Rollenerwartungen: Hier bezieht sich das zugrundeliegende Einverständnis auf die Richtigkeit von Handlungsnormen. Besteht ein solches Einverständnis nicht, kann die Konversation mit anderen Mitteln, in der reflexiven Form eines **praktischen Diskurses**, der der Kritik und Begründung von Normen unter dem Aspekt ihrer Richtigkeit dient, fortgesetzt werden.

• **3. dramaturgisches Handeln**, z.B. ein Besucher einer Diskothek legt ein betont „cooles" Verhalten an den Tag: Hier bezieht sich das Einverständnis auf die Wahrhaftigkeit des Ausdrucks subjektiver Gefühle oder Wünsche. Auch hier ist – im Falle fehlenden Einverständnisses – eine Fortsetzung mit anderen Mitteln möglich, nämlich mit den Mitteln des **therapeutischen Diskurses**, der der Überwindung von Selbsttäuschungen und der (Wieder-)Herstellung der Fähigkeit zum wahrhaftigen Selbstsausdruck dient (vgl. Habermas 1981a, S. 126ff. und 384ff.).

Auch in der Dimension kommunikativen Handelns gibt es Habermas zufolge **Fortschritte**, und zwar im Sinne einer zunehmenden **„Entschränkung von Kommunikation"**, in deren Gefolge die Rationalität der erzielten Einverständnisse – der Grad ihrer Abhängigkeit von keinem anderen Zwang als dem des im Diskurs ermittelten besseren Arguments – zunimmt.

Kommunikatives Handeln läuft nach Habermas ab vor dem Hintergrund einer **symbolisch strukturierten soziokulturellen Lebenswelt**. Diese setzt sich zusammen aus **drei strukturellen Komponenten: Kultur, Gesellschaft und Persönlichkeit:** „Kultur nenne ich den Wissensvorrat, aus dem sich die Kommunikationsteilnehmer, indem sie sich über etwas in der Welt verständigen, mit Interpretationen versorgen. Gesellschaft nenne ich die legitimen Ordnungen, über die die Kommunikationsteilnehmer ihre Zugehörigkeit zu sozialen Gruppen regeln und damit Solidarität sichern. Unter Persönlichkeit verstehe ich die Kompetenzen, die ein Subjekt sprach- und handlungsfähig machen, also instandsetzen, an Verständigungsprozessen teilzunehmen und dabei die eigene Identität zu behaupten" (Habermas 1981b, S. 209).

Die strukturellen Komponenten der Lebenswelt, die sich gleichsam als Kapitalisierung früherer Verständigungsleistungen verstehen lassen, gehen als **Ressourcen** in den Kommunikationsprozeß ein. Umgekehrt werden sie **im Kommunikationsprozeß reproduziert und fortgebildet**; insofern sorgt kommunikatives Handeln für die **symbolische Reproduktion der Lebenswelt** im allgemeinen und für die **soziale Integration der Gesellschaft** im besonderen (vgl. Habermas 1981b, S. 208f.).

Im Zusammenhang mit der Entschränkung von Kommunikation kommt es auch im Bereich der Lebenswelt zu einer zunehmenden **Rationalisierung:**

- kulturelles Wissen nimmt die Form hypothetischer und kritisierbarer Theorien an;
- in der Gesellschaft werden Verfahren der öffentlichen Willensbildung – Diskurse – institutionalisiert und zum Zentrum der Reproduktion der sozialen Ordnung.
- die Persönlichkeit gewinnt an Autonomie gegenüber der kulturellen Überlieferung und den sozialen Normen, indem sie die Fähigkeit erwirbt, sich gegenüber Traditionen und Normen distanzierend und reflektierend zu verhalten und relativ autonom zu handeln (vgl. Habermas 1981b, S. 219ff.).

Mit dem Konzept des kommunikativen Handelns arbeitet Habermas Elemente des „symbolischen Interaktionismus" von Mead in seine Theorie ein. Das Konzept der Lebenswelt und ihrer Komponenten geht auf Schütz zurück, weist aber offenbar auch Parallelen zum Modell des „allgemeinen Handlungssystems" von Parsons auf (vgl. dazu die Kapitel über Mead, Schütz und Parsons).

(2) Einbau der Systemtheorie

Habermas ist der Meinung, daß sich Gesellschaft mit Hilfe einer ausschließlich handlungstheoretischen Analyse nicht vollständig erfassen läßt, und zwar aus folgenden Gründen (vgl. zum folgenden Habermas 1981b, S. 224f.):

- Die handlungstheoretische Analyse stellt den Kreisprozeß der symbolischen Reproduktion der Lebenswelt im allgemeinen und der Gesellschaft im besonderen („Sozialintegration") in den Vordergrund. Der Bestand einer Gesellschaft hängt jedoch nicht nur von der Lösung dieses „internen" Problems ab, sondern auch von ihrer Fähigkeit, Probleme zu lösen, die sich ihr im Umgang mit einer „externen" Umwelt stellen (Probleme der materiellen Reproduktion).
- Entsprechend dieser ihrer Schwerpunktsetzung vernachlässigt die handlungstheoretische Analyse die Beiträge, die soziale Strukturen und Prozesse zur Bewältigung der durch die externe Umwelt gestellten Probleme leisten, ebenso wie die Einflüsse der externen Umwelt auf die sozialen Strukturen und Prozesse, die Anpassungszwänge, die von ihr ausgehen.
- Aus der Sicht der Handlungstheorie stellen sprachliche Verständigung und/oder anerkannte Normen den Grundmechanismus der Abstimmung der Handlungen aufeinander dar. Kommunikative Verständigung bzw. anerkannte Normen sind jedoch nicht der einzige Mechanismus der Handlungskoordination. Die Koordination kann auch durch anderen Mechanismen bewerkstelligt werden, wie etwa durch die „invisible hand" des Marktes bzw. durch den Preismechanismus, der die Abstimmung zwischen Angebot und Nachfrage, Produktion und Verbrauch, ohne Absprache zwischen den Marktteilnehmern möglich macht, obwohl diese ausschließlich am Eigeninteresse orientiert sind. Angebot und Nachfrage regeln sich, ungeplant und ohne gezielte Intervention von außen, „von selbst".

An diesem Punkt rezipiert Habermas nun Teile der (von Parsons und Luhmann entwickelten; s. die entsprechenden Kapitel) **funktionalistischen Systemtheorie**, um das zu erfassen, was sich mit handlungstheoretischen Mitteln allein nicht fassen läßt: das **Problem der Bestandserhaltung der Gesellschaft in einer komplexen und veränderlichen externen Umwelt**; die **Beiträge, die soziale Strukturen und**

Prozesse zur Sicherung des Bestandes der Gesellschaft in ihrer Umwelt leisten; den **Anpassungsdruck, der von der Umwelt auf die Gesellschaft ausgeübt wird**; die **Gliederung des Systems in gleichartige und verschiedenartige Teile (Differenzierung)**, durch die seine Fähigkeit zur Bestandserhaltung gesteigert wird; und schließlich die Mechanismen, die zusätzlich und neben dem „Verständigungsmechanismus" die Koordination von Einzelhandlungen bzw. von Systemteilen bewerkstelligen: die der Systemintegration dienenden **Interaktions- oder Steuerungsmedien** (z.B. Geld, Macht).

Der Systemtheorie entnimmt Habermas im übrigen auch das **Fortschrittskriterium** für die Entwicklung der Gesellschaft als soziales System: **Steigerung der Eigenkomplexität** und damit der Fähigkeit, in einer komplexen und veränderlichen Umwelt zu bestehen.

Habermas geht allerdings – im Unterschied zu Systemtheoretikern wie Luhmann – davon aus, daß auch die Systemtheorie allein keinen zureichenden theoretischen Bezugsrahmen für die Analyse von Gesellschaften bereitzustellen vermag; daß sie die Handlungstheorie also nicht ersetzen, sondern lediglich ergänzen kann, und zwar deshalb, weil sie erstens Prozesse der Bildung sozialer Systeme nicht zureichend zu erklären im Stande ist: Im Hinblick auf die Gesamtgesellschaft akzeptiert Habermas die Idee der „Autopoiesis", der Selbsterzeugung sozialer Systeme nicht. Eine Analyse der Systembildung müsse auch auf das kommunikative Handeln im Kontext einer Lebenswelt Bezug nehmen, also handlungstheoretisch ansetzen. Zweitens reiche die Systemtheorie deshalb für eine umfassende Gesellschaftsanalyse nicht aus, „... weil die Strukturmuster von Handlungssystemen ... der Beobachtung unzugänglich sind und hermeneutisch, d.h. aus der Innenperspektive von Angehörigen aufgeschlossen werden müssen. Die Entitäten (= Einheiten, M. P.), die aus der Außenperspektive eines Beobachters systemtheoretischen Begriffen subsumiert werden sollen, müssen zuvor als Lebenswelten sozialer Gruppen identifiziert und in ihren symbolischen Strukturen verstanden worden sein" (Habermas 1981b, S. 227). Schließlich resultierten „... aus der Eigengesetzlichkeit der symbolischen Reproduktion der Lebenswelt ... innere Beschränkungen für die Reproduktion einer Gesellschaft" (ebenda), Beschränkungen, die dem auf Bestandserhaltung und Komplexitätssteigerung fixierten Blick des Systemtheoretikers entgehen.

(3) Gesellschaft

Dem dualistischen, handlungs- und systemtheoretischen Aufbau seiner Theorie entsprechend, begreift Habermas Gesellschaften als zweistufige Ordnung: als **„systemisch stabilisierte Handlungszusammenhänge sozial integrierter Gruppen"** (Habermas 1981b, S. 228). Die erste Komponente dieser Definition bezieht sich auf den Systemaspekt, die zweite Komponente auf den Lebensweltaspekt von Gesellschaft.

Zunächst – im Anfangsstadium der Geschichte – sind System und Lebenswelt ungeschieden, die Unterscheidung von System und Lebenswelt ist hier also eine rein analytische – sie bezeichnet zwei Aspekte eines einheitlichen Gegenstandes. Im Verlauf der Geschichte schließen sich die systemisch integrierten Handlungszusammenhänge jedoch zu abgrenzbaren Handlungsbereichen zusammen und verselbständigen sich gegenüber der Lebenswelt: „System und Lebenswelt differenzieren sich, indem die Komplexität des einen und die Rationalität der anderen wächst, nicht nur jeweils als System und als Lebenswelt – beide differenzieren sich gleichzeitig auch voneinander" (Habermas 1981b, S. 230). Eine solche Ausdifferenzierung von mediengesteuerten Subsystemen aus der durch den Verständigungsmechanismus integrierten Lebenswelt – Habermas spricht von einer **„Entkoppelung von System und Lebenswelt"** – ist ein Spezifikum moderner Gesellschaften. Erst diese „... erreichen ... eine Ebene der Systemdifferenzierung, auf der autonom gewordene Organisationen über entsprachlichte Kommunikationsmedien miteinander in Verbindung stehen. Diese systemischen Mechanismen steuern einen von Normen und Werten weitgehend abgehängten sozialen Verkehr, nämlich jene Subsysteme zweckrationalen Wirtschafts- und Verwaltungshandelns, die sich nach Webers Diagnose gegenüber ihren (lebensweltlichen, M. P.) moralisch-praktischen Grundlagen verselbständigt haben" (ebenda).

Trotzdem aber bleiben System und Lebenswelt voneinander abhängig. Dieser **Zusammenhang zwischen System und Lebenswelt** stellt sich aus der Sicht von Habermas folgendermaßen dar:

- Der Systembereich ist von der Lebenswelt insofern abhängig, als die systembildenden Mechanismen institutionalisiert, die Folgen und Nebenfolgen der Systemdynamik legitimiert und die Mitglieder der Gesellschaft zur Teilnahme an den Systemen motiviert werden müssen. Der **Systembereich muß m.a.W. in der Lebenswelt verankert sein** (vgl. Habermas 1981b, S. 259).
- Die Lebenswelt ist vom **Systembereich** abhängig, insofern dort die **Mittel für ihre materielle Reproduktion erzeugt und bereitgestellt** werden.

Die Pointe der Gesellschaftstheorie von Habermas ist jedoch die Annahme, daß **System und Lebenswelt, System- und Sozialintegration miteinander in Konflikt geraten** können. Seine diesbezüglichen Theoreme lauten folgendermaßen:

(a) Unter bestimmten gesellschaftlichen Bedingungen – und zwar dann, wenn „... Institutionen, die Steuerungsmechanismen wie Geld oder Macht in der Lebenswelt verankern", nicht „... die Systemerhaltung den normativen Restriktionen der Lebenswelt (unterwerfen)", sondern umgekehrt „... die Lebenswelt den systemischen Zwängen der materiellen Reproduktion (unterordnen)" (Habermas 1981b, S. 275f.) – kann es passieren, daß systemische Mechanismen über ihren „angestammten" Bereich hinaus in die Lebenswelt hineinwirken, dort den „Verständigungsmechanismus" blockieren – und damit die symbolische Reproduktion der Lebenswelt, die Reproduktion von Kultur, Gesellschaft und Persönlichkeit gefährden. In dieser Situation offenbart sich, wie es Habermas ausdrückt, „... die unaufhaltsame Ironie des weltgeschichtlichen Aufklärungsprozesses: die Rationalisierung der Lebenswelt ermöglicht eine Steigerung der Systemkomplexität, die so hypertrophiert, daß die losgelassenen Systemimperative die Fassungskraft der Lebenswelt, die von ihnen instrumentalisiert wird, sprengen" (Habermas 1981b, S. 232f.). Habermas (1981b, S. 293) spricht in diesem Zusammenhang von einer **„Kolonialisierung der Lebenswelt"**. Die pathologischen Erscheinungen, die in einer solchen Situation auftreten, sind Sinnverlust im Bereich der Kultur, Anomie (Normlosigkeit) im Bereich der Gesellschaft und Psychopathologie im Bereich der Persönlichkeit.

(b) In einer solchen Situation ist es wahrscheinlich, daß die Betroffenen den Subsystemen die Legitimation entziehen, ihre Kooperationsbereitschaft aufgeben und sich zum **Widerstand gegen die Kolonialisierung der Lebenswelt** formieren (vgl. Habermas 1981b, S. 561).

Genau das ist – so Habermas – im Kapitalismus der Fall (vgl. dazu Abschnitt 2.3).

(4) Soziale Evolution

Auch im Hinblick auf das Problem der sozialen Evolution ist die Wechselwirkung zwischen „System" und „Lebenswelt" für die Kritische Theorie von zentraler Bedeutung:

Die grundlegende Struktur jeder Gesellschaft ist nach Habermas mit dem (der Lebenswelt zuzurechnenden) jeweiligen **„gesellschaftlichen Organisationsprinzip"** gegeben, dessen Struktur durch einen **„institutionellen Kern"** (z.B. die Privatrechtsordnung moderner Gesellschaften; s. auch Übersicht 2) bestimmt wird: „... Dieses Organisationsprinzip umschreibt Möglichkeitsspielräume; insbesondere legt es fest, innerhalb welcher Strukturen Wandlungen des Institutionensystems möglich sind; in welchem Umfang vorhandene Produktivkraftkapazitäten gesellschaftlich genutzt bzw. die Entfaltung neuer Produktivkräfte stimuliert werden kann; und damit auch: wie weit Systemkomplexität und Steuerungsleistungen gesteigert werden können" (Habermas 1976, S. 168f.). Das Organisationsprinzip legt m.a.W. fest, in welchem Maße Probleme der materiellen und symbolischen Reproduktion gelöst werden können ((1) in Übersicht 1).

Wird nun diese Problemlösungskapazität überfordert, d.h. treten Probleme auf, die innerhalb des bestehenden Organisationsprinzips nicht gelöst werden können, steht die Gesellschaft vor einer **„evolutionären Herausforderung"** ((2) in Übersicht 1). Habermas vertritt dabei die These, daß solche evolutionären Herausforderungen **vom (zunehmend durch systemische Strukturen und Mechanismen getragenen) Bereich der materiellen Reproduktion ausgehen**.

Die Voraussetzung dafür, solche evolutionären Herausforderungen auch annehmen zu können, bilden **Lernprozesse im Bereich der soziokulturellen Lebenswelt**. Bei einem solchen evolutionären Lernen spielen Persönlichkeit, Kultur und Gesellschaft, die strukturellen Komponenten der Lebenswelt, folgendermaßen zusammen (vgl. Habermas 1976, S. 176):

- Ihren Ausgangspunkt nehmen solche **Lernprozesse bei einzelnen Gesellschaftsmitgliedern**, sie beruhen also letztlich auf der (technischen und moralisch-praktischen) Lernkapazität von Individuen ((3) in Übersicht 1).
- Die Ergebnisse dieser Lernprozesse finden über exemplarische Lernprozesse ((4) in Übersicht 1) **Eingang in den kulturellen Wissensvorrat**, der nun so etwas wie ein kognitives Potential für die Lösung evolutionärer Probleme darstellt ((5) in Übersicht 1).
- Dieses kognitive Potential kann nun für die Umstrukturierung der Gesellschaft genutzt werden, indem es **institutionell verkörpert** wird. Dabei kommt **sozialen Bewegungen** als Trägerschichten dieses Wandels zentrale Bedeutung zu ((6) in Übersicht 1).

Im Verlauf der Evolution ergibt sich nach Habermas – in Übereinstimmung mit der soziologischen Tradition – die in Übersicht 2 dargestellte **Abfolge von Gesellschaftsformationen:**

Übersicht 1: Die Evolutionstheorie von J. Habermas

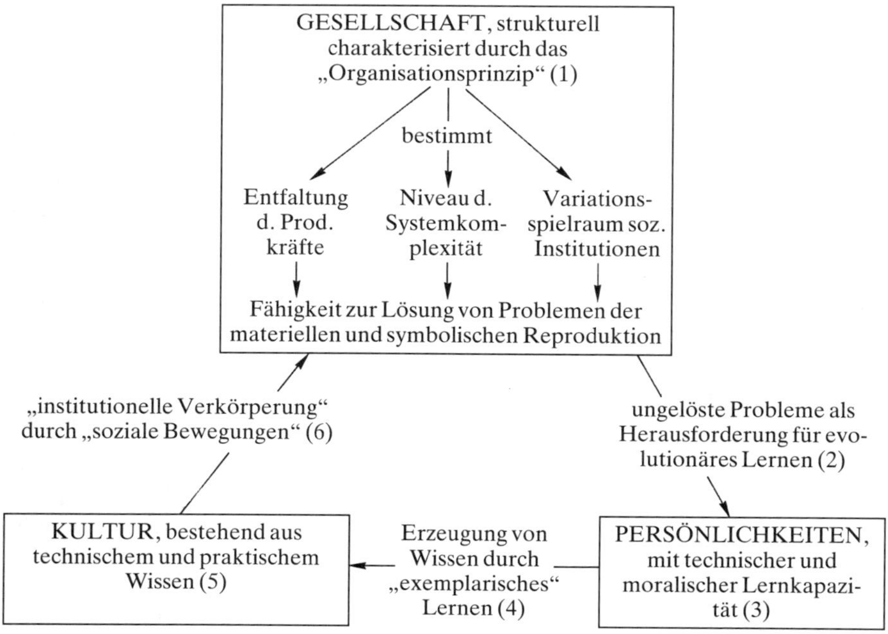

Übersicht 2: Evolutionäre Abfolge von Gesellschaftsformationen

Gesellschaftsformation	institutioneller Kern d. Organisationsprinzips	Ebene der Systemdifferenzierung
1. egalitäre Stammesgesellschaften	Verwandtschaftsordnung	segmentäre Differenzierung
2. hierarchisierte Stammesgesellschaften	Status- und Abstammungsordnung	Stratifikation (Schichtung)
3. staatlich organisierte Gesellschaften	politische Herrschaftsordnung	staatliche Organisation
4. moderne Gesellschaften	Privatrecht, öffentl. Recht	Ausdifferenzierung mediengesteuerter Subsysteme (Wirtschaft, Politik)

(erstellt auf Grund der Ausführungen in Habermas 1981b, S. 233ff.).

Diese Gesellschaftsformationen bilden Habermas zufolge unter dem Gesichtspunkt des in ihnen jeweils möglichen Niveaus der Naturbeherrschung, der sozialen Integration sowie der Systemkomplexität eine aufsteigende Ordnung, die von evolutionär erfolgreich lernenden Gesellschaften durchlaufen wird.

Dabei ist es Habermas zufolge durchaus offen und abhängig von den konkreten geschichtlichen Bedingungen, ob dieser evolutionäre Lernprozeß gelingt oder nicht. Auch Rückschritte sind diesem Konzept zufolge nicht ausgeschlossen:

„Viele Pfade können zu demselben Entwicklungsniveau führen; **unlineare** Entwicklungen sind um so unwahrscheinlicher, je zahlreicher die evolutionären Einheiten sind. Auch besteht keine Garantie für **ununterbrochene** Entwicklungen; es hängt vielmehr von zufälligen Konstellationen ab, ob eine Gesellschaft an einer Entwicklungsschwelle unproduktiv verharrt, oder ob sie ihre Systemprobleme durch Entwicklung neuer Strukturen löst. Schließlich sind **Rückschritte** in der Evolution möglich und vielfach empirisch belegt" (Habermas 1976, S. 155).

Habermas' Theorie der sozialen Evolution weist **Gemeinsamkeiten, aber auch Unterschiede zur Geschichtstheorie von Marx**, auf:

- Wie bei Marx so gehen auch nach Habermas die Entwicklungsanstöße vom Bereich der materiellen Reproduktion, der „ökonomischen Basis", aus. Anders als bei Marx spielen bei Habermas jedoch Lernprozesse im Bereich der Lebenswelt, also „Überbauphänomene", eine entscheidende Rolle für den Wandel, Lernprozesse, deren Ausgang offen und keineswegs durch die Entwicklung im Basisbereich determiniert ist.

- Auch die Marxsche Idee des „Widerspruchs zwischen Produktivkräften und Produktionsverhältnissen" läßt sich – in Gestalt der These, daß das Organisationsprinzip der Gesellschaft die Nutzung und Entwicklung der Produktivkräfte begrenzt – in Habermas' Theorie wiederfinden. Anders als Marx ist Habermas jedoch der Meinung, daß nicht der technische, sondern der moralisch-praktische Fortschritt Voraussetzung für die Auflösung dieses Widerspruchs ist. Erst dieser erlaubt es, ein neues Organisationsprinzip zu institutionalisieren und damit einen erweiterten Spielraum für die Produktivkraftnutzung und -entwicklung zu schaffen.

- Weiters taucht auch die Idee des Konflikts zwischen „sozialen Bewegungen" – der Marxsche „Klassenkampf" – bei Habermas wieder auf. Solche Konflikte nehmen nach Habermas jedoch nur dann die Form von Kämpfen an, wenn friedlich-dialogische Formen der Auseinandersetzung gescheitert sind bzw. von den herrschenden Gruppen verweigert wurden – und auch dann nicht auf Grund eines „Naturgesetzes" des Sozialen, sondern auf Grund einer Entscheidung der Kontrahenten.

- Schließlich finden wir auch bei Habermas die Vorstellung einer Abfolge von Gesellschaftsformationen. Im Unterschied zu Marx bzw. zu seinen dogmatischen Epigonen geht Habermas jedoch nicht davon aus, daß diese Reihenfolge von jeder Gesellschaft ununterbrochen und immer in aufsteigender Richtung durchlaufen wird. Er rechnet vielmehr auch mit der Möglichkeit der Stagnation oder gar des Rückfalls auf ein bereits überwundenes Entwicklungsstadium.

2.3 Gegenwartsdiagnose

Mit seiner Gegenwartsdiagnose zielt Habermas auf die Identifizierung von **Krisentendenzen und Protestbewegungen in entwickelten kapitalistischen Gesellschaften** ab.

Kapitalistische Gesellschaften verkörpern nach Habermas eine Variante moderner Gesellschaften. Sie heißen „kapitalistisch", weil sie auf dem im Privatrechtssystem verankerten Privateigentum an Produktionsmitteln beruhen. Ihre spezielle Problematik besteht darin, daß in ihnen der Konflikt zwischen System und Lebenswelt, die Tendenz zur Kolonialisierung der Lebenswelt, strukturell angelegt ist (vgl. Habermas 1981b, S. 451).

Innerhalb der Entwicklung des Kapitalismus unterscheidet Habermas nun zwei Perioden: die liberalkapitalistische (1) und die spätkapitalistische (2).

zu (1): Liberalkapitalismus

Im Liberalkapitalismus hat sich der **Prozeß der materiellen Produktion** im großen und ganzen **selbstgeregelt über den Markt bzw. das Steuerungsmedium „Geld"** vollzogen. Der Staat griff in den Wirtschaftsprozeß nicht ein, sondern beschränkte sich darauf, Märkte durch eine entsprechende Rechtssetzung zu schaffen und – durch Bereitstellung öffentlicher Leistungen wie Infrastruktur und berufsbezogene Ausbildung – zu ergänzen (vgl. Habermas 1973a, S. 36ff.).

In dieser Situation nahm der Widerspruch zwischen System und Lebenswelt die Form des **Widerspruchs zwischen kapitalistischer Wirtschaft und Lebenswelt**, die Kolonialisierung der Lebenswelt die Form der **Kolonialisierung durch das „Geldmedium"**, der **„Monetarisierung sozialer Beziehungen"** an: die ökonomischen Zwänge bestimmten die Lebensführung und das Lebensschicksal nicht nur innerhalb, sondern auch außerhalb der Arbeit, ökonomische Systemkrisen konnten nur auf Kosten der Lebenswelt – in Form von „relativer Armut" und materieller Verelendung der Arbeiterschaft – vermieden bzw. behoben werden. Eine Verbesserung der Lage der Arbeiterschaft innerhalb der bestehenden Ordnung war – angesichts des bestehenden Koalitionsverbotes und angesichts der Beschränkung des politischen Stimmrechts auf die besitzenden Klassen („Zensuswahlrecht") – nicht möglich.

In Reaktion auf diese Kolonialisierung der Lebenswelt formierte sich die **„soziale Bewegung" des Proletariats** zum **Protest** gegen diese Ordnung und ihre Nutznießer, die Kapitalisten.

Habermas zeichnet also vom Liberalkapitalismus ein der marxistischen Kapitalismuskritik durchaus ähnliches Bild.

zu (2): Spätkapitalismus

Der Spätkapitalismus ist nach Habermas dadurch gekennzeichnet, daß der Staat die Organisation der materiellen Produktion nicht mehr allein dem Markt überläßt. Es kommt nun zu einer **„Politisierung der Ökonomie"**, und zwar in doppelter Hinsicht: einerseits durch eine Politisierung der Preisbildung auf dem Arbeitsmarkt („collective bargaining"), andererseits durch wirtschafts- und sozialpolitische Maßnahmen des Staates, die darauf ausgerichtet sind, den Marktmechanismus partiell zu ersetzen (z.B. antizyklisches Verhalten der Staatsnachfrage) oder darauf abzielen, negative „externe Effekte" des Marktprozesses zu beseitigen (z.B.: Gesundheitspolitik, Sozialpolitik).

Dieses „sozialstaatliche Arrangement" ist freilich erst unter dem Druck der organisierten Arbeiterschaft entstanden: zunächst wurden Koalitionsrecht und allgemeines Wahlrecht erkämpft, dann wurden diese neu gewonnenen Einflußchancen im Sinne der Durchsetzung von Arbeitnehmerinteressen genutzt (vgl. Habermas 1973a, S. 50ff.).

Diesem sozialstaatlichen Arrangement ist es zu danken, daß die „Kolonialisierung durch das Geldmedium" zwar nicht abgeschafft, aber immerhin in ihrer destruktiven Durchschlagskraft auf die Lebenswelt gleichsam gebremst werden konnte, wodurch auch der Klassenkonflikt seine systemsprengende Dynamik verloren hat. Allerdings droht der Lebenswelt – so Habermas – nun Gefahr aus einer anderen Richtung, nämlich die Gefahr der **Kolonialisierung durch das Steuerungsmedium „politische Macht"**, die Gefahr der **„Bürokratisierung sozialer Beziehungen":** Die Vermeidung von Krisen und die Inganghaltung des Wachstums der kapitalistischen Wirtschaft erfordern in zunehmendem Maße politische Maßnahmen, die ihrerseits mit Eingriffen in die Lebenswelt verbunden sind (z.B. Energiepolitik: Genehmigung von Großkraftwerken; Bildungspolitik: Zuschneidung von Ausbildungsgängen auf die Bedürfnise der Wirtschaft) und daher auf **„Legitimationsprobleme"** stoßen.

Auf diese in ihren Ursachen immer noch auf kapitalistische Bestandserhaltungsimperative zurückgehenden, in ihren Auswirkungen jedoch nicht mehr klassenspezifischen Kolonialisierungstendenzen führt Habermas den – ebenfalls nicht mehr klassenspezifischen – **Protest der „neuen sozialen Bewegungen"** (Grüne, Alternativbewegung, Studentenbewegung) zurück. Dieser Protest richte sich dabei nicht nur gegen den Vorrang, den kapitalistische Bestandserhaltungs- und Wachstumsinteressen gegenüber lebensweltlichen Werten und Bedürfnissen erhalten, sondern auch und vor allem gegen den Versuch, die geplanten Maßnahmen ohne Einbeziehung der Betroffenen in den Planungs- und Entscheidungsprozeß „durchzuziehen" (vgl. dazu Habermas 1973a, S. 66ff.; 1981b, S. 504ff.).

Das Bild, das Habermas von Krisentendenzen im Spätkapitalismus zeichnet, unterscheidet sich erheblich von der marxistischen Krisentheorie. Zwar führt auch er die Krisenerscheinungen letztlich auf kapitalistische Systemzwänge zurück. Ausgehend von seinem zweistufigen, System- und Lebensweltanalyse verbindenden Gesellschaftsbegriff überwindet er jedoch die marxistische Fixierung auf das ökonomische System, auf materielle Verelendungstendenzen und auf den Klassenkonflikt und schafft sich damit die Möglichkeit, auch immaterielle Verelendungstendenzen – „Lebensweltpathologien" –, deren spezifisch politische Ursachen, sowie das breite Spektrum neuer sozialer Bewegungen zu analysieren.

3. Kritische Theorie – an einem Fallbeispiel erläutert

Im folgenden Abschnitt soll die Theorie der Kolonialisierung der Lebenswelt auf ein praktisches Beispiel, und zwar auf die **Ereignisse um den geplanten Bau des Donaukraftwerks bei Hainburg in Niederösterreich im Dezember 1984**, angewandt werden.

Offenbar entsprach der Bau des Kraftwerkes Hainburg den **„Kapitalverwertungsinteressen"** der E-Wirtschaft und der Bauwirtschaft, aber auch den **Arbeitsplatzinteressen** der Bau- und Holzarbeitergewerkschaft. Die Abwicklung des Baus bedurfte jedoch eines **politisch-administrativen Genehmigungsverfahrens**. Wirtschaftspolitische Imperative, vermittelt durch den Einfluß der Wirtschaftsverbände, sowie fiskalische Eigeninteressen des Staates sprachen eindeutig für den Kraftwerksbau. Aus der Sicht maßgebender **Akteure des Systems** erschien der Kraftwerksbau also eindeutig **positiv funktional**. Daher wurde in einer „ersten Runde" der Versuch unternommen, den Bau glatt, d.h. auf administrativem Wege ohne öffentliche Diskussion, über die Bühne zu bringen.

Dieser Versuch kollidierte jedoch in doppelter Hinsicht mit **lebensweltlichen Interessen:**

- inhaltlich im Hinblick auf den Wert „Erhaltung eines Stückes Naturlandschaft" und
- prozedural im Hinblick auf den Versuch, eine öffentliche Diskussion zu vermeiden und die Entscheidung ohne Bürgerbeteiligung zu treffen.

In Gestalt der **„Auschützer"** formierte sich nun der **Protest**, der die Legitimität der Entscheidung für den Bau radikal in Frage stellte, und sich auch nicht durch materielle Anreize („billiger Strom") zur Akzeptanz motivieren ließ.

So kam es dann zur „zweiten Runde" der Auseinandersetzung, die durch die vom damaligen Bundeskanzler Sinowatz verkündete „Denkpause" und die Einsetzung einer Kommission gekennzeichnet ist, in der die Frage des Kraftwerksbaus auf der Ebene inhaltlicher Auseinandersetzung in Form eines **politischen Diskurses unter Einbeziehung von Vertretern der Kraftwerksgegner** wieder aufgenommen wurde.

4. Zum Stellenwert der Kritischen Theorie in der heutigen Soziologie

Die kritische Theorie von Jürgen Habermas ist ein noch unabgeschlossenes „work in progress". Eine endgültige Bilanz über ihre Bedeutung für die Soziologie kann daher noch nicht gezogen werden.

Bereits heute läßt sich jedoch sagen, daß

- sie die **Auseinandersetzung um das wissenschaftstheoretische Selbstverständnis der Soziologie stimuliert** hat – wie erwähnt, hat die kritische Theorie im „Positivismusstreit in der Deutschen Soziologie" eine der Hauptrollen gespielt;
- sie **den methodischen und theoretischen Pluralismus und die Konfrontation zwischen unterschiedlichen Methoden und Theorien der Soziologie gefördert** hat. So wurde beispielsweise die Rezeption des symbolischen Interaktionismus und der Ethnomethodologie im deutschsprachigen Raum durch die publizistische Tätigkeit von Habermas beschleunigt. Auch die Entwicklung neuer Ansätze wurde angeregt, indem kritisch-theoretische Ideen aufgegriffen und weitergesponnen wurden, aber auch indem sich Konkurrenten der Kritischen Theorie zum Entwurf und Ausbau konträrer Positionen veranlaßt sahen (z.B. Luhmann).
- **Begriffe und Theoreme der Kritischen Theorie auch in die empirische Forschung** – z.B. zum Thema „Konflikt- und Rückzugspotentiale in spätkapitalistischen Gesellschaften" (vgl. Döbert und Nunner-Winkler 1975) oder zum Thema „Pathogenese der politischen Modernität in Deutschland" (Eder 1986) – **Eingang gefunden** haben.
- die Kritische Theorie die **internationale soziologische Kommunikation gefördert** hat, indem sie einerseits internationale Literatur verarbeitet hat und andererseits selbst zu einem Exportartikel geworden ist.

Ausgewählte Originalliteratur[1]

Habermas, Jürgen: Erkenntnis und Interesse. In: Habermas, J.: Technik und Wissenschaft als „Ideologie". Frankfurt: Suhrkamp, 1968, S. 146-168.

Habermas, Jürgen: Technik und Wissenschaft als „Ideologie". In: **Habermas, J.:** Technik und Wissenschaft als „Ideologie". Frankfurt: Suhrkamp, 1968a, S. 48-103.

Habermas, Jürgen: Zur Logik der Sozialwissenschaft, Frankfurt: Suhrkamp 1970.

Habermas, Jürgen: Vorbereitende Bemerkungen zu einer Theorie der kommunikativen Kompetenz. In: Habermas, J.; Luhmann, N.: Theorie der Gesellschaft oder Sozialtechnologie. Frankfurt: Suhrkamp, 1971, S. 101-141.

Habermas, Jürgen: Analytische Wissenschaftstheorie und Dialektik. In: Adorno, Th.W. (Hg.): Der Positivismusstreit in der deutschen Soziologie. Darmstadt; Neuwied: Luchterhand, 1972a, erstmals 1969, S. 155-191.

Habermas, Jürgen: Gegen einen positivistisch halbierten Rationalismus. In: Adorno, Th.W. (Hg.): Der Positivismusstreit in der deutschen Soziologie. Darmstadt; Neuwied: Luchterhand, 1972b, erstmals 1969, S. 235-266.

Habermas, Jürgen: Erkenntnis und Interesse. Frankfurt: Suhrkamp, 1973, erstmals 1968.

Habermas, Jürgen: Legitimationsprobleme im Spätkapitalismus. Frankfurt: Suhrkamp, 1973a.

Habermas, Jürgen: Dogmatismus, Vernunft und Entscheidung. Zu Theorie und Praxis in der verwissenschaftlichten Zivilisation. In: **Habermas, J.:** Theorie und Praxis. Sozialphilosophische Studien. Frankfurt: Suhrkamp, 1974, erstmals 1971, S. 307-335.

Habermas, Jürgen: Zur Rekonstruktion des Historischen Materialismus. Frankfurt: Suhrkamp, 1976.

Habermas, Jürgen: Theorie kommunikativen Handelns, Band 1: Handlungsrationalität und gesellschaftliche Rationalisierung. Frankfurt: Suhrkamp, 1981a.

Habermas, Jürgen,: Theorie kommunikativen Handelns, Band 2: Zur Kritik der funktionalistischen Vernunft. Frankfurt: Suhrkamp, 1981b.

Ausgewählte Sekundärliteratur[2]

Dubiel, Helmut: Wissenschaftsorganisation und politische Erfahrung. Frankfurt: Suhrkamp, 1978.

Dubiel, Helmut: Kritische Theorie der Gesellschaft. Eine einführende Rekonstruktion von den Anfängen im Horkheimer-Kreis bis Habermas. Weinheim und München: Juventa, 1988.

Gripp, Helga: Jürgen Habermas. Und es gibt sie doch – Zur kommnikationstheoretischen Begründung von Vernunft bei Jürgen Habermas. Paderborn; München; Wien; Zürich: Schöningh, 1984.

Jay, Martin: Dialektische Phantasie. Zur Geschichte der Frankfurter Schule und des Instituts für Sozialforschung 1923-1950. Frankfurt: Fischer, 1976.

Honneth, Axel: Kritik der Macht. Reflexionsstufen einer Kritischen Gesellschaftstheorie, Frankfurt: Suhrkamp 1985.

Honneth, Axel und **Joas, Hans** (Hg.): Kommunikatives Handeln. Beiträge zu Jürgen Habermas' „Theorie des kommunikativen Handelns", Frankfurt: Suhrkamp, 1986.

---

1 Ein vollständiges Verzeichnis der Schriften von H. Habermas bis 1981 findet sich in R. Görtzen: Jürgen Habermas: Eine Bibliographie seiner Schriften und der Sekundärliteratur, Frankfurt: 1982.

2 Ein Verzeichnis der bis 1981 erschienenen Sekundärliteratur zu J. Habermas findet sich in der Habermas-Bibliographie von R. Görtzen (1982, vgl. Fußnote 1). Über die später erschienene Sekundärliteratur informiert ebenfalls Görtzen, in: Honneth und Joas (Hg.): Kommunikatives Handeln. Beiträge zu Jürgen Habermas' „Theorie kommunikativen Handelns". Frankfurt: Suhrkamp 1986, S. 406-416.

Kiss, Gabor: Paradigmawechsel in der Kritischen Theorie: Jürgen Habermas' intersubjektiver Ansatz, Stuttgart: Enke, 1987.

McCarthy, Thomas: Kritik der Verständigungsverhältnisse. Zur Theorie von Jürgen Habermas. Frankfurt: Suhrkamp, 1980.

Wellmer, Albrecht: Kritische Gesellschaftstheorie und Positivismus. Frankfurt: Suhrkamp, 1969.

Wiggershausen, Rolf: Die Frankfurter Schule. Geschichte, Theoretische Entwicklung, Politische Bedeutung. München; Wien: Hanser, 1986.

Weiterführende Literatur (Auswahl)

Döbert, Rainer und **Nunner-Winkler, Gertrud:** Adoleszenzkrise und Identitätsbildung. Psychische und soziale Aspekte des Jugendalters in modernen Gesellschaften. Frankfurt: Suhrkamp, 1975.

Eder, Klaus: Geschichte als Lernprozeß? Zur Pathogenese politischer Modernität in Deutschland. Frankfurt: Suhrkamp 1986.

Kapitel 11: Die Soziologie und die Soziologien

(Julius Morel)

1. Soziologischer Theorienvergleich

Im vorliegenden Buch wurden verschiedene soziologische theoretische Ansätze behandelt. Ob ihre konkurrierende Vielfalt und ihr gleichzeitiger Gültigkeitsanspruch eher als verwirrend oder eher als bereichernd empfunden wird, hängt davon ab, ob bzw. wie man die dargestellten theoretischen Modelle in Beziehung zueinander betrachtet. Eine Frage, die nicht nur in der Soziologie, sondern in allen Wissenschaften auftaucht und unter dem Titel „Theorienvergleich" abgehandelt wird.

Was nun die wissenschaftliche Auseinandersetzung mit dem Problem des Theorienvergleiches in der Soziologie betrifft, findet man auch hier verschiedene Auffassungen, wobei einige den Vergleich theoretischer Ansätze als zwecklos, andere als eine sinnvolle Aufgabe ansehen.

Die „Pessimisten" meinen, daß bereits die taxative Aufzählung genau abgegrenzter theoretischer Ansätze praktisch unmöglich sei und der Vergleich ausdifferenzierbarer Modelle „zum Scheitern verurteilt und überflüssig" (Klinkmann 1981, S. 249) bzw. „unmöglich" (Matthes 1978, S. 20) zu sein scheint. Sie sprechen von einem „Pseudopluralismus" (Seyfarth 1978, S. 287) in der Soziologie.

Andere denken „optimistisch": „Theorienvergleich mag helfen ... bisher scheinbar unverbundene Theorien zu einer Theorie höheren Abstraktionsgrades zusammenzufassen" (Matthes 1978, S. 9). Sie halten es für sinnvoll, „... nach Lösungsmöglichkeiten für gemeinsam definierbare Probleme Ausschau zu halten" (Matthes 1978, S. 9) und reden von der „multiparadigmatischen Struktur der Soziologie" (Seyfarth 1978, S. 289). Hier taucht bereits der Begriff „Paradigma" auf, der im Kontext des Theorienvergleiches häufig verwendet wird und auch für den in diesem Kapitel vorzuschlagenden Problemlösungsversuch als Hilfskonstruktion geeignet zu sein scheint. Darum soll nun dieser Begriff kurz erörtert werden.

Von wissenschaftlichen Paradigmen (das griechische Wort bedeutet soviel wie Vorbild, Musterbeispiel, Gleichnis) spricht man in Fachkreisen vor allem seit dem Erscheinen des Buches von Thomas S. Kuhn: Die Struktur wissenschaftlicher Revolutionen (1967). Unter den vielen Bedeutungen, die der Autor mit diesem Wort verbindet (Mastermann 1974, S. 61) ist für unsere Zwecke diejenige relevant, die besagt, „daß einige anerkannte Beispiele für konkrete wissenschaftliche Praxis – Beispiele, die Gesetz, Theorie, Anwendung und Hilfsmittel einschließen – Modelle abgeben, aus denen bestimmte festgefügte Traditionen wissenschaftlicher Forschung erwachsen. Das sind die Traditionen, die der Historiker unter Rubriken wie ‚Ptolemäische Astronomie' (oder ‚Kopernikanische'), ‚Aristotelische Dynamik' (oder ‚Newtonsche'), ‚Korpuskular-Optik' (oder ‚Wellen-Optik') und so weiter beschreibt. ... Menschen, deren Forschung auf gemeinsamen Paradigmata beruht, sind denselben Regeln und Normen für die wissenschaftliche Praxis verbunden. Diese Bindung und die offenbare Übereinstimmung, die sie hervorruft, sind Voraussetzungen für eine normale Wissenschaft, d.h. für die Entstehung und Fortdauer einer bestimmten Forschungstradition" (Kuhn 1973, S. 28f.).

Gestützt auf obige Beschreibung wird im vorliegenden Buch unter Paradigma **das Grundmuster oder Modell verstanden, auf das sich eine mehr oder weniger genau definierbare Familie oder Gattung von Entdeckungs- und Erklärungssystemen aufbaut, und das in der „wissenschaftlichen Gemeinschaft" bzw. in Teilen von ihr eine zeitlang als solches gilt**. Als Beispiele können die verschiedenen Paradigmen im Bereich der Medizin, wie klassische Schulmedizin, Psychosomatik, Homöopathie, oder im Bereich der Psychologie, wie philosophische Psychologie, empirische Psychologie, Tiefenpsychologie genannt werden. Selbstverständlich finden wir immer wieder auch Mischformen einzelner Paradigmen in der Geschichte der einzelnen Wissenschaften vor.

Die „wissenschaftliche Revolution" geht im klassischen Fall so vor sich, daß ein mehr oder weniger allgemein geltendes Paradigma durch ein neues Paradigma abgelöst wird und seinerseits wieder eine zeitlang in Geltung bleibt.

Eine solche idealtypische Entwicklung kommt natürlich in der Wirklichkeit nur in Annäherungsformen vor. In der Soziologie ist die Diskrepanz noch krasser: In der kurzen Geschichte dieser Wissenschaft entstand ein neues Paradigma nach dem anderen, ohne daß das alte Paradigma durch das neue abgelöst worden wäre. Die Gründe für die gleichzeitige Koexistenz recht verschiedener theoretischer Ansätze sind vielfältig. Im Vergleich etwa mit den Naturwissenschaften muß zunächst die Schwierigkeit, die vieldimensionale, sich ständig wandelnde soziale Wirklichkeit empirisch zu erfassen und auf allgemeine Gesetzmäßigkeiten zurückzuführen, hervorgehoben werden. Trotzdem haben viele Soziologen versucht, diese Komplexität auf die allerletzten Zusammenhänge und Gesetzmäßigkeiten zurückzuführen, das komplexe Phänomen des Sozialen von einer spezifischen Sichtweise, von einem eigenen geistigen Standort her in den Griff zu bekommen. Für die sehr verschiedenen Sichtweisen, deren mehrere in diesem Buch einzeln dargestellt wurden, kann man kaum eine Vergleichsbasis, einen Maßstab ihrer „Richtigkeit" oder „Falschheit" finden. Vielleicht ist aber eine solche Fragestellung selber verfehlt, und wir sollten eher über die „Brauchbarkeit" der einzelnen soziologischen Paradigmen für je spezifische interessenbedingte Fragestellungen nachdenken.

In den folgenden zwei Abschnitten wird ein Vorschlag, eine Möglichkeit erarbeitet, die einzelnen theoretischen Ansätze als Konkretisierungen von Paradigmen darzustellen, eine eng definierte Soziologie als eine Art Basisparadigma aufzufassen, die Übereinstimmungen der theoretischen Modelle in Hinblick auf das Basisparadigma, und die (für je andere Zwecke sehr nützlichen) Unterschiede derselben aufzuzeigen.

Zum Verständnis des Zusammenhanges zwischen den einzelnen theoretischen Ansätzen, den Paradigmen, auf die sie bauen, und dem Basisparadigma, auf das sich (nach dem hier darzustellenden Vorschlag) die einzelnen Paradigmen stützen, könnte die folgende Teildarstellung (trotz der bekannten Unvollkommenheit graphischer Darstellungen komplexer geistiger Phänomene) beitragen:

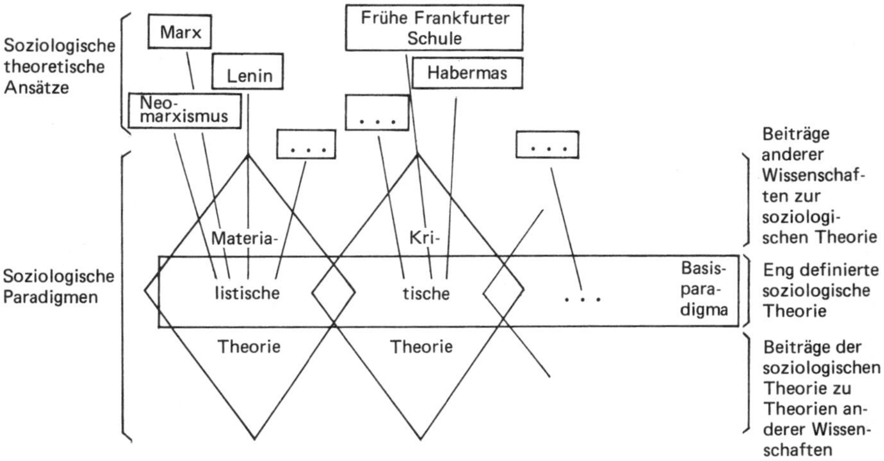

2. Soziologische Paradigmen und das Basisparadigma – Erörterung

2.1 Vorbemerkungen

Der Mensch ist nicht fähig, alles (und schon gar nicht alles auf einmal) kognitiv zu erfassen und handelnd zu verwirklichen. Sein Denken und Handeln wird durch das selektiv strukturiert, was ihm im gegebenen Augenblick, oder auch langfristig als relevant, bedeutsam erscheint – alles andere muß er außer Acht lassen. „Jeder Akt der Aufmerksamkeit impliziert einen entsprechenden Akt der Unaufmerksamkeit. Wissenschaftliche Aufmerksamkeit ist dafür nur ein Beispiel." (Berger, Kellner 1984, S. 61). Der Wissenschaftler muß also eine Entscheidung treffen, worauf sich seine Aufmerksamkeit vorrangig richten soll. Dabei besteht zunächst folgende Alternative.

Wissenschaftliches Interesse konzentriert sich im wesentlichen entweder auf einen bestimmten Gegenstand (Gegenstandsbereich): „**Was** soll erforscht und erklärt werden?" oder auf eine bestimmte Perspektive: **„Unter welchem Aspekt** sollen Gegenstände erforscht, aus welchem Blickwinkel sollen sie erklärt werden?" – Ein Beispiel für den ersten Fall ist die Sportwissenschaft. Sie beschäftigt sich mit einem einzigen Gegenstand, nämlich mit dem Sport, versucht allerdings das Phänomen von allen möglichen Seiten zu beleuchten, in allen möglichen Dimensionen zu verstehen und zu erklären (biologisch, medizinisch, ökonomisch, psychologisch, soziologisch usw.). – Beispiele für den zweiten Fall liefern die „klassischen" Wissenschaften wie Biologie, Psychologie und – wie hier vorgeschlagen wird – die Soziologie. Unter ihren jeweils eigenen Aspekten können diese Wissenschaften alle Gegenstände der Wirklichkeit (unmittelbar oder mehr oder weniger mittelbar) untersuchen. Nehmen wir z.B. den Gegenstand „Sprache". Für die Physik geht es dabei vor allem um Luftschwingungen, für die Biologie um Betätigung der Stimmbänder, für die Psychologie um Mitteilungs- und Informationsbedürfnisse, für die Ethik um Wahrheit oder Lüge, für die Soziologie (wie im folgenden ausführlich erörtert) um das durch Nomierung Typische der einzelnen Sprachen (die typische Sprache der einzelnen Sprachräume, die typische Sprache der Gebildeten, die typische Sprache der Jugendlichen usw.). – Selbstverständlich können die zwei Wissenschaftsarten miteinander kombiniert werden.

2.2 Definition und Beschreibung des Basisparadigmas

Als Basisparadigma oder kleinster gemeinsamer Nenner der bekannten, in diesem Buch behandelten soziologischen Paradigmen (vertreten von einzelnen Soziologen) kann eine Soziologieauffassung dienen, die das zentrale Anliegen dieser Wissenschaft darin sieht, Verhaltensgleichförmigkeiten im Zusammenleben von Menschen durch zwischenmenschlich geltende, soziale Normen zu erklären. – Thesenhaft zusammengefaßt:

1. Den Ausgangspunkt soziologischer Reflexion, Analyse und Untersuchung bilden Typen menschlichen Verhaltens, d.h. vor allem des Denkens und des Handelns. Diese Verhaltenstypen zeigen intern eine relative Gleichförmigkeit, und unterscheiden sich von anderen Typen charakteristisch, sind deshalb als solche identifizierbar. Sie existieren gleichzeitig nebeneinander und/oder lösen sich im Laufe der Zeit ab (z.B. durch Normierung typisches Verhalten österreichischer Frauen vs. iranischer Frauen, österreichischer Frauen der oberen Schicht vs. der unteren Schicht, österreichischer Frauen heute vs. vor 100 Jahren usw.).

2. Die typischen Verhaltensweisen können verschiedene Gründe haben, und unter verschiedenen Aspekten wissenschaftlich untersucht werden: klimatische Verhältnisse, biologische Daten, psychologische Gegebenheiten, usw. müssen zur Erklärung des Phänomens herangezogen werden.

3. Die Erklärung bliebe aber ohne die soziologische Perspektive unvollständig. In dieser liefern die Erklärung typischen Verhaltens die zwischenmenschlichen Verhaltensregelungen oder normativen Ordnungen, die in einer gegebenen Gesellschaft oder in einem ihrer Teilbereiche als Verhaltensmuster, als Rollen und als Institutionen in Geltung sind. Der spezifische Beitrag der eng definierten Soziologie zur Erfassung der sozialen Wirklichkeit und der Wirklichkeit überhaupt ist in dieser Perspektive zu finden.

An einem einfachen Beispiel können diese Thesen illustriert werden. Den Ausgangspunkt bildet, wie gesagt, ein typisches Verhalten. Wir können eine relative Gleichförmigkeit im Verhalten junger Mädchen beobachten, die zur oberen sozialen Schicht der österreichischen Gesellschaft um die Jahrhundertwende gehört haben, daß sie nämlich erröteten, wenn in ihrer Gegenwart ein unanständiger Witz erzählt wurde. – Nun kann diese typische Reaktion unter verschiedenen Aspekten, die zur Erklärung des Phänomens notwendig sind, betrachtet werden. Das Erröten ist ein biologisches Phänomen und kann nützlich mit den **medizinisch-biologisch** festgestellten Gesetzmäßigkeiten der Blutzirkulation erklärt werden. Genauso eindeutig ist es aber, daß gerade diese Art der Blutzirkulation nur unter **psychologisch** zu erklärenden Umständen auftritt, wie Verletzung der Schamgefühle – vergleichbar mit ähnlichen psychischen Phänomenen, wie das Erleben von Wut, Liebe, Gelobtwerden –, und erklärbar durch psychologische Gesetzmäßigkeiten, die in allen aufgezählten Fällen zutreffen. – Das Erröten im geschilderten Fall wäre aber nicht vollständig erklärbar ohne den **soziologischen** Beitrag heranzuziehen. Dieser besteht hier in der Untersuchung der Frage, was, wo, weshalb und wie lange als „unanständiger Witz“ gilt, also normierte Denkweisen (die im Laufe der spezifischen Sozialisation internalisiert wurden) peinlich berührt, und so relativ regelmäßig zum Erröten führt. Es ist ja bekannt, daß die selben Buchstabenkombinationen und/oder die selben Vorstellungsinhalte mit verschiedenen Buchstabenkombinationen verbunden, in bestimmten Kreisen als völlig harmlose Wörter bzw. Begriffe gelten, in anderen Kreisen als unanständig, inakzeptabel, schockierend. Und an dem bewußt ausgewählten teilweise veralteten konkreten Beispiel ist auch abzulesen, daß die normierten Denkweisen und Handlungsweisen auch in den gleichen Kreisen Wandlungen unterworfen sind. – Was heißt hier überhaupt „veraltet“? Alles ist identisch geblieben, nur die Normen für das Denken und Handeln haben sich geändert. Anders ausgedrückt: alle unabhängigen Variablen sind identisch geblieben (der Witz, der Organismus, die Schamgefühle), nur die letztlich entscheidende intervenierende Variable (die Norm, was als „unanständig“ gilt) hat sich geändert, und in der Folge verschwindet die abhängige Variable (das Erröten).

Zur Präzisierung dieser Soziologieauffassung muß noch darauf hingewiesen werden, daß viele Wissenschaften sich mit zwischenmenschlichen Regelungen befassen, nicht aber mit Regelungen **als solchen**. Die Ethik untersucht die Normen und normativen Ordnungen nicht als solche, sondern unter den Aspekt ihrer Güte, und es ist bekannt wie stark solche ethischen Systeme von der dahinterliegenden spezifischen sozialen Ordnung der gegebenen Gesellschaft abhängig sind. Die Rechtswissenschaft beschäftigt sich nur mit einem kleinen Teil normativer Ordnungen, nämlich vor allem mit dem gesatzten Recht, und kann die Unmenge sonstiger normativer Erwartungen (Bräuche, Geschmacksrichtungen, Mode, Strömungen, Trends, usw.) nicht berücksichtigen, und auch hinter den Rechtssystemen und Rechtsauffassungen liegen als entscheidende Hintergründe soziale Ordnungen, mit denen als solchen sich die Rechtswissenschaft mit ihren Mitteln nicht beschäftigen kann. Demgegenüber untersucht die Soziologie Heiratsbräuche **als** für eine soziale Einheit charakteristische Verhaltensmuster, das Geschlecht und den Beruf **als** soziale Rollen, die Wirtschaft und die Ehe **als** Institutionen, einzelne umfassende Wert- und Normsysteme **als** Kulturen, d.h. zwischenmenschliche Regelungen **als solche**, als in den sozialen Einheiten herrschende typisch verschiedene soziale Ordnungen des Denkens und des Handelns.

2.3 Vorteile der geschilderten Auffassung

Je mehr eine solcherart eng definierte Soziologie das nach ihrer Auffassung zentrale Anliegen der Soziologie überhaupt betont, desto deutlicher wird ihr ureigener, spezifischer Beitrag zur notwendigen interdisziplinären Erfassung und Erklärung der (sozialen) Wirklichkeit: Eine Soziologie (oder ein Basisparadigma verschiedener soziologischer Paradigmen), die „nichts als Soziologie ist“ (König 1969, S. 8) ergänzt besonders fruchtbar andere Wissenschaften in der Lösung komplexer Probleme, und kann die Notwendigkeit der Profession des Soziologen mit eigenem Profil neben anderen Professionen weiter verdeutlichen. Die Konzentration soziologischen Interesses auf die Geregeltheit menschlichen Zusammenlebens bedeutet nicht nur eine Spezialisierung durch Einengung der Perspektive, sondern auch eine Erweiterung des Gegenstandbereiches der Soziologie auf die gesamte Wirklichkeit, wie dies in den unzähligen „Bindestrich-Soziologien“ auch tatsächlich geschieht: Auf die Musik und den Betrieb, die Jugend und die Religion, die Sprache und die Freiheit, usw. Bilden nämlich die sozialen Denk-

und Handlungsnormen, die typischen sozialen Ordnungen, das letzte Anliegen der verschiedenen soziologischen Ansätze, dann kann alles als Gegenstand soziologischer Reflexion und Forschung betrachtet werden, was mit dem Denken und Handeln von mindestens zwei Personen unmittelbar oder mittelbar zusammenhängt. – In diese Richtung weisen mehr oder weniger deutlich zentrale Aussagen vieler Soziologen (Morel 1986, Anmerkung 27). Auch in der Diskussion über den Theorievergleich in den Sozialwissenschaften finden wir ähnliche Behauptungen, wonach „das normative Paradigma … die theoretische und methodologische Diskussion in der zeitgenössischen Soziologie“ dominiert (Wilson 1973, S. 58). Die spezifische neue Fragestellung der Soziologie lautet: „Wie ist Gesellschaft möglich, wie ist soziale Ordnung denkbar?“ Die „metaparadigmatische Fragestellung“ der Soziologie betrifft „das Problem sozialer Ordnung“ (Seyfarth 1978, S. 291, S. 295, S. 310). Schließlich, wenn es uns gelingt, im Abschnitt 3 diese eng definierte Soziologie als einen möglichen „kleinsten gemeinsamen Nenner“ der in diesem Buch behandelten Soziologien andeutungsweise darzustellen, dann spricht auch das für die Brauchbarkeit des oben beschriebenen Basisparadigmas.

2.4 Grenzen der geschilderten Auffassung

Der Vorschlag, als Basisparadigma der bekannten soziologischen Paradigmen eine eng definierte Soziologie zu verwenden, die das Grundanliegen jeder soziologischen Forschung in der Geregeltheit menschlichen Zusammenlebens sieht, wird hier selbstverständlich ohne Absolutheitsanspruch gemeint. Die eingangs erörterte Sichtweise, wonach keines der soziologischen Modelle und Paradigmen als das einzig richtige angesehen werden soll, das alle Probleme des Sozialen lösen könnte, gilt auch für die dargelegte Idee des Basisparadigmas, die auch nur eine begrenzte Brauchbarkeit besitzt.

Eine eng definierte Soziologie, die sich auf die sozialen Normen und Normsysteme als Erklärung des Typischen im menschlichen Verhalten konzentriert, kann die kommunikativen Prozesse der Gesellschaft, die ohne Zweifel eine dynamische Größe ist, nicht gebührend berücksichtigen (Preglau, in Meleghy et al. 1987, S. 142ff.). Sie muß sich darauf beschränken, einerseits die zwischenmenschliche Kommunikation als ein unentbehrliches Medium der Entstehung, der Tradierung und der Wandlung sozialer Ordnungen hervorzuheben, und andererseits die in der Gesellschaft geltenden gemeinsamen Wert- und Normsysteme als notwendige Voraussetzungen der Kommunikation darzustellen.

Eine weitere Schwäche der Soziologie des „kleinsten gemeinsamen Nenners“ anderer Modelle ist, daß sie die „sinnkonstitutierenden, sinnerhaltenden und sinnverändernden“ Wertsysteme (Niedenzu, in Meleghy et al. 1987, S. 119f.), die einsichtigerweise die letzten Erklärungen des Bestandes und des Wandels sozialer Systeme sind, dichotomisieren muß. Solche gemeinsame Weltbilder einer Gesellschaft müssen einerseits in eine (empirisch nicht faßbare) Welt unbedingter Überzeugungen (Glauben, Mythen, Ideologien, Menschenbilder) verwiesen werden, andererseits in ihrer gesellschaftlichen Vermittlung als Teile normativ geltender gesellschaftlicher Konstruktionen erfaßt werden.

Das vorgeschlagene Basisparadigma bleibt auch die Antwort auf die Frage nach der Entstehung sozialer Normen weitgehend schuldig (Meleghy et al. 1987, S. 120, 142). Freilich können z.B. normative Denksysteme aus normativen Denksystemen hervorgehen (der „Geist des Kapitalismus“ aus der „protestantischen

Ethik" bei Max Weber, Typen von sozialen Rollen aus Typen von Institutionen usw.), das Problem ist aber damit keineswegs gelöst. Zur Klärung der Entstehung und des Wandels sozialer Normen müssen zweifellos auch außersoziologische Faktoren herangezogen werden, die allerdings ihrerseits oft von Normsystemen bedingt sind (z.B. entstehen bestimmte Spielregeln der „Oberen Zehntausend" aus psychologischen Bedürfnissen nach demonstrativem Konsum, welche Bedürfnisse aber nur in Gesellschaften mit bestimmten normativ festgelegten Strukturen und Denkweisen geweckt werden können). – Es wäre eine lohnende Aufgabe der Frage ausführlich und genau nachzugehen, welches soziologische Modell welche Ursachen und Ursachenketten der Entstehung sozialer Normen annimmt (Marx: Ökonomisches Interesse? Homans: Hoffnung auf Belohnung? Dahrendorf: Kräfteverhältnisse bei Konflikten? usw.). Wahrscheinlich käme man zu der Auffassung, daß all diese Elemente erklärende Variablen sind.

2.5 Schlußfolgerungen

Nimmt man den hier dargestellten Vorschlag mit allen seinen Vorteilen und Grenzen an, so kann man einige Thesen aufstellen, die eine der möglichen Auflösungsvarianten des Dilemmas der „Soziologie und der Soziologien" ergeben:

1. Jedes vorhandene soziologische Paradigma kann unter verschiedenen Aspekten kritisiert werden, und tatsächlich liegt eine reiche Literatur über die kritische Auseinandersetzung mit jedem einzelnen vor. Die jeweiligen theoretischen Ansätze sollten zwar miteinander konfrontiert, aber nicht grundsätzlich gegeneinander ausgespielt werden. Die „optimistischen" Autoren des Theorienvergleiches vertreten sogar die Ansicht, daß ein „erkenntnistheoretischer Pluralismus in einer pluralistischen Sozialwissenschaft" durchaus sinnvoll sei, und daß „jede Theorie ihren unverzichtbaren Beitrag zu leisten hätte zu einer umfassenden soziologischen Konstruktion der Wirklichkeit" (Klinkmann 1981, S. 255). Es wird behauptet, daß „aus der Sicht eines pluralistischen Paradigmas heraus jeden Ansatz in seiner Eigenart zu akzeptieren und als Teil eines Gesamtbildes zu betrachten" zielführend wäre (Klinkmann 1981, S. 257). Die „unterschiedlichen Paradigmen ... sind funktional notwendig zur Konstitution einer soziologischen Theorie" (Hondrich 1978, S. 328).

2. Die einzelnen theoretischen Modelle beleuchten und erfassen das selbe Phänomen des Sozialen, allerdings aus verschiedenen Standpunkten heraus, unter verschiedenen Aspekten, aus verschiedenen Blickwinkeln, von verschiedenen wissenschaftlichen und sonstigen Interessen her, und folglich in diesem Sinne standortgebunden. Dies sollte aus ihren Darstellungen bereits klargeworden sein, und wird im folgenden Abschnitt noch einmal in kurzen Zusammenfassungen hervorgehoben werden. Partielle Erfassungen der Wirklichkeit schließen sich aber nicht grundsätzlich aus, und können mit Hilfe eines „integralen Denkens" (Gabriel 1954) in eine Synthese aufgehoben werden.

3. Kein neues soziologisches Paradigma entsteht völlig unabhängig von älteren Ansätzen, sondern berücksichtigt und modifiziert sie häufig. Ein Musterbeispiel dafür liefert Habermas, dessen theoretischer Ansatz sich auf Elemente der handlungstheoretischen und der systemtheoretischen Sichtweise stützt.

4. Nichtsdestoweniger ist es aber notwendig, daß „das Gleiche im Ungleichen sichtbar gemacht" wird (Hondrich 1978, S. 318), daß jene gemeinsame heuristi-

sche Annahme, die in den einzelnen Paradigmen auffindbar sind, herausgearbeitet wird. Dieses Gleiche kann als Basis für die einzelnen Paradigmen, als „Basisparadigma" aufgefaßt werden, das die zentralsten Elemente der soziologischen Theorien enthält, und in den Paradigmen oder in ihrem Fokus vorzufinden ist.

5. Abgesehen davon, daß die einzelnen theoretischen Ansätze jeweils nur eine partikulare Sicht des zu untersuchenden Sozialen beinhalten, erfüllen sie auch die Funktion der Brücke zwischen einer eng definierten Soziologie und verschiedenen anderen Wissenschaften. Oft behandeln sie Beiträge anderer Disziplinen zur soziologischen Kerntheorien einerseits, und Beiträge der soziologischen Kerntheorie zu Theorien anderer Wissenschaften andererseits. Dies bedeutet, daß ihr erkenntnisleitendes Interesse sich auch auf Gebiete erstreckt, die außerhalb der Grenzen einer (gerade in Abhebung von anderen Wissenschaften) eng definierten Soziologie sind.

6. Aus den bisher aufgezählten Punkten kann abgeleitet werden, daß in Hinblick auf die soziologischen Paradigmen nicht nur die Frage nach ihrer Richtigkeit oder Falschheit problematisch ist, sondern auch die Frage, welcher der theoretischen Ansätze besser sei. Bei den Methoden der empirischen Sozialforschung können wir auch nicht darüber urteilen, welche Forschungstechnik vor welchen anderen Forschungstechniken den Vorrang hat, sondern nur abwägen, welche Methode für bestimmte Forschungsvorhaben, unter bestimmten Gegebenheiten die geeignetere ist. Ähnlich müssen wir die einzelnen theoretischen Modelle daraufhin untersuchen, welches Paradigma wofür eine bessere Problemlösungskapazität besitzt.

Das folgende Kapitel will in aller Kürze zeigen, daß die Soziologie als im obigen Sinne verstandene Basisparadigma von allen theoretischen Ansätzen profitieren kann, und daß die einzelnen behandelten Modelle mehr enthalten, als das spezifisch Soziologische im engen Sinne, was u.a. damit zusammenhängt, daß bei einigen von ihnen die in Abschnitt 2.1 geschilderte Grundentscheidung (Konzentration auf einen Aspekt vs. einen Gegenstand) anders ausgefallen ist als im Falle des hier vertretenen „Basisparadigmas".

3. Soziologische Paradigmen und das Basisparadigma – Beispiele

3.1 G. C. Homans

Vielleicht ist gerade der verhaltenstheoretische Ansatz von Homans derjenige, bei dem sich die „Aspektstruktur menschlichen Denkens" (K. Mannheim) am stärksten zeigt, und die Sinnlosigkeit der eindimensionalen dychotomischen Beurteilung: „Entweder ist das Paradigma richtig oder ist es falsch" am deutlichsten herausstellt.

Das Grundanliegen von Homas ist die Erklärung typischer Verhaltensweisen, oder der berechenbaren Wahrscheinlichkeit, „daß sich viele Personen bei ähnlichem Hintergrund und ähnlichen gegenwärtigen Umständen ... in ähnlicher Weise verhalten" (Homans 1972, S. 117). Von dieser zentralen soziologischen Fragestellung aus kann man logischerweise in zwei Richtungen nach Antworten suchen. Erstens sollte die Tatsache untersucht werden, daß die „Hintergründe" und „Umstände" temporal und lateral verschieden sind, d.h. daß sehr verschiedene

„Hintergründe“ und „Umstände“ und folglich auch sehr verschiedene „Verhaltensgleichförmigkeiten“ einander in der Geschichte ablösen und auch gleichzeitig nebeneinander existieren. Zweitens sollte die Frage geklärt werden, warum sich die meisten Menschen bei gleichen Verhältnissen meistens gleichförmig verhalten.

Das Interesse von Homans konzentriert sich auf die zweite Frage. Die Erklärung vor allem des konformen, aber grundsätzlich auch des abweichenden Verhaltens wird in der Grundstruktur der menschlichen Psyche gefunden: normalerweise strebt der Mensch eher angenehme Zustände an und versucht unangenehme Zustände zu vermeiden.

Dem Verhaltenstheoretiker bleibt natürlich nicht verborgen, daß durch die aufgezählten Gesetzmäßigkeiten, die grundsätzlich für alle Menschen gelten, die typischen Unterschiede zwischen Typen von Verhaltensweisen – zentrales Interesse des soziologischen Basisparadigmas – nicht erklärt werden können.

Unter diesem Aspekt des soziologischen Basisparadigmas können und müssen alle ausgeführten, völlig zutreffenden Beispiele ergänzt werden: Der Belohnungswert des Anglers beim Frühaufstehen oder Weiterschlafen hängt auch von den für ihn geltenden Normen ab, sonst gäbe es in allen Gesellschaften und sozialen Schichten etwa gleich viele Angler. Die Aggressivität ist psychologisch erklärbar, nicht aber vollständig, was die spezifischen Formen ihrer Disziplinierung und ihres Ausdruckes betrifft. Der Tausch von Hilfe gegen Dank ist auf die selbe psychische Gesetzmäßigkeit zurückführbar wie der Tausch von Hilfe gegen Trinkgeld, nicht aber letztlich die Verschiedenheit dieser Bräuche in verschiedenen Kulturen.

Homans verweist auf die einleuchtende Tatsache, daß soziale Strukturen, soziale Ordnungen, Produkte des Zusammenwirkens von verhaltenstheoretisch erklärbaren menschlichen Handlungen sind. Mit dem selben Recht muß man allerdings das selbe z.B. von der Mathematik, Literatur oder Technik behaupten, ohne aber die Eigengesetzlichkeit dieser Phänomene dadurch einer letzten Klärung zuführen zu können – außer in der partiellen psychologischen Perspektive.

Wahrscheinlich sollte man nicht von der Zurückführung der Soziologie auf die Psychologie reden, sondern (vom soziologischen Standpunkt aus gesehen) von einer sehr wichtigen Ergänzung des soziologischen Basisparadigmas durch die verhaltenstheoretische Lerntheorie.

3.2 G. H. Mead

Was macht aus einem Menschen eine Person, was macht aus einer Mehrzahl von Personen, im Unterschied zu einer Mehrzahl von Tieren und zu einer Mehrzahl von kontaktlosen Personen, eine soziale Einheit, d.h. eine Gruppe oder eine Gesellschaft mit identifizierbar typischen Verhaltensweisen? Die Antwort des von Mead vertretenen theoretischen Ansatzes lautet: Die zwischen den Personen stattfindenden Interaktionen mittels spezifischer Symbole. Der Mensch braucht andere Menschen, um überleben zu können (und diese „Versorgung“ oder „Betreuung“ ist bereits je nach Prägung der „Betreuer“ spezifisch, d.h. typisch), und zur vollen Entfaltung seiner Menschlichkeit benötigt er einen kommunikativen Austausch mit Anderen, der nur auf der Grundlage gemeinsam geltender Symbole stattfinden kann. Zum einigermaßen vernünftigen Zusammenleben der

Menschen ist es nämlich unbedingt notwendig, daß sie sich „verstehen" können, daß sie mit den Verhaltensreaktionen der anderen „rechnen" können, daß sie sich über Interpretationen und Wertungen „einigen" können. Auf dieses Fundament baut sich dann eine stark differenzierte, arbeitsteilige, spezifische Struktur normativer Festlegungen einer jeden Gesellschaft auf. Höhere Zivilisation einer Gesellschaft bedeutet größere Auswahl an, und größere Flexibilität der Normierung, d.h. mehr Spielraum der Freiheit im Sozialen.

Diese, für die als Basisparadigma aufgefaßte Soziologie zentralen Einsichten kulminieren bei Mead in der Frage, ob die ideale Gesellschaft dadurch entstehen würde, daß für alle Menschen die selbe Kultur, d.h. in identischen Symbolen ausformulierte Normsysteme gelten würden. Ein soziologisch äußerst relevantes, wenn auch sehr umstrittenes Thema der einen Sprache, die in vielen Dialekten, im Wortschatz verschiedener Bildungsstufen, usw. gesprochen wird: Das Thema der Einheit und der gleichzeitigen Vielfalt sozialer Systeme. Die Sozialisation in eine „Weltgesellschaft" würde logischerweise die einschränkende Prägung durch die spezifische Kultur der einzelnen Gesellschaften auf einer höheren Ebene ausweiten und ergänzen.

Der Symbolische Interaktionismus betrachtet die erwähnten spezifisch soziologischen Fragestellungen vor allem vom Blickwinkel der Anthropologie, der Evolutionstheorie und der Psychologie. Wo sonst könnte der Ursprung zeichenhafter menschlicher Kommunikation als Grundlage sozialer Existenz gefunden werden? Und was der Mensch auf der gemeinsamen Basis zwischenmenschlicher Regelungen vollzieht, führt wiederum in Bereiche, die von anderen Wissenschaften (Wirtschaftswissenschaften, Sozialpsychologie, usw.) untersucht werden.

3.3 A. Schütz

Der phänomenologische soziologische Ansatz von Schütz hat viele zentrale Elemente, die mit der Auffassung einer eng definierten Soziologie als Basisparadigma soziologischer Paradigmen übereinstimmen. – Dazu gehört die Einsicht, daß die Wahrnehmung der Tatsachen von Interpretationsmustern der sozialisierten Person geprägt ist. Konkreter ausgedrückt: In radikalem islamischem Dogmatismus erzogene Personen nehmen ein für die islamische Religion frevelhaftes literarisches Werk anders wahr, als liberale und tolerante Vertreter der Freiheit von Kunst, die auf Grund eines anderen Wertsystems den Befehl zur Ermordung des Autors eines solchen literarischen Werkes als ein Widerspruch zum „zivilisierten Umgang" mit der freien Meinungsäußerung betrachten. – Soziologisch gesehen handelt es sich in beiden Fällen um eine spezifische Definition der Situation (was ist zulässig, was ist untragbar) auf Grund internalisierter Welterfahrungen , die von den Akteuren übernommen worden sind, vermittelt durch frühere Generationen, die ihnen im Rahmen des damals verbindlichen Wissensvorrats tradiert worden sind. Nur mit Hilfe der (mehr oder weniger) erfolgreichen Sozialisation (d.h. Prägung der Gesellschaftsmitglieder durch die gerade geltenden Denk- und Handlungsnormen) kann ein gegenseitiges Verstehen, eine übereinstimmende Interpretation der Wirklichkeit entstehen und ihrerseits eine zeitlang gelten. Schütz betont, daß die „Verteilung des Wissens" auf Grund der spezifischen Sozialisation in Abhängigkeit von der Berufskategorie, von der sozialen Schicht, vom relevanten Kulturkreis variiert: die gesellschaftlich normierte „Konstruktion der Wirklichkeit" muß sehr differenziert betrachtet werden.

Die von Schütz vertretene soziologische Theorie macht uns wiederholt auf die Bedeutung des „Typischen" aufmerksam: Der Begriff der „Handlungstypen", mit dem Begriff der „Sozialen Rolle" verwandt, bedeutet ein Bündel reziproker Auffassungen über das, durch institutionelle Regelungen legitimierte Verhalten, dessen Geltung durch die soziale Kontrolle garantiert wird. – Drei der vier von Schütz formulierten Postulate „objektiven Verstehens von subjektiv gemeintem Sinn" in der wissenschaftlichen Arbeit beinhalten Kerngedanken eines möglichen soziologischen Basisparadigmas: Das Postulat der Relevanz konzentriert sich auf die Entsprechung der Rollenstruktur in der gegebenen Gesellschaft, das Postulat der Adäquanz bezieht sich darauf, was in der entsprechenden sozialen Einheit konkret gilt, und das Postulat der Übereinstimmung spielt auf die herrschenden Vorstellungen über die Wirklichkeit an.

Eine eng definierte soziologische Sichtweise ergänzt Schütz u.a. durch psychologische Perspektiven, in dem er sich auf den Weber'schen „subjektiven Sinn" menschlichen Handelns bezieht und mit den Sinnprovinzen jenseits der Alltagswelt beschäftigt.

3.4 K. Marx

Ein wesentlicher Beitrag von Marx zur Entdeckung speziell soziologischer Aspekte der zwischenmenschlich-kollektiven Wirklichkeit und zur speziell soziologischen Erklärung der selben im Sinne einer basisparadigmatisch aufgefaßten Soziologie ist seine Basis-Überbau-Theorie. Ohne die bekannteste Formulierung dieses Theorems überinterpretieren zu wollen, und ohne auf die zahlreichen Nuancierungen (Maaz 1967, S. 21f.) eingehen zu können, wird hier doch eine Analyse des folgenden Textes vorgenommen: „In der gesellschaftlichen Produktion ihres Lebens gehen die Menschen bestimmte, notwendige, von ihrem Willen unabhängige Verhältnisse ein, Produktionsverhältnisse, die einer bestimmten Entwicklungsstufe ihrer materiellen Produktivkräfte entsprechen. Die Gesamtheit dieser Produktionsverhältnisse bildet die ökonomische Struktur der Gesellschaft, die reale Basis, worauf sich ein politischer und juristischer Überbau erhebt..." (MEW 13, S. 8f.).

Die „reale Basis" ist die „ökonomische Struktur": Feudalistische, kapitalistische, kommunistische Typen ökonomischer Struktur, die teils aufeinanderfolgen (temporal), teils koexistieren (lateral).

Diese sind „notwendig", vom Willen der Menschen „unabhängig", der „Entwicklungsstufe ihrer materiellen Produktivkräfte" entsprechend. Bei der Erklärung der Durchsetzung bzw. der Dauer der Aufrechterhaltung dieser Strukturen kann man wohl nicht außer Acht lassen die interessenbedingte normative Festschreibung der Produktionsverhältnisse (im Kapitalismus gilt das Prinzip des Privateigentums, im Kommunismus gilt das Prinzip, daß Produktionsmittel nicht Privateigentum sein dürfen). Mit anderen Worten: Der Ausdruck, die Menschen gehen bestimmte Produktionsverhältnisse ein, kann nicht richtig verstanden werden, ohne die Setzung der Normen (durch die Kategorie der Bourgeoisie im Kapitalismus und die des Proletariates im Kommunismus) mitzudenken.

Damit ist bereits ein dialektisches Verähltnis zwischen Basis und Überbau offenkundig geworden. Daß der Überbau nach den Vorstellungen von Marx ein Typus normativ geltender Strukturen ist, braucht keine weitere Erörterung. Dazu gehört auch die Religion (selbst der kulturell bedingte Gottesbegriff) – und darin ist Marx ganz Soziologe in guter Gesellschaft mit allen Religionssoziologen –, nicht aber die jede Empirie transzendierende Dimension des Glaubens, d.h. der unbedingten Überzeugungen, die nicht vornherein mit Ideologie als falsches Bewußtsein gleichgesetzt werden können.

In seiner Klassentheorie verwendet Marx zentrale soziologische Elemente (die normative Festschreibung der Schichten, der Klassenbegriff und das entsprechende klassenspezifisch normierte Verhalten) verbunden mit Werturteilen aufgrund eines spezifischen Menschenbildes (Ausbeutung, Versklavung), psychologischen Analysen („Empörung des Proletariates") und politischen Programmen (Klassenkampf, Diktatur des Proletariates).

3.5 C. Lévi-Strauss

In den sogenannten „primitiven Gesellschaften", die Lévi-Strauss mit Vorliebe zum Gegenstand seines Forschungsinteresses wählt, ist das sozial Typische, welches aus geregelten Verhaltensmustern, für alle geltenden Mythen und traditionell normierten rituellen Handlungen besteht, noch greifbarer, als in den „komplexen Gesellschaften". Ob es um Religion, Arbeitsteilung, einzelne Funktionen, Heiratsbräuche, Tauschformen oder viele andere soziale Phänomene geht, es stehen feste Regelungen hinter ihnen, die, ähnlich den Regeln des sportlichen oder des Unterhaltungsspieles die Geschehnisse, die im Leben von miteinander interagierenden Menschen ablaufenden Prozesse strukturieren. Gesellschaft und Kultur werden im strukturalistischen Ansatz in einem tiefen Sinn als soziale Konstruktionen der Wirklichkeit aufgefaßt. Damit liefert auch Lévi-Strauss eine bedeutsame Unterstützung für das Basisparadigma einer eng definierten Soziologie, in dem die zwischenmenschlich geltenden Regelungen des Denkens und des Handelns als die zentralsten Elemente soziologischer Erklärung betrachtet werden.

Die besonders breit angelegte empirische Basis und der Anspruch eines hohen Abstraktions- und Allgemeinheitsgrades bringen es mit sich, daß die zentralen soziologischen Fragestellungen von Lévi-Strauss in die Bereiche anderer wissenschaftlicher Fachbereiche eindringen und ihre Methoden und Forschungsergebnisse heranziehen (Geschichte, Ethnologie, vergleichende Literaturwissenschaft usw.). Für den Autor sind die letzten Strukturgesetze unbewußte Gesetze des menschlichen Geistes.

3.6 T. Parsons

Die Systemtheorie von Parsons ist ein holistischer, d.h. ganzheitlicher Ansatz, und damit ein sehr zentral gelegener Zugang zum soziologischen Basisparadigma. In ihm kommt nämlich besonders deutlich zum Ausdruck, daß die Soziologie sich mit identifizierbaren typischen Einheitlichkeiten menschlichen Verhaltens beschäftigt, die auch auf charakteristische soziale Ordnungen zurückführbar sind. Die soziologische Perspektive betrachtet diese normativen Ordnungen als Grundlagen jener Strukturen, die aus den Handlungen von Personen, und folglich auch aus den Personen selber Ganzheiten bilden, die „mehr als die Summe ihrer Teile" sind.

Da jede menschliche Handlung sich faktisch im Sozialen abspielt, setzt ihr „Verstehen“ auch die Heranziehung des sozialen Kontextes voraus. Die Aktivitäten eines Gewerkschaftsfunktionärs können wir erst richtig verstehen, wenn wir seine gesellschaftliche Rolle kennen, die Bedeutung des Begriffes „Freiheit“ können wir erst richtig interpretieren, wenn wir ihn im sozio-kulturellen Kontext betrachten. Die positive oder negative „Funktion“ sozialer Tatbestände kann nur in Hinblick auf das vorhandene oder beabsichtigte normative System der Gesellschaft (Monarchie oder Demokratie, Marktwirtschaft oder Planwirtschaft, usw.) beurteilt werden. Diese verschiedenen (politischen, ökonomischen, usw.) „Strukturen“ der Gesellschaft sind Ergebnisse normativer Festlegungen, die die temporalen und lateralen Unterschiede sozialer Systeme verursachen.

Die Systemtheorie von Parsons geht weit über die zentralsten Fragestellungen der Soziologie hinaus, indem sie auch die physikalisch-chemischen und biologischen Grundlagen menschlicher Existenz, und damit auch menschlichen Zusammenlebens umfaßt. Der Bereich der „Handlungswelt“ hilft uns am unmittelbarsten, eine Art Ortsbestimmung des sozialen Systems vorzunehmen.

Das berühmte AGIL-Schema von Parsons kann von einer basisparadigmatisch verstandenen Soziologie her interpretiert werden, als eine funktionale Erklärung der Entstehung und des Wandels sozialer Ordnungen. Werden nämlich diese vier funktionalen Erfordernisse nicht erfüllt, kann kein soziales System entstehen bzw. Bestand haben.

Die Theorie der „Interaktionsmedien“ von Parsons bietet eine Analyse jener Elemente dar, die für die Bestimmung des Typus sozialer Ordnungen wesentlich sind. Die Identität einer Gesellschaft hängt vor allem vom spezifischen System der Wirtschaft, der Politik, des Gemeinwesens und der Kultur ab.

3.7 R. Dahrendorf

Die dynamische Sichtweise der Konflikttheorie stellt im Grunde genommen die zentrale soziologische Frage nach dem Wandel sozialer Systeme, d.h. die Frage, wie sich normativ festgelegte, eine zeitlang mit Geltung ausgestattete Strukturen einander ablösen. Die Antwort lautet: Durch Konflikte, die sich vor allem aus der Art der Machtverteilung ergeben. Dabei muß im Sinne des soziologischen Basisparadigmas darauf aufmerksam gemacht werden, daß diese Art der Machtstruktur temporal und lateral typisch ist, und eine geltende normative Ordnung als Hintergrund hat (wobei die gegebene Ordnung von ihren Nutznießern – Establishment – verteidigt und legitimiert wird).

Es liegt in der Natur menschlicher Existenz, daß im Zusammenleben von Menschen Interessenkollisionen entstehen, die die Notwendigkeit der Verhaltensnormierung begründen („die ärgerliche Tatsache der Gesellschaft“) und die Frage nach Optimierung des Verhältnisses zwischen sozialer Regulierung und Freiheit aufwerfen.

Die Notwendigkeit der Ungleichheit unter den Menschen in einer Gesellschaft wird durch die Notwendigkeit der positiven bzw. negativen Sanktionierung jener Handlungen und Verhaltensweisen begründet, die für das gegebene sozio-kulturelle System förderlich bzw. schädlich sind. Die Gesellschaft teilt Belohnungen und Bestrafungen aus, um ihre typische Eigenart aufrechtzuerhalten, schafft dadurch die soziale Schichtung, in der auch die Herrschaftsverhältnisse definiert werden. Die ungleiche Verteilung der Autoritätspositionen bedeutet Interessensgegensätze und damit auch Klassenkonflikte.

Gerade hier kann sehr schön verdeutlicht werden, was das soziologische Basisparadigma ist, und wie sich die Sichtweisen der einzelnen theoretischen Ansätze unterscheiden. Die gemeinsame und übergeordnete Perspektive erblickt in jeder einzelnen Gesellschaft einen Typus, der, da normativ festgelegt, mit Hilfe von Sanktionen verteidigt wird. Von diesem Punkt geht die Verhaltenstheorie in die Richtung der Erklärung angepaßten, gleichförmigen Verhaltens weiter (jede positive Sanktion fördert die Anpassung, jede negative Sanktion hindert die Abweichung). Von der selben gemeinsamen Basis aus kommt die Konflikttheorie zur Erklärung der sozialen Schichtung, der Klassenstruktur der Gesellschaft, der Konflikte.

Diese charakteristischen Beiträge der Konflikttheorie zum soziologischen Basisparadigma der sozialen Ordnung als eines zentripetalen Systems zentrifugaler Kräfte stehen in engem Zusammenhang mit anderen Dimensionen menschlicher Wirklichkeit. Dazu gehören die anthropologische Begründung des konfliktären Charakters menschlichen Zusammenlebens, die psychologische Analyse der Bewußtwerdung latenter Interessen und der alternativen individuellen Befriedigung von Bedürfnissen, sowie die politische Perspektive der gesamten Theorie.

3.8 N. Luhmann

Luhmann macht uns darauf aufmerksam, daß soziale Systeme „selbstreferentielle“ Systeme sind, d.h. daß soziale Ordnungen von (durch soziale Ordnungen geprägten) Menschen für Menschen geschaffen sind und sich nach systeminternen Entwicklungsgesetzmäßigkeiten wandeln.

Die „binären Codierungen“ sind konkret auch nur systemspezifisch zu deuten: Was recht und was unrecht, was gut oder schlecht ist, hängt von den sich auf das eigene Wertsystem stützenden Auffassungen der Gesellschaft ab. Ähnlich ist es mit der „Resonanzfähigkeit“ der gesellschaftlichen Subsysteme: Wofür Wirtschaft, Politik, usw. ein offenes Ohr haben, ist nicht immer und überall gleich, sondern u.a. auch eine Resultante soziokultureller Faktoren.

Die Theorie der „Selbstsozialisation“ von Luhmann liefert wieder einmal ein Paradebeispiel dafür, wie der basisparadigmatische Begriff der Sozialisation durch psychologische Aspekte der Systemtheorie ergänzt und vertieft werden kann. Die Wirklichkeit ist nun einmal mehrdimensional. Die einzelnen Wissenschaften versuchen die Gesetzmäßigkeiten der für sie relevanten Dimensionen auszuloten. Die soziologischen Paradigmen sind nicht nur verschiedene Zugänge zur sozialen Dimension, sondern auch Brücken zwischen dem soziologischen Basisparadigma und den anderen Dimensionen der Wirklichkeit.

3.9 J. Habermas

Einer der zentralsten Begriffe der Theorie von Habermas ist der der Kommunikation, als des intersubjektiven und interkulturellen Prozesses, der ein menschliches Zusammenleben ermöglicht und durch den der ständige Wandel der Art dieses Zusammenlebens verwirklicht wird. Nun setzt aber jede Kommunikation eine Gemeinsamkeit des Symbolverständnisses und des Interpretationsrahmens, d.h. eine gemeinsame Kultur (bzw. Gemeinsamkeiten verschiedener Kulturen) im soziologischen Sinne voraus. Die so verstandene Kultur bestimmt den Typus des je nach Gesellschaften verschiedenen „Wissensvorrates", gibt den Typus der in ihnen geltenden „legitimen Ordnung" an, prägt den Typus der „Kompetenz" der Kommunikationsteilnehmer durch spezifische Sozialisation. Die von Habermas erarbeitete evolutionäre Abfolge von Gesellschaftsformationen ist eine analytische Beschreibung der Ablöse des einen Typus sozialer Ordnung durch einen anderen. Die emanzipatorische Funktion der Kritischen Theorie in der jetzigen Phase sozialen Wandels kann darin gesehen werden, jene in der modernen Gesellschaft geltenden Regelungen und Regelungssysteme zu entdecken und zu überwinden, die im Interesse einzelner Gruppen und sozialer Kategorien die freie Kommunikation aller, grundsätzlich Gleichberechtigter, verhindern. – Mit diesen Gedanken erweist Habermas einen großen Dienst zugunsten eines besseren Verstehens zentraler soziologischer Fragestellungen unter einem speziellen Aspekt.

Indem Habermas die handlungstheoretische Auffassung mit weiteren (ökonomischen) Mechanismen der Handlungskoordination ergänzt, verweist er auf die Notwendigkeit, zur Erklärung konkreter Phänomene zusätzlich zum Basisparadigma der Soziologie auch Paradigmen anderer Wissenschaften verwenden zu müssen. Der Einbau der Psychoanalyse in die „Kritische Theorie des Subjektes" ist ein anderes Beispiel für die selbe Notwendigkeit, diesmal durch Berücksichtigung der psychologischen Perspektive. Die Sprachanalyse in Hinblick auf die Idee der unverzerrten Kommunikation liefert einen außersoziologischen Beitrag zur soziologischen Theorie, und die systematische Deutung des Liberal- und des Spätkapitalismus zeigt in aller Deutlichkeit, wie ökonomische Faktoren zu sozialen Ordnungen führen, aber auch, wie soziale Ordnungen auf das Wirtschaftssystem einwirken.

Verwendete Literatur

Berger, Peter; Kellner, Hansfried: Für eine neue Soziologie. Fischer Taschenbuch Verlag, 1984.

Gabriel, Leo: Vom Brahma zur Existenz. Wien; München: Herold, 1954.

Hondrich, Karl Otto: Viele Ansätze – eine soziologische Theorie. In: K.O. Hondrich, J. Matthes (Hg.): Theorienvergleich in den Sozialwissenschaften. Darmstadt; Neuwied: Luchterhand, 1978, S. 7-20.

Klinkmann, Norbert: Das systematische Vergleichen von Theorien. In: Soziale Welt 32 (1981), S. 249-260.

König, Rene: Soziologie. Frankfurt am Main: Fischer Bücherei, 1969.

Kuhn, Thomas S.: Die Struktur wissenschaftlicher Revolutionen. Frankfurt am Main: Suhrkamp, 1967.

Maaz, Wilhelm: Selbstschöpfung oder Selbstintegration des Menschen. Münster Westfalen: Aschendorf, 1967.

Mastermann, Margaret: Die Natur eines Paradigmas. In: I. Lakatos, A. Musgrave (Hg.): Kritik und Erkenntnisfortschritt. Braunschweig: Vieweg, 1974, S. 59-88.

Matthes, Joachim: Die Diskussion um den Theorienvergleich in den Sozialwissenschaften seit dem Kasseler Soziologentag 1974. In: K.O. Hondrich, J. Matthes (Hg.): Theorienvergleich in den Sozialwissenschaften. Darmstadt; Neuwied: Luchterhand, 1978, S. 7-20.

Meleghy, Tamas; Niedenzu, Heinz-Jürgen; Preglau, Max; Staubmann, Helmut (Hg.): Normen und soziologische Erklärung. Innsbruck; Wien: Tyrolia, 1987.

Morel, Julius: Ordnung und Freiheit. Innsbruck; Wien: Tyrolia, 1986.

Morel, Julius: Grundkurs der Soziologie. Innsbruck: öH, 1987.

Seyfarth, Constans: Zur Grundlegung eines nicht-restriktiven Vergleichs soziologischer Ansätze. In: K.O. Hondrich, J. Matthes (Hg.): Theorienvergleich in den Sozialwissenschaften. Darmstadt; Neuwied: Luchterhand, 1978, S. 285-313.

Wilson, Thomas P.: Theorien der Interaktion und Modelle soziologischer Erklärung. In: Arbeitsgruppe Bielefelder Soziologen (Hg.): Alltagswissen, Interaktion und gesellschaftliche Wirklichkeit. Band 1. Reinbek: Rowohlt, 1973, S. 54-79.

Sachregister